勁草書房

新聞統合——戦時期におけるメディアと国家——

目次

目　次

図表目次

序章　戦時期メディア研究の意義

一　「被害者」からの脱却

ドストエフスキーは著書『白痴』のなかで、「人は自己の生まれる以前の事柄（歴史）について無知であるならば、いつまでも子供のままである」と指摘しているが、歴史と向き合うには、誠実に事実を直視するというルールが存在する。誠実に直視するときはじめて、真実を捉えることができるのであり、同時にそれは苦さや苦痛をともなう場合が多い。だが、それを回避すれば、「いつまでも」過去を克服することはできないであろう。

敗戦という事態に立ちいたった国家の場合、「戦争の前と後で、その認識がパラダイム変化を起す」と言われる。(1) つまり、それまで当たり前であったことが、当たり前でなくなり、それを思い出すには苦痛がともなう。そのために、ある事柄は決定的に忘却され、ある事柄は作り換えられる。メディアの戦争責任というテーマは、間違いなくそのなかの一つである。

メディアの戦争責任に関する代表的な「新聞は筆を折られた」という言葉は、凶暴な軍部、特高警察による徹底した言論弾圧の結果として、新聞は宣伝機関と化したことを指している。この言葉は「新聞が、戦争反対という意思を有していた」ことを前提としているが、そうであったのだろうか。言論弾圧は存在したが、その弾圧に対して新聞は血みどろの抵抗を試みたであろうか。

一九三一（昭和六）年の満州事変から、一九三七（昭和一二）年の日中戦争、一九四五（昭和二〇）年の太平洋戦争終結までの戦時期と位置づけられる一五年間における言論報道に関しては、これまで数多くの研究がなされてきた。なかでも一九六〇年代に内川芳美ら東京大学社会情報研究所の研究者を中心にまとめられた「日本ファシズム形成期のマス・メディア統制（一）」（『思想』（昭和三六年七月号）』）などの研究によって、国家の言論統制機関が整備された過程や統制の実相が浮き彫りにされた。先行研究は「言論報道の自由をめぐる国家側の強制抑圧と、それに対するメディア側の抵抗」という分析枠組みを基本に据えて、内閣情報局らの国家機関がいかにして言論報道の自由をメディア側からはく奪したかを検証している。そして戦時期に現出したメディアの体制や状態は、上から下への一方的強制、抑圧によって形成されたという結論を導き出している。

だが先行研究の結論とは矛盾する事実が数多く存在する。戦時下で多くの新聞は、戦争遂行に寄与する国家的使命を果たす意思を示す「新聞報國」という言葉を掲げたが、それは強制に基づいたものでは必ずしもない。またメディアで構成する日本新聞會は、「國策代行機関」を自認し、統制規程を定めて新聞社の法人化、社外持ち株の禁止（社内持ち株制）、記者倶楽部の統制強化などを実施したが、その事実はどのように説明したらよいであろうか。つまり、先行研究は国家の苛烈な抑圧を浮き彫りにしたが、一方でメディアを被害者として捉えるため、メディアの責任を免訴する結果を生んでいる。「筆を折られた」は、こうした文脈のなかで作られた言葉ではないだろうか。

有山輝雄は、戦時期の言論体制について「政治権力とメディアとの対抗的関係、政治権力によるメディア操作だけで説明するには、一九三〇、四〇年代の言論報道活動は余りに複雑である。メディア側の積極的な対応なしに、新体制下での新聞、出版、映画等のメディア再編はあり得なかったであろう。対抗的関係あるいは操作・統制関係という枠組みはもはや通用せず、上からの統制と下からの能動的参加という二つの契機が同時に作動し、絡み合いながら進行するとして三〇、四〇年代を見る必要があろう(2)」と、新たな分析枠組みを提示している。有山の指摘するように、戦時期の言論体制は、国家の「上からの統制」とメディアの「下からの能動的参加」という相互作用によって形成されたのでないだろうか。メディアを被害者ではなく能動的参加者と位置づけて、その動態を丁寧に検証する試みがなされるべきであろう。

二　不鮮明な事実の把握

新聞統合は新聞を発刊する母体である新聞社の整理統合を国家が強制するため、先行研究は「戦時の言論統制時代の象徴(3)」と位置づけている。それにもかかわらず、多くの疑問点が存在する。誰の指示で、何を企図して開始されたのか。何年にわたり実施されたのか。この間に整理統合された新聞紙数はどれくらいか。整理統合はどのように実施されたのか。一県一紙は当初から目的とされたのか。全国の新聞社を新聞共同會社という一つの会社に資本統合するという急進的案はどのように作成されたのか。

その実像はいまだ把握されていないため、誤った記述がなされる場合も少なくない。「新聞統合という言論統制により、日本の新聞は原則一県一紙、五四紙に整理統合された」という説明は、その代表例である。一県一紙について、東京は五紙、大阪は四紙を例外とした「五四紙」という数値だが、正確には「五五紙」である。広島県呉市で発刊されていた呉新聞の存続を海軍が強く求め、同県では例外的に中國新聞と呉新聞の二紙が認められた。厳密にいえば、五五紙は新聞紙の数であり、新聞社の数としては「五二社」となる。朝日、毎日の全国二紙は東京と大阪でそれぞれ独立の新聞として扱われ[4]、広島の呉新聞は中國新聞の系列下にあったためである。また一県一紙の完成によって、日本の新聞が五十数紙だけとなったかのような印象を受けるが、これも誤解を与える記述である。たしかに、普通日刊紙は五五紙に整理統合されたが、新聞総体としては新聞統合終了時の一九四二（昭和一七）年一一月には三二五七紙、同年一二月には三二〇六紙の新聞が発刊されている（**図表1**）。

新聞統合の検証がなされてこなかったのは、上述したように、先行研究では国家権力の暴力性を浮き彫りにすることに主眼を置くため、新聞統合は国家の暴力を証明する数多い言論統制のなかの一つという存在にすぎず、不明な事実は置き去りにされてきた。また新聞統合に関する資料がきわめて少ないことも、理由に挙げられる。

この資料不足という欠陥は、新たな資料の発掘で著しく改善されることになった。新聞統合を主導した情報局第二部長の陸軍少将（当時）吉積正雄が所持していた機密文書が、公益法人・新聞通信調査会の倉庫から発掘されたためだ。同調査会は、同盟通信社（以下、同盟）のOBや、後継の共同、時事両通信社関係者で構成されている組織で、吉積文書は同盟関係の資料のなかに含まれていた。同盟が情報局幹部の「極秘」と記された文書を保管していたことは、双方の緊密な関係を証している。この資料は二〇〇〇（平成一二）年に、有山輝雄の解題で『情報局関係資料』[5]として出版された。

二　不鮮明な事実の把握

図表1　新聞統合小史

年　月	事　項
1937（昭和12）年7月	日中戦争開始
9月	内閣情報部設立
1938（昭和13）年5月	新聞紙数最多　13,428紙 （有保証金・普通・日刊紙 約700紙）
8月	内務省「特高課長ブロック会議」 第一段階・悪徳不良紙の整理統合を指示
1939（昭和14）年10月	鳥取県で「日本海新聞」創刊（初の一県一紙）
1940（昭和15）年5月	内務省「地方長官会議」「警察部長会議」「特高課長会議」 第二段階・弱小紙の整理統合を指示 この段階で新聞紙数　8,048紙
同月	内閣情報部直属「新聞雑誌用紙統制委員會」設置
12月	内閣情報局設立
1941（昭和16）年5月	自主的統制団体「日本新聞聯盟」発足
9月	内閣情報局第四部第一課長（内務省警保局検閲課長） 通達 第三段階「一県一紙」を指示 この段階で新聞紙数　4,754紙
11月	「新聞ノ戦時体制化ニ関スル件」を閣議決定
12月	勅令「新聞事業令」を公布
1942（昭和17）年1月	新聞事業令関係告示
2月	新聞事業令に基づく「日本新聞會」発足
6月	「主要新聞統合案大綱」を閣議決定
12月	第三段階「一県一紙」の完成 この段階で新聞紙数　3,206紙
1945（昭和20）年3月	「日本新聞會」が解散「日本新聞公社」に改組 「持分合同」（全国紙と地方紙の共同発行）

また筆者が研究の過程で、新聞統合の実務を担った長野県警察部特高課の関係資料を、東京大学法学部図書館で発見した。一九四〇（昭和一五）年に編纂したとみられる「長野県特高警察概況書」と題したガリ版刷りの文書で、同県の新聞統合の交渉過程を県警察部特高課が詳細に記録したものである。この文書は、東京大学法学部図書館の所蔵目録から漏れて存在していた。同文書は実施主体である特高警察が全国で行った新聞統合の雛形という価値や、これに強く反発した弱

小な地方紙の記録という価値を有している。
本書の目的は、こうした資料を踏まえて、不鮮明な状態にとどまっている新聞統合および戦時下の言論統制の実相を、メディアの動態に留意しながら把握することにある。新聞統合は日中戦争、太平洋戦争という戦時期の節目ごとに深化した。こうした流れを理解するため本書は時系列に第一章「新聞統合前史」、第二章「新聞統合の始動」、第三章「新聞統合の進展」、第四章「新聞統合の完成」の四つの章で構成した。
本書で用いた新聞紙数など数値の多くは、内務省警保局図書課の調査資料に基づいている。新聞紙法に基づき新聞取締りの任に当たっていた同課では、一ヵ月ごとに全国の新聞紙の数値を都道府県別に把握し、内部誌『出版警察資料』（昭和一年六月創刊「第一号」から昭和一五年六月「第四七号」）、および『出版警察報』（昭和一五年七月「第一〇二九号」から昭和一七年一二月「第一四五号」）に掲載していた。これまで把握されてこなかった「日本において、現在まで最多の新聞が発刊された時期と新聞紙数」という基本的な事柄も、内務省関係資料から日中戦争開始一〇ヵ月後の「一九三八（昭和一三）年五月、一万三四二八紙」であり、これには戦局に関する情報を知りたいという国民の要望が背景として存在したことが確認できる。[6]
内務省の調査では、新聞を、①保証金制度を基準として有保証金紙と無保証金紙に区分、②発刊回数を基準として日刊紙とそれ以外（月、旬、週刊紙）に区分、という二つの基準で区分けして、それぞれの数値を示している。保証金制度は、新聞紙法の「時事ニ関スル事項ヲ掲載スル新聞紙ハ管轄地方官庁ニ保証トシテ　左ノ金額ヲ納ムルニ非サレバ　之ヲ発行スルコトヲ得ズ」（第一二条）という規定に基づいている。同制度は正確には「新聞発行保証金制度」といわれ、同法の前身の新聞紙条例改正ですでに、盛り込まれている。「罰金の前納あるいは供託」を建前としていたが、新聞発行に経済的な条件を課すことで言論の制約を意図した言論統制の手段で、保証金を納付した新聞が有保証金紙で、未納の新聞が無保証金紙という区分けとなる。無保証金紙は、「悪徳不良紙」「朦朧新聞」と呼称され、真っ先に整理の対象となった。一県一紙は、有保証金、日刊のほかに、普通という基準も加えた「普通日刊紙」と呼ばれた新聞を指している。普通紙とは一般向けの商業紙を指し、業界、政党、宗教の団体機関紙などを特殊紙として区別した基準である。この普通日刊紙でも資本力が脆弱で発行部数の少ない新聞は「弱小紙」と呼ばれて、無保証金紙に次いで整理された。

また新聞統合は、一九三八（昭和一三）年八月から一九四二（昭和一七）年一一月まで約四年三ヵ月間にわたり実施されたが、この間には第一段階（昭和一三年秋から一五年五月）が悪徳不良紙（朦朧新聞）の整理、第二段階（昭和一五年六月から一六年八月）が弱小紙の整理、第三段階（昭和一六年九月から一七年一一月）が一県一紙の完成という三つの段階が存在する。実施主体である国家が段階を区切り異なる目標を設定したことを示すもので、これは実務担当者であった内務省事務官瓜生順良が、『警察協会雑誌』（昭和一七年五月号）に掲載した「新聞統制と取締の要諦」と題する論文に依拠したものだ。[7]同論文は、これまで発掘された実務担当者による唯一の論文という貴重な価値を有している。

だが同論文は内務省の成果を誇示するという瓜生の意図を踏まえて判断する必要がある。瓜生は情報局の指導や新聞統合に法的根拠を与えた新聞事業令の存在に言及していないが、実際の流れではこれを無視することはできない。このため本書では瓜生論文に依拠しながらも、一県一紙が完成した第三段階について、新聞事業令が実際に法的威力を発揮し始めた一九四二（昭和一七）年二月を基準として、第三段階前期（昭和一六年九月から昭和一七年一月）と、第三段階後期（昭和一七年二月から同年一一月）に区分した。したがって本書は新聞統合を四つの段階に分けて検証した。

図表２　「普通日刊新聞紙」整理完成調

完成時期		府 県	題 号	形 式	タイプ
1939（昭和14）年	10月１日	鳥取	日本海新聞	新設	④
1940（昭和15）年	９月１日	富山	北日本新聞	新設・吸収	③
	10月１日	群馬	上毛新聞	吸収	①
	11月17日	埼玉	埼玉新聞	新設	④
	11月19日	千葉	千葉新聞	新設	④
	11月20日	沖縄	沖縄新報	新設	①
	11月25日	宮崎	日向日日新聞	新設	④
1941（昭和16）年	１月１日	奈良	奈良日日新聞	新設	④
	２月１日	山梨	山梨日日新聞	吸収	①
	２月11日	香川	香川日日新聞	吸収	②
	３月１日	福井	福井新聞	吸収※	①
	５月１日	佐賀	佐賀合同新聞	新設	②
	９月１日	福島	福島民報	吸収	③
	同	高知	高知新聞	吸収	②
	10月30日	広島	中國新聞	吸収※	①
	11月４日	岡山	合同新聞	吸収	①
	12月１日	兵庫	神戸新聞	吸収	①
	同	静岡	静岡新聞	新設	③
	同	愛媛	愛媛合同新聞	新設	③
	12月16日	徳島	徳島新聞	新設	②
1942（昭和17）年	１月１日	島根	島根新聞	新設	②
	同	岩手	新岩手日報	吸収	①
	同	栃木	下野新聞	吸収	①
	同	青森	東奥日報	吸収	③
	１月６日	岐阜	岐阜合同新聞	新設・吸収	①

（注）１　「形式」は『出版警察報』掲載「普通日刊新聞整理完成調」（1942（昭和17）年11月１日現在）に従った。富山、岐阜は同文書に「第１次新設、第２次吸収」と記載されている。
２　「タイプ」は筆者の判断による。
①唯一の有力紙が、他の弱小紙を吸収統合する
②同規模のライバル二紙が統合する
③まず地域ごとに一紙に統合し、そのうえで有力な一紙あるいは二紙を軸に統合する
④同規模の数紙が統合する

図表２　（つづき）

完成時期		府県	題号	形式	タイプ
	2月1日	茨城	茨城新聞	吸収	②
	同	宮城	河北新報	吸収	①
	同	山形	山形新聞	吸収	③
	同	山口	関門日報	新設	②
	2月2日	神奈川	神奈川新聞	吸収	③
	2月10日	鹿児島	鹿児島日報	吸収※	②
	4月1日	京都	京都新聞	新設	②
	同	長崎	長崎日報	新設	④
	同	熊本	熊本日日新聞	新設	②
	4月3日	大分	大分合同新聞	新設	②
	4月5日	三重	伊勢新聞	吸収	①
	5月1日	長野	信濃毎日新聞	吸収	③
	5月11日	石川	北國毎日新聞	吸収	①
	6月1日	秋田	秋田魁新報	吸収	①
	8月1日	滋賀	滋賀新聞	吸収	④
	8月10日	福岡	西日本新聞	新設	②
	9月1日	和歌山	和歌山新聞	吸収	④
	同	愛知	中部日本新聞	新設※	②
	11月1日	新潟	新潟日報	新設	③
	同	北海道	北海道新聞	新設	③
△東京	8月5日	東京	読売報知	吸収	①
	10月1日		東京新聞	新設	②
	11月1日		日本産業経済新聞	新設	①
△大阪	5月1日	大阪	大阪新聞	新設	②
	11月1日		産業経済新聞	新設	①

3　※の福井、広島、鹿児島、愛知は、『出版警察報』に掲載された「普通日刊新聞整理完成調」（1942（昭和17）年11月1日現在）「普通日刊新聞紙調」（同）では福井が「近完」、廣島、鹿児島、愛知は「一應完」と記されている。しかし、『新聞総覧』（昭和17年）（昭和18年）、『日本新聞年鑑』（昭和22年）、『地方別　日本新聞史』、各社の社史に記載されている統合完成の日付を採用した。

4　広島は例外的に2紙⇒「中國新聞」と「呉新聞」

朝日新聞（1940（昭和15）年9月、「東京朝日」と「大阪朝日」題字統一）

毎日新聞（1943（昭和18）年1月、「東京日日」と「大阪毎日」題字統一）

（出典）『出版警察報』（1942（昭和17）年11月号）など

さらに本書は、一県一紙が完成する過程を正確に把握するため、全国都道府県の統合のタイプを、「唯一の有力紙が、他の弱小紙を吸収統合するタイプ①」、「同規模のライバル二紙が統合するタイプ②」、「まず地域ごとに一紙に統合し、そのうえで有力な一紙あるいは二紙を軸に統合するタイプ③」、「弱小な複数紙が統合するタイプ④」の四種に区分けした（**図表2**）。新聞は明治期以来、激烈な販売競争を展開した。面積、歴史・文化的差異、政友会と民政党の二大政党の力関係が複雑に絡み合い、各都道府県それぞれ固有の分布状態を形成した。そうした分布状態の特性は、新聞統合の過程が「難航」あるいは「容易」に分かれる大きな要因となった。

このほかに満州との関連性にも着目した。満州は各種政策の実験場とされたが、言論統制の面からの関連性は従来論じられてこなかった。しかし満州では通信社統合、新聞統合などの言論統制が国内より先行して実施され、同地の言論統制に同盟社長の古野伊之助が深く関与した。古野は国内の言論統制にもかかわっており、「外地」と「内地」の言論統制の接点に立つ古野の動きを追いながら、その関連性を探った。

第一章　新聞統合前史——満州事変勃発前後

本章ではまず、全国紙および地方紙の経営状態や、全国紙と地方紙の激しい販売競争など明治期以来のメディアの構造や、国家による言論統制の系譜を概観する。そのうえで満州事変を契機として総力戦体制の構築を急務に掲げた軍部、戦局報道のみならず慰問金や軍歌の献納など戦争協力に走るメディアという、戦時体制への動きを開始した国家とメディアの動きを検証する。さらに関東軍の主導で設立された満州國通信社（國通）の設立など満州の言論統制を取り上げる。

一　メディアと統制の構造

1　全国紙と地方紙

一九二四（大正一三）年元旦の大阪毎日朝刊の一面は、「発行紙数・百万突破」と題して「この事実は我社自身に取って重要なばかりでなく、日本文化史の上に特記せねばならぬものと思ふ。それは、我大阪毎日新聞の総発行部数が、實に一百万を突破するに至ったことである」と大々的に報じ、翌日の一月二日付けで、一九一四（大正三）年から一〇年間の部数を「大正三年三二一、四五四部、四年三九二、一〇六部、五年四五一、三〇三部、六年四九一、一六〇部、七年五四一、八四三部、八年五一三、四一四部、九年六〇二、四〇八部、十年六八六、五三九部、十一年八二四、九四一部、十二年九二〇、七九五部、十三年一、一一一、四五九部」と公表し、「偉業達成」を誇示した。新聞紙の発行部数は現在こそ、部数公査機構ＡＢＣ協会を通じて把握されるが[1]、戦前期には、新聞社の自主的統制団体、日本新聞聯盟が用紙配給との関連から発行部数の把握に努めるまでは、新聞社の死活を握る秘中の秘とされ、伏せられていた。このため大阪毎日の公表は異例のことで、存在誇示の宣伝効果を意図したものだ。

朝日、毎日、読売の全国三紙は戦後に、戦前期の発行部数の推移を公表している。発行部数の推移について、大阪毎日が「百万部」を宣言した一九二四（大正一三）年を起点として示した（**図表3**）。ただし、これらの数値は、あくまで自社の算定したもので、信頼性には疑問がある。

たとえば一九二七（昭和二）年の場合、自社作成の数値は朝日一四四万一三八部（大阪朝日八六万六三〇〇部、東京朝日五七万三八三六部）、毎日二一二万三九一四部（大阪毎日一三〇万四二六二部、東京日日八一万九六五二部）、読売一二万三八一三部と記載してある。しかし同年について内務省警保局の調べ（『新聞雑誌及通信社ニ関スル調』[2]）では、朝日一六六万部（大阪朝日一二六万五九六部、東京朝日約四〇万部）、毎日一六一万部（大阪毎日一一六万六四三二部、東京日日約四五万部）、読売約一〇万部と、異なる数値を挙げている。読売が「約」という概要となっているのは、当局は同紙を有力紙として認識していなかったためと思われる。一九四二（昭和一七）年の場

図表３　全国三紙の発行部数推移

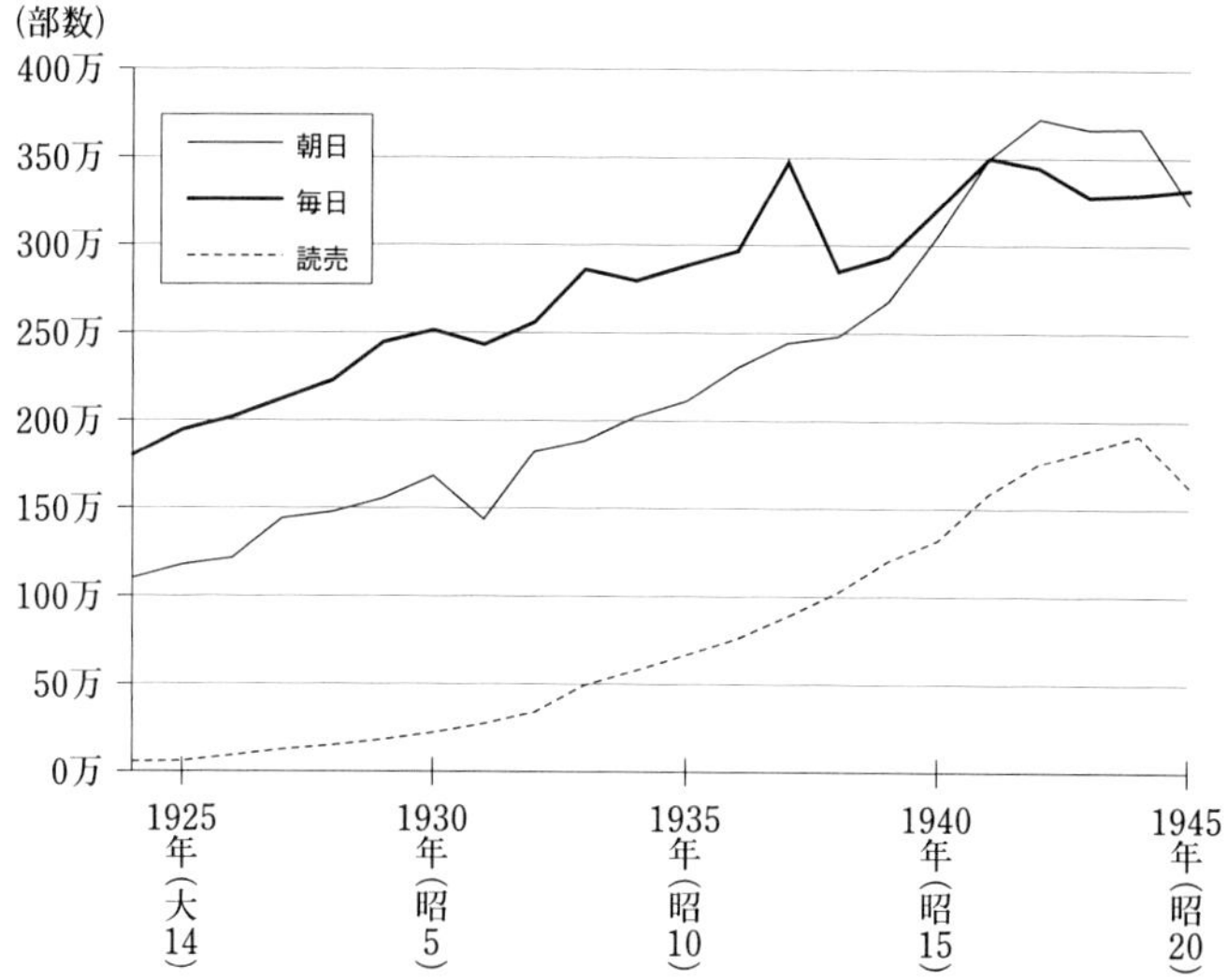

（出典）『朝日新聞社史』資料編（1995年刊）、『毎日新聞販売史』戦前・大阪編（1979年刊）、『読売新聞八十年史』（1955年刊）。
（注）朝日は大阪朝日、東京朝日、西部本社、名古屋本社の総計。毎日は大阪毎日、東京日日、西部本社、中部本社の総計。

合も同様に、自社作成の数値は朝日三七二万二八四八部、毎日三四四万四五一七部、読売一七五万五二二二部だが、情報局の調査（「部数増減比較表」[3]）では朝日三六七万七三三六部、毎日三二四万五三六九部、読売一七二万八一九四部である。厳密さには欠けるものの自社作成の数値には根拠があるであろうし、傾向値として受けとめるべきであろう。

　全国三紙の部数の伸長は、大衆社会の形成にともない拡大する読者層を獲得するため高速印刷機など大量生産技術を導入し生産力の増大を図り、無料拡張紙の配布、値引き、景品、催し物など多種かつ強引な手法を駆使して、市場を寡占化するにいたる歴史を示している。

　全国の新聞の発行部総数は、一九二四（大正一三）年六二五万部、一九二六（昭和一）年六七〇万部、一九三四（昭和九）年一〇八〇万部、一九三七（昭和一二）年一一八三万部と推計さ

れるが、(4)これと図表を組み合わせると、一九二四（大正一三）年には朝日、毎日両紙で四六%、一九二七（昭和二）年には五三%、一九三四（昭和九）年からは力をつけた読売を合わせると三紙で四九%、一九三七（昭和一二）年には五八%に達する。三紙が全国紙としての基盤を形成した要因を収入構造の面から考察すれば、以下のようなことを挙げられる。新聞社の収入は、新聞販売と広告収入を二大柱としているが、発行部数の寡占化は広告収入にも大きな波及効果をもたらし、双方が相俟って新聞社（企業）間の格差を拡大させるという関係にある。発行部数の多少は広告媒体としての評価に跳ね返る。部数が多い新聞社は広告料金も高く設定でき、広告主との取引においても有利なポテンシャルを確保できる。その広告収入を部数拡張のための資金に投入すれば、販売競争においても攻勢がとれることになる。

一九二七（昭和二）年の場合、「広告料金単価」（単位＝厘）は、大阪毎日一五五〇、大阪朝日一四九〇、東京日日一一五〇、東京朝日一一五〇であるのに対して、地方紙は新愛知、福岡日日、山陽新報五〇〇、名古屋、北海タイムス四五〇と有力紙でも朝日、毎日の半額で、一般の地方紙となると一〇〇ないし一〇〇未満と、大きな格差がついている。(5)つまり、このメカニズムを作れる新聞社はより有利に、作れない新聞社はより不利となり、企業間格差は拡大する。さらに朝日、毎日両紙は新聞料金や広告料金の設定で共同歩調を取る協定・カルテルをひそかに結び、(6)共通の利益には手を携えながら、一方では競い合い、販路を地方へと拡張させて、全国紙の地歩を築いた。

このような全国紙の企業体としての形成史に比すと、地方紙の場合は「全国紙の圧迫および地方紙間の販売競争史」として捉えることができる。上記したように、発行部数は秘中の秘とされたが、内務省警保局は全国の警察部に調査を指示して作成したのが、先に示した『新聞雑誌及通信社ニ関スル調』（昭和二年一一月作成）という資料で、タイトルにあるとおり新聞ばかりでなく雑誌も含まれている。同資料には「党派及政治的傾向」「創刊年月日」「発行部数」「頒布区域」「社長又ハ主管者」および「主ナル関係者」の党派が掲げられており、一九三〇年代の地方紙の分布状況を把握する手掛かりとなる唯一の資料とも言える。

同書を出典として、一九二七（昭和二）年一一月現在の主要な地方紙を都道府県別に図表化したのが「昭和二年における主要新聞の分布」である（**図表4**）。同資料は、一九二七（昭和二）年一一月現在で、全国の新聞、雑誌、通信社の「有保証金」の新聞紙および雑誌の総数として三九〇四紙誌という数値を挙げている。内訳は、大阪四五八、愛知三一八、北海道二四四、京都二〇四、兵庫二〇一、長野一九二、福岡一四三、東京一三〇、広島一〇二の各紙誌で、他の県は三〇から六〇紙誌である。発行部数では地方紙の貧弱ぶりが目立つ。地方紙の上位は新愛知一七万、北海タイムス一五万七〇〇〇、神戸新聞一五万、福岡日日一三万一〇〇〇、神戸又新一三万、小樽新聞九万三〇〇〇、名古屋新聞九万、信濃毎日新聞八万五〇〇〇、河北新報八万、横浜貿易新報七万六〇〇〇の各部であるが、一〇〇万部以上の朝日、毎日両紙とは桁が違う。先に指摘したように当時（昭和一年）の全国の新聞の発行部数総計は六七〇万部（推計）で、内訳は東京二七〇万部、大阪二〇〇万部、その他の地方総計二〇〇万部であり、大雑把な比率では東京四、大阪三、地方三であり、都会対地方の比率では七対三となる。[7]すなわち地方紙は、限定された地域の数少ない読者数を多くの新聞社が奪い合う状態にあり、企業としての体力も脆弱であることが、これらの数値からもうかがえる。

また**図表4**に示したように、地方紙の場合、政友会系、民政党系と当時の二大政党のいずれかの政治色が付着している。資料の全国の新聞、雑誌、通信社の総計三九〇四紙誌の内訳は、中立が二六二一紙誌と全体の三分の二を占めるが、残り三分の一の党派別内訳は、政友会系四九五、親政友会系一五〇、民政党系四三四、親民政党

図表４　昭和２年における主要新聞の分布

都道府県（紙誌数）	政友会系		民政党系		中　立	
北海道（244）	北海タイムス	157,400	小樽新聞	93,500		
	函館毎日新聞	28,600	函館新聞	29,900		
	函館日日新聞	12,810	旭川新聞	10,299		
青森（35）	弘前新聞	3,000	弘前大正報	2,500	東奥日報	25,000
					青森日報	10,000
岩手（30）	岩手毎日新聞	17,000	岩手日日新聞	1,400	岩手国民新聞	1,500
	岩手日報	13,865				
宮城（34）	仙台日日新聞	3,125	河北新報	80,500	東華新聞	3,000
秋田（35）	秋田新聞	7,000	秋田魁新報	50,000		
山形（45）	山形新聞	10,010	鶴岡日報	2,800		
福島（67）	福島民報	15,000	福島毎日新聞	7,480	新會津	3,000
	福島民友新聞	6,480				
東京（130）			報知新聞	250,000	東京日日新聞	450,000
					東京朝日新聞	400,000
					時事新報	200,000
					国民新聞	150,000
					都新聞	120,000
					読売新聞	100,000
					中外商業新報	100,000
					東京毎夕新聞	100,000
					萬朝報	100,000
茨城（88）	常総新聞	12,000	茨城民報	7,050	いはらき	35,000
栃木（40）	下野日日新聞	3,500	下野新聞	25,000		
	関東新聞	2,300				
群馬（41）	群馬新聞	3,000	上毛新聞	29,995		
	上野新聞	3,500	上州新報	3,100		
埼玉（54）	武州新報	5,000	※埼玉民友	4,000	新埼玉新聞	7,500
千葉（55）	※常総民友新聞	3,050	※房総朝日新聞	5,000		
	千葉毎日新聞	1,500				
神奈川（73）	武相新報	5,000	横浜貿易新報	76,599	横浜毎朝新報	42,840
山梨（32）			山梨民報	9,500	山梨日日新聞	32,000
					山梨毎日新聞	14,000
静岡（96）	静岡新報	35,000	静岡民友新聞	30,000	東海詳報	8,000
	浜松新聞	15,000				
長野（192）	長野新聞	27,760	信濃毎日新聞	85,414	信濃民報	5,500
	南信日日新聞	15,300	信濃日日新聞	18,127		

図表４　（つづき）

都道府県（紙誌数）	政友会系		民政党系		中　立	
愛知（318）	新愛知	170,000	名古屋新聞	90,000	名古屋毎日新聞	16,000
岐阜（55）	岐阜日日新聞	18,000	岐阜新聞	15,500		
新潟（96）	新潟毎日新聞	31,800	北越新報	35,000	新発田新聞	5,870
	越佐新報	24,550	新潟新聞	25,525		
富山（62）	富山日報	15,692	※青年富山	3,000	北陸タイムス	18,832
石川（40）	北国新聞	50,100	北陸毎日新聞	25,000		
福井（40）	福井日報	7,200	福井新聞	11,200	新福井日報	8,100
大阪（458）	昭和日日新聞	13,000	大阪市民日報	6,000	大阪朝日	1,260,596
	大正日日新聞	15,000	大阪朝報	3,700	大阪毎日	1,166,432
三重（89）	勢州毎日新聞	4,000	伊勢新聞	25,900		
滋賀（40）	江州日日新聞	4,250	江州中央新聞	5,600	近江新報	5,500
京都（204）	京都日出新聞	40,000	京都日日新聞	50,000	文化時報	7,593
兵庫（201）	神戸新聞	150,000	神戸又新日報	130,258	神戸日日新聞	40,868
	中国日日新聞	22,885				
奈良（63）	大和毎日新聞	3,500	大和日報	3,500		
			奈良新聞	2,000		
和歌山（49）	和歌山新報	4,000	紀伊新報	5,300	熊野太陽	5,300
			和歌山日日新聞	4,000		
岡山（72）	山陽新報	50,000	中国民報	40,500		
			岡山新聞	9,000		
広島（102）	中国新聞	50,400	芸備日日新聞	20,000	呉日日新聞	15,000
鳥取（29）	因伯時報	10,647	鳥取新報	19,172		
			山陰日日新聞	12,584		
島根（23）			松陽新報	29,000	石見実業時報	3,500
			山陰新報	5,000		
山口（93）	馬関毎日新聞	24,000	関門日日新聞	33,000		
	防長新聞	12,817				
徳島（24）	徳島日日新報	20,000	※徳島自由新聞	1,500	徳島毎日新聞	21,000
香川（40）	四国民報	6,424	香川新報	6,248		
愛媛（74）	伊予新報	18,200	海南新聞	42,000	民衆新聞	5,000
			愛媛新報	24,580		
高知（29）	土陽新聞	30,000	高知新聞	35,000		

図表4　昭和2年における主要新聞の分布（つづき）

都道府県（紙誌数）	政友会系		民政党系		中立	
福岡（143）	福岡日日新聞	4,500	九州日報	22,282		
佐賀（31）	肥前日日新聞	4,600	※松浦陶時報	3,000	佐賀日日新聞	2,000
	佐賀新聞	4,500				
長崎（55）	東洋日出新聞	5,000	長崎日日新聞	22,000		
	長崎民友新聞	5,000	長崎新聞	19,300		
熊本（44）	九州新聞	20,000	九州日日新聞	30,000		
	九州タイムス	1,600	筑後新聞	5,000		
大分（72）	豊州新聞	43,000	大分新聞	58,000		
	大分日日新聞	2,400	中津新聞	9,500		
宮崎（27）	日州新聞	4,500	宮崎時事新聞	5,800		
鹿児島（33）			鹿児島新聞	34,608	鹿児島朝日新聞	33,356
沖縄（7）	琉球新報	4,790	沖縄朝日新聞	5,016		
	沖縄日之出新聞	1,389	沖縄タイムス	2,202		

（注）※は、日刊紙以外 旬、月刊。
（出典）『新聞雑誌社特秘調査』1927（昭和2）年内務省警保局調査。佐々木隆『メディアと権力』中央公論新社（1999年）参照。

系一〇五、革新倶楽部系九、親革新倶楽部系二、実業同志会系一一、親実業同志会系一、無産政党系六八、親無産政党系八の各紙誌である。政党色を帯びる理由は、地方紙の経営者や編集者が明治期以来の政党との強い繋がりを引き続き有していたこと、それに加えて収入面で政党から補助金が交付されていたこと、読者層が政党の支持層と重なり合っていたことなどが挙げられ、それは地方紙が昭和初期の段階で「前近代」の残滓をなお色濃く引き摺っていたことを示している。

地方紙の企業体としての特徴を調査、分析した『本邦新聞の企業形態』(8)と題した資料がある。同資料は東京帝国大学文学部新聞研究室が一九三四（昭和九）年、全国の新聞社九二一社にアンケート調査し、回答を得た三八七社を対象として、分析した報告書で、「全国的且全般的に行ひたるものは欧米諸国を通じて他に類例を見ない」と自賛している。

調査結果によると、当時の新聞社の企業形態は株式会社二〇・六％、株式合資会社〇・三％、合資会社四・六%、合名会社一・三%、組合四・一%、個人六八・九%と、個人経営が最多である。ちなみに朝日は一九一九（大正八）年に合資会社を資本金一五〇万円の株式会社に、毎日は一九一八（大正七）年に資本金一二〇万円の株式会社に改め、同資料の調査が行われた時点一九三四（昭和九）年の両紙の資本金は朝日が六〇〇万円、毎日が一〇〇〇万円だった。他方、地方紙の最有力紙である新愛知は株式会社だが資本金は一〇〇万円にすぎず、また福岡日日は合資会社、河北新報は個人経営である。同資料は、約七割の地方紙が個人経営であることを「個人経営は、個人単独の自己資本によって構成されることを以てその特質とする。個人経営を選ぶ理由は、一定の意見又は主義主張或は個人の意見の発表の自由確保を期すためといふ回答が最も多く、これは地方の小規模の新聞の中所謂『政党新聞』なるものが多数存在することを反映するものであろう。新聞数の多いのは経済活動の盛なる地に非ざれば、所謂政治熱の旺盛なる地域なる一事がそれを物語る。多くの個人経営者自身が議員あるいは政界と繋がりがあり、新聞を通じて政党の政策乃至報知を徹底せしめ以て選挙に利せんことを発行の目的としたものだ(9)」と、個人経営と政党系新聞の相互関係を指摘している。

さらに「総じて云えば、東京大阪の如き都会に於ける大新聞は政党的色彩が比較的に存在せず、近代企業としての営みをなすに反し、地方紙には企業としてよりも寧ろ政治的機関としての方が重大な意味を有し、従って収支関係から企業利潤を得るが如きは第二義的なる新聞が多々存する。政治的利益筋からの補助金に就いて云えば、前者の新聞は無きを常とし、後者にはかかる収入あるを常とする。収入源泉の相違は、企業といふ観点から見た中央紙と地方紙とを性質的に差別付けるものであって、一は企業であるが、他は然らずと云ふも過言ではない。中央紙と地方紙との区別は、新聞事業観察の一要点である(10)」など、地方紙は近代企業の形態を有していないと結論づけている。

前近代の企業形態の弱小地方紙がひしめく地方へ、圧倒的な資本力を有する近代企業の朝日、毎日両紙が大正末年から昭和初頭にかけて本格的に進出を開始した。同時期は経済不況の煽りを受け、広告収入、大都市での発行部数がともに大幅減少したため朝日、毎日両紙は新たな市場として地方に着目したのである。これを交通網の整備や高速度輪転機の導入が可能にした。一九三〇（昭和五）年には東京・下関間で従来の一一時間から八時間二〇分に短縮する特急列車が出現するなど交通網の整備によって地方への輸送能力が向上した。さらに従来のものは一時間に六ないし八万部程度だが、高速度輪転機は一時間に一二ないし一三万部と倍以上の印刷能力があった。[11]朝日、毎日両紙は、高速度輪転機をいち早く導入し、ニュース速報、大量印刷という技術革新の面で他紙を大きく引き離した。朝日、毎日両紙をはじめ東京、大阪の有力紙は地元のニュースをまとめた「地方版」を設けて、地方の読者の関心を引き付けた。

東京、大阪の有力紙の進出に対する地方紙の打撃の度合いは、地方と東京、大阪との距離に比例をするが、一九二七（昭和二）年の段階で、朝日、毎日両紙は埼玉や千葉などを販売支配下に入れ、さらに名古屋で大阪朝日名古屋版一万部、大阪毎日名古屋版七七〇〇部、福岡で大阪朝日九州版二三万三〇〇〇部、大阪毎日西部版二〇万二〇〇〇部と進出し、とくに福岡での大阪朝日は地元の福岡日日の一三万部を抜く伸びを記録している。朝日、毎日両紙は一九三五（昭和一〇）年には九州全域や朝鮮、満州をにらんで北九州に西部本社を、翌一九三六（昭和一一）年には名古屋に中部本社をともに設けて、現地印刷機器を敷設し、全国紙としての形態を充実させた。読売もまた、プロ野球球団など各種企画事業などで力をつけて一九四〇（昭和一五）年までに九州日報、山陰新聞、長崎日日、静岡新報などの地方紙を買収し、第三の全国紙としての地歩を築いた。

全国紙と地方紙の優劣の格差は、満州事変以来確実に広がり、日中戦争が長期化するなかで、ますます拡大し、一九四〇（昭和一五）年ごろには「このまま放置していれば、市場の論理からして地方紙は（全国）三紙の系列化に入るものが増え、純然たる地方紙は壊滅する恐れがあった[12]」という状態にまで進展するのである。

2　消極的統制と積極的統制

言論統制は「国家（公）権力による言論の自由の強制的な抑制・規制および誘導・教化を指す」と定義されるが、その統制の発想や手段には消極、積極の二つが存在する。

消極的統制は、異端の排除を目的とし、主に検閲という手段が用いられる。検閲は各国で古くから用いられており、近代日本では新聞紙を対象とした一八六九（明治二）年二月発布の新聞印行条例、普通出版物を対象とした同年五月発布の出版条例及出版願書雛形を源流としている。新聞印行条例は一八七三（明治六）年に新聞紙発行条目、一八七五（明治八）年に新聞紙条例と改正され、そして一九〇九（明治四二）年五月には新聞紙法が制定された。出版条例も数度の改正を経て、一八九三（明治二六）年には出版法が制定された。この新聞紙法、出版法に基づいて、内務省警保局図書課が検閲を中心とした消極的統制を実施した。これに対し積極的統制は、同調の造出、つまりメディア総体を同調造出のプロパガンダ（政治宣伝）装置として総力戦体制に組み込むことを目的とし、その手段も多様である。第一次世界大戦における総力戦概念のなかから派生し、宣伝戦、思想戦という形で、その手段も形成されていくという歴史的経緯が存在する。

総力戦に関しては、第一次大戦の敗者、ドイツ軍の将エーリッヒ・ルーデンドルフが著した『国家総力戦』が広く読まれた。ルーデンドルフは同書のなかで、総力戦を「国家および国民の物質的精神的全能力を動員結集し、国家の総力として戦争に臨む[13]」、つまり従来の短期的な正規兵相互の戦いから長期的・消耗的な国家の総力を結集した戦いへと変化したと規定している。戦いを展開するうえで国民の精神力、団結力を維持し、鼓舞するための宣伝戦、思想戦の重要性を強調し、「新聞、ラジオ、映画、その他各種の発表物、及び凡ゆる手段を尽くして、国民の団結を維持するとために努力すべきである」[14]などとメディアの積極的活用を指摘している。

同大戦以降、日本でもメディアを媒体とした情報宣伝活動の必要性が認識され、まず陸軍がシベリア出兵に際して国内世論指導の観点から一九一九（大正八）年二月、陸軍省大臣官房に「情報係」[15]を開設した。次いで外務省が第一次大戦終結のヴェルサイユ講和会議で対外プロパガンダの必要性を痛感して一九二〇（大正九）年四月に「情報部」[16]を、さらに一九二四（大正一三）年五月には海軍も海軍省大臣官房に「軍事普及委員會」[17]をそれぞれ設けた。積極的統制は、これら陸軍、海軍、外務三省の情報宣伝組織によって開始された。

消極、積極の言論統制は一九四〇（昭和一五）年一二月に発足した内閣情報局で組織的合体がなされることになる。本書の主題である新聞統合を主導する中央省庁の所管も、それまでの内務省から内閣情報局へ移された。それにともない新聞統合も消極的統制から、積極的統制へと質的転換が図られて一県一紙という体制が実現した。

二　満州事変の衝撃

1　慰問金、軍歌の献納

満州事変前後における新聞業界の特徴は、朝日、毎日、読売の三紙が事変を契機として、飛躍的に発行部数を伸ばし、全国紙としての基盤を形成したことが挙げられる。

改めて三紙がそれぞれ自社算定した発行部数を振り返ると、満州事変開始の一九三一（昭和六）年には朝日一四三万五〇〇〇部、毎日二四三万二〇〇〇部、読売二七万部が、事変後の一九三四（昭和九）年には朝日二〇二万三〇〇〇部、毎日二七九万六〇〇〇部、読売五七万七〇〇〇部、日中戦争開始の一九三七（昭和一二）年には朝日二四四万四〇〇〇部、毎日三四七万四〇〇〇部、読売八八万五〇〇〇部、一九四〇（昭和一五）年には朝日三〇六万五〇〇〇部、毎日三二一万五〇〇〇部、読売一三二万部、太平洋戦争最中の一九四二（昭和一七）年には朝日三七二万二〇〇〇部、毎日三四四万四〇〇〇部、読売一七五万五〇〇〇部と、三紙がともに大きく発行部数を伸ばしている。

全国新聞の総発行部数と比較すると、一九三四（昭和九）年は総発行部数一〇八〇万部のうち、三紙は五三九万六〇〇〇部（四九・九%）、一九三七（昭和一二）年は総発行部数一一八三万部のうち、三紙は六八〇万三〇〇〇部（五七・五%）、一九四二（昭和一七）年は総発行部数一四六八万部のうち、三紙は八九二万二〇〇〇部（六〇・七%）と、戦時期を通じて三紙の寡占化が促進されたことが明確に示される。[18]

とくに朝日、毎日両紙は満州事変の報道・販売競争を契機として弱小な他紙を圧倒し全国紙の基盤を確立した。飛行機や自動車、電送写真など機械を駆使して速報と充実した内容の戦地報道を展開したためで、高額な支出を要する機械化は大資本の新聞社でなければできず、格差は拡大した。

満州事変の最盛期における各社の現地での報道陣容は、以下のようなものである。

図表5は『日本新聞年鑑（昭和八年版）』[19]に記載されている陣容である。なお読売新聞は、同社社史『八十年史』[20]によると、特派記者、写真部員約四人、飛行機は北海タイムス、河北新報、新愛知、福岡日日の有力地方紙と共同で一機チャーターした。同紙は満州事変の段階ではいまだ機械化の面では、朝日、毎日両紙に比して数段劣っていたが、日中戦争の段階では自社の飛行機を保有するなど自力をつけている。事変の段階で飛行機を自社

図表５　満州事変の従軍記者

新聞社	人員	飛行機	自動車	サイドカー
朝日新聞（東京・大阪）	特派記者・写真部員約50人	３機	１台	２台
	連絡・通訳・自動車運転手約40人			
毎日新聞（東京日日・大阪）	特派記者・写真部員朝日と同様	２機		２台
報知新聞	特派記者５人	１機		１台
	写真部員・通訳・連絡員６人			
時事新報	特派記者２人	なし		なし
	写真部員１人			
電　通	特派記者４人	１台（契約紙との提携）		１台
	写真部員・連絡員７人			
聯　合	特派記者　電通と同様	電通と同様		

（出典）日本新聞年鑑（昭和８年版）。

で、しかも複数所有していたのは朝日、毎日両紙だけであることが示すように、「両紙は何と言っても金に倦かせず、徹底的に勝敗にうき身をやつし、水際立ったプレイを演じた。朝日は『断じて大毎に譲るべからず』と厳命し、大毎また『朝日に一歩も破れるな』と指令し、両々相対峙して激戦を演じた(21)」という。

現地の大量の取材陣で得られたニュース、写真、映画フィルムはただちに、飛行機で日本へ輸送されたが、それらの速報の第一次手段は「号外」の発行である。大阪朝日の場合、事変開始の一九三一（昭和六）年だけで九月七回、一〇月一回、一一月一七回、一二月六回もの号外が出された。しかし、新聞の号外は事件を契機に従来と質的変容を遂げている。九月一九日早朝にラジオ体操を中断して事変発生を伝えたのが、日本の放送史における「臨時ニュース」の最初だが、事変の間も電通および聯合の両通信社から入電した重大ニュースが、他の番組を中断し、「臨時ニュース」として放送され、「ラジオでニュースの第一報を知る」ことが定着した。つまりニュース速報としての号外は、ラジオにその座を奪われたのである。

このため新聞社は、読者を惹きつけるため写真速報で対抗し、号外は写真速報の媒体へと変化する。先の大阪朝日の三一回の号外のうち、一七件が二～四頁建ての写真画報の形態を取っている。写真速報は、現地で撮影した写真フィルムを日本へ運ぶことが前提となるが、飛行機が輸送手段として大きな効果を発揮した。朝日では事変発生直後に奉天の同紙特派員が撮影した写真フィルムを朝鮮・京城（ソウル）まで列車で運び、この間に日本を飛び立ち朝鮮で待機していた自社機がこれを受け取り、広島まで空輸し、さらに広島で待機していた別の自社機に積み替えて大阪まで空輸。大阪本社から東京朝日へ電送されて、九月一八日深夜発生の事変写真は二〇日午後には東京で「事変を伝える初めての写真」という触れ込みで、号外発行された。ライバルの毎日は若干遅れたが、それでも自社機でフィルムを空輸し、同じように号外を発行した。両紙は写真を号外や紙面で使用させたほかに、『満州事変写真画報』（朝日）、『本社従軍写真班撮影　満州事変画報』（毎日）としてまとめて編集、出版した。

『改造』（昭和六年一一月号）の「満州事変を綴る新聞街」は「東朝（東京朝日）、東日（東京日日）は、事変最初の日の号外戦でも群を抜き、その後の号外は事実の報道よりはむしろ、写真の号外だったから、勢い大阪系両紙の独占となり、他の社は傍観するより仕方がなかった。朝日、毎日の資本の威力は、単にニュースの上だけでも到底、他紙の太刀打ちを許さなかったが、特に写真ニュースでは、全く他の新聞は指を咥えて見ているより仕方がなかった。両社がいずれも記者以外に多数の写真課員を満州に送ったことは、この写真速報戦がいかに激しいものであり、重要なものであるかを証明しているものであって、この点だけを取って見ても、大阪系両紙が他紙をいかに圧倒しているかが分かる。大阪系両紙は物的設備から云っても、人的配備から云っても、その大資本を背景として、他紙を徹底的に圧迫したことは明瞭で、どう切歯扼腕してみても、（他紙は）如何ともし難かった(22)」と、指摘している。

号外は速報としての価値こそ低下したものの、その新聞社の実力を示す宣伝であり、同時にそれは新聞販売の拡張にとって強力な武器であった。それだけに両紙以外の新聞各紙も手をこまねいてばかりはおられず、通信社から配信される記事や写真を使用して号外を発行したが、号外自体は無料であり発行は弱小な新聞社には財政的負担となり、その意味でも大きな打撃を与えた(23)。

朝日は事変中に関東軍から「号外発行権」を得て、現地、奉天で「大阪朝日新聞満州号外」を部数は一万部ほどで約二〇〇回発行し(24)、さらに台湾でも現地に本社を置く新聞社以外の号外発行は従来許可されなかったが、朝日、毎日両社は許されて号外を発行した。これらは満州や台湾という植民地での新聞発刊を意図した事前準備の意味を有していたことは明らかである(25)。

また両紙は号外・写真のほかに、戦地で撮影したニュース映画を競い合って上映した(26)。さらに従軍記者や軍人による講演会や「奉天北大営激戦記念品展覧会」（朝日）、「満州事変展覧会」（毎日）という展示会も競って開催した(27)。こうした映画上映や講演会は新聞販売と付随したものであるのは言うまでもない。

号外、写真、映画、講演、展示会などはまだ報道という新聞社の機能に属するものであったが、「大新聞の事変への対応と加担が、より直截なかたちで、行われた(28)」ものもある。それが慰問団の現地への派遣、出征兵士歓送迎会、慰問金の献納、軍歌の献納、絵画や絵葉書、事変関連書籍の献納などの協力事業で、『日本新聞年鑑（昭和八年版）』には、両紙の事変での協力事業の詳細が記載されている。一九三一（昭和六）年一〇月一五日に毎日が「暴戻支那の残虐から在満幾万同胞の生命財産を防衛すべく戦いつつある満州派遣帝国軍隊と侮蔑と迫害とに苦悩しつつある在留官民とのために感謝と慰問と激励とを寄与する」ために、同社幹部が慰問品を持参して現地へ赴く「満州慰問使特派」の企画を発表した。これに対し朝日は翌一六日付け朝刊で「我が社は慰問の微意を表すため、金一万円を支出して二万個の慰問袋を調整し、直ちにこれを現地に送り、親しく頒呈することにしました」と告示するとともに、読者にも「一口五〇銭の慰問金」を募集し、慰問袋を調整し、これに寄託者の名刺を入れて「贈呈」する慰問運動を開始した。

歓送迎会は「内地各師団より満州及び上海に出動したる各軍隊に対し本社は、その行を盛んにする為、原隊出発、大阪駅通過、宇品、大阪、門司各港その他の乗船地及び沿道主要地において日夜をわかたず熱烈なる歓送迎をなし、本紙と慰問品を寄贈。更に凱旋に際しても満腔の祝意を表して盛んなる歓迎をなし慰問品と画報、本紙を寄贈せり」（大阪朝日）、「出征軍隊及び凱旋軍隊を歓送迎するため多数の本社員は昼夜の別なく社旗を携へて大阪駅頭並に大阪埠頭に出動し、蜜柑、手拭、手帳等を贈りて其の労を讃へり」（大阪毎日）というものである。

軍歌の「献納」は、上海での廟行鎮攻撃に際して爆弾もろとも戦死した兵士を軍神と讃えた歌で、朝日は「肉弾三勇士」、毎日は「爆弾三勇士」と異なる呼称で表した。朝日が「勇士を讃える歌詞を懸賞募集」し、「肉弾三勇士の歌」と題して軍へ贈呈するとともに、「三勇士の肖像画を高級印刷に附し、戦記を編集して関西以西の各小学校、青年団、少年団、在郷軍人団二万ヶ所合計一〇万部をすべて無代配布」（大阪朝日）、これに対し毎日も同様に歌詞を懸賞募集したが、結局大家の与謝野鉄幹に依頼した「爆弾三勇士の歌」を当選作とし、「歌詞の優秀と作曲の軽妙と相俟ちて大衆の共感を喚び全國を風靡し今や三尺の童子と雖も悉く之を唱和するに至れり」（大阪毎日）などと競い合った。当時、大阪毎日の記者であった安藤達夫は「毎日は『爆弾』、朝日は『肉弾』、どっちか判らなくなって取り間違え大目玉をくう騒ぎである。双方が対抗して軍楽隊で堂島川を挟んで演奏パレードをやり、近所近辺は私語もできない騒ぎであった」[29]と証言している。

月刊誌『文藝春秋』（昭和七年四月号）の「新聞紙匿名論評」[30]は「二大新聞の競争は滑稽なほどおもしろい。競争は慰問金の募集高にまで及び、朝日は三月五日その総額四一万五千八百円と発表しているが、毎日は総額において朝日に及ばないことがわかると総額を毎日掲載しないことにしたやうである。こちらが慰問使を贈れば、あちらも派遣する。あちらが三勇士に三千円を贈れば、こちらも三千円を贈呈する」などと揶揄し、さらに「二大新聞は競争し、熱を煽ったのであるが、平時においては一つが右へゆけば他の一つは左へゆく、あちらが白といへばこちらは黒だと言ふ、と言ったやうに競争のためには対立的方向を執ってきたものであるのに満蒙、上海××に対しては、××の××にあって同一の方向、即ち××熱を煽るために競争するに到っては二大新聞の権威と無冠の帝王のために涙ぐましい憐れな話である」と批判している。「××」の検閲に遭った伏字は、「満蒙、上海『事変』に対しては、『軍部』の『宣伝』にあって同一の方向、即ち『戦争』熱を煽るために競争」と読み取れ、競い合って軍部へすり寄り、宣伝を務めたことを厳しく批判している。

記事の内容分析に関しては、多くの先行研究があり[31]、そうした成果を踏まえながら重要な点を指摘したい。毎日は当初から軍部支持で、『改造』（昭和六年一一月号）の阿部慎吾「満州事変を綴る新聞街」でも「最も強硬論を報道していたのは大毎と東日」と記している。毎日社内でも「事変の起こったあと、社内では口の悪いのが自嘲的に『毎日新聞後援・関東軍主催・満州戦争』などと言っていた」[32]（毎日新聞記者・前芝確三）という。

これに比すと、朝日の場合は曲折を経ている。事変発生前日の大阪朝日（昭和六年九月一七日付け朝刊）の「満蒙権益の擁護　若槻首相の与へた言質について」と題した社説は「吾人は若槻首相に望む。昨今満蒙問題の論議、漸く激化する折柄、軍部の興奮を善導して意外の脱線行為なからしめ、これを支柱として対支外交に清新味を加へ、その基礎の上に国際正義に本づく近代的外交の殿堂を築き上げんことを」などと軍部の暴発抑制を求め、事変発生直後の同紙社説（同月二〇日付け朝刊）は「日支兵の衝突　事態極めて重大」と題して、「曲は彼れにあり、計画的破壊行為」としながらも、「本事変の解決のために必要以上の戦闘行為拡大を警めなければならぬのである。特に此際出先き軍部に対して必要以上の自由行動をせざるよう厳戒すべきである」と不拡大を主張している。しかし、その論調は同紙（一〇月一日付け朝刊）の「満蒙の独立　成功せば極東平和の新保障」と題した社説の「現在の国民政府が現実の状態と歴史的事実を無視して三民主義の理想を満州にまで実現すべく試み、日本の有する正当の権益をも一掃してしまはうとするにおいては、必ず日本との衝突は免れないであろう。東三省人民の被る苦痛は想像のほかにあるは明らかだ。東三省の住民は、独立運動によりてただちに国内紛争の延長を防止するばかりでなく、進んで国際紛争を防止する手段を講じなければならぬ。これ満州緩衝国設置の必要なるゆえんである」と満州の独立支持の主張で突然一転し、それ以降は激しい軍部礼賛、支持の社説を繰り返した。

これについて『朝日新聞社史　大正・昭和戦前編』(33)は「社論転換の決断」の小見出しで「大阪朝日は九月二五日の役員会、一〇月一二日の取締役会などで、『社論を統一して国論をつくる大方針』を協議した。それは政府の対策を積極的に支持する方針であったと推定される」と歯切れ悪く記し、その理由として「憲兵、警察、右翼陣営が一体となり、在郷軍人会をも動員して社屋攻撃をくわだてる場合、朝日新聞幹部には、対抗しうる自信はなかった」ことを挙げている。憲兵資料『大朝、大毎両社ノ時局ニ対スル態度決定ニ関スル件報告（通達）』（外山豊造憲兵司令官から二宮治重参謀次長宛）は「大阪朝日ハ従来社説其他ニ於テ常ニ軍縮論ヲ強調シ　日支衝突事件ノ局面展開シ国家重大時機ナルニ鑑ミ軍縮ニ対スル態度ハ暫ク措キ目下ノ時局ニ対スル方針決定ノ為十月一二日午後一時ヨリ同夜八時ニ亘ル間　同社重役会議ヲ開催シ　今後ノ方針トシテ　国家重大時ニ処シ日本国民トシテ軍部ヲ支持シ国論ノ統一ヲ図ルハ当然ノ事ニシテ現在ノ軍部及軍事行動ニ対シテハ絶対批難批判ヲ下サス極力之ヲ支持スヘキコトヲ決定　大阪朝日ノ姉妹紙タル東京朝日ヲモ同様ノ方針ヲ執ラシムル為　下村副社長ハ上京ス　尚大阪毎日ニ於テモ十三日会議ヲ開キ今後ノ論調ニ対スル方針ヲ決定シタル如ク　支那ヲ敵国ト見做シ　支那人ノ氏名ニ対シテハ敬称ヲ用ヒサルモノノ如シ(34)」と、朝日が重役会を開いて方針を転換させたと記している。

朝日の当時の発行部数は昭和四年が大阪朝日九六万六四〇〇部、東京朝日五八万七四九五部の計一五五万三八九五部、昭和五年が大阪朝日九七万九五〇〇部、東京朝日七〇万二二四四部の計一六八万一七四四部、昭和六年が大阪朝日九一万四四〇〇部、東京朝日五二万一二二八部の計一四三万五六二八部と、昭和六年は大阪朝日六五〇〇〇部、東京朝日一八万一〇〇〇部も大幅減少し、厳しい経営状態に立たされていた。朝日の減少を尻目に読売は昭和四年一八万七五八部、同五年二二万三五一部、昭和六年二七万八一七部と順調に伸長し、その足元を脅かしており、こうした企業体の置かれた状況が、社論の転換に大きくかかわった大きな要因と見られる。

朝日の方針転換に対して、月刊誌『改造』（昭和六年一一月号）の「ヂャーナリズム展望」は「ホガラカついでに、朝日新聞ともあろうものが、軍部の強気と、読者の非買同盟に一たまりもなく恐れをなして、満州のお筆先きに手加減をした。いや、軍部の頭株のために一席設けて、よろしく意志の疎通を計ったなどは、たとへ一場のゴシップだと聞流しても愉快ぢやない。泣かにやならん女の身、売らにやならん新聞紙、これでもヂャーナリズムの勝利といふのか(35)」と厳しく批判している。

この批判の「軍部の強気と、読者の非買同盟に一たまりもなく恐れをなして、満州のお筆先きに手加減をした」というのは、一九三一（昭和六年）五月に朝日が掲載した座談会記事の軍部批判に陸軍が反発し、奈良県を中心に在郷軍人会を中心に不買運動が起こっており、これが各地へ広がり、香川県善通寺のような「軍都」と呼ばれる師団司令部や連隊本部が置かれた地方都市の朝日の販売店は「苦境に立たされていた[36]」ことを指している。また「軍部の頭株のために一席設けて、よろしく意志の疎通を計った」とは、月刊誌『文藝春秋（昭和七年五月号）』の「新聞紙匿名論評」によると、「東京朝日は昨年の秋、赤坂山王の星が丘茶寮に幹部総出動で、軍部の御機嫌をひたすら取り結んで、言論の権威を踏みにじった[37]」ことを指している。

方針転換によって以降、朝日は出遅れを取り戻すかのように、協力事業を展開し軍部の追随に走り、その結果として部数は一九三二（昭和七）年には大阪朝日一〇五万四〇〇〇部、東京朝日七七万三六九部の計一八二万四三六九部と大阪朝日一三万九六〇〇部、東京朝日二四万九一〇〇部増加し、増加の合計は三八万八七〇〇部と前年の落ち込み分を上回る業績を挙げた。朝日社史『七十年小史』は「経理面の黄金時代」との小見出しで「新聞は非常時によって飛躍する。朝日の満州事変以来の発展ぶりは、あえて異とすべきでないが、内外にわたるビッグ・ニュースの頻出、国際情勢の緊迫化は編集面にも経理面にも著しい結果となって現れた。筆陣はジリジリと統制のかせに嵌められて行ったが、（経理面は）黄金時代の観があった[38]」と率直に記している。

しかし全国紙だけが、軍部へ追随したのではない。地方紙も同様で、要するに日本の新聞総体が「軍部側の純然たる宣伝機関と化していたといっても大過なかろう。（各紙の）報道戦は、報道戦と云ふよりは、むしろ宣伝戦の観があった[39]」という状態であった。石橋湛山は、主幹を務める経済誌『東洋経済新報（昭和七年二月六日号）』で、そうした新聞の様子を「社会の木鐸だなどと云ひながら実は権力と大衆に阿り、一枚でも多くの紙を売ることの外、何の理想も主張もなきかの如き彼等[40]」と、当時すでに厳しく批判している。それが日中戦争となると、朝日も当初から戦争協力姿勢で臨んだように、全国紙、地方紙の別なく、新聞各社は慰問金や軍歌にとどまらず、軍用機や戦車という兵器まで競い合って献納し、それに付随して発行部数をめぐる競争を激化させていくのである。

2　情報委員會の設立

満州事変は武力衝突自体は短期間で終結したことから、新たな言論統制法令は制定されなかったが、日本が国際社会で孤立していくなかで、対外宣伝という積極的統制の重要性が認識されることになった。陸、海、外務三省の情報宣伝機関は、国際世論の強い批判への対応策を協議するため一九三二（昭和七）年六月三日に意見交換の場として時局同志會を設けた(41)。この組織は、国際聯盟のリットン団の来日を前にして、外務省の白鳥敏夫情報部長が、陸軍省の鈴木貞一新聞班長に提案し、陸軍側も同意して設置されたものだ。外務省内で行われた初会合には、外務省から白鳥情報部長、坪上文化部長、筒井情報部二課長、陸軍省から鈴木貞一中佐、秋山義隆中佐、参謀本部から松本健児大佐、武藤章中佐の七人が出席した。席上、参謀本部側から「対外宣伝骨子案」として「消極弁解的態度ヲ排シ、事態ノ真相ト帝國の境遇、コトニ満蒙ニ於ケル経済的発展ガ帝國ノ生存上絶対要求デアル所以ヲ積極的ニ宣伝スル。宣伝ノ重点ハ大國ニ置クモ小國モ亦軽視セズ、之ガ為ニ外務省、軍部ノ宣伝業務ヲ統一、特ニ出先機関ヲ融合統一スル趣旨ノ下ニ、満州、ジュネーブ代表部間ノ連絡組織ヲ設ケル」と対外宣伝強化のため外務省と軍部の宣伝業務を統一し、また満州や国際聯盟内に連絡機関を設けることなどを内容とした案が提案された。

さらに同年八月二七日の会合では鈴木が「対内外宣伝委員會案」と題した「時局宣伝ヲ統一強化スル為内閣直属ノ一委員會ヲ設置シ、非常時又ハ戦時ニ於ケル情報宣伝機関統一ニ関スル事項ヲ研究準備スル之ガ要領トシテハ委員會ト幹事会ノ二ツヲ設ケ、委員會ノ組織トシテ委員長ニ内閣書記官長、委員トシテ外務、陸軍、海軍（以上二名）、文部、内務、逓信（以上一名）ノ各省ノ局部長を以テ編成スル。幹事会トシテ前期関係各省ノ課長又ハ代理者を以テ組織シ、外務省情報部長ヲシテ幹事長を兼ネシメル」という案を提示した。

しかし、この案は「内閣直属の組織の設置は官制の手続きを必要とし、予算をとる必要がある。これには相当の日時を要して急場には間に合いかねる。対内外啓発宣伝は焦眉の急だというので、官制によらない非公式の情報委員会を設け、活動を開始することで一致」(42)し、同年九月に正規の管制で定めた組織ではなく、参加六省の申し合わせによる非公式な連絡機関という位置づけで、時局同志會に代わり、情報委員會が新たに設立された。構成は外務次官を委員長として外務、陸軍、海軍が各二名、文部、内務、逓信が各一名、各省の局部長級を、その下部組織として設置された幹事會は外務省情報部長を幹事長として、上記の省の課長級をあて、同年九月一〇日に初会合が開かれ、毎週火曜日に外務省内で会合することを確認した。構成は鈴木中佐のほぼ提案どおりであり、外務、陸軍、海軍が各二名と他に比べて多く、同委員會はこの三省とくに外務、陸軍両省が主導権を握っていたことを示している。

情報委員會は法律で裏付けされた組織ではなく、新聞発表など情報に関する外務省と軍部との事前調整や意見交換など行政的拘束力も有していなかったが、政策決定上重要な役割を務めるなど情報宣伝機関の前身と呼ぶのに十分な組織であった。委員會は基本方針で、「差方リ」の最優先課題としてリットン調査団の最終報告書に対する対応を掲げ、そのため「外国報道機関ノ操縦」「新聞雑誌ノ操縦」などメディア「操縦」を重視した。さらに日本電報通信社（以下、電通）と新聞聯合社（以下、聯合）の両通信社を統合し、新たな通信社を創設するという方針も決定された。通信社の統合は新聞統合の先駆という歴史的意味を有しており、積極的統制を目的とした政府の情報・宣伝組織がメディアの統制を重視していたことを示している。

3　満州における通信社の統合

國通の設立

日本国内での政府やメディアの動きとは別に、現地である満州においても関東軍が新たなメディア対策を構想、実施した。その中心となったのが、満州國通信社（國通）の設立である。『國通十年史』[43]などによれば、一九三一（昭和六）年一一月一七日、関東軍参謀部第四課長の松井太久郎中佐が挨拶のため同課を訪れた聯合の奉天支局長の佐々木健児に対し、「対内宣伝はおおむね順調だが、残念ながら対外宣伝がうまくいっていない。事変の真相を正しく世界に知らせる方法はないか」と相談し、佐々木は即座に「聯合の世界通信社連盟の通信網を利用する以外に途なし」と答え、これに松井中佐も「よし、それでいこう。早速、聯合本社に連絡を取ってくれ。これに要する経費はおおむね月五万円程度とし、軍において調達する」と応じたのを直接の出発点としている。関東軍参謀部第四課は報道・宣伝を任務としており、松井は陸軍省新聞班の出身である。一方の佐々木は東亜同文書院の出身で、東方通信社を経て聯合入社という経歴で、聯合は満州事変勃発の際の報道では電通に遅れを取ったため、軍に太い人脈がある佐々木を新任支局長として急遽派遣した。佐々木はこの後、東京の聯合本社へ連絡し、本社支配人古野伊之助から「軍の意向は万事承知した」との返事があり、一ヵ月後の同年一二月には専務理事の岩永裕吉が「満蒙通信社論」[44]と題する意見書を作成し、関東軍へ提出した。

岩永意見書は「満蒙は支那の他の部分より独立せる地域となるべきこと。我日本が指導的地位に立つに至るべきことは疑を容れざる所なりと信ず」などと満州建国を肯定し、「政府の統制の下に強大なる國家的新聞通信機関を設立し、事実上満蒙に出入するニュースは凡て其の手を通じて募集頒布せしむるの政策をとることは最大急務の一なり」と指摘し、「通信社は満蒙に出入りするニュースを統制管理」する組織であり、その組織形態は

「ソビエトの通信社タスの例に倣ひ、國立機関とし、知識経験ある日本人を以て之に充つる制度とするも可なり」などと提言している。つまり岩永意見書は、通信社が単なる「宣伝」ばかりでなく「内外のニュースの統制」を目的とした組織であることを強調していた。

岩永意見書を採択した関東軍は小磯参謀長名の招請状を発して、同年八月一七、一八日の両日、満州國政府の川崎宣化司長、奉天総領事の森島総領事代理、満鉄の宇佐美奉天事務所長らが参集して「言論通信機関処理指導ニ関スル協議會」を開催し、満州のメディア体制に関する基本方針を決定した。そのなかに通信社設立の方針が盛り込まれており、その具体案は関東軍第四課嘱託を務めていた里見甫を中心に進めることになった。里見は東亜同文書院出身で、同校では佐々木の先輩であり、天津の邦字紙・京津日日新聞の記者、北京の北京新聞主幹などを経て満鉄嘱託となった。満鉄では副総裁の松岡洋右が情報課を設置し、松岡が直接指導して満州の言論、通信などの統制と活用法を研究しており、同課嘱託であった里見は事変勃発とともに関東軍へ派遣されたという経緯がある。

里見は、上海公使館一等書記官の須磨弥吉郎らと協議しながら、岩永意見書を下敷きに「新通信社設立要項」と題した案を作成した。この要項は、通信社の目的として「対内通信の統制」「対外通信の統制」「満州國の弘報業務」「廣告業務の統制」の四つを掲げており、「満州國の弘報業務」とは「満州國に関する弘報業務を通信社の有する組織と機能に基づき播布」と、新通信社が満州國の対外宣伝を代行することを意味している。また通信社の組織は「実権は全権部に於て掌握」「外面的には満州國の國営、若しくは半國営或は特権を付興せられし形式となすを要す」「通信社の参謀部とも言ふべき弘報委員會を組織し、之に依って通信並に宣伝の方針大綱を決定す」と、外面は満州國の国営、もしくは半国営を装いながら、実権は関東軍が掌握するという組織形態が採用されている。

次いで東京へ向った里見は、真っ先に外務省に白鳥敏夫情報部長を訪ね、「創立費二〇万円、一年の経費二四万円、外務省で引き受けて戴けますか、宜しい引き受ける、話はこれだけで実は五分間とかからなかった[45]」と資金供与を要請し、白鳥も応じた。その後で里見は、陸軍省軍務局支那班長の鈴木貞一中佐、さらに聯合の岩永、古野、電通の光永星郎ら両社幹部に同案の諒解を求めて帰満した。関東軍幕僚会議の承認を経て、一二月一日に満州國通信社（國通）は、満州の電通と聯合両通信社の支社局を統合する形で発足した。同社の初代の主幹には、関東軍の要請で里見が就任した。

國通は日本政府の外務省が所管・監督することとなったが、これは関東軍内に「駐満大使館の所管とすべき」という意見が高まり、陸軍省から外務省へ申入れがなされて決定した経緯がある。『通信社史』は「関東軍司令官、駐満大使、関東長官を同一人（関東軍司令官が兼務）とする三位一体の方針が決定されるに及んで、新通信社のごとき文化的機関は当然、関東軍の手から駐満大使館の所管に移すべきであるとの見解がとられることになった[46]」と説明している。佐々木は「はじめは勿論関東軍に於て調達される予定であったが、事態が進展するうちに、新通信社問題は次第に、軍中央部の関心を持つところとなり、東京、奉天に於て併行して工作がすすめられることとなるに及んで、補助金問題も東京へ移され、結局創立費も補助金も外務省から出ることになった[47]」と指摘している。

外務省の所管は、具体的には「情報部長の白鳥が同部機密費から」というのが正確で、里見も「一國一通信社、この観念は當時（満州事変勃発）の日本の情勢から國策になって来た。しかし（日本国内では）其間実行が延びて居た。外務省情報部長白鳥氏と軍務局高級部員鈴木中佐との間に実行しようといふ意見が纏まって、二人の積極性は、この満州に於ける通信社統一実現を急速に打開せしめた[48]」と、白鳥と鈴木を新通信社設立推進の中心的存在と指摘している。白鳥と鈴木は、犬養内閣の書記官長森恪を介して緊密な間柄にあった。森は、一九二七（昭和二）年、田中内閣の際に外務政務次官に就任するや満蒙問題の積極的解決をもくろんで東方会議を開くなど、政友会の対中国強硬論を代表し、陸軍中堅将校や海軍強硬派等との交わりを深め、国際聯盟からの脱会などを主張していた。森と関係を深めた外務官僚白鳥は一九三〇（昭和五）年に情報部長に就任、同省内の革新官僚として国際連盟脱会など強硬外交を主張した。鈴木は「支那通」として知られ、一九三一（昭和六）年から支那班長、一九三三（昭和八）年には新聞班長を務めている。

白鳥の外務省の先輩である重光葵は、回想録（『外交回想録』）で「白鳥君は満州事変当初には軍部反対の態度をもっていた。その頃外務省から軍部を啓発する意味で白鳥君は軍部との連絡係を命ぜられていた。そこで白鳥君は軍の人々、特に当時軍務局にいた鈴木貞一中佐と密接な連絡を保つことになった。当時政友会の森格氏は非常な野心をもって軍部と連絡し、将来の政治力を養いつつあった。そこで白鳥君は鈴木中佐と共にほとんど連日、森格氏と料亭（赤坂の料亭中川）に会合していた。白鳥君は森氏及び軍部の強硬な対外政策に共鳴し、軍部の人々と行動を共にするようになり、むしろ外務省内部から軍部に策応するような形になった。白鳥君は森氏の意向を受けて軍部的意見を主張し、芳沢外相にまで反抗的態度を示した[49]」と記している。

解体の危機

一九三二（昭和七）年一二月に発足した國通だが、一九三三（昭和八）年夏ごろから外務省が運営費の供与を渋り、解散を検討するなど、その運営は危ういものがあった。外務省史料館所蔵の一九三三（昭和八）年夏から一九三四（昭和九）年初頭にかけて駐満大使館が東京の外務省へ宛てた國通関係の電報は、「八月分國通補助金二萬円　至急御電送ヲ請フ」（八月三日付け）[50]、「八月分國通補助金二萬円也　至急御電送請フ」（同月一〇日付け）[51]、「九月分補助金二萬円　至急電送アリタク　今後補助金ハ　月初ニ送付方御取計ヲ請フ」（九月二〇日付け）[52]、「一〇月分國通補助金　至急御電送請フ」（一〇月九日付け）[53]、「一一月分國通補助金一萬五千円　至急御電送請フ」（一一月一〇日付け）[54]、「國通ハ社員ニ対スル年末賞与捻出ニ困難シ居リ　他ニ方法無キニ依リ　明年一月分補助金ノ一部ヲ以テ繰越致度趣ヲ以テ　右補助金十二月分ト共ニ送金方願出ノ次第アリタル　事情己ヲ得サルモノト認メラルルニ　付テハ御差支無キ限リ　右様御配慮ヲ仰ク」（一二月八日付け）[55]、「國通補助金三月分　至急電送請フ」（昭和九年三月一九日付け）[56]と、外務省が國通に対する補助金の支給を渋ったことを明らかにしている。設立に際し外務省が確約した、運営にかかわる補助金は「一年の経費二四万円」で、月額にして二万円である。一九三二（昭和八）年一〇月分からは、満州國が五〇〇〇円支給することになり、外務省分は一万五〇〇〇円に減額されたが[57]、それでも外務省は円滑に送金しなかった。

これは國通の設立にかかわった外務省情報部長の白鳥が一九三三（昭和八）年六月に情報部長の職を更迭されたためだ。白鳥はスウェーデン公使を命じられたが、これを不満としてなかなか赴任せず、当時「白鳥騒動」として話題を呼んだ。改めて重光の『外交回想録』を引用すると、「有田次官はこの形勢（白鳥の軍部接近）を憂慮し、白鳥情報部長の行動を、特に情報機密費の支出等について監督を厳重にするようになり、次官と情報部長の間が非常にまずくなってきた。そこで有田次官は省内統制のため、白鳥君をスウェーデン公使に転出させようとした。しかし白鳥君は軍部その他を背景としてこれを承諾しない。日を経るにしたがい白鳥対有田の感情が悪化し統制がとれなくなり、有田次官は辞職した。後任の私は白鳥公使が赴任しない場合は、その職を免ずることも辞さないとし、遂に白鳥公使は赴任し、この問題は収まった(58)」というもので、情報機密費の支出等について監督を厳重にするようになった結果、國通への支給は途絶えがちになったのである。このことは、先に指摘したように國通への関与は外務省というよりも、白鳥の判断が大きかったことを証している。

さらに外務省は補助金支給ばかりでなく、國通の所管そのものを手放すことを意図し、満州國への引取りを求めているのである。一九三三（昭和八）年五月一二日付けで大使館が発した電報は「御訓令ノ趣旨ニ依リ折衝セル処　満州國側ニ於テハ　（一）國通ノ重要性ヲ未ダ十分認ムルニ至ラズ　（二）『ナショナル・ニュース・エゼ《ま》ン《ま》シー』トシテノ機能ヲ十分ニ発揮シ得ザル國通ヲ、現在ノ儘ニテ引受クルヲ好マズ　（三）國通ハ満州國ガ必要ヲ感ジテ創設シタルモノニ非ズ　満州國ガ國通創設當時何等相談ヲ受ケズ　今日急ニ引受ケヨト云フハ　寧ロ無理ノ注文ナリ　（四）緊切重要ナル支出ノ嵩マリ居ル満州國財政トシテハ多額ノ支出困難ナリ　等ノ理由ニ依リ國通経費ヲ満州國側ニ肩替リスルコトニ極力反対セリ(59)」と、外務省側の要求を満州國が感情的に強く拒否したことを記している。

同電報が続けて、「本件九日　弘報委員會幹事會ニ上程シタル処　軍側ニ於テハ國通ガ業務ヲ開始シテヨリ半歳ニモ満タザルニ鑑ミ　外務省側ノ都合ハアルベキモ今暫ク従前通リ補助ヲ継続サレ度　満州國側ニモ考慮ヲ煩ハス様政治的折衝ヲ試ミルコトト致度シトノ意見開陳アリ　結果『差當リ急激ナル変更ヲ加フルコト困難ナル現地ニ事情ニ鑑ミ　現状維持ヲ可トス　但シ外務省側ノ申出ニ対シテハ最善ヲ尽ス』トノ決議ヲ見タリ　本省ニテ補助金當分継続方不可能トセラルルニ於テハ　國通ヲ縮少スルカ或ハ場合ニ依リテハ之ヲ解散スルカ　何レカノ方法ヲ研究スルノ要アリト思考セラル(60)」と、國通の「解散」を提言していることは注目される。電文からは國通をもてあましている外務省の本音がうかがえると同時に、組織も整わずに不十分な活動しかできないことに加えて、外務省からの補助金支給の遅延から解散寸前の状態にあった國通の姿が浮かび上がる。

外務省の満州國への肩代わり交渉は、同年九月二〇日付け電報「國通改造具体案ハ目下研究中ナルカ　満州國側ニ対シ　通信統制ノ重要性ヲ高調シ　國通ヲ来年度ヨリ引受クル様仕向ケ居リ　同國側ニ於テモ　通信ニ対スル理解ヲ深メ　之ヲ引受クルニ漸次傾キツツアリ」(61)が示すように、継続して行われ、満州國側が一九三四（昭和九）年四月から引き受けることをのんで、やっと決着した。大使館は同年三月一九日付けで「至急」電報を発して、「満州國肩替リノ件　従来御指示ノ御趣旨ニ依リ満州國當局ト折衝シ来リ　四月一日ヨリ同社ヲ満州國側ニ引渡スコトニ　同當局ノ内諾ヲ得、阪谷次長ト國通肩替リノ打合セヲ為セリ」と、満州國総務庁の阪谷希一次長が了承したことを報告しているが、「至急」電報は懸案決着という外務省側の安堵感を表している。

同電報は続けて、「先ツ當方ヨリ従来ノ了解ニ基キ國通ハ満州國側ニ移管スヘキモ同社ノ責任者トシテ聯合古野アタリ採用シテハ如何カト差当リノ思付トシテ阪谷ニ、サジェスト、シタルニ対シ、阪谷ハ満州國側ニ於テモ『ナショナル・ニュース・エジ《ま》エン《ま》シー』トシテ國通ノ重要性ヲ認メ居リ四月一日ヨリ之ヲ引受クヘク　一旦引受ケタル以上充分ノ熱意ヲ以テ経営指導ニ當ル決心ナルカ　責任者ニ付テハ　満州國側ニ於テ考慮シ度旨ノ意見ヲ漏ラシ　又古野ヲ國通ニ入ルル事ハ聯合、電通間ノ反感ヲ醸成スルノ惧アルヲ理由トシテ反対セリ　古野ガ國通ニ入リタレバトテ必ズシモ聯合、電通間ニ問題生ズベキトハ思ハレザルモ　同人ヲ固執スルノ必要無キノミナラズ　此ノ際結局適任者ヲ得ザル場合ニ於テモ當館ト國通幹部其ノ他ノ職員トノ聯絡ヲ密接ニ為スコトニ依リ或ル程度迄國通指導ノ目的ヲ達シ得ヘキヤニ思考セラルルヲ以テ古野ニ付テハ強ク之ヲ主張セズ　前記ノ如キ事情ナルヲ以テ　國通ヲ其ノ儘　満州國側ニ引継クコト已ムヲ得ズト思考スルモ　本省ニ於テハ従来國通ニ対シ相当ノ『コントロール』ヲ留保シ度キ御意向ナルコト　本官ノ充分承知シ居ル処ナルニ付テハ　御回電アリタシ」

と、交渉内容を生々しく記している。電文からは、現地大使館は國通への影響力の確保には執着していることが読み取れる。結局、外務省は現地大使館の意向を入れて、移管後も國通に対して「通信購読料」の名義で、年額二万円を交付した(62)。満州國の所管が決まり、財政的見通しがついた國通は、やっと運営が軌道に乗り、当初の計画どおりに対外宣伝、対内ニュース統制という活動を展開し、存在感を高めていった。

第一章のまとめ

満州事変を契機として、「高度國防國家の建設」を主張する軍部は政府部内の主導権獲得に本腰を入れ、言論統制についても陸軍省の鈴木貞一中佐らが従来の消極的統制とは異なる積極的統制の観点に立った対外宣伝の必要性を主張し、外務省内でも白鳥敏夫情報部長がこれに呼応し、両者が主導して、一九三二（昭和七）年九月に外務、陸軍、海軍、内務、逓信、文部各省の情報関係者で構成する情報委員會が発足した。同委員會は、法律で裏付けされた組織でこそないものの、政府の情報政策決定上重要な役割を務め、情報宣伝機関の前身と呼ぶのに十分な組織であり、それはメディアの活用という新たな質の統制の開始を示すものであった。情報委員會は当時の二大通信社、電通と聯合を統合し、新たな通信社を設立する方針を決め、斡旋に乗り出すなど活動を開始した。

一方、新聞業界の状態は、圧倒的な資本力を有した朝日、毎日さらに読売の三紙は、個人経営など前近代的な企業形態の地方紙を駆逐し発行部数を伸張させていたが、満州事変の戦況報道によって三紙の全国紙としての基盤は確実なものとなった。戦地へ多数の記者を派遣し、飛行機などの機動力を保持できた資本力の差が、戦況を伝える記事や写真の質量にわたる差となって現れ、それが発行部数の格差を拡大させたためだ。事変開始の一九三一（昭和六）年には朝日一四三万五〇〇〇部、毎日二四三万二〇〇〇部、読売二七万部が、事変後の一九三四（昭和九）年には朝日二〇二万三〇〇〇部、毎日二七九万六〇〇〇部、読売五七万七〇〇〇部を記録した。

毎日、読売は当初から支持の方針で臨んだが、朝日は事変に反対の社説を掲げた。だが途中から軍部礼賛、戦争支持へと転じており、それは発行部数の減少への危機感が大きく作用していた。全国紙ばかりでなく地方紙も含めて新聞総体が進んで「軍部側の純然たる宣伝機関と化」（『改造（昭和六年一一月号）』）したが、そうした新聞側の姿勢からは利益の拡大を意図する企業体としての姿が浮き彫りとなる。

満州では満州國の建国を受けて関東軍の主導で、対外宣伝を目的として國通が設立された。設立には日本の情報委員會も関与し、外務省が設立費や運営費を供与し、同省が國通を所管する形がとられた。國通は在満の電通と聯合の両通信社の支社局を統合して設立されたが、それは電通と聯合の両通信社自体を統合する日本での通信社統合の先駆的な意味を有した。しかし外務省は國通と深いかかわりがある白鳥情報部長を更迭した後は運営費の供与を渋り、國通を解体することも検討した。結局、同省と満州國との交渉で、國通の所管は満州國へ移され、その後に國通は対外宣伝、対内ニュース統制の活動を展開し、存在感を高めた。

第二章　新聞統合の始動——日中戦争開始前後

本章では日中戦争の勃発にともない、国家とメディアはそれぞれ戦時への対応を深化させ、膠着状態に陥る戦時下で双方の動きが関連性をもち始める過程を検証する。とくに本書の主題である新聞統合について、それに着手した内務省の意図や経緯を分析するとともに、地方での新聞統合の実際について「長野縣警察概況」をもとにして長野県の実例を、また一県一紙を最初に完成した鳥取県の統合経過を明らかにする。さらに日本に先駆けて新聞統合を実施した満州についても検証する。

一　日本における通信社の統合

1　メディア挙げての対立

通信社の統合とは、一九三六（昭和一一）年一月に電通と聯合の二大通信社が統合し、同盟通信社が設立されたことを指している。統合は、政府の情報関係組織である情報委員會が一九三一（昭和六）年九月に「（当時の二大通信社であった）電通と聯合の両社を統合して、新たな通信社を設立する」ことを国策方針として決定したことを出発点としている。この方針を聯合は支持したのに対し、電通および有力地方紙は強く反対し、交渉は難航した。通信社の統合は、その後に実施された新聞をはじめ映画、出版という一連のメディア統合の先駆的な意味を有している。当時、電通は広告代理店業を兼業し、銀座に地上地下一〇階二〇〇〇余坪の社屋を落成させ、七分の株主配当を続けて隆盛を誇っていた。だが一方の聯合は社屋の規模は無論のこと社員の給与支給もままならない財政窮迫で倒産も噂されており、電通のほうが会社の規模や実績のうえで聯合を圧倒する状態にあった。

電通と聯合はそれぞれ地方紙を系列下に置いた（**図表6**）。先に説明したように、当時の地方紙の多くは政友会、民政党の二大政党のいずれかの流れを汲んでおり、政友会系紙は電通社長の光永星郎が政友会の前身自由党の壮士であったことから電通と、一方の民政党系紙の多くは聯合と契約関係を結んだ。[1] また電通は最大手の広告代理店として大きな力をもっていたため、民政党系であっても政党系とは関係なしに電通に依拠する地方紙も多く、**図表6**でも電通の系列紙が聯合を上回っている。このため電通側では「電通は、企業として十分維持していける。一方の聯合は、財政的に立ち行かない状態にある。統合の必要があるというならば、電通を主体とするか、少なくとも対等の立場で妥当な考慮がなされねばならない[2]」と主張した。しかし、情報委員會を代表する形で統合を主導した外務省は聯合を主体とした統合、すなわち聯合が電通の通信社業務を吸収する構想を前提に交渉を進めた。その理由は同省が聯合に補助金を交付し、庇護下に置いていたことや、組織形態が営利（株式会社）である電通よりも、新聞社で構成する非営利（社団法人）の聯合のほうが、好ましく映じたためだ。

強く反発する電通を系列下の地方紙は支持し、揃って統合反対運動を展開したため、通信社の統合はメディア

図表６　電通・聯合の系列紙

地　域	電通系	聯合系
北海道	旭川新聞、函館毎日、函館日々	小樽新聞
東北	青森日報、岩手日報、日刊山形、福島民報、福島民友、福島新聞	東奥日報、弘前新聞、秋田魁、山形新聞
関東	いばらき新聞、横浜貿易、山梨民友、山梨民報、下野新聞	
中部・北陸	新潟毎日、富山新報、金沢新報、伊勢新聞、北陸タイムス、長野新聞、名古屋毎日、静岡新報、信濃毎日	新潟新聞、岐阜新聞
関西	神戸又新	京都日々、神戸新聞
中国	防長新聞	岡山日々、芸備新聞、山陽新報、関門日々、広島毎日
四国	愛媛新報、香川新報、伊予新報、四国民報	徳島日々、高知新聞
九州	福岡日々、九州日々、鹿児島朝日、長崎日々、豊州新報	九州日報
朝鮮	東亜日報、京城日報、朝鮮新聞、釜山日報	
満州	大連新聞	

（出典）『月刊文藝春秋』1934（昭和９）年４月号。

挙げての対立となった。通信社と新聞の関係は密接さにおいて、全国紙と地方紙とでは大きな相違が存在する。地方紙は通信社から記事の配信を受けて紙面の多くを配信記事で構成し、広告面でも便宜を受けており、通信社は不可欠な存在である。とくに有力地方紙は、「電通の間には広告を通じて利害の一致がある[3]」だけに、電通が消滅することは自らの生死にかかわる重大事だった。有力地方紙は両通信社の統合を、統合によって地方紙の記事を単一化させ、その間隙を突いて独自記事で地方の読者を拡大しようという全国紙の陰謀と、それに乗せられ言論統制を意図する政府の野合の現れとみたのである。

一方の全国紙は「海外ニュースが外国の有力通信社の独占するところを憂い、国際的に日本を代表する通信社の必要性を認める[4]」（東京朝日・緒方竹虎）などを理由として統合を支持した。海外を含めて自社の取材網を有している全国紙にとって通信社はあくまで補助的存在にすぎなかった。それだけに、電通と聯合の両通信社へ別々に通信購読費を支払う現状よりも、料金が安価ですむ。また地方紙の紙面が単調になる結果、全国紙の地方展開に有利に働くというのが本音であり、地方紙と同様の営利目論見が存在していたことは看過できない。

2　外務省と陸軍の確執

一方、政府部内では、聯合を庇護する外務省に対抗し、陸軍は電通に多額の通信購読費を支給し、「自分の配下にある御用通信社と見ていた」(5)。このため通信社の統合には賛成しながらも、外務省への反発から電通を陰に陽に支持してきた。

だが陸軍も、最終局面で姿勢を転換した。外務省外交史料館所蔵の機密文書「本邦通信社関係雑件　同盟通信社」の一九三五（昭和一〇）年六月一四日付け「新通信社設立ニ関シ情報委員會特別委員會設立ノ件」(6)文書には、陸軍が外務省に対し「合併反対運動を陸軍が支援している」との噂を自ら取り上げて、「設立ニ関シ電通其ノ他地方新聞ガ合流ヲ肯セザルノ情勢最近看取セラレ　且右反対ガ軍側ノ支持ヲ受ケ居ルガ如キ風説モ有之」と指摘しつつ、「軍部殊ニ陸軍側特別委員ヨリ右反対者ノ合流勧告ヲナシ、新通信社ノ設立ヲ促進スル事ト致ス」と聯合主体の合併に賛成し、陸軍としても新通信社設立へ積極的に乗り出す意思を表明したことが記されている。

天羽英二外務省情報部長の同年五月二五日の日記には「根本新聞班長来談　通信社ノ件」(7)という記載がある。根本博は鈴木貞一の後を受けて、一九三四（昭和九）年三月から一九三六（昭和一一）年二月まで陸軍省新聞班長を務めた。根本班長の時期に新聞班は、国民に対する啓蒙活動を積極的に展開し、通称「陸パン」といわれる「國防の本義と其強化の提唱」（昭和九年一〇月発刊）や、「空の國防」（三月）、「思想戦」（七月）など、一九三四

（昭和九）年だけでも一〇冊以上の小冊子を発刊した。「陸パン」は永田鉄山軍務局長ら首脳部の抱懐する総力戦體制の構築という意思を、軍事課課員で新聞班員でもあり、後に内閣情報部の情報官となる清水盛明が作成したものだ(8)。「たたかひは創造の父、文化の母である」との書き出しで始まる小冊子は、従来の「國防観念」を改めて「高度國防國家の建設」を強調している。なかでも「武力戦は単独に行はるることなく、外交、経済、思想戦等と同時に又は前後して併行的に展開される。戦争手段としての経済戦、政略戦、思想戦は武力戦に匹敵すべき重大なる役割を演ずべきである。就中思想戦は之によって遂に敵國を内部より崩壊し戦意を放棄せしめ、以て一挙にして戦争を終結に導くだけの働きをなすものである。國防國策強化の具体案として宣伝省又は情報局の如き國家機関を思想、宣伝戦の中枢機関として速やかに設置し、思想戦体系の整備を図ることが急務である」「総合國力戦の勝者たらんが為には、國家の全智全能の一元的発揮が不可欠の要件であり、之が為には平時より國防体系が完成していなければ到底其の機能を発揮することは出来ない」などと、思想戦を重視する文言が随所に見られる。

この文脈からすると、「高度國防國家の體制整備」に本腰を入れた陸軍は、通信社を「思想、宣伝戦の中枢機関」である「宣伝省又は情報局」の下に位置する実施機関と捉え、①新通信社設立は不可欠な存在であり、早急に実現すべきだ、②電通支持へのこだわりは、新通信社設立を遅らす要因となる、③新通信社設立に積極的にかかわり、主導権を握ることが得策だ、という判断が働いた。さらに電通と聯合両社の支社局を統合して設立された國通の存在も、日本での通信社の統合を急ぎ実現すべきという陸軍の意識を強くさせたと思われる。

外務省外交史料館所蔵の機密文書（一九三五（昭和一〇）年六月一四日付け(9)）は、新通信社の設立について陸軍側から以下の条件提示があったことを明らかにしている。

①新通信社ハ公益法人トシテ設立セラレ　同社将来ノ健全ナル発達ノ為　又対外信用ヲ維持セシムル為ニ　新聞同業者ノ形態トスル事　絶対ニ必要ナル次第ナリ
②然レドモ　第二段ニ於テハ　同社ガ國策遂行ノ一機関トシテ　海外ニ於ケル「ナショナル・ニュース・エーゼンシー」ト対抗シ　其ノ使命ヲ達成スルニハ　内面的ニハ　常ニ政府ノ根本方針ヲ体シ　常ニ國家本位ニ活動スル事必要ナルハ論ヲ俟タズ　従テ之カ為ニハ　各省情報係官ノ密接ナル協調連絡ヲ計リ　一定ノ主義方針ヲ同社ニ授ケテ　遺憾ナキ活動ヲ期セサルヘカラズ
③就テハ現ニ毎週一回會合シ居レル情報委員會ヲ活用スル要アル所　目下ノ委員會ハ委員多数ニ上リ　委員会ノ議ヲ纏ムル事ニモ困難ナル次第ナルヲ以テ　先ヅ　各省委員中ヨリ少数ノ特別委員ヲ選定シ　右特別委員間ニ議ヲ纏メ　通信社ニ対シ　必要ナル指導ヲ與フル事然ルベシ
④新通信社設立ニ関シ　電通其ノ他地方新聞ガ合流ヲ肯セザルノ情勢最近看取セラレ　且右反対ガ軍側ノ支持ヲ受ケ居ルガ如キ風説モ有之次第ナルヲ以テ　此際　情報委員會内ニ　外、陸、海三省委員ニテ特別委員ヲ選定シ　協議ノ上　軍部軍部殊ニ陸軍側特別委員ヨリ　右反対者ノ合流勧告ヲナシ、新通信社ノ設立ヲ促進スル事ト致度シ

政府は、表向きには「この通信社は報道界の人々のみにより構成された公益法人で、いかなる権力も財力も動かすことの出来ない独立自治の公共機関である」(10)という立場を表明していたが、陸軍の論理ではそれは「対外信用ヲ維持セシムル為ニ　絶対ニ必要ナル次第ナリ」であり、実際には「同社ガ國策遂行ノ一機関トシテ　海外ニ於ケル『ナショナル・ニュース・エーゼンシー』ト対抗シ　其ノ使命ヲ達成スルニハ　内面的ニハ　常ニ政府ノ

根本方針ヲ体シ　常ニ國家本位ニ活動スル事必要ナルハ論ヲ俟タズ」と、国家が指導し、「國策遂行ノ一機関・國策通信社」として運営するというのである。つまり新通信社である同盟通信社の性格が、この段階ですでに規定されている。

また「新通信社ニ関シ　外務、陸軍、海軍三省申合」と題した外務省機密文書（一九三五（昭和一〇）年六月二五日付け）[11]は、陸軍の条件を整理し、陸軍、海軍、外務省の三省の間で確認がなされたことを記している。

①新通信社ハ新聞通信関係者ニヨリ組成セラルル公益法人トシテ設立セラルルモノナルカ　同社将来ノ健全ナル発達ノ為　又内外ニ対スル信用ヲ維持セシムル為ニ　同社設立ノ方針ヲ尊重ス

②然レドモ同社カ　國策遂行ノ一機関トシテ　外國通信社ト対抗シ　其ノ使命ヲ達成スルニハ　常ニ政府ノ根本方針ヲ体シ國家本位ニ活動スルヲ必要トス　就テハ現在ノ情報委員會ト密接ナル連絡ヲ保ツ要アルガ　同委員會ハ諸方面ニ亘リ其ノ会合人ハ余リニ多数ニ上ル為　通信社指導ノ如キ機敏ナル問題協議スルニ適セザル所アリ　依テ外務、陸軍、海軍三省情報関係係官ヨリ出来ル少数ノ特別委員會ヲ組織シ　三省関係通信問題ヲ協議シ　外務省ヲ通シテ　通信社ニ対シ　必要ナル指導ヲ與フ

③新通信社設立ニ就テハ　外務、陸軍、海軍三省ハ速ニ　一大通信社ヲ設立スル為ニ有ラユル援助ヲ為ス　現在通信社及新聞社ノ内ニハ　新通信社ニ加入セザルモノアル由ナルガ　此ノ際、外務、陸軍、海軍三省関係係官ヨリ　右反対者ニ対シテ　加入ヲ勧告シ以テ通信社ノ設立ヲ促進ス

この申し合わせは、「外務省ヲ通シテ　通信社ニ対シ　必要ナル指導ヲ與フ」という文言を加えた以外は、大

筋で陸軍が提示した条件どおりである。後ろ盾の陸軍が方針を転換したものの電通および有力地方紙の抵抗は続き、一九三六（昭和一一）年一月に聯合だけで新通信社・同盟通信社は設立された。だが電通および有力地方紙の抵抗もそれまでであった。逓信省が国際放送電報規則を改正し、同年一月から実施したためだ。日本の通信社と外国通信社とのニュースの送受信は同盟以外に許可しないという同盟の外国通信社との独占権を認めた内容で、その結果、電通は米大手通信社ＵＰなど外国通信社との関係を禁じられた。通信社としての活動を事実上禁じられた電通は同年六月、やむなく統合に応じ、同盟の系列下の広告代理店として存在することになった。このように通信社の統合は、情報委員會の方針決定以来四年を要して実現した。

二　言論統制の強化

1　政府機関の組織拡充

通信社の統合がいまだ紛糾しているなかで、陸軍は非公式な組織である情報委員會の組織の拡充改編の動きを開始した。一九三五（昭和一〇）年五月一四日、林銑十郎陸相が閣議で「情報局設置案」を提案し、翌日の一五日には陸軍省軍務課員の池田純久中佐が内閣総務課長の横溝光暉に「情報局設置案」を提出した。こうした動きは、陸軍が外務省に対して統合賛成を表明した時期と重なり合う。つまり陸軍は、新たに設立される通信社と、それを所管する政府組織の新設をワンセットと位置づけて、行動を開始したと思われる。

陸軍省作成の案は「閣議決定によって情報委員會を内閣に設置し、首相官邸の一室に常任幹事が常勤する」という一九三二（昭和七）年に情報委員會が設立された際に鈴木貞一中佐が示した案を下敷きとして加筆したものであった。[12] これを契機として政府部内で検討がなされ、「内外ニュースを國家的総合的見地から検討し、適当な提言を行う必要がある。新通信社の國家的見地に基づく健全な発達を図り、その機能を発揮させる必要があり、官制組織を設置すべきだ[13]」という意見が大勢となり、横溝光輝内閣総務課長、天羽英二外務省情報部長、武藤章（中佐）陸軍省軍務課員、清水盛明（少佐）軍務課員、野田清（中佐）軍事普及部委員長、進藤誠一逓信省電務局長による準備委員會を設けて協議がなされ、既存の情報委員會を正規の官制に基づいた組織へ格上げすることで意見が一致した。こうした過程を経て、一九三六（昭和一一）年同年六月一二日に閣議決定され、七月一日に官制の情報委員會が発足した。

情報委員會は、内閣書記官長を委員長に各省次官らで構成する常任委員會と、実務を担当する幹事會の二つからなり、幹事は外務省情報部第一、第三課長、内務省保安課長、図書課長、陸軍省新聞班長、海軍省軍事普及部第一課長、逓信省無線課長の情報関係五省で構成された。常任委員會、幹事會は毎週一回開催され、事務局も置かれ、外務、内務、陸軍、海軍、逓信の五省から派遣された高等官が常勤した。事務局の上席専任事務官が幹事會の長である幹事長を務めることが決められ[14]、内務省出身で内閣総務課長として設置案を取りまとめた横溝光暉が、幹事長に就任した。

その特徴は、情報宣伝を専管する官制の政府組織であること、全省庁を委員として政府全体に基礎を置いたこと、さらに国際情報を所管する外務省、出版図書の検閲の内務省、放送の検閲の逓信省、軍事情報の陸海軍省の情報関係五省が委員會の主軸を構成したことが挙げられ、この基本骨格は情報部、情報局に引き継がれた。閣議決定した「情報委員會ノ職務[15]」は、委員會の職務として「國策遂行ノ基礎タル情報ニ関スル連絡調整」を掲げ、「日常　國策ニ関スル各庁入手ノ情報ニ付　連絡ヲ緊密ニシ、絶エズ総合調整ヲ行ヒ、以テ國策ノ遂行ニ遺漏ナカラシメントスルモノナリ」と定めて、「職務」として「國策遂行ノ基礎タル情報ニ関スル連絡調整」「内外報道ニ関スル連絡調整」「啓発宣伝（輿論指導）ニ関スル連絡調整」の三項目の具体的実施方法を記し、「内外報道ニ関スル連絡調整」の柱として「同盟通信社設立ノ趣旨ニ顧ミ　情報委員會ハ関係各庁ト協力シテ　同社ノ國家的見地ニ基ク　健全ナル発達ヲ図リ　其ノ機能ヲ発揮セシムルベキモノトス」と記している。

同委員會の設立が決まると、外務省と陸軍は委員會における主導権や同盟に対する影響力、つまり政府と軍部の情報宣伝政策の主導権をめぐり、暗闘を展開した。それは同盟の人事から始まった。外務省は社長に永井松三駐ドイツ大使を据える考えで、ベルリンから帰国させ備えており、統合の交渉でも外務省は意図的に永井を同省代表として当たらせ、天羽の日記にもしばしば永井の名前が登場する。だが外務省の推す永井に対しては、同盟と陸軍が手を握り、反対した。同盟側では金子堅太郎伯爵、山本条太郎前満鉄総裁、松平恒雄元駐英大使らの名前を挙げたが、これは永井と相打ちとして潰すための当て馬にすぎなかった。『通信社史』は「新聞社と放送協会の組合組織による報道機関の建前をとり、官辺の息のかからない人物を自ら選ぼうとした」(16)と記しているが、外務省の天羽は「（同盟を握る）聯合ではかねて岩永裕吉君を推そうとして内々軍部にも渡りをつけていた。しかし聯合側では電通との関係や外務省情報部とのいきさつ等から、急に岩永君を出すわけにはいかないので誰か（別の人物）の名前を出さざるを得なかった」(17)と指摘している。その間隙を突く形で、逓信省は同省の息のかかった樺山資英を推薦した。天羽日記は「七月一六日　昼　日本倶楽部　田中都吉ト会談（同盟社長ノ件）正力松太郎トモ会談（同件）」「七月一七日、東京クラブ　朝日緒方ト会見（同盟社長問題、逓信省小森ヲ通ジテ樺山資英ヲ社長ニ推薦シ来リシガ為ニ岩永推薦ト決定）」(18)と記し、外務省としても逓信省が推す樺山よりは、気心の知れた岩永のほうが得策と判断し、結局岩永社長に同意したと記している。

外務省は、社長人事には敗れたが、常務理事に元駐メキシコ大使の堀義貴を据えた。天羽日記が「七月一〇日　堀義貴ニ同盟常務トシテ（一万二千円迄補助、現在同盟ヨリ六千円ノ筈、差引六千円補助トス）推薦ニ付大臣、次官ニ情報部ヨリ補助方相談決定」[19]と記載しているように、外務省情報部が堀の給与の一部を補助した。ともかくも常務理事は、合併を主導した外務、逓信両省が常務理事を分け合う形で、外務省の堀、逓信省の元電務局長畠山敏行、そして聯合の古野伊之助、電通の上田碩三が就任した。

人事が決着すると今度は、同盟に対する政府補助金の管理運用をめぐり情報委員會は紛糾した。どの機関・省が補助金を同盟に交付するかということは、同盟に対する影響力をどの機関・省が握るかと直結する。同盟の所管省は発足時には外務、逓信両省であり、これを名分として外務省は同省情報部が同盟へ補助金を交付するよう主張した。だが天羽日記が「八月二一日　昼　情報委員會　同盟補助金問題ニ就キ論議　小生、外務省補助ヲ主張シ　他ハ何レモ反対　孤軍奮闘」[20]と記しているように同省は孤立した。そして八月三一日の情報委員會で、同盟への補助金交付について「昭和一二年度以降、助成金ハ適当ナル費目ヲ以テ予算ニ計上スルコト、之ガ運用管理ハ情報委員會ニ於テ行フコト　昭和一一年度助成金ハ外務、陸軍、海軍三省ニ於ケル本年度経費ヲ以テ分担方考慮スルコト」という基本方針が決定された。同盟が発足した初年度の一九三六（昭和一一）年度は予算措置が間に合わず、三省が各約三七万円を分担し計一一〇万円を補助するが、それ以降は情報委員會が「外交通信特別施設費」の名目で交付することになり、外務省の目論見は挫折した。

天羽は回想文（「国策通信社を回想する」）で、「聯合は同盟を仕上げるために外務省を使ってきた。しかし同盟が出来上がり、その首脳者も聯合側から出したのであるから、聯合としては最早、外務省を以前のように必要とはしなくなった。軍部としても、同盟が出来上がった以上は、外務省情報部などは相手とせず、直接同盟を握っておくことが近道であった。そこで軍部は、外務省情報部から段々、同盟を引き離すと共に外務省情報部それ自身を弱体化することにかかった。情報委員會は外務省の反対を押し切って、同盟に補助金を交付することを決定したが、その裏面には同盟が内々軍部や内閣に脈絡を通じた形跡があった。軍部の力が強くなるにつれ、外務省情報部それ自体が内閣情報局に吸収されて非常時体制に溶け込まされた。同盟も魚心水心で、内閣の温床のもとで肥り上がった」[21]と指摘している。つまり、同盟の設立、それを受けた情報・宣伝組織の拡充という過程で、陸軍は外務省から同盟の監督権限を切り離し、政府の情報・宣伝政策の主導権を握ることを画策し、それを成功に導いたといえる。

情報委員會は、第一次近衛内閣によって日中戦争勃発直後の一九三七（昭和一二）年九月二五日に内閣官房の部局である情報部へ発展・改組された。この拡大改組は戦争勃発が直接的な契機ではなく、同年五月に内閣調査局の企画庁への改組と同時に行われる予定であったが、予算措置の都合で九月へずれ込んだものだ[22]。これは一九三六（昭和一一）年末におけるロンドン海軍軍縮条約の失効による国際緊張の高まりを受けて、政府部内に危機感が高まり、情報委員會を強化して対外世論形成に力を注ぐべきであるという意見が首相の近衛をはじめとして部内の大勢となり、その結果、情報部への改組、拡充となって具体化されたという経緯[23]がある。

情報部は、①國策遂行ノ基礎タル情報ニ関スル各庁事務ノ連絡調整、②内外報道ニ関スル各庁事務の連絡調整、③啓発宣伝ニ関スル各庁事務ノ連絡調整、④各庁ニ属セザル情報募集、報道及啓発宣伝——と、その「職務」を定めている。内閣書記官長を委員長として、各省次官に法制局参事官、資源局長官、外務省情報部長、内務省警保局長、逓信省電話局長、陸軍省軍務局長、海軍省軍事普及部委員長らを加えた二〇名で構成する委員會が方針を決定して、その方針を情報部が実施する形態で、初代の情報部長には情報委員會の幹事長であった横溝が就任した。第一課「総務」、第二課「文化」、第三課「精神動員」の三課からなり、各省間の情報の連絡調整、宣伝方針の協議を主催し、「週報」「写真週報」「東京ガゼット」など雑誌・パンフレットを発刊、さらに啓発宣伝事業として国民精神総動員運動、愛国行進曲の制定、思想戦講習会、思想戦展覧会、時局問題研究会、地方時局懇談会の開催などの活動を展開した。

その特徴は、各庁事務の連絡調整を中心とした所掌事項に、新たに「各庁ニ属セザル情報募集、報道及啓発宣伝」を加えたことで、これは単なる「連絡調整」機関から、独自の情報宣伝政策を展開する機関への脱皮を意味していた。また専任職員が八八人と、委員會の二八人の約三倍に増員され、一九三九（昭和一四）年六月の官制改正では「國民精神総動員ニ関スル一般事項」という職務を加えたのにともない、職員を一五〇名に大幅増員し、活動範囲を広げた。それに加えて新たに「情報官」という職制も設けた。その職務は「情報、報道、啓発宣伝を掌る」とされ、各省庁の情報担当官を兼任の情報官に任じて各省庁間の連絡調整の緊密化を図ると同時に、内閣情報部自体に一二名の専任（常勤）の情報官を配置した。七名の専任情報官のなか五名が現役軍人（陸軍三、海軍二）で、彼らは部内で大きな発言力を有した。

さらに民間の活力を得るのを目的に「参与」という職務も新設され、マス・メディアの側から古野伊之助（同盟）、緒方竹虎（朝日）、高石真五郎（毎日）、正力松太郎（読売）、芦田均（ジャパン・タイムス）、野間清治（講談社）、小林一三（東宝）、大谷竹次郎（松竹）ら新聞、通信、出版、興行界の代表が就任した。唯一のメディア研究組織であった東京帝大文学部新聞研究室主任の小野秀雄も情報部の嘱託として、「週一回の研究座談会への出席、ドイツ、イタリアの新聞統制の資料購入と、その翻訳の世話、さらに思想戦講習会の講演企画を担当」した。(24)

情報部は、マス・メディアを直接統制する権限を有していなかったことや、情報部長が閣議へ列席する資格がないこと、強力な実行組織を有する陸海軍、外務省等との対立による統一保持の困難、幹部人事の独立性の欠如などが「大きな欠陥として、論議された」[25]。所有する独自の権限は限定されたものではあったが、国民精神総動員運動の展開など日中戦争下で情報・宣伝政策を主導し、日中戦争に対する国民の自発的同調を引き出すという積極的言論統制の組織が整備されたという意味がある。情報部は内閣情報局を生み出す母体としての役目を果たした。

2　國家総動員法の制定

第一次近衛内閣は情報部設立という情報宣伝組織の拡充に加えて、戦時統制の基本法である國家総動員法を一九三八（昭和一三）年四月に公布した。「國家総動員トハ　戦時（事変ノ場合ヲ含ム）ニ際シ　國防目的達成ノ為國ノ全力ヲ最モ有効ニ発揮セシムル様　人的及物的資源ヲ統制運用スルヲ謂フ」（第一条）と規定しているように、総力戦遂行を目的として人的、物的資源を統制運用できるための広範な権限を政府に付与した法律である。

一九三八（昭和一三）年の制定時の同法は、第三条「総動員業務」で「國家総動員上必要ナル情報又ハ啓発宣伝ニ関スル業務」と、新聞が「人的物的資源」に含まれる動員対象であることを明記し、第二〇条では「（第一項）政府ハ戦時ニ際シ　國家総動員上必要アルトキハ　勅令ノ定ムル所ニ依リ　新聞紙其ノ他ノ出版物ノ掲載ニ付制限又ハ禁止ヲ為スコトヲ得　（第二項）政府ハ前項ノ制限又ハ禁止ニ違反シタル新聞紙其ノ他ノ出版物ニシテ　國家総動員上支障アルモノノ発売及頒布ヲ禁止シ　之ヲ差押フルコトヲ得」と統制の権限を付記している。

議会での法案審議で末次信正内相は、第三条に盛られた「情報又ハ啓発宣伝」に関して、「國家の目的に協力されるように、新聞は新聞としての本来の業務をやられる、それと並行して啓発宣伝のことを必要に応じてやって貰うのであります。別段新聞本来の使命を傷つけたり、又官製の社説を、内容まで指示して掲げて貰う、さう云う風な考えではないのであります[26]」と、重要な意味はもたないと説明している。また第二〇条に定めた「掲載ニ付制限又ハ禁止」について「現在やって居りますことを法文化したものに過ぎないのでありまして、新聞紙法の範囲に含まれて居ないもので現に（取締りを）やって居ります。金融財政に関することと云ったようなことを、取締得るように、此処へそれを併せて書いたのであります。特別に苛酷な取締りをするというようなことは毛頭考えて居りませぬ[27]」などと、既存の新聞紙法では金融財政という経済関係の記事は取締りの対象から外れているため、それも対象であることを同法案で明文化したことを挙げている。しかし同法に規定された言論統制の目的は、言論を物資、資材と同様の「物的資源」と意図づけ、「物動計画」のなかへ言論統制を加えることで、新聞を総力戦体制に組み込み、「情報、啓発宣伝」機能を最大限発揮させるための組織へと導くことを意図していたことは明らかだ。

このような國家総動員法の制定に対し、新聞側も敏感に反応した。法案として議会へ上程される直前に、読売新聞は一九三八（昭和一三）年一月二六日付け夕刊で、「國家総動員法要綱　物心両面一切に亘り　高度統制原則確立」との見出しで法案の中身をスクープした。同紙によると、「要綱」では「（第二二条）政府は戦時（または事変）に際し、新聞紙法の罰則規定に依り、一箇月二回以上または引続き二回以上、新聞紙の発売及び頒布を禁止したる場合に於て、國家総動員の為必要あるときは、勅令の定むる所に依り、其の新聞の発行を停止することを得るものとすること。前項の停止の命令に違反して発売または頒布するの目的を以て印刷したる新聞紙は管轄地方官庁に於て之を差押ふることを得るものとすること[28]」と、新聞の発行停止という厳罰規定が盛り込まれていた。

新聞の「発行停止」とは新聞社の廃社を意味することは明らかであり、これに新聞側は強く反発し、在京新聞社幹部の親睦団体である二十一日會は、近衛首相、末次内相ら政府関係者に、①発行停止規定はかえって世論萎縮の弊害を招く、②重大制裁を行うべき対象行為について法文上杜撰さを免れない、③権限が濫用の恐れがある——を理由に条項の削除を申し入れた。二十一日會の反発は日中戦争へ新聞社側が進んで全面協力をしたにもかかわらず、規制するとは何事かという感情的なもので、それは『日本新聞年鑑（昭和一四年版）』の「日支事変発生以来、吾が全新聞界じゃ、政府の注文の有ると無いとに関らず、専ら國策に協力して自粛自正、よく銃後新聞としての任務を果し来った。然るにたまたま議会に國家総動員法の提出さるるや、そのうち第二二条の新聞停刊処分に関する規定及び刑罰を規定した第四三条は甚だしく新聞界を脅威するものなりとして、二十一日會の猛反対運動となり、この運動は遂に奏功して第二十二条及第四十三条の全面的削除を見るに至った[29]」という記述にも表れている。政府側も新聞側の反発を考慮し、第二二条については「全面削除する」ことを決め、第二〇条についても「単に法律を制定しただけであり、必要のない限り実施を避けたい[30]」（末次内相）など「抜かざる宝刀」であると、新聞社側の懐柔に務めた。先の二十一日會の申し入れに見るように、第二二条に神経を尖らせていた新聞側は、政府の対応を諒として、國家総動員法自体への批判はきわめて消極的なものにとどまった。

新聞側の姿勢を、『文藝春秋（昭和一三年三月号）』の「新聞匿名月評」は、「死刑宣告の新聞」と題して、「新聞は國家総動員法に、頗る不明瞭な態度をとった。肯綮に値する社説等を開陳するでもなし、反対論の焦点を衝くでもなし、例によって他力本願、ニュース本位、貴衆両院の動向に便乗、新議事堂の火事に銀座でホースを向けるといった格好だ。徒に時流に媚び、新聞事業を継続するためには、奥歯に物のはさまったやうな、しぼりつ腹の観測しか下し得ない。今議会を通じて見た新聞は、明哲保身以外の何物をも出ない。その宿場女郎ぶりは國家に不実、読者にも不実、火星新聞でもあるまいけれど、社会から遊離した人外境的存在だった。ゲワルト《まま》に従者の如く、無力たること赤子の如き現状新聞だけに、憂鬱を覚える」などと、厳しい調子で批判している。

『文藝春秋』のメディア論評「新聞匿名月評」は、一九三二（昭和七）年四月号に「新聞匿名評論」として始まり、毎号、「自由主義」の立場で、新聞を遡上に挙げる一方で政府の弾圧や統制に厳しい批判を加えてきた名物コラムである[31]。だが、同コラムも一九三八（昭和一三）年七月号の「『國策の線に沿ふ』とは何ぞや」と題して「新聞は本質的に商品化を許されない」などと主張したコラムを契機に、一転して「國策の線に沿ふ」論評に切り替わり、一九三九（昭和一四）年二月号で、新聞の戦争への取り組みが不満足であるとし、「非戦時的、非日本國民的、非興亜的、不見識的、不忠勇的、無意義的」と批判した「戦争を喰ふ新聞」と題する論評を最後に、姿を消した。

　しかし新聞側が、第二二条削除という一応の譲歩を政府から引き出したこと自体は、その時期までは辛うじて統制を押し戻そうとする意思と力が残っていたと評することもできる。なぜならば政府は、三年後の一九四一（昭和一六）年三月には新聞社の解散を含む企業の生殺与奪の権限条項など、政府の権限を強化する内容に同法を改正したが、新聞側は何等の反対を唱えることはなかったためだ。むしろ朝日（昭和一六年二月一日付け朝刊）は「成立法案の時局的意義　経済体制の強化」と題して、改正総動員法について「事変五年目の春を迎へた第七十六議会は、従来にない一層の戦時色を見せて、二月一杯で大体の法律案を議了するといふ快速ぶり」と前置きし、「現行法の成立当時の昭和一三年と現在の間に、わが国のよって立つ環境に改正を必要とするだけの変化が生じたからに外ならない。要するに来るべき國家の非常時局に対応して、労務、物資、資金の各方面にわたり國内経済法制の完璧を期せんとするものである」など、同法改正をあくまで経済統制の強化と捉えて、「戦時國家の現段階の表徴」と記したように、新聞側は一様に改正を評価した。

一九四一（昭和一六）年三月の改正は第一六条について、改正前の「政府ハ戦時ニ際シ　國家総動員上必要アルトキハ勅令ノ定ムル所ニ依リ　事業ニ属スル設備ノ新設、拡張若ハ改良ヲ制限若ハ禁止シ又ハ総動員業務タル事業ニ属スル設備ノ新設、拡張若ハ改良ヲ命ズルコトヲ得」に、新たに「（第二項）政府ハ戦時ニ際シ　國家総動員上必要アルトキハ勅令ノ定ムル所ニ依リ　事業ニ属スル設備又ハ権利ノ譲渡其ノ他ノ処分、出資、使用又ハ移動ニ関シ必要ナル命令ヲ為スコトヲ得」と、「（第三項）政府ハ戦時ニ際シ　國家総動員上必要アルトキハ勅令ノ定ムル所ニ依リ　事業ノ開始、委託、共同経営、譲渡、廃止又ハ休止又ハ法人ノ目的変更、合併若ハ解散ニ関シ必要ナル命令ヲ為スコトヲ得」という二項を追加した。第三四、三五条では違反に対する懲役または罰金刑も新たに追加した。つまり、①これまでの規定では事業の新設、拡張を対象としていたのに対し、第二項では既存の設備等への強制力を有す、②これまでの規定では事業の設備や権利の移譲命令規定であったのに対して、第三項では事業そのものについてあらゆる命令を下す権利を有す——ように改定された。これらの強制力は、企業に対する整理、統合の強制的な命令権を意味していた。さらに第一八条について、改正前の「政府ハ戦時ニ際シ國家総動員上必要アルトキハ勅令ノ定ムル所ニ依リ　総動員業務タル同種又ハ異種ノ事業ノ事業主ニ対シ事業ノ統制ヲ目的トスル組合ノ設立ヲ命ズルコトヲ得」の条文の「事業主ニ対シ　当該事業ノ統制ヲ目的トスル組合ノ設立ヲ命ズルコトヲ得」を、「事業主又ハ其ノ團体ニ対シ　当該事業ノ統制又ハ統制ノ為ニスル経営ヲ目的トスル團体又ハ會社ノ設立ヲ命ズルコトヲ得　團体成立シタルトキハ政府ハ勅令ノ定ムル所ニ依リ　当該団体ノ構成員タル資格ヲ有スル者ヲシテ　其ノ團体ノ構成員タラシムルコトヲ得」と改正し、それに関連して二つの項目を新たに加え、第三八、四六条では違反者に対する罰金刑も新たに追加した。

同時期に出版された『改正國家総動員法解説』は「改正によって、政府の要求する総合計画経済の遂行に現実の歩みが進められたのである。この画期的前進の故に本法を指称して経済全権委任法と云ひ、それが経済界の深刻な関心を惹起した。第一六条並びに第一八条の改正は、今次改正中最も重要なる個所である(32)」と指摘し、「(その結果)政府の肚一つで経済団体の編成を実現せしめ得る。敢えて単行法の制定を俟つまでもなく、勅令一本で有無をいわせず断行し得ることになる(33)」と解説している。すべての企業に新聞社が含まれるのは明らかで、同改正法に基づき、同年一二月一三日には新聞事業の「開始、委託、共同経営、譲渡、廃止又ハ休止ニ関スル命令」などを盛り込んだ新聞事業令が勅令として公布されるが、これが新聞統合の根拠法となった。

3　新聞用紙の統制

政府は新聞を統制する有効な手段として、新聞用紙の統制も実施した。『日本新聞年鑑(昭和一三年版)』が「経営は紙から」と題して「新聞経営は紙から出発する。用紙値の上騰はまだ忍ぶべしとする。(しかし)紙飢餓を見るに至って経営策は出直さねばならぬ(34)」と指摘したように、安価な用紙を安定的に確保することは、企業体としての新聞社経営の最優先事項であった。

新聞用紙の統制が実施される以前には、製紙会社と新聞社および新聞社間で、微妙な駆け引きが展開されてきた。製紙会社は、大口の購入社である全国紙などには表向きの「新聞用紙建値」とは別に裏から割戻しを行った。朝日、毎日両紙は一連八〇銭から一円、報知、時事新報級には五〇銭と、購入量によって差額をつけて一様に割り戻した。地方紙はこれを知っているが戻しを要求するだけの実力がないため泣き寝入るほかなく、製紙会社は大部分の新聞社の負担で、朝日、毎日両社に対する損失をカバーするという不合理が行われていた(35)。

朝日は用紙の確保のため「製紙側の新聞用紙値上げを最小限度に食ひ止める為、飽くまで用意周到、否、資本主義に徹し、去年の下半期、王子の株式一万株を買収した。配当と発言権の二筋道を狙ったもので、新聞社の製紙会社への投資は朝日を以て嚆矢とする[36]」という策を講じ、一九三八（昭和一三）年には新たな製紙会社國策パルプの設立に手を貸し、資本金の一部を支出し、また社員を同パルプの役員に配置して用紙確保に努めた[37]。朝日の動きに反発した王子製紙社長の藤原銀次郎は、毎日の大株主となり同社への影響力を強め[38]、さらに読売新聞社長正力松太郎とも「正力は藤原からダンピングの用紙を貰って経営していると噂されるくらい親密を加えた[39]」などの対抗手段を講じている。

製紙会社は大正期から昭和初期までは王子製紙、富士製紙、樺太工業の三大製紙会社が存在し、一方でスウェーデンやカナダの外国産紙も輸入された。報知新聞など国産紙より安価な外国紙に切り替える新聞社も多く、とくに一九三〇（昭和五）年、カナダのパウエルリバー社が国産紙より二割以上も安価な値段で売り込みを図り、このため国内製紙会社三社は朝日、毎日に、「カナダ紙とほぼ同様の価格に値下げする」ことを約すなど、対応に苦慮した。これを契機として国内製紙会社三社は「三社が互いに競争しているのでは、新聞社から思うように操られても仕方がない。共倒れにならないまでも、窮地にまで追い詰められるに違いない」と危機感を強め[40]、一九三三（昭和八）年五月に三社が合併して新たに「王子製紙」を発足させて、同社が独占的な製紙会社として君臨することになった。独占的製紙会社の発足によって顧客である新聞側との力関係が逆転し、それが公権力による用紙制限が円滑に行われる下地を形成した。

力関係の逆転は、日中戦争開始直前の一九三七（昭和一二）年に外国紙が急騰し、国産紙よりも値が上がり、外国産紙を使用していた新聞社も国産紙に切り替えを余儀なくされた際の騒動に、顕著に示されている。この時期は、新聞用紙と同じ原料パルプを使用して「ステープルファイバー（人絹、以下スフ）」を製造する技法が開発され、スフへ回す原料パルプの量が拡大したため新聞用紙の量は減少していた。このため王子製紙側は、新聞側の供給要請を突き放した。窮地に立たされた地方紙や在朝鮮の新聞二五社は「新聞用紙対策同盟」を結成し、王子製紙に対し、新聞用紙供給の機会均等等を要請する一方で、東朝、東京日日、読売の全国紙を歴訪し、用紙節約を求めたが、拒絶された。こうした新聞側の様を、『文藝春秋（昭和一二年六月号）』の「新聞匿名月評」は「新聞界出身議員は政友、民政両党合わせて三十七名、政党政治華かなりし頃だと、（新聞社と政党の）連繋は可成の物をいったものであるが、今や代議士の顔は石地蔵ほどにも睨みが利かない。時代は益々新聞に冷酷だ。またそこを見透かしての王子の強引ではある。資本主義の暴虐、統制経済の壟断と絶叫したところで、実際問題としては新聞の負け戦ではあろう。思へば新聞資本主義は脆弱だった。そして新聞の偉力は失墜以外の何物でもない。従来、別世界を形成し、目前の名利のみを追ひ、無駄な競争に浮身をやつし、小心翼翼、言論に、営業に、経営に利己主義のみを発揮して来たものの憐れむべき末路だ」と皮肉っている。結局、王子側が同年六月、用紙供給を確約して、この騒動は一応治まったが、その過程で王子側の要請で、大口消費の朝日、毎日、読売三社は供給量の制限割り当てを承諾した。

日中戦争が始まると、新聞は競い合って号外発刊と増頁、日曜夕刊の復刊[41]など戦況報道に力を入れたが、政府（商工省）は、国際収支改善のため外国産パルプを「不急品目輸入統制」の品目とし、輸入制限策[42]（輸入為替の不許可）を講じるとともに、国産パルプもスフ（人絹）工業助成のため新聞用紙を節減する方針で臨み、東京都下の有力新聞に自発的節減を要請した。これを受けて新聞側は対応を検討したものの、増頁、日曜夕刊および折込み広告の廃止、号外の紙幅縮小等を申し合わせたにとどまり、商工省側が希望する節約量にはるかに及ばなかった。

このため政府は、新聞用紙の新聞側の自発的節減に見切りをつけた[43]。一九三八（昭和一三）年六月二三日の臨時閣議で物資総動員計画の使用制限品目三三種を決定したが、そのなかに新聞用紙を指定したのである。池田成彬商工相ら商工省側は七月から八月にかけて新聞側に「用紙統制意見」として①月一〇〇〇連以上を消費する五一社は昭和一二年七月一日より一三年三月三一日までの実数を基準とし、一三年九月一日より一四年六月三〇日までの期間、一割二分の供給制限を行う、②月一〇〇〇連以下の一〇三社に対しては法的供給制限を行わず、節約の趣旨に順ずべきことを要望す――ことを通告した。この時点における用紙の消費量は、月一〇〇〇連以上を消費する五一社で全消費量の九六％を占め、そのうち、大阪朝日、大阪毎日、東京朝日、東京日日、読売の全国紙だけで七四％を占めていた[44]。そのうえで、商工省は八月一二日付けで用紙生産メーカーの王子製紙、北越製紙に対し、「輸出入臨時措置法」に基づく命令および物資調整局次長依命通達を発して供給制限令を下した。この政府による「第一次制限令」により以後、新聞用紙は名実ともに政府の統制下に置かれることになった。

しかし「月一〇〇〇連以上を消費する五一社」に対する一律制限に対して、有力地方紙からは強い反対論が噴出した。名古屋、新愛知、小樽、北海タイムス、河北、秋田魁、北國、京都日日、神戸、岡山合同、中國、高知、福岡日日、九州日日など全国の有力地方紙三八紙の代表は同月に「全國新聞用紙対策聯盟」を結成して反対運動を展開した。反対決議は「新聞用紙節約に當り、東京七社のみの内意を計り、地方紙を除外せるは不當なり」「月一千連の使用社も十万連の使用社も同一制限率であるのは不當なり」「用紙の節約量は各社の使用量を基準として、段階的に比率を定むること」「前年度基本量中、舶来紙其他を加算すべからず」――というものだ。反対運動の根底には、長年の全国紙間の競争、全国紙と地方紙間の競争という構図が存在する。用紙は販売と直結するだけに、とくに地方紙は「政府が全国紙に配慮し、この結果として地方紙は不利益を被るのでは」という警戒感を募らせた。

結局、商工省側も有力地方紙の反発を考慮し、翌一九三九（昭和一四）年六月三〇日に行われた「第二次用紙制限令」（同年七月一日から一五年六月三〇日までの期間）では、用紙制限の対象となる新聞社を約四〇社に限定し、さらに四〇社を三つに分けて制限量を区分した。①大朝、大毎、東朝、東日、読売は一割五分（前回比三分制限増）、②有力八社は一割三分（同一分制限増）、③他三〇社は一割二分五厘（同五厘制限増）――という内容である。

用紙制限による影響は、全国紙、地方紙を問わず、新聞社総体に大きな危機感を与えた。全国紙にとっては、「日中戦争の取材費が嵩み、それを賄うには販売と広告収入を増やすしかない」のだが、「用紙が少ないと部数は増やせないし、減頁すれば広告掲載量も減少し、広告収入は減る」というジレンマが生じた[45]。紙面の頁数が全国紙よりも少ない地方紙にとっては、さらなる減頁は新聞の存立にかかわることで、一層深刻であった。

この間、政府部内に用紙供給の制限を単なる物資統制ではなく、言論統制と関連させた政務とするという発想が芽生えた。発案者は一九三九（昭和一四）年一〇月、商工省次官に就任した岸信介であった、といわれる。岸は満州國実業部次長として用紙制限が言論統制の有効手段として活用されていることを熟知していたため、満州方式の内地への導入を強調したという[46]。『日本新聞年鑑（昭和一〇年版）』は、「紙の消費節約は各國とも苦心惨憺の態である。現にナチス・ドイツでは十二年一月から新聞用紙の使用高を一割方節約すべしとの新聞用紙節約令を出した。イタリーは十二年四月二日付宣伝省令で新聞雑誌の新規発行を禁じ、英國でも新聞紙の寸法縮小、新聞紙値上げ等が考究されている[47]」と記載しており、ナチス・ドイツからの影響も推測される。

第三章でも取り上げるが、一九四〇（昭和一五）年二月一五日と作成日を付記した「新聞指導方策に就て」と題する言論統制構想には、新聞用紙の言論統制への活用が盛り込まれている。同構想は情報部で検討されたもので、「新聞の営業部面を掣肘する方法」と題して、「現在、商工省に於ては、用紙問題を単なる物資関係の『事務』として処理しているが、これを内閣に引き取り政府の言論対策を重心とする『政務』として処理するならば、換言すれば、政府が之によって新聞に相當の睨みを利かすこととなれば、新聞指導上の効果は相當の実績を期待し得ると信ずる。具体案は、内閣に新聞用紙管理委員會（内閣書記官長を委員長とし、内閣情報部長、企画院第四部長、内務省警保局長、商工省繊維局長を委員とし、内閣情報部に於て庶務を司る）を設置し、商工大臣は右委員會の議決を経て各新聞社に対する用紙配給量を決定する」(48)という新聞用紙の国家管理案を提示している。そして三ヵ月後の同年五月一七日の閣議で、この構想と同一内容の政府方針が、企画院総裁による提議の形で決定された。政府は権限を内閣へ移管し、情報部直属の新聞雑誌用紙統制委員會を設置するという内容で、同月二一日には同委員會が設置された。

「新聞雑誌用紙統制委員會規定」（**図表7**）によると委員會の構成メンバーは、委員長（内閣書記官長）、幹事長（内閣情報部長）、委員（企画院第二、四部長、外務省情報部長、陸軍省情報部長、海軍省軍事普及委員長、内務省警保局長、商工省繊維局長、文部省社会教育局長、拓務省管理局長）である。委員會の庶務は内閣情報部に置かれて情報部長が幹事長を務めた。情報部が同年一二月に情報局へ昇格すると、委員長には情報局総裁、幹事長には情報局次長、庶務は情報局に置くよう「委員會規定」は改正された。

こうして用紙供給の権限は内閣へ移管され、実権は情報部（情報局）が掌握したが、委員會の発足はもう一方の言論統制機関である内務省警保局にとっても、大きな意味をもった。新聞統合を推し進めている内務省警保局にとって、委員會の構成委員として直接的に用紙供給に口をはさむ権限を有したことは、これを有効手段として活用できる糸口をつかんだためだ。内務省警保局が、悪徳不良紙を対象とした第一段階を終了し、今度は弱小紙を対象とした第二段階へとギア・チェンジしたのは、一九四〇（昭和一五）年六月であり、この新聞統合の段階移行が委員會発足の翌月であることは双方の関連を証している。この用紙制限は構想が指摘するとおり、きわめて有効な手段として活用された。

図表７　新聞雑誌用紙統制委員會規定

第一条　新聞雑誌等用紙ノ統制ニ関スル事項ヲ調査審議セシムル為　内閣ニ新聞雑誌用紙統制委員會ヲ設ク
第二条　委員会ハ委員長及委員ヲ以テ之ヲ組織ス
　特別事項ヲ調査審議スル為必要アルトキハ臨時委員ヲ置クコトヲ得
第三条　委員長ハ内閣書記官長ヲ以テ之ニ充ツ
　委員及臨時委員ハ関係各庁高等官ノ中ヨリ内閣ニ於テ之ヲ命ジ又ハ嘱託ス
第四条　委員長ハ会務ヲ総理ス
第五条　委員會ニ幹事長及幹事ヲ置ク
　幹事長ハ内閣情報部長ヲ以テ之ニ充ツ
　幹事長及幹事ハ委員長ノ指揮ヲ受ク　庶務ヲ整理ス
第六条　委員會ノ庶務ハ内閣情報部之ヲ掌ル

（出典）『現代史資料　マス・メディア統制（二）』

三　新聞統合の着手

1　内務省の意図

新聞統合が開始された時期について、『警察協会雑誌』(昭和一七年五月号)(49)に収録されている内務省事務官瓜生順良の「新聞統制と取締の要諦」と題する論文は、「昭和十三年夏の特高課長ブロック会議での指示」と記している。これを踏まえて先行研究は「昭和一三年秋から(各都道府県で)実施された」(50)と、記述している。しかし「昭和一三年秋」とは、正確には「昭和一三年八月」である。内務省が「警察部長会議」(昭和一五年一〇月)で配布した文書「新聞紙整理状況一覧表」(51)の「昭和一三年八月整理開始」という記載や、同省内部文書「出版警察報」(昭和一六年一二月号)の「新聞紙及出版雑誌在籍数調」(52)の「整理開始直前(昭和一三年七月末日)」の記載から、開始時期を裏付けることができる。

新聞統合の発案者について、東京帝大文学部新聞研究室を創設し新聞学研究の第一人者と目され情報部嘱託を務めていた小野秀雄は、戦後に出版した回想録『新聞研究五十年』で次のように証言している。

國家総動員法が議会に提出された昭和一三年、近衛内閣の末次内相は、戦時下における言論報道の統制と資源枯渇防止を理由として、國家非常時における自粛自戒の立場から、自発的に新聞の廃刊を実行させることを考えた。(53)

この証言からは、新聞統合の発案者が内務官僚ではなく、第一次近衛内閣の末次信正内相であったことや、その発想は戦時下の思想取締りの強化と検閲作業の円滑化、紙パルプ（新聞用紙）の節約という消極的言論統制にあり、統合は新聞側の自発的廃刊という手段を用いることが企図された事実が浮かび上がる。

末次は海軍軍令部次長、連合艦隊司令長官などを歴任した海軍軍人（海軍大将）で、一九三〇（昭和五）年のロンドン軍縮条約の際に、軍令部次長として条約批准に反対した「海軍強硬派（艦隊派）」の主役である。松岡洋右ら革新派政治家、官僚と通じ、近衛首相に乞われて一九三七（昭和一二）年一二月に入閣し、一九三九（昭和一四）年一月に近衛内閣が瓦解するまで内相の職にあった。内相としての末次の姿勢を示す著書に「長期戦と國民の覚悟」と題した政治パンフレットがある。そのなかで末次は「今や支那事変は第二段階に到達した。國民党政府及其の軍隊に対して軍事的には勿論、経済的にも、思想的にも、之が壊滅を図ると共に善良なる支那民衆を助け経済的にも、思想的にも一大安心を与え新文化の建設を達成しなければならない。此の大事業の前途には幾多の艱難が横たはっていることを覚悟せねばならない。このため國民の奮起を求め度いと存ずる[54]」などと、日中戦争の泥沼化という事態を直視して国内での「思想の統一」、すなわち言論統制を強化する考えを覗かせている。

さらに小野の証言によると、末次内相の指示を受けた内務省内での計画立案過程は、以下のようなものだ。

（末次内相の指示を受けた）警保局長から、意見を求められた私は、「まず『有害無益』な新聞の廃刊に着手し、次いで『無害無益』な新聞に及ぶべきである」と答えた。局内で協議の結果、いわゆる悪徳新聞と経営難に陥っている新聞に着手することに決定した。経営難に陥っている新聞は、経営の実情調査で容易につかむことが出来たが、悪徳新聞については捉え方が困難であるので、内務省図書課で係りを作って調査研究した結果、「所謂悪徳新聞紙整理要綱」なるものを作って、警視庁および地方警務課に内示した。その調査研究には私も参加した。当時、悪徳新聞と称せられるのは、「私行を暴露する」と称して金銭を強要するもの、無断で開業医などの広告を掲載して広告料金を強請するものが最も多数で、また選挙時に無断で立候補者の宣伝記事を掲載し、掲載紙の買い上げを強要する新聞もあった。この種の新聞は、平時は休刊し、選挙時にのみ発刊されるので、「朦朧新聞」と言われた。大抵は旬刊、週刊で、日刊紙はほとんどなかった。その時の調査では、悪徳新聞の部類にはいる新聞が東京市内だけで千を越えた。(55)

この証言に基づくと、小野が第一段階で悪徳不良紙（「有害無益」紙）、第二段階で弱小紙（「無害無益」紙）という二段階実施の具体策を提案し、それを受けて内務省警保局図書課が計画立案したことになる。その構想は、あくまで思想取締りの強化や検閲作業の円滑化という意図に基づく「悪徳不良紙」および「弱小紙」を対象としたものであった。すなわち内務省が企図した新聞統合は第一、二段階までであり、普通日刊紙を一県一紙に統合するという第三段階は念頭にはなかった。

また証言からは、内務省本省で「所謂悪徳新聞紙整理要綱」を作成し、それを警視庁および地方警務課に示達し、実施したという一連の手順も明らかになる。小野も参加して作成された「所謂悪徳新聞紙整理要綱」（**図表8**）は、悪徳不良紙にとどまらず、第二、三段階の整理統合においても踏襲され、新聞統合の基本マニュアル（実施基準）として重要な意味を有している。

図表８　所謂悪徳新聞整理要綱

（整理基準）

一　名誉毀損、屈辱、信用毀損、業務妨害、詐欺、恐喝、強談、威迫　其の他
新聞紙利用犯罪を常習とし、又は其の傾向あるもの
二　新聞紙の威力を悪用して寄附又は廣告の強要或は物品の押売を為すを常習とし、又は其の傾向あるもの
三　申し込なき新聞紙を配布し、又は申込みなき廣告を為し其の代金を強要するを常習とし、又は其の傾向あるもの
四　各方面の暴露記事の掲載を以て専ら編集方針と為すが如きもの
五　不義密通の男女関係、又は遊里に関する記事掲載を以て専ら編集の方針と為すが如きもの
六　常に発行に関する諸般の手続を懈怠し、又は法規、命令、処分等を恪守せざるが如きもの
七　常に保証金に関する紛争を惹起し、其の発行の実体不明確なるが如きもの
八　経営困難にして其の発行有名無実なるもの、又は従業員に対する給料支払能力なきが如きもの

（整理方法）

一　発行人に対し、我國現下の長期総力戦態勢下に於て、挙国一致、物心両面の総動員を喫緊とするの秋に当り、其の新聞紙を廃刊するは國策に順應する所以なるを懇諭し、自発的廃刊の措置に出でしむること
二　廃刊に当り、保証金問題に関し紛争を生ずるが如きものに対しては、出来得る限り和解の労を執ること
三　廃刊後の転業に関しては、出来得る限り斡旋の労を執ること
四　懇諭の上、尚廃刊を肯せざるものに対しては、爾後の取締を励行し、不良悪徳行為の余地無からしむること、又不徳不良記事に対しては厳重なる取締を励行すること
五　新聞に発行届出ありたるものにして整理基準各項に該当するものと認められるものに対しては、整理方法第一項の趣旨を懇諭し、自発的取下の措置を為さしむること

（出典）『新聞研究五十年』

「所謂悪徳新聞整理要綱」の特徴は、統合を当局の強制ではなく、あくまで新聞社自身の意思による自発的廃刊という手段を用いたことが挙げられる。これは、前述したように末次内相の発想を受けたものだ。自発的廃刊にこだわったのは、要綱が「現下の長期総力戦態勢下に於て、挙國一致」と記しているように、新聞側が自ら進んで廃刊し「國策に順應する所以」を示すのが「挙國一致」の建前から望ましいと考えたと推測される。

だが何よりも、新聞そのものを強制的に廃刊させるという強権をふるう根拠法が存在しなかったという理由が大きく作用した。同省の新聞に対する言論統制の基本法は新聞紙法であり、同法は「内務大臣ハ新聞紙掲載ノ事項ニシテ　安寧秩序ヲ紊シ又ハ風俗ヲ害スルモノト認ムルトキハ　其ノ発売頒布ヲ禁止シ　必要ノ場合ニ於テハ之ヲ差押フルコトヲ得」（第二三条）が象徴するように消極的言論統制の観点から、その強権を「記事掲載差止め」にとどめている。しかし内務省が新聞統合の着手に際して、その根拠法の制定あるいは新聞紙法改正を検討しなかったはずはなく、一九三八（昭和一三）年四月に公布された國家総動員法では、草案段階で「廃刊」の命令権条項が盛り込まれた。この条項は新聞側の猛反対で最終的に削除されたが、内務省は諦めず、「内務当局は昭和一三年末には既にその法案も完成し、議会に提出するばかりとなったが、政権が交代したため、法案は未提出に終わった」(56)という経緯がある。

ともかくも第一、第二段階の悪徳不良紙、弱小紙は、根拠法がないままに整理されたのである。このため新聞業界の業界紙「新聞之新聞」は、「統合には根拠法がない」という批判記事を繰り返し掲載している。昭和一四年五月三十日付け記事は、松下兵庫県警察部特高課長へ「廃刊の法的根拠は」という質問を同紙記者が試み、対する松下の答えは「法的根拠といふやうな六ヶしいことは全くない。新聞統制の方法として最も良いと信じたからだ。日本は今、戦争をしている。勝つためには、あらゆる犠牲が払わなければならぬなどという曖昧なものであった」と批判した。また昭和一五年十二月七日付け記事でも、新潟県議会で篠山警察部長が、県議に「新聞統合の強制は、憲法上保障された営業権の侵害で行過ぎである」と迫られて、「法制上は強制する根拠はない。用紙節約という目的もあるが、地方新聞が詳しく地方事情を報道するためスパイに利用される傾向が多く、また国民思想指導上區區となる惧れが多分にある等の切迫した事情にあったので慫慂した次第である」と、根拠法が存在しないことを認める答弁をしたことを紹介している。

要綱には「其の新聞紙を廃刊するは國策に順應する所以なるを懇諭し、自発的廃刊の措置に出でしむること」と整理の手段が記されているが、この「懇諭」という言葉は、特高警察の手法を象徴している。「懇談して諭す」を原義としており、特高警察の思想犯に対する「善導」、すなわち「善き方向へ導く」という言葉と同じ文脈に位置する。思想犯に対して拷問や強制がなされた転向も、善導した結果、本人が自発的に転向したという建前が執られており、新聞の整理統合は明らかに特高警察が思想犯検挙で培った伝統的手法を踏襲したものである。当時、左翼運動はほぼ壊滅状態にあり、特高警察にとって新聞の整理統合は、格好の新たな標的であったことは推測にかたくない。

懇諭に応じない新聞に対して、根拠法を有しない特高警察がどのような手段を弄して廃刊へ追い込んだのであろうか。もっとも有効に作用したのが、新聞用紙の供給差し止めである。先に説明したように、新聞用紙は一九三八（昭和一三）年六月に物資総動員計画の使用制限品目に指定され、商工省が統制し、用紙の供給を制限した。さらに一九四〇（昭和一五）年五月に供給権は内閣へ移管され、内閣書記官長を委員長とした「新聞雑誌用紙統制委員會」が設置され、構成員である内務省が「廃刊に応じない新聞」のリストを提出し、それに基づいて供給差し止めを決定した。弱小紙を対象とした新聞統合の第二段階は同年六月から開始されたが、「新聞雑誌用紙統制委員會」を設置し用紙を統制手段として活用しようとした時期と重なり合う。

用紙供給という手段をもたなかった第一段階の悪徳不良紙の整理では、新聞経営者の素行や経営内容を徹底的に調べ上げて、恐喝などの別件容疑で検挙し[57]、廃刊を強要する乱暴な手段が用いられた。要綱が、対象となる悪徳不良紙の基準を「其の傾向あるもの」と当局の裁量に委ねたのを受けて、かねて思想的傾向から苦々しくにらんでいた新聞を悪徳不良紙と断じ、記事内容を捉えて、経営者や記者を新聞紙法違反容疑で検挙し、廃刊へ追い込むという特高警察らしい手段が執られた例もある。また広告主へ広告を掲載しないよう圧力を加え、新聞社の広告収入を断つという荒っぽい手段も執られた。つまり、根拠法こそ有していないものの、新聞の息の根を止める実権を有し、それを駆使して追い込んだのである。

しかし、こうした「ムチ」ばかりでなく、「アメ」も供与した点でも思想犯への対応と通じるものがある。転向した思想犯に特高警察は就職幹旋を行ったが、同じように廃刊した新聞社の従業員の転職の幹旋がなされた。また廃刊に応じた新聞には手当て資金が供与され、その資金は特高警察が用立てるなど「出来得る限り和解、幹旋の労を執」った。

整理統合の基準策定に携わった小野は「要綱には『廃刊後の転業に関しては出来る限り幹旋の労を執ること』という項目を（廃刊される悪徳不良紙の記者から陳情を受けた私が）書き加えた。当局は、当時新設された軍需工業方面に採用させ、かえって（記者から）喜ばれた[58]」などと記述している。そうした事例はなくはなかったであろうが、転職の幹旋は失業者の創出を抑制するという当局の意図に基づいたものであることは、言うまでもない。

内務本省が地方庁（都道府県）へ本省方針を示達する流れは、地方庁の長である都道府県知事を招集して年一回、「地方長官会議」を開催し、長官会議の終了後には警察行政の責任者である警察部長を招集して「警察部長会議」を開き、それら会議を通じて行うのが一般的である。警保局特高課にかかわる事項については、別途に「特高課長ブロック会議」が開かれた。

新聞統合も同様の流れで示達されたとみられる。なぜ推測の域を出ないかというと、内務省の地方長官会議、警察部長会議、特高課長ブロック会議の議事録を記した関係資料に、新聞統合の示達が記載されていないためである。国立公文書館に所蔵されている内務省の会議に関する文書のなかで、一九三八（昭和一三）年五月に行われた警察部長会議に関する文書は、「図書課参考印刷物」として「或新聞通の見たる最近に於ける我国新聞紙の傾向と各新聞社の特性」と題した談話形式の文書[59]が存在する。しかし、同文書には、内務本省からの新聞統合に関する示達事項は記載されていない。一九四一（昭和一四）年五月に行われた警察部長会議では、「指示事項」として、「出版物ノ取締ニ関スル件　各位ハ常ニ内外情勢ノ推移ヲ注視シ　取締ノ重点ヲ明確ニシテ　其ノ適正ヲ期スルト共ニ　言論機関トノ連絡ヲ緊密ニスル等　適切ナル方策ヲ講ジ　時局ニ有害ナル出版物ノ出現ヲ未然ニ防止シ　以テ出版警察ノ実績ヲ挙グルニ　一段ノ力ヲ効サレタシ」を挙げている文書[60]は存在する。この「指示事項」の「時局ニ有害ナル出版物ノ出現ヲ未然ニ防止シ」が、悪徳不良紙の整理統合を指していると思われるが、整理統合の具体的な指示は記載されていない。また一九四〇（昭和一五）年五月の警察部長会議では、「指示事項」と題した「出版物ノ取締ニ関スル件　内外情勢　益々複雑多事ニシテ　新聞紙其ノ他ノ出版物ノ使命　極メテ重大ナリ　各位ハ常ニ此等言論機関ニ対スル連絡ヲ緊密ニスルト共ニ　其ノ整備刷新ニ留意シ　以テ　之ガ使命達成ニ遺憾ナカラシムル様　取締上一段ノ力ヲ致サレタシ」という文書[61]と、昭和一五年五月一日現在の都道府県別「新聞紙整理状況一覧表」[62]が存在する。これらの文書が、第二段階の弱小紙の整理統合の開始を裏付ける示達と推測されるが、明確ではない。

このように新聞統合の示達に関する内務省の関連文書は、不明確なものばかりである。それは同省が新聞統合を所管していた時期に統合の根拠法は存在せず、あくまで新聞の自発的意思により、それを地方庁（都道府県）が指導（「懇諭」）することを建前としており内務本省の主導は隠蔽する必要があったためで、示達は文書を作成せずに口頭で行われたと推測される。新聞之新聞が掲載した同省幹部の談話も、「現在やって居る東京と地方との新聞整理の話でありますが、地方によって実際の状態から見て、日刊でも数が多く、共倒れになり、競争ばかりして居てはいかんとして一、二合併した所はありますが、これは実は私の方で何処は合併する、何処はどうするといふやうに全国的に対策を立てての議論ではないのです。日刊新聞の合併は地方、地方がやって居る訳で、やり方については慎重にやらねばなりませんと思って居ります[63]」（赤羽譲・内務省図書課長）、「中央とは無関係だ。元来こういふ事は中央より始められるが、この度は逆に地方より出て、中央に進みつつある感がある。これは即ち、如実に中央（当局）の指針によるものではない事を語っている。警視庁（の方針）は地方でやっているからといって、必ずしも中央でやるとは限っていない[64]」（警視庁幹部）など、いずれも内務本省の存在を否定している。

新聞統合は一県一紙を完成した時期が示すように、都道府県の新聞統合の進捗は不揃いで、その要因として各地方の新聞の分布状況や、地域的特性、さらに地方紙の統合に対する意識などが挙げられる。なかでも、各地方庁（都道府県庁）の長官（知事）や警察関係者の熱意の強弱が、進捗に大きく作用した。

新聞統合に対する、以下の各地方長官（知事）の談話[65]は、そうした差異を示している。

積極派

山梨県　土居章平知事（在任期間・昭和一三年四月～一五年一月）

「山梨県が他県と違って、それほど特異な所とは思っていないが、文化的レベルが低いことは確かだ。新聞は人口十万足らずの甲府では確かに多過ぎる。精々二つで良い。地方紙の陣容を主備するためにも合同は必要と思うし、パルプ節約の見地からもやるべきだ」

長野県　大村清一（同・昭和一三年一月〜同年一二月）

「地方新聞は余りに多過ぎることは事実で、これを何とかすることは必要でせう。有力な地方紙の一紙位は必要ではないかと思ふ」

宮城県　菊山嘉男（同・昭和一一年六月〜一四年四月）

「日本には大体、新聞紙の数が余りに多過ぎると思ふ。とくに地方紙が多過ぎる。もっと堅実な内容を持った代表紙のみが残るべきだ。無益な競争を止め、良き統合が行われなければ、自ら潰れてゆく外はあるまい。仙台には東京紙が猛烈な勢いで進出してきているが、堅実な地方紙の存在価値はあり、またあらしめなければならぬ」

消極派

栃木県　足立収（同・昭和一二年一〇月〜一五年四月）

「統制は噂に過ぎない。県としてはとくに今日、積極的にどうしようと考えていない」

富山県　矢野兼三（同・昭和一三年四月〜一六年一月）

「新聞統制といふが、新聞本来の使命とか、文化の発展から考えれば、私は多数新聞が存在することの方が良いと思っている。特色ある対立であれば、数が多いのは良いと思ふし、多くともごうも差し支えない」

こうした熱意の強弱の差異は、地方長官（知事）の新聞に対する捉え方の違いのほかに、本省では整理統合状況を地方ごとに一覧表として表示し、それが「勤務評定」の意味を有したために、本省の視線に対する各地方庁幹部の意識の強弱が、その差異となって表れたと考えられる。

実施主体である都道府県の特高警察は、内務省の「所謂悪徳新聞整理要綱」に沿いながら、地方の実情を加味して独自の整理基準を策定した。静岡、兵庫両県の場合は**図表9**のようなものである。

兵庫県の場合、一九三八（昭和一三）年一二月に七二六紙が存在した。この内訳は有保証金紙三七四（日刊四八、月旬刊三二六）、無保証金紙三五二（日刊一六、月旬刊三三六）である。これに対し特高警察は一九三九（昭和一四）年五月に、悪徳不良紙ばかりでなく弱小紙も対象に、すなわち第一、二段階をあわせて一挙に、約七〇〇紙に対して、「一四年六月三〇日までに廃刊届を提出すべし」との指示を発した。

同県警察特高課の松下課長は、新聞之新聞の記者の質問に以下のように答えている。(66)

「廃刊の法的根拠は？」

「法的根拠といふやうな六ヶしいことは全くない。新聞統制の方法として最も良いと信じたからだ。日本は今、戦争をしている。勝つためには、あらゆる犠牲が払わなければならぬ。自分としてはサーベルの偉力とか、高圧とかを避け、懇談的に進めている。殆どの新聞社が出してくれた。大体、新聞が多過ぎる。同じような内容のものが多過ぎる。無駄な紙を使い過ぎている。言論から言へばその統一と、用紙から言へばその節約が絶対に必要だ。同じやうなものは一つに統一する方がよい」

「目標は一市一紙　一郡一紙　一県一紙か？」

「それは白紙だ。六月三〇日限り廃刊する届けを出し、合同を進めているから業者自身が適当に合同するものはする。或は買収されるなり、廃刊するものもあろう。まことにけっこうだと思ふ」

図表9　県別整理要綱

静岡県

（廃刊目標）①日刊紙以外（月刊、旬刊、週刊）
②廣告専門紙
③時局に関係なきもの、或は時局認識に欠くるもの
④社会的に有害と認むるもの

（合併目標）①特に廃刊の要を認めざるものは、合併せしめる
②人口二〇万以下の地帯は原則として月刊紙一紙に統合する
③合併の母体社は経営堅実にして、且つ社会的貢献のあるものを優先し、可なり之を保護し、健全なる発達を図るため新たに発刊する新聞に対しては適宜の措置をとる

兵庫県

（経営方針）政党、財閥の機関紙的存在であるものは勿論、特定のものから援助され、若しくはカネに替へるが如き方針のものは一掃す

（歴史）社歴浅く、過去に於て何等益する所なきものは、一掃す

（発行部数）部数が少く、読者を殆ど有せずして、廣告料その他販売収入以外の収入により販売しているものは一掃す

（紙面）紙面が暴露、エロ記事等を以て埋められ、社会公益上及戦時下何等意識を持たぬものは一掃す

（出典）「新聞之新聞」。静岡は1939（昭和14）年２月９日付け、兵庫は同年５月。

「不調の場合には、廃刊届がものをいうのか？」
「今のところ、そのようなことは考えていない。懇々と、よく説明しているので、全部格好がつくと信ずる」

松下課長の威嚇どおり、翌一九四〇（昭和一五）年一二月までに一九八紙（有保証金紙九九、無保証金紙九九）となり、五二八紙が廃刊した。同県特高警察の強引なやり方については『日本新聞年鑑（昭和一五年版）』でも、「兵庫縣當局の手法は相当峻烈を極めたものの如く、一部には非難の声も聞く(67)」と指摘している。

2　長野縣警察概況書

次いで長野県の例を、同県警察部特高課が作成した「長野縣特高警察概況書(68)」をもとに検証する。ガリ版刷りの同文書は、実施主体である特高課が全国で行った新聞統合の雛形という貴重な価値を有している。同文書には一九三八（昭和一三）年一〇月から一九四〇（昭和一五）年九月までの新聞統合の経緯が記載されている。

同県は長野、上田、松本、飯田、諏訪ら六つの地方に区分されるが、地方ごとに新聞社が存在し、統合前の「昭和十三年九月末現在、日刊、週刊、旬刊、月刊等を合わせて其ノ数三六三紙」を数え、全国的にみても新聞の数は多く、「新聞國」と呼称されている(69)。

特高課は「日刊新聞等ノ一部ヲ除キ、大部分ノ営業紙ハ社会ノ公器タル真使命ヲ没却シ、公益性ヲ全ク離レテ専ラ広告料ヲ目的トシ　之ヲ生活手段ト為シ、新聞ノ威力ヲ悪用シテ　恐喝、其ノ他ノ悪徳行為ヲ敢行スル等、世人ノ顰蹙ヲ買ヒ　反テ社会ヲ茶毒スルガ如キ不良紙モ亦少ナカラズ」として、「昭和一三年一〇月ニ（整理統合）着手シ」、その結果「昭和一四年春迄ニ　（無保証金）日刊紙四一ノ廃刊整理ヲ遂ゲタルモ　更ニ強行徹底化スルノ要緊ナルヲ認メ、同年九月末迄ニ　日刊三〇、月刊、旬刊等七二の計一〇二紙ヲ整理　着手以来計一四三紙ノ廃刊整理ヲ断行」した。これを有保証金普通日刊紙だけでみれば、開始前の昭和一三年九月末に三九紙存在したが、昭和一四年八月末までに九紙に、さらに昭和一五年九月一五日までに六紙に整理統合された。

整理に際して、特高課は以下のような方針を立案して、実施に臨んでいる。

①県下ニ現存スル　（有保証金普通）日刊新聞三九社中　北信及東信地方ヲ通ジ一社乃至二社　中信、南信、諏訪地方ハ各一社ニ統合整理シ　尚将来ハ更ニ之ヲ強化セムトス

②営利ヲ目的トセザル各種団体ノ機関紙並ニ　中央紙ノ号外等ヲ除キ、公益性薄キ　週刊、旬刊、月刊等ノ営業新聞ハ全部　整理廃刊セシム

③整理ニ當リテハ　業者ニ対シ　時局ヲ説キテ　言論統制、パルプ資源ノ節約等ヲ強調シ、國策ニ協力ノ見地ヨリ　自発的廃刊ヲ　慫慂ス

④諭示　廃刊ニ応ゼザル者ニ対シテハ　断乎タル措置ニ出ズルコト

⑤廃刊後ノ転業　転職ニツイテハ　関係機関ト連絡ヲ執リ　其ノ方全ヲ期ス

⑥新ニ発行届出ルモノニ対シテハ　整理ノ趣旨ヲ説明シ　自発的ニ取下ヲ為サシム

この整理方針は、新聞側を「業者」と位置づけ、「時局ヲ説キテ　言論統制、パルプ資源ノ　節約等ヲ強調シ、國策ニ協力ノ見地ヨリ　自発的廃刊ヲ　慫慂ス」と名分を挙げて説得する手法や、「廃刊後ノ　転業　転職ニツ

イテハ　其ノ方全ヲ期ス」と廃刊後の転職の世話に尽力することなど、基本的には内務省作成の「所謂悪徳不良紙整理要綱」に沿っているが、「公益性薄キ　週刊、旬刊、月刊等ノ営業新聞ハ全部　整理廃刊セシム」「諭示廃刊ニ応ゼザル者ニ対シテハ　断乎タル措置ニ出ズルコト」という厳しい方針は同県特高警察独自のものだ。

また「北信及東信地方ヲ通ジ一社乃至二社　中信、南信、諏訪地方ハ各一社ニ統合整理シ」という方針は、六つの地方に一紙ないし二紙を存続させることを目標に整理統合を進めたことを示している。

昭和一四年六月二六日　警察部長名ヲ以テ　各新聞経営者ニ対シ　自主的廃刊ノ勧奨状ヲ郵送シ　以テ時局ニ鑑ミ　自発的ニ廃刊統合ノ実ヲ挙ゲル様　慫慂スルト共ニ　長野、松本、諏訪、飯田等日刊新聞ヲ有セル主要地ニ於テハ懇談會ヲ開催シ　縣ヨリ警察部長、特高課長ガ臨席シテ　統合整理ノ趣旨ヲ説明　其ノ協力ヲ求メ　予期ノ成果ヲ挙ゲ難キ状況ニアル地方ニ対シテハ　有力者ニ働キ掛ケ　協力ヲ求ムル等　鋭意整理ヲ強行シタル結果、順次進捗セリ。

まず「勧奨状」を送付し、さらに主要地では「懇談會」を開催して慫慂するという措置が取られた。この特高課が送付した「勧奨状」も付されている。

今日迄　業界多年の勲遺を思ふ時　惻々たる感慨に打たれ申し候　明治六年　信濃毎日新聞の創刊以来各渓各盆地に発刊相次ぎ　自らなる文化圏を形成し、克く　地方の淳風美俗を培ひ　青年を鞭撻し、時勢を訓へ　解明を養ひ　初中等の教育と相俟って　今日見る信協を育まれ　流れては文化の　瀑となり　凝っては郷土の精となるの実を示されしは　何人も深き景仰と感謝を捧ぐる所と存候　各社には時に隆盛ありしと雖も　日を遊び年を重ね　今日に於ては日刊三九、其の他二八五種の多きに達し　盛況に有之候所　同種相重なり　肩々相摩し、各々の存在意義を相互に抹殺し、不識の間に要せざるを強ひ　小範囲に相競ひて　大局の資源節約の國策に悖り　延いては佳年の景仰と感謝を失はるるなきかを恐れしむる状況をも認められ深く惜しむ所に候　各社には時勢の赴く所を察せられ　新聞紙本来の使命達成の為　或は数社の合併を企図し　或は自発的廃刊統合の実を挙げらるる等　可然　善所相成致度　勧奨を申し上ぐる次第に御左候

昭和一四年六月二六日　長野縣警察部長

強硬な姿勢を隠して、新聞社側をもち上げながら、巧みに自主的廃刊を促しており、各地方の整理状況は次のような経緯である。

(一) **長野地方**　長野市には、「縣内ノミナラズ全国的ニモ　有数ノ地方新聞トシテ著名ナル」信濃毎日新聞が存在し、同紙は信濃日日新聞、長野縣民新聞の二紙を買収統合し、長野新聞は自主廃刊して、信濃毎日新聞一紙となった。

(二) **上田地方**　上田市に北信毎日新聞、上田毎日新聞、岩村田町に中信毎日新聞の三紙が存在し、「三社ノ合併ヲ勧奨シタルモ　容易ニ意見一致ヲ見ルニ至ラズ　早急ニ合併セシムルノ困難ナリト認メラレタル」と判断し、中信毎日新聞に上田毎日新聞を買収統合させ、上田市の北信毎日新聞と岩村田町の中信毎日新聞の二紙の存続を認めた。

（三）**松本地方**　松本市では歴史ある信濃民報（政友派）と信濃日報（民政派）の二紙のほかに一四の日刊紙が存在した。特高課はまず、この一四紙に自主廃刊を慫慂し、昭和一四年八月までに何とか廃刊へこぎつけた。次いで民報、日報の二紙に統合を求めたが、政党を異にする両紙は激しく反発し、交渉は難航した。

信濃民報は「明治三二年創刊　同地方政友会ノ機関紙、（昭和十四年）発行部数三〇〇〇部」で、統合に対しては「政友会派ノ代議士植原悦二郎ヤ県議等ノ政治的野望ニヨリ　統合阻止其ノ他ノ策動活発ニ行ハレタリ」。

一方の信濃日報は「明治二十四年創刊　民政党ノ機関紙　社長ハ同党代議士百瀬渡　発行部数一二〇〇部」で、統合に「社長百瀬代議士ハ　党派ノ異ナル二新聞ガ合併スルコトハ絶対不可能ナリト強硬ニ反対」した。しかし「副社長ノ降旗徳弥ハ統合ニ賛成」と分かれた。同紙はもともと、民政党代議士であった降旗の父親元太郎が個人経営していた経緯があり、株主や従業員も二派に分かれて対立した。特高課の「裏面内偵」では、「降旗ハ　統合ニ依リ　自己名義トナッテイル信濃日報ノ社屋及宅地ヲ　社長ノ百瀬ニ図ルコトナク　勝手ニ処分シ　亡父元太郎ノ借財、其ノ他ニ充當セシムト計画シ　内情極メテ複雑ナルモノアリ」という。

その後、所轄署の慫慂を受けて、民報側は統合に応じて、廃刊届を提出した。しかし日報側では百瀬と降旗の対立が激化し、所轄署は植原代議士に百瀬代議士への説得を依頼するなど「熱心ニ懇談、説得ヲ重ネ」、その結果、廃刊の運びとなったが、「降旗ガ　既ニ社屋及宅地ノ売却契約ヲシタリトテ、再ビ紛糾、社屋宅地問題ヲ残シタルママ廃刊決議ニ到ル」ことになった。

今度は、植原代議士に対し「専断的行動アリシ為、之ニ反感ヲ抱ク者生ジ、排斥ノ動キ」が活発化し、同代議士も「身ヲ引クコトヲ宣シ」ようやく両紙は統合し、昭和一四年七月一日から新たに「信濃日日新聞」として発足した。

（四）　**諏訪地方**　諏訪地方の統合も、松本市と同様に難航した。同地方では、上諏訪町に「県下第二ノ有力紙タル」南信日日新聞のほかに、信陽新聞、湖龍日報、下諏訪町には湖國新報、岡谷市には中央蚕紙、岡谷新聞の計六紙が存在していた。

所轄署の「一紙に統合」との慫慂に対して、各紙は一斉に反発した。所轄署の慫慂が続くなか、上諏訪の南日日新聞は上諏訪の湖龍新聞と、伊奈の信濃民友新聞、南信毎日新聞、伊那毎日新聞、高原日日新聞の五紙を買収統合、これに対抗して岡谷市の中央蚕紙、岡谷新聞と下諏訪町の湖国新聞の三紙は統合し「信濃毎夕新聞」となり、昭和一四年八月には、上諏訪の南信日日新聞、信陽新聞、岡谷の信濃毎夕新聞の三紙が鼎立する状態になった。

昭和一五年に入り県警察部長、特高課長が乗り出したが、三紙とも応じず、このため警察部長が同年七月、「月日未記入ノ廃刊届ヲ提出セシメ、措置ヲ県ニ一任セシメル」ことを申し渡した。そのうえで、①三紙は九月一〇日かぎりで一斉廃刊する、②南信日日新聞の組織を土台として増資し、三紙を統合した新たな新聞を発刊する、③新たな新聞社の社長は、警察部長が指名し、新聞の名称、人事は新社長が決める――、という統合案を提示した。「コノ案ニ異論ヲ唱フル者アリトモ　廃刊ヲ断行セシメ」、九月一五日から「南信毎日新聞」を「創刊セシメ」た。

（五）　**飯田地方**　南信新聞、信濃時事新聞、信濃大衆新聞、飯田毎日新聞の四紙を統合し、「信州合同新聞」を創刊。

こうした結果、昭和一五年九月一五日現在で長野県の有保証金普通日刊紙は信濃毎日新聞（昭和一五年九月現在七万三〇〇〇部、資本金三〇万円）、中信毎日新聞（六〇〇〇部、六万円）、北信毎日新聞（三四〇〇部、二万五千円）、信州日日新聞（三〇〇〇部、八万円）、南信毎日新聞（一万四〇〇〇部、八万円、同盟加盟）、信州合同新聞（四二〇〇部、五万七五〇〇円）の六紙となった。

概況書は「公共性薄キ営業新聞ハ　全部廃刊セシムルコトトシ　特高課員及所轄署員ヲシテ懇談セシメタルソノ大部分ハ当初容易ニ応ジザルノミナラズ　中ニハ『我々ハ法治國ノ國民ニシテ　法律ニ基ズキ発行ヲ許容サレ来リタルモノナル故　法令ノ根拠ニ基クニ非ラザレバ　廃刊致シ難シ』ト強硬ニ主張シ、當局及本省へ其ノ存続延命方ヲ陳情スル者モ相当アリ　シカシ既定方針ヲ堅持シ　整理ノ手ヲ緩メズ　反復懇談ヲ重ネタル結果、順次其諒解ヲ得ルニ至リ」と抵抗を試みた新聞の存在を記している。

また廃刊した新聞社の従業員の転職に触れて、「整理ニ係ル関係者ハ　約六〇〇名ニ上リタル。失業シタル者ニ対スル転業、転職ニツイテハ極力就職斡旋ニ努ムル一方、有力會社、銀行ニ転職資金ノ調達方ヲ依頼セル所快ヨク応分ノ資金拠出シタルヲ以テ　廃刊者ニ交付シタルガ、彼等ノ多クハ予期セザリシ　當局ノ同情アル措置ニ対シ　痛ク感激、銃後戦士トシテノ再発足ヲ誓ヒ不平言辞少シ」と温情溢れる措置を自讃し、「一般輿論ノ趨向ハ、不良悪徳紙ノ跋扈ニ悩マセタル銀行、會社、商店、学校、其ノ他各方面ノ有力者間ニ異常ナル反響ヲ呼ビ多年ノ宿弊ヲ一掃シテ　其ノ廓汚ヲ晴ラシタルハ　真ニ喜ブニ耐エナイト　感謝サレル状況ニアリ」と、新聞の整理統合の意義を強調して締めくくっている。

3　東京夕刊新報の廃刊

このように悪徳不良紙の整理統合は地方から先に進められたが、一九三九（昭和一四）年六月には神奈川で、同年夏ごろから東京でも開始された。新聞之新聞（昭和一四年六月一日付け）は、「統制　神奈川に飛火」の見出しで「兵庫、大阪による統制の進行は物情騒然たるものがあり、今度は帝都の隣の神奈川県にも飛火した。当局は現三五〇の新聞を大体八〇程度に減らすのを第一とし、第二に二〇位にし、最終的には一紙にする目標である」。また六月六日付けでは「中央の方針決す」の見出しで、「東京八大紙（東日　東朝　読売　報知　國民　中外　都　毎夕）を除く普通紙は九分通り廃刊、若しくは合同を慫慂す。演芸、後援、業界新聞は半強制的に廃刊を命ず」と報じ、同紙（八月一〇日付け）は「東都の統制　断行さる」などと報じた。中外商業新報（昭和一五年八月一六日付け朝刊）も、東京の悪徳不良、弱小紙の整理統合を「言論統制、パルプ制限の見地から帝都の新聞、雑誌統制に乗出した警視庁検閲課では、昨年七月以来不良新聞社に解散を命ずる等着々統制強化を断行。現在の新聞、雑誌合計八千余を今年中に五分の一に減少する意向で、各業界新聞に一旦廃刊届を提出せしめた上、それぞれ合同を『慫慂』している。廃刊に応じないものは、そのまま廃刊させる」などと統制の進捗状況を記している。

こうした状況下、「思想傾向が悪徳不良である」とにらまれ、廃刊へ追い込まれた新聞が存在する。「東京夕刊新報」は一九一四（大正三）年に創刊され、東京で一万二〇〇〇～二万部の発行部数を有していたが、一九三九（昭和一四）年六月一四日付け紙面の記事が軍機保護法違反に当たるとされ、社長の中島鉄哉以下、記者らが逮捕された。(70)

同紙は二・二六事件について、報道禁止の指示を無視して概要を報じたことから当局ににらまれていた。内務省警保局図書課の内部報『出版警察報（昭和一四年七月号）』は、「東京夕刊新報は編集方針を暴露的特種主義に置き、二・二六事件当時新聞記事差止事項を無視し、当局の懇談にも耳を貸さず、斯かる事態を報道することこそ新聞紙本来の使命なりと称し、不穏事項を報道した所である。警視庁では中島の誤れる新聞経営方針に基づく全く社会的存在価値なき点を考慮し、中島に対し廃刊を懇諭したところ、中島も遂に発行を断念し、六月二八日に本年七月一二日を限り廃刊を為す旨の届書を提出するに至った[71]」と、懇諭による自発的廃刊を強調している。しかし中島は、最終号の一九三九（昭和一四）年七月一二日付け紙面に、「廃刊の辞」として「我社の創刊の宣言は数年前特に時局以来実行遂日困難となり、時代の潮勢は自由の筆を揮ふを許さざるに至れり、茲に挽歌を奏す、痛恨に堪へず[72]」と当局の圧力によるものであることを示す文を記している。

また本書で何度か引用している新聞之新聞も、廃刊へ追い込まれた。同紙は式正次が一九二四（大正一三）年に創刊したメディア業界紙である。社長の式は徳富蘇峰はじめ各新聞社幹部とも親しく、先の『文藝春秋』の新聞匿名月評の筆者の一人で[73]、当時の従業員数は「約七〇人の社員と二〇〇名の寄食者（嘱託[74]）」であったという。一九三九（昭和一四）年一一月に同社長式正次は警視庁から廃刊届の提出を求められたが、これに応じず、同月二七日付け紙面に「今や新聞雑誌は思ふ存分、警視庁の手によって潰されて居る。警視庁検閲課の振ふ大薙刀こそは、凡百の新聞雑誌を断頭台に載せて自由自在に苛む。悲惨と云はうか、憐れと云はうか。筆舌に尽くし難い。警視庁から睨まれたら最後、辛辣なる裁判以上の宣告を受けたと同様である。警視庁検閲課の市川警部は、新聞雑誌を潰しては、其の星取表を毎日見て、喜んで居ると云ふから堪ったものではない」などと警察批判の記事を掲載して抵抗の構えを見せた。この記事では、弱小紙潰しに対し冷ややかな視線を送る大新聞をも批判しており、当時の業界の様子を垣間見ることができる。「大新聞は弱小新聞社の崩れるのを喜んで居る。換言すれば、中小商工業者を滅して、大資本の商工家が発展し、大新聞社即ち、大資本の商業的新聞があれば足り、小新聞は不要だと考へて居る。大新聞は官僚と提携しているが、結局は小新聞を撫で斬にした後で、大新聞自身の墓穴を掘るものと知る日は遠くあるまい」というもので、この時点での大新聞の鈍感な意識を鋭く突いている。

しかし警視庁では「新聞用紙の供給を差し止める」ことを通告し、同紙は「廃刊の意思なくして廃刊届を出すが如きは、社会の木鐸先駆たる新聞のプライドが許さぬ。しかし新聞用紙の供給を断つと云ふ事は、（従業員を）見す見す餓死せしむるものである」として、警視庁などに「皇軍慰問袋を献納、信州に紀元二千六百年文化柱を建立した」などの「公的奉仕活動」を列記した陳情書を提出して存続を懇願した。紙上でも同郷同窓（福岡県伝習館中学）の山崎厳警視総監へ宛て「九州、伝習館に入学して、僕はニコニコした可愛らしい少年であった君を見出した。しかし今や、君は人を縛る立場に在るし、僕は縛られる立場に在る。けれども三十二年前、腕白であった筆者は君を泣かせる事は出来たかも知れない。それが年変ると、君は人を泣かせる立場になって、筆者は泣かせらる立場に在るから妙なものだ。僕は徒に感傷に浸ろうとして居るのではない。如何に言論統制の圧迫に痛憤して居るかを君に訴へるのみだ。十把一束的に廃刊届を提出せしめ、買収した新聞社のみを残した。即ちカネで言論を買はしめた。何たる惨状ぞや」[75]などの記事を掲載した。廃刊へ追い込まれた新聞経営者の心境が、うかがえる記事である。結局、同紙は他社と合併し、式の社長退陣と新聞題字を「文化情報」へ変更することを条件に、一九四一（昭和一六）年三月一日から新たに文化情報が創刊されたものの、結局は同紙も一九四三（昭和一八）年六月に廃刊命令を受けて、廃刊へ追い込まれた。

4　一県一紙の出現（一県）

悪徳不良紙および弱小紙を目標にした新聞統合が全国で実施されるなか、一九三九（昭和一四）年一〇月、鳥取県に一県一紙「日本海新聞」が突然出現した。同紙の創刊は県当局の強制によるものではなく、弱小な複数の地元紙が「このままでは全国紙（大阪紙）に淘汰される」という危機感の下で、一紙に統合して県当局の庇護を得ることで生存を図るという目論見に基づいている。

一県一紙の出現を、内務本省はどのように受け止めたのであろうか。約一年後の一九四〇（昭和一五）年九月に富山県、一〇月に群馬県、一一月には埼玉、千葉、沖縄、宮崎県の各県で一県一紙が完成したという事実は、同省が鳥取県での完成を賞賛し、奨励したことを示している。しかし一方で同省は、一県一紙を努力目標にとどめるという姿勢を崩そうとはしなかった。それは同省関係者の「内務省が一県一紙を標榜していたことは事実だが、地方の情勢に応じて適宜緩和し得るという融通性を持っており、必ずしも一紙にならなければならぬというものではなかった。従って一県一紙が内務省のお家芸と断ずるのは必ずしも正しくない」[76]という証言などから裏付けられ、それは新聞を統合する根拠法を有していなかったためと考えられる。

こうした内務省の新聞統合の指導を、軍部は「昨年以来、軍部は全國的に行はれている新聞統制の成行に多大の関心を払ってきたが、内務省の指令が不明瞭なため、地方によって方針が違ふのみならず、統制のための統制に走った嫌ひあり、かかる状態にあっては言論機関の真の協力は得られないといふ不満を示していると言われ居り、弱体不良紙の徹底的一掃、國策新聞の発展助長を望んでいる」[77]とみていた。「國策新聞」とは「國家の考えを縣民に正しく伝えるといふ使命を有した國策代行紙」を指し、一県一紙に新聞を統合することは「資本主義的色彩を払拭させ、國策紙へ質的変容改革させる」ことを意味した。軍部の不満は、消極的統制にとどまる内務省に対する批判、と言える。「言論機関の真の協力は得られない」「國策新聞の発展助長」という言葉からは、新聞を戦争遂行の情報宣伝に不可欠な存在と位置づけ、新聞を体制に取り込もうとする軍部の積極的統制の発想が示されている。軍部の不満は、新聞統合の所管を一九四〇（昭和一五）年一二月、情報局の成立を受けて情報局が内務省から移管した動機になったと考えられる。

次いで悪徳不良紙の整理（廃刊）を目的とした第一段階に、もっとも早く一県一紙を実現した鳥取県の統合過程を検証する。

鳥取県（「日本海新聞」昭和一四年一〇月一日）

同県の統合は、鳥取新報、因伯時報、山陰日日新聞の拮抗した発行部数の三紙が統合し、新たに「日本海新聞」を創刊した。同県の分布状況は、「全國の最小県である上に、新聞中心地が鳥取（人口四万六千人）、米子（三万九千人）の二市に分かれる為、地元新聞の大をなすものがない。それに大阪紙が其日の未明に着く有様である。大朝、大毎は勢力殆ど伯伸、絶えず猛競争を続け、岡山からは合同新聞侵入している」[78]というもので、昭和一三年九月現在の発行部数は（地元紙）鳥取新報一万一三五〇部、因伯時報一万一三〇〇部、山陰日日新聞七〇〇〇部（移入紙）、大阪朝日八〇〇〇部、大阪毎日七六〇〇部、合同新聞八九五部、すなわち地元紙二万九六五〇部（六四％）、大阪紙一万五六〇〇部（三三％）、県外移入地方紙九〇〇部（〇・一％）の割合である。

昭和一二年一一月末現在の内務省警保局調査[79]では、「鳥取新報（民政党機関紙）明治一六年創刊　鳥取市　日刊一万九一七二部」「因伯時報（政友会機関紙）明治二五年創刊　鳥取市　日刊一万〇六四七部」「山陰日日新聞（中立・民政党ニ密接ナル関係アリ）明治四〇年創刊　米子市　日刊一万二五八四部」のほかに、「山陰民報　週刊

三九八〇部」「山陰蚕糸新聞　旬刊　二二三〇部」「農民新聞　旬刊　四八五五部」「弓濱新聞　月刊　二〇〇〇部」「鳥取タイムス　旬刊　一九四八部」らの「月、旬、週刊」紙を挙げている。

昭和二年と昭和一三年を比較すると、因伯時報こそ六五三部の微増だが、鳥取新報は七八二二部、山陰日日は五五八四部の大幅減少で、これは明らかに「外来紙勢力の侵入」で駆逐されたことを示している。つまり大朝、大毎の大阪紙、岡山の合同新聞という県外移入紙に圧迫されるなかで、弱小な地元紙が鳥取市では政友系「因伯時報」と民政系「鳥取新報」、米子市では中立の「山陰日日新聞」という三紙が各一万から二万部で競り合っている状態だ。会社形態は「因伯時報　資本金一〇万円　株式」「鳥取新報　資本金一〇万円　株式」「山陰日日新聞　資本金二五万円　株式[80]」で、社員数は鳥取新報だけ「社員二〇人　工場員五〇人」の記載があるが、三紙ともに同様の規模とみられ、いずれにせよ外来紙勢力とは比べものにならない零細規模である。

統合の経緯は、福見喬雄知事の慫慂を受けて貴族員議員米原章三が奔走し、一九三九（昭和一四）年九月に鳥取市で三紙代表が会合した。合併は、その席で「即決、たちまち話が決まった[81]」という。同月中に三社解散の手続きが執られ、一〇月一日から「日本海新聞」として発足した。社長には米原、副社長には因伯時報社長の木村清一が就任、さらに「山陰道に於いて政治、経済界の中枢をなす有力者が悉く轡を並べて参加し、以て重役陣を強化したる鳥取縣下に於ける唯一の日刊紙[82]」という体裁を整えた。

県知事の慫慂はあったものの、統合が三紙の自主的意思に基づいたことは、一回の協議で即決合意され、ただちに新会社設立へ移行したという事実から裏付けられる。その思惑は、『日本新聞年鑑（昭和一五年版）』が「新聞中心地が鳥取、米子の二市に分かれていた為、地元新聞の発展には不便であった。それに大阪紙は其日の未明に着く有様で、岡山からも合同紙が侵入して来る。今回の三紙合同は、これ等外来紙勢力への対抗策として甚だ有意義であったと云ふてよい[83]」と記しているように、「このままでは外来紙勢力に駆逐されてしまう」という危機感の下、「三紙が統合し、これに対抗する以外にない」という判断によるものだ。同時に県紙として「安定した用紙供給という県当局からの便宜、さらに販売、広告面でも県下の企業からの支援が得られる」、「既存三紙の従業員は新たな新聞社で再雇用し、経営者も取締役として影響力を残すことが出来る」という目論見が存在した。

そうした本音の一方で、同紙は「支那事変以来、新東亜建設の戦時統制下の國策に順應すると共に輿論を統一し新聞報國の実を挙げ、地方輿論を正しく導き、地方文化の進展に寄與せんとするの大抱負に更生前途を開始した。地方文化史上特筆に価する理想的地方新聞、鳥取縣下に於ける唯一の日刊紙として堅固な地盤を有し、他縣紙をして一指も触れしめざるのみならず、兵庫縣東部に頭角を現はし、名に恥じざる業績を挙げつつある[84]」という名分を掲げている。

しかし、統合以前には県内地元三紙計で約三万部発刊していたものが、「日本海新聞」の場合には、内閣情報局関係資料「部数増減比較表[85]」によると、昭和一七年一二月現在一万〇三六四部、昭和一九年四月現在一万二九七二部で、昭和一七から一九年の間に二六〇八部増加しているものの、統合による増刊効果はこの集計で見るかぎりは表れていない。また「普通日刊紙頒布状況調[86]」（昭和一五年五月末現在）では、中央（東京・大阪紙）三万一七七八部（五九・三％）、地方（地元）紙一万〇〇〇〇部（一八・六％）、移入（他県）紙一万一七二六部（二二・一％）と、統合した後も外来紙勢力が強い勢力を維持していたことを示している。同県の場合には、ジリ貧状態で廃刊へ追い込まれるのを免れただけでも、統合効果はあった。新聞統合の先駆となった同県の統合過程からは、全国紙の脅威という状況下、自主的に統合し、公権力の便宜を利用し、生き残りを図ろうという、地方紙の統合に対する思考パターンが浮かび上がる。

四　日中戦争下のメディア

1　報道報國

日中戦争の勃発を受けたメディアの動きは、「我が新聞界は一気に戦時体制を布いて、國論の昂揚、戦況の報道に、献替した。事変の突発は、日本國内のあらゆる相克、摩擦を一瞬に吹き飛ばした。求めずして國民総起立、國家総動員は実現された。而して新聞は、軍と共にその最前線に跳り出た[87]」と評されている。

近衛首相は派兵を閣議決定した一九三七（昭和一二）年七月一一日夜、首相官邸に東京都下の新聞通信各社幹部四十数名を招き、「挙國一致」の協力を求め、同盟社長岩永裕吉が代表して「善処」を誓った。つまり「此の日を待たずして全新聞街の論壇はすでに対支膺懲の筆陣を張り、戦時輿論を結集し、多数の記者を北支へ急派して、必至の危局に備へたのであった[88]」という。一九三八（昭和一三）年一月には地方紙二〇社代表を首相官邸へ招待して同様に協力を求め、同年七月には内閣情報部、陸軍省新聞班、海軍省軍事普及部が合同主催で二十一日會所属各社の政治部長を首相官邸へ招待し、折に触れて協力を要請した。さらに一九四〇（昭和一五）年、大政翼賛會が結成されると、死去した岩永に代わり同盟社長に就いた古野は常任総務、緒方、高石、正力の全国三紙幹部は総務に、宣伝部長には久富達夫（東京日日元政治部長）以下、事業、情報、庶務、出版の四課長および課員には新聞各紙出身者を起用して新聞に対する懐柔に努めた。

全国三紙および同盟の大手メディア四社は、ただちに記者、写真撮影、映画撮影、無線技術、連絡というチームを編成してトラックで部隊に従軍して戦況報道に力を注いだ。チーム編成には膨大な費用が掛かり、費用を捻出することができたのは、大手四社だけであった。地方紙は、基本的には同盟が配信する記事で紙面を構成し、その地方の郷土部隊に同行する形で一人ないし二人が従軍して地方に関連した戦況報道に努めたが、全国紙との記事の厚みには大きな差異が存在した。このため全国紙の発行部数は着実に増加したが、地方紙は地盤を侵食され、その格差は拡大した。

陸海軍が一九四〇（昭和一五）年三月二〇日に発表したところによると、「事変発生以来、昭和一五年三月までの従軍記者数は延べ、二二八四人（陸軍一九三四、海軍三三〇）」で、内訳は「事変を通じて、同盟が千人を超え、朝日、毎日が約千人、読売は約五百人の多きに上った」という。従軍記者の戦死者は、一九四〇（昭和一五）年三月現在、二七人（陸軍二三、海軍四）で、写真や映画のカメラマンや前線で撮影したフィルムや記事を携行して後方に届ける連絡員が多い。戦死者は軍属として取り扱われ、そのうち一二人は靖國神社に合祀された。合祀の選定基準は定かでないが、戦死者全員ではなく、朝日三（記者一、写真カメラマン一、映画カメラマン一）、毎日一（連絡員）、読売二（記者一、連絡員一）、同盟二（記者一、映画カメラマン一）、福岡日日一（写真カメラマン）と、全国三紙や同盟という大手メディアの戦死者を選定しており、そこには軍部の大手メディアに対する配慮が感じられる。合祀を新聞社側も「新聞社及び遺族一同は勿論、全新聞界を挙げて悉くその光栄に感激した」と受け止めている。

『日本新聞年鑑（昭和一五年版）』は、日中戦争における新聞各紙のそれまでの活躍状況をまとめて詳細に記載している。各紙が自ら作成したものを年鑑がそのまま収録したとみられ、朝日は「事変発生以来派遣した従軍記者は延べ五〇九人、職務事務に従事するもの約一千人という空前の一大報道陣にして、皇軍の武威赫々たるとともに、かくの如き多数の従軍記者を派遣したるは実に曠古の事にして、銃後國民に戦線将士の勇戦奮闘の実情を報道し、長期戦に対応して益々戦意を昂揚せしむるなど新聞報道の機能を遺憾なく発揮せり」[92]と記している。同紙が使用した飛行機は二三機、総飛行時間二三〇〇時間、総飛行回数八三二回、約九〇の無線機隊をもって全戦線に無電網を張り巡らし、トラック、乗合自動車、サイドカーなど百三〇余車両、海上には汽船を、湖上には発動機艇を、また一二〇〇羽の通信鳩を携行していることを紹介して、「戦況報道として正に世界的新記録を樹立せり」と誇示し、「報道陣の強化と完璧に腐心の結果、遂に重大ニュースおよび写真映画は何れも他紙を圧し好成績を収め得たるは、総ての従業員が朝日精神に徹底して奮励努力せし結果にして、各部隊長より感状、功績賞の、公布されたりしもの十四名の多きに上れり」と現地軍との密接な関係にも言及している。その活躍のなかで、朝日の社機「神風号」「朝風号」が報道の枠を超えて、軍事行動に参加したことも記載している。「両機は昭和一二年一〇月に、陸軍航空部隊の遠距離捜索に従軍し、航空部隊の任務達成に貢献すること大なり。敵軍上空奥深く活動し、或は敵弾を冒し、或は荒天候を突破し、克く其任務を完うして敵航空の動静を捉へて、以て航空部隊に的確なる作戦資料を提供せり。その功績や極めて大にして航空部隊戦績の一部を飾るものと謂ふべし」として、陸軍省から感状を受けたという。毎日も「事変発生以来、総計五五一人を派遣し、現在は一八六人」で、同じく飛行機を使用してフィルムや取材機材を空輸し、その「総飛行時間六四時間、総飛行回数九三回」などと記している。

地方紙の場合、前述したように同盟に多くを依存した。ニュース映画も同盟映画部の撮影したフィルムに、地方紙の名前を入れて上映されるというように、地方紙にとって「同盟がなければ、新聞社として存立し得ない」[93]（「河北新報」）というほど深まり、同盟もまた地方紙の庇護者として、全国紙をライバル視して競い合った。この戦況ニュース報道戦を通じて、全国紙と、同盟および地方紙という構図の確執が強まったのである。

『文藝春秋（昭和一三年一月号）』の「新聞匿名月評」は、南京攻略の過熱した報道ぶりを「南京へ、南京へ、駒も勇めば征士の靴も鳴る。大新聞はもとより、弱小地方紙までが、特派員の記事なしでは読者の受けが悪いとあって、鉛筆とカメラと食料とリュークサック姿も物々しく、或は軍のトラックに便乗、或は舟を利用し、或は徒歩で道は六百八十里何のその、敵の地雷の埋れた江南の野を南京城へと殺到した。南京包囲の報道陣、記者、カメラマン、無電技師、連絡員、自動車運転手を合し、優に二百名は超えたであろう。ジャーナリズムのゴールド・ラッシュだ。報道戦線の大拡張である。皇軍の連戦連勝で俄然、ジャーナリズムは気が大きくなり、大毎機、読売機の来飛し、朝日機と南京入城の華々しい空輪戦を演ずることになった。新聞戦も実戦と同じく機械戦といはねばなるまい。自動車なんか一種の消耗品となっている。南京攻略のため朝日と同盟とはモーター・ボートさへ準備した。砲煙弾雨の中をくぐるべく、真面目に戦車の利用すら考慮されたのである。大毎、朝日、同盟は戦線と上海支局との通信連絡に無電を使用する。無電機はトラックに積載し移動するが、朝日はバスを張り込んだ。座席を改造し、ベッドも設けている。要するに資本戦である。朝日関係八十余名、大毎関係七十余名、ビッグスリー中、読売は最も手兵が少ない。その上イエロー・ペーパーは読売のモットーなのか、臍のあたりが痒くなる創作を平気で書きなぐっている」と、辛口で論評した。

さらに、続編の『文藝春秋（昭和一三年二月号）』の「新聞匿名月評」でも、「大体、新聞がヨタリ過ぎる。読者もまた寄席気分で、そのヨタ記事を歓迎している。新聞は劇を喜ぶ。戦争は決して劇ではないはずだが、劇的シーンを取り扱ふ。南京陥落にしても、新聞がこきざみに落としたため（未だ陥落していないにも拘らず、陥落したかのように報道）、読者は本当の時は却って気抜けの形だった。南京攻略に新聞は全勢力を注ぎ込み、全馬力で報道したので、国民の中には、あれで戦争は一段落と思ひ込んだのも少くないらしい。写真および映画は真実一如と観ずる向きもあろうが、トリックをなしとしない。カメラマンは舞台監督だ。兵隊さんの役者を幾度も突撃させ、城壁によじ登らせ、時には水の中に裸で飛び込んで貰った。機関銃を撃つ、戦車を動かす、しらみだらけの子供も抱かせられた。『戦闘中だから、もっと真剣な顔をして下さい』『万歳です。もっと笑って、もっと大きく手を振って、もっと勇ましくお願ひします』こんな調子だ。カメラマンの腕次第で戦争の劇化は自由自在である」と、ニュース競争に全力を挙げて捏造まで行う報道ぶりを皮肉交じりに紹介した。

戦場の写真は飛行機で内地（日本）へ至急空輸され、それが即、号外となって読者に配られ、その速さが本紙の部数拡張に繋がったが、そうした空輸競争は「全國民が一刻も早く見たいと希ふニュース写真の空輸は、南京入城式のそれは朝日、毎日、同盟の三社機が競い合い、毎日機が不幸故障し、朝日機が南京、福岡間を三時間一五分の新記録で飛んで凱歌を挙げた。同盟機は三時間五四分で福岡着、直ちに福岡支局を通じて契約新聞に電送、各新聞はこの写真を号外とした。廣東、漢口戦に際しては、朝日、同盟機まさに伯仲の空輸戦を演じた(94)」というもので、これが報道の実相であった。

つまりは満州事変で定型が作られた戦況ニュースの取材方法や記事のスタイルを、日中戦争では飛行機や自動車、はては装甲車などの機動力や、大量の従軍記者の投入で大規模発展させた。「報道報國」のスローガンが表象するように、国策に順応することを当然視し、販売と一体化した戦況ニュースの速報のみに血道を挙げた。そうした新聞界の意識は「今次事変に於いては、見事な言論統制が自発的に行なはれた。言論自由を伝統とする朝日新聞の如きが最も熱烈なる日本主義の鼓吹者となった。他は以て知るべしである。為めに國論の統一強化にどれほどの貢献を新聞が敢てしたかは計量を絶するものがあった。新聞は完全に國家の御役に立った(95)」という記述からも浮かび上がる。つまり、国家から強いられたのではなく、進んで国策に順応したのである。

2　軍用機献納運動

新聞の戦争協力は、記事を通じた戦意高揚だけにとどまらず、偵察機、戦闘機、爆撃機、軽爆撃機、あるいは戦車などの兵器やカネを陸海軍へ献納・献金する事業を「各社思ひ思ひに知恵を傾けて、多種多様の献納運動を競った[96]」ことに特徴がある。

兵器の献納運動を真っ先に、大規模に展開したのが、朝日である。「軍用機献納運動」関連の紙面（図表10）で示したように、同社は事変勃発直後の一九三七（昭和一二）年七月二〇日付け朝刊で、「空軍充実今や焦眉の急帝國としては、今や挙國緊張して國防の充実に邁進しなければならぬ。かねて本社の提唱実行してきた航空報國運動を、この際飛躍的に拡大して、我が空軍の強化に國民的協力をなすため、ここに軍用機献納運動を提起することに決した。國民各自は國防上焦眉の急とさるる空軍機材の充実に対して出来得る限りの寄与をなし、鉄壁の如く東亜の空の護りを完からしむるは、烈々たる報國精神に燃ゆる國民の責務である」と軍用機献納運動を提唱し、「一口一円以上を本社にて受け付けます」と読者に募金を呼びかけた。この運動に対する近衛首相の「挙國支援を期待」、杉山陸相の「朝日新聞の運動が絶大なる寄与を為すことと信じ、成功を希望して已まない」、米内海相の「時局柄実に適當な企画で、海軍の将士は熱誠溢るる後援に衷心感謝し奉公の念を堅うする」との談話を掲載した。多額の献金をした会社や個人の名前を掲載したほかに、「お小遣をためて」「屑物を貯めた代金で」「商売の儲けを」などと記事として掲載し、募金を煽った。

そして同年一一月に陸海軍へそれぞれ四五機（偵察機一〇機、戦闘機二〇機、爆撃機一〇機、軽爆撃機五機）、計九〇機を製作献納し、「これら献納機は『全日本号』と命名され、戦線に威力を遺憾なく発揮しつつある」（昭和一二年一一月二八日付け朝刊）と誇らしげに報じた。同紙は一九四〇（昭和一五）年までに一〇〇機の軍用機を献

軍用機献納運動

昭和12年7月20日

非常時局に直面して

軍用機獻納運動
本社の航空報國事業

航空報國運動をこの際飛躍的に擴大して、わが空軍の強化に國民的協力をなすため、こゝに軍用機獻納運動を提起することに決した。

一金二萬圓　朝日新聞社
一金一萬圓　本社役員一同
一金一萬圓　大阪、東京朝日新聞社従業員一同

獻納資金募集規定

大阪
東京　朝日新聞社

本社の軍用機獻納運動への讃辭

全國民の熱烈な支持を確信す
◇…近衛首相

擧國一致へ絶大の寄與
◇…杉山陸相

國防充實に擧國的關心强化
◇…永井遞相

機宜の企て
◇…米内海相

納した。

『日本新聞年鑑（昭和一五年版）』によると、同紙はそれだけではなく「高射砲献納運動」も提唱し、高射砲二二門、高射機関銃二三挺を陸軍へ献納したほか、さまざまな協力事業を展開した。その事業は①陸軍省後援で東京、大阪、名古屋の三市で戦車大展覧会を開催し、その際には三市で陸軍省が戦車の市内行進を行い、東京一五〇万人、大阪三〇〇万人、名古屋一〇〇万人が入場した。②橿原神宮から御恭頒された金鵄盃一五〇〇個を、前線将兵に感謝を捧げるため配達班を組織して贈呈した。③吉本興業専属の一流芸人を陸軍将兵慰問のため前線へ派遣した。④皇軍将士に対し感謝の熱意を捧げるため歌を懸賞募集。二万五〇〇〇余の応募から「父よあなたは強かった」を選び、発表会を東京、大阪、京都、

図表10　朝日の

昭和12年7月21日

軍用機獻納運動

飯沼、塚越兩勇士
率先して獻金す
寄贈の三萬二百八十六圓を
非常時國家のために

早くも廿三萬圓
大空に寄せる愛國の熱情

軍用機獻納資金 本社寄託

神戸、名古屋で開催した。⑤大陸の視察と皇軍への感謝のため全国から小学校教師五六人を選抜・派遣した。⑥国民精神昂揚と軍事美術の奨励のため陸軍省後援、陸軍美術会と共同主催で、聖戦美術展覧会を開催した。⑦朝日主催、陸軍省、海軍省後援で、長期戦へ不動の決意を新たにし、皇国一致の態勢を強化し、聖戦の目的達成に邁進する銃後の意思を示すのを目的として銃後奉公大行進を随時行った。とくに昭和一三年一二月三〇日の「漢口占領記念」では、主筆の緒方竹虎を先頭に三万人が靖国神社から皇居前まで日の丸を掲げて行進した――など枚挙に暇もない。

　朝日に負けじと毎日も、陸海軍への献納に力を注いだ。「皇軍慰問資金」と題して読者から献金を募り計一七九万五三六一円を献納したほか、「愛國金献運動」「廃品回収運動」を提唱して金や廃品を献納する運動の展開、「進軍の歌」「露営の歌」「日の丸行進曲」「大陸行進曲」「太平洋行進曲」の軍歌を献納した。朝日、毎日に比して規模は劣るが、読売も戦車を献納し、さらに戦没者遺族、傷痍軍人への献金、軍歌「空の勇士を讃へる歌」の献納の協力事業を行った。

こうした全国紙の事業をモデルとして、地方紙も同じような事業を展開した。旭川新聞の「弾丸献納」、北海タイムスの「慰問金募集」「郷土部隊への慰問演芸団派遣」、河北新報の「標語募集」「時局絵葉書児童作品展」、新岩手日報の「護国展覧會」、東奥日報の「巡回戦争ニュース映画」「現地報告講演會」「郷土部隊への蓄音機贈呈」「遺族への慰問金募集」、岐阜日日の「事変博覧會」、北國新聞の「海軍戦闘機献納」「國防献金、遺族慰問金募集」「郷土部隊への慰問新聞の寄贈」、中國新聞の「興亜聖戦博覧會」、山陰新聞の「郷土部隊壮行歌の献納、壮行歌のレコード作製」「事変博覧會」、徳島毎日の「従軍記者報告會」「郷土部隊への新聞寄贈」、四國民報の「海軍への軍艦旗献納」、海南新聞の「従軍記者報告會」「巡回映画開催」、福岡日日の「皇軍慰問ドンタク隊の派遣」「傷痍軍人快癒祈願の巡拝」「慰問金献納」、佐賀新聞の「陸軍病院への自動車献納」などそれぞれ趣向を凝らした事業である。

「およそ新聞社の計画する事業は総て戦時色に彩られたもののみ」(97)という指摘は、新聞の戦争に対する意識を表象している。これら戦争にかかわる報道や事業は、販売、広告という営業と密接に絡み合ったものだ。戦時期に全国紙の基盤を築いた読売社長の正力松太郎は戦後に、「新聞ほど儲かる事業は世界に二つとない。戦争中といえども、公定価格で儲かったのは、新聞だけであった」(98)と、率直に吐露している。

これら新聞の協力を政府、軍部はどのように見たのか。『日本新聞年鑑（昭和一六年版）』(99)によると、一九四〇（昭和一五）年六月二九日に大本営陸軍部は、東京都下の主要新聞および同盟、日本放送協会代表三二人を招いて、閑院宮参謀総長が「各社は、今次事変勃発以来作戦の報道宣伝に緊密に協力せられるは、余の深く満足する所にして、茲に一同の労苦を多とすると共に敵弾病魔に斃れたる諸士に対しては深く敬弔の意を表す。各社の使命益々重大を加ふ。一層奮励努力益々作戦に緊密に協力せられんことを望む」、澤田参謀次長も「各社が作戦に伴ふ報道宣伝に関し、一方ならぬご協力を寄せられたる事は、私共の感謝に耐えぬ所で御座います。総力戦中の報道宣伝に任ぜらるる各社の負はるる使命は極めて重且つ大なるものがあると確信せらるるのであります。今後一段と活発かつ積極的なる御協力を御願ひ致す次第で御座います」と、謝意とともに重ねて協力を要請した。

「総力戦中の報道宣伝」という言葉は、報道は宣伝と同義語で、新聞の使命とは総力戦の枠内で報道宣伝に努めることを意味している。国民動員のため新聞は不可欠な存在であり、労苦に謝意の言葉を述べ、折に触れて従軍記者に感謝状を授与し、さらに殉職者の一部を靖国神社に合祀する栄誉を与えた。こうした国家と新聞の戦争遂行のスクラムは、日中戦争の膠着化で強固なものとなり、太平洋戦争必至の状況下で一層深化を遂げた。

五　満州における新聞統合

1　満州弘報協會の設立と活動

満州の言論統制の大きな流れは三段階に要約できる。第一段階は一九三一（昭和六）年から一九三六（昭和一一）年八月までの満州事変—満州國建国という初期の時期で、関東軍が対外宣伝と対内言論統制を意図して國通を設立した。こうした初期の大雑把な言論統制は、一九三六（昭和一一）年九月に言論統制を目的とした満州弘報協會が設立されたことで終了し、第二段階の昭和一一年九月から昭和一五年一二月へと移る。この時期は弘報協會が言論統制のシステムを構築するとともに既存の新聞社の整理統合を精力的に実施し、「全満蒙の言論統制は、今やその完璧陣を完成しようとしている」[100]と評されるまでになった。第三段階は一九四一（昭和一六）年一月から満州國が崩壊する一九四五（昭和二〇）年八月までの時期で、満州國政府が弘報協會を解散し、新聞社法、満州國通信社法、記者法ら言論統制関係五法令を制定し直接的に言論統制を実施した、という三段階である。

この節では、第二段階に満州弘報協會が実施した新聞統合を中心に検証する。弘報協會は、一九三五（昭和一〇）年秋に聯合支配人であった古野伊之助が満州を訪問した際、関東軍の求めに応じ、「満州弘報協會結成要項案」と題した案を提出したのを契機としている。古野案は「通信社と新聞社の業務分担を明らかにして、通信社と新聞社との間の、および新聞社相互間のいたずらな重複と無駄を省くこと、そのために通信社を極力強化することを中心眼目とし、満州に於ける通信社と新聞社を全部包括する新しい組織を設立して、報道の能率、効果の増大を期そう」[101]という内容で、すなわち「通信社と新聞社を包括する組織（「満州弘報協會」）の設立」と「通信社と新聞社の業務分担」を掲げているのが特徴だ。「業務分担」とは「主要なニュース取材は通信社が行い、新聞は通信社配信の記事を中心に、紙面を構成する」というもので、それは「國通作成のニュースで新聞のニュースを単一化・統制する」、つまりは「國通という通信社を中心とするメディア体制の確立」という構想でもある。

古野の案を下敷きとして今度は、満州國通信社（國通）の主幹であった里見甫が「満州弘報協會設立に関する意見書」を作成し、関東軍へ提出した。里見の意見書は「通信社の通信網を整備、取材配置を充実し、新聞社をしてニュース供給を通信社に依頼せしめるに足るを要す。新聞社は取材目標を通信社ニュース以外の特殊ニュースのみに置き、取材機構を縮小して通信社と重複すべき労力と費用を節省すべし」「従来新聞社および通信社はニュース伝送のため電報あるいは電話により各別に送受せるため、一事件のため相互重複せる電報、電話を要したるも、協會はこれを通信社に委ねることによって単一化せしめ、もって多大なる労力と費用の節約を期すべし」などという内容である。[102]

関東軍は里見の意見書に検討を加えたうえで、一九三五（昭和一〇）年一〇月二五日に「在満輿論指導機関ノ機構統制案」[103]を作成した。統制案は「満州ニ於ケル輿論ノ独立性ヲ確保シ、國策遂行ニ必要ナル宣伝ノ一元的統制並其実行ヲ的確容易ナラシメンカ為、日本官憲、満州国官憲及満鉄関係ノ新聞通信社ヲ統合シ其経営ノ合理化ヲ計ル」ことを「方針」に掲げて、「日本官憲、満州國官憲及満鉄ノ指導下ニアル新聞通信社等ヲ統合シ　満州弘報協會ヲ組織ス」と明記した。さらに「日満関係機関ハ協會ヲ把握指導スル」として、①協會ハ弘報委員會ヨリ輿論指導上ノ拠ニ関シ必要ノ指示ヲ受ク、②協會及協會内新聞、通信社ノ高級幹部ノ人事ハ　弘報委員會ノ同意ヲ得テ決定スル、③新聞社ノ新設ハ許サズ――、などの具体事項を提示している。この統制案の特徴は、満州の主要な新聞、通信社で構成する「弘報協會」を新たに設立し、それを関東軍、満州國らで構成する関東軍司令官直属組織「弘報委員會」が把握指導し、言論統制の徹底化を意図したことにある。つまり、軍は上部に位置して、メディア自身に自らの統制を行わせるという形態だ。

統制案に基づいて、満州國政府は一九三六（昭和一一）年四月に勅令「株式會社満州弘報協會ニ関スル件」を公布した。この結果、満州の唯一の通信社であり、満州國が所管していた國通は、弘報協會に吸収された。また満鉄の資本系列下にあった満州日日新聞、大新京日報、哈爾濱日日新聞（以上、邦字紙）、大同新報、盛京時報（以上、華字紙）、満蒙日報（諺字紙）、マンチュリヤ・デーリー・ニュース（英字紙）の邦字、華字、諺字、英字の主要新聞七紙は表向きには独立した個々の会社経営を維持したものの、資本的には弘報協會に統合され、弘報協會がそれら新聞の幹部人事を含め実権を掌握した。つまり「弘報協會が國通を直営（通信部）し、同時に加盟各新聞社の全株若くは過半数を所有し、資本的に完全に統制下に置いた」[104]という運営形態が採られた。弘報協會の設立資金は、満州國政府が國通を、満鉄が新聞各社を現物出資（計一七五万円相当）さらに満州電電が二五万円を出資して、同年九月に弘報協會は「資本金二百万円の株式会社」として発足した。

こうした満州の言論統制を『文藝春秋（昭和一一年五月号）』の「新聞匿名月評」[105]は、「流石に軍部の徹底した勢力下に在るだけに、日本内地の電通、聯合合併、通信統制以上のことが満州で行はれんとしつつある。御時勢が希望する所の統一とか統制とかは、立派な一種の××××思想であり、××××的思想を多分に含んで居る。××××の上に、國家といふ二字を冠しただけで、堂々と○○思想として天下を横行し得、○○からも大いに歓迎せられる時勢だ。故に満州に於いて××××的の新聞通信の一元化が実現した所で、不思議がるに及ばない」と厳しく批判。さらに弘報協會について「加盟した新聞社も各々の株の全部を弘報協會に提供、協會はこれらの株と同額の株を発行し、それを大株主たる満鉄へ渡す。さすれば満鉄の財産も減らず、株式會社弘報協會は設立され、協會が各社を資本的に牛耳り得るといふことになる。要するに今まで満鉄の下に在った各社が、協會を介在しての満鉄の資本下になったのであり、それは単に資本関係だけで、監督権は立派に満鉄から関東軍に移ったのだ。かくして満州に於ける新聞の平面化、官報化、一元化の大事業は成立した」と皮肉を込めて論評している。

弘報協會の運営費は、弘報委員會の構成メンバーが「（年額）満州國七〇万円、満鉄、関東軍各一五万円、外務省一万五千円、満州電電三千円、駐満海軍部二千円」[106]と分担支給した。また弘報協會の理事長には退役軍人で、マンチュリヤ・デーリー・ニュース紙社長の高柳保之助が就任し、國通主幹の里見は國通が独立組織でなくなったことを理由に更迭された[107]。

國通は編入されて「協會通信部」となったものの、「実質的には著しく、その位置が強化された」[108]。統制案の

「國家の弘報宣伝機関の中枢を通信社（國通）に置き、共通ニュースは國通之を取材し、新聞社はその所在する土地のニュースの紙面製作に主力を注ぐ」[109]という文言が示すように、ニュース発信を國通だけに絞り、新聞は國通が配信した記事で紙面を構成するというニュースの単一化が実施された。具体的には、國通は満州國との間で「政府記事代行に関する件」という覚書を交わし、政府が発する重要事項は國通ニュースをもって発表する形が採られ、國通記者の身分も「政府弘報要員」として取材上特別の便宜が供与された。つまり弘報協會を軸とした満州の新たな言論統制のなかで、國通は「弘報協會の中枢となり、協會加盟（新聞）社の通信を統制すると共に、新聞未発行地の新聞社設立に当たって人材を派遣し、更に人事交流により全満各紙の拡充強化に努力」[110]というように、言論統制の実施機関の役目を務めた。

しかし一〇ヵ月後の一九三七（昭和一二）年七月に、國通は協會から分離して新たに株式会社（資本金五〇万円）として独立した。これは弘報協會通信部という形態は、「弘報協會創立の精神に対する理解の不十分と、運営の不手際もあり、敏速果敢な機動力の発揮には遺憾を感ずるに至り」[111]という理由によるものだ。國通の弘報協會からの分離独立は、古野が再び満州入りして関東軍に進言し、これを関東軍が了承して実現した。独立した國通は、一九三七（昭和一二）年四月、同盟との間に、①國通の社員は日本および中国では同盟の社籍に入り、同盟の社員は満州では國通の社籍に入る、②國通が発するニュースは日本および外国では同盟ニュースとなり、日本および外国から発する同盟ニュースは満州では國通ニュースとなる――、という「姉妹提携」の契約を交わした。この結果、國通は「姉妹提携」とはいうものの、実態は同盟の満州支社となった。

また國通の社長には、大阪朝日新聞記者出身で時事新報の元編集局長を務めた森田久が就任し、森田は弘報協會の理事長を兼務した。この兼務も古野の関東軍への「協會と國通の関係を依然表裏一体のものとして運営の妙を発揮せしめるため、両者の主宰者は同一人の兼務とすべきである」[112]という進言によるものだ。

國通社長と弘報協會理事長を兼務（一九三七（昭和一二）年七月—一九四二（昭和一七）年七月）した森田は、新聞統合を主導し、辣腕を振るった。満州の新聞は、『満州年鑑』の「昭和八年版（昭和七年一〇月末現在）」には「有保証金紙六八、無保証金紙三五、内・邦字日刊紙一八、華字日刊紙五、英字日刊紙一」[113]と記されている。森田が整理統合に着手する一九三七（昭和一二）年の段階で、約六〇の新聞社が存在（複数紙を発刊している新聞社もあり）、紙数でいえば邦字紙だけでも日刊紙が五五紙、ほかに週刊、旬刊、月刊紙、さらに華字、英字、露字、諺字紙を合わせると一〇〇紙に及ぶと推計される。森田は新聞統合について、①新京、大連、奉天、ハルピンの四大都市を拠点として、一省一紙主義を目標とする、②これらは協会加盟の邦字紙、華字紙を各一紙残して、他紙は整理統合する、③ただし、人口と購買力から二紙を併存する余裕のある新京、奉天、ハルピンは、「民間新聞の存置を希望する声」を踏まえて、非加盟一紙の併存を認める、④文化程度も比較的低いし、購買力も豊かではない地方の地方紙は、タブロイド判として定価を安くする、⑤調子の低い新聞に満足しない読者は四大都市で発刊している新聞を購読するよう指導する、⑥英字、露字、諺字紙は弘報協會加盟の各一紙に整理統合する——、という基準を設定し[114]、整理統合を推し進めた。

この結果、一九四〇（昭和一五）年九月までに、およそ一八新聞社、二九紙（邦字紙一一、華字紙一五、諺字紙一、英字紙一、露字紙一）にまで整理された。この一八の新聞社は協會へ加盟した新聞社であり、「協會加盟紙の発行部数は全満新聞発行の九割を占めるに至った」[115]と指摘されている。つまり弘報協會へ加盟しない新聞社は数社存在したが、いずれも弱小で整理される見通しにあり、この段階で満州の新聞は、一八新聞社、二九紙と言っても誤りではない。以前に約六〇新聞社、一〇〇紙存在した満州のメディアは、一八新聞社、二九紙に、つまり弘報協會が約四〇新聞社、約七〇紙を整理したのである。

『日本新聞年鑑（昭和一四年版）』は、満州における言論統制を「満州國の新聞統制は極めて理想的に進捗しつつある。國通は弘報協會を背景として益々完備の域に進み、その弘報協會は資本金五百万円ならむとし、満州日日新聞は本社を大連から奉天に移し、奉天、大連にて同時同様の二新聞を発刊し、防共の拠点、蒙彊地域は統制会社蒙彊新聞社の創刊さるるにあり、全満蒙の言論統制は、今やその完璧陣を完成しようとしている」[116]と、記している。新聞統合はその後も進められ、用紙、インクなど新聞製作に必要な物資不足もあるが、満州における新聞は一九四二（昭和一七）年一月には、邦字紙「満州日日新聞社」（奉天）、「満州新聞社」（新京）、華字紙「康徳新聞」の計三紙を数えるだけとなった。[117]

2　実験場としての存在

こうした新聞統合について森田は執筆した論文[118]のなかで、「満州の新聞統合は、新聞を官化せしむるものとの非難もあるが、今日の如く、國際情勢が悪化逼迫し、これに対応する為には挙國一致の態勢を整えて行かねばならぬ時期に當っては、自由主義を基礎とする従来のジャーナリズムは清算されなければなりませぬ、國策の線に沿ふ　新しいジャーナリズムが確立されなければならぬことは勿論であります。殊に満州國は　日満漢蒙等の複合民族より成る國家であり、民族協和を建前とする國であり、一方極端な言論統制に依り絶えず対日満攻勢を続けているソ連と対峙している満州國としては、言論通信を自由に放任することは、対外的にも、対内的にも将又國家としても國民としても策を得たものではありません。協會の整理方針こそ真に新聞の使命を達成する所以であるといふ信念を持って居ります」と、時局や満州の特殊性を強調した。

そのうえで、「日本の現状に徴しても、全國の都市に無数の新聞が乱立し、互いに競争する為、各社共に疲弊し、記者の資質は低下し、紙面は俗悪化し、社会を善導すべき新聞が却って社会に迷惑を及ぼしつつある現状であります。更に乱立競争の弊の他の一面は、資本主義の鉄則に依って弱小新聞が、中央の強大新聞に圧倒されつつある現勢であります。一國内に於て中央の二、三の新聞のみが独占的暴威を振ひ、地方新聞が薙ぎ倒された結果が、その國の文化と産業に及ぼす影響といふものは軽視出来ないのであります。地方新聞が滅び、中央新聞のみが残存する場合には、中央の文化と産業と主張のみが代弁され、所謂言論通信上の頭熱足寒の悪病状を呈すことになる。國家の富強を図るには地方の実力を培養するにありますから、國策上由々しい問題を惹起する虞れがあります。この点に就いて（日本では當局が）夙に憂慮され、地方新聞の整理に着手されたと聞きますが、実際は地方小都市にある弱小新聞を勢を以って廃刊せしめたるに過ぎず、少しく抵抗力ある新聞には手が着けてない。真に地方新聞を生かして行って、その使命を遂行せしめ、新聞の中央集権を阻止するといふ点には、何等の努力が払われていないやうに見受けられるのであります。この意味では、満州國に於ては、弘報協會の成立に依り、これが対策に先鞭をつけたものと自負している次第であります」と、満州では日本に先んじて新聞統合を実施していることを誇示している。

「地方新聞を生かす」と森田が指摘する地方新聞は、名前だけのものにすぎないことは明らかである。先に指摘したように加盟新聞はそれぞれ異なる新聞名（題字）を名乗り独立経営であるかのように装っているものの、弘報協會が各紙の株式を保有して支配下に置いた。弘報協會は社長ら幹部の人事権を掌握したほか、國通が配信した記事で紙面を構成するよう指導するなど経営と編集の両面から「強力に統制」[119]した。

弘報協會はそれだけでは不十分として、新聞を「非常時局に際し、國策に順應し、協力せしむるため」に毎週一回は主要紙の新京駐在者による参与會と呼称した会議を開き、この参与會には関東軍報道班、満州国総務庁弘報処、治安部らの代表者も出席し、弘報宣伝方針を決定し、さらに隔月には加盟各社の社長会議や編集、営業責任者会議を、弘報協會が主催して方針を伝達した。森田は「國策順應の点では一糸乱れざる統制の下に参与會で決定すれば、直ちに加盟新聞社を通じて実行に移す仕組みになって居りまして、日本が最近になって國策宣伝に新聞を総動員しているのに較べ、一日の長あるものとして誇っている次第であります[120]」と、強調している。こうした文からは、言論統制の体制や新聞統合の実施など「日本（内地）の実験場として、満州は先駆け実施している」という意識が浮き彫りとなる。

森田は戦後に、満州での活動を振り返り、「満州の問題など、私は古野伊之助の書いた脚本どおり踊らされたということですよ。弘報協會は極端な言論統制機関ですね。革新的な（言論統制の）見本を満州でやろうとしたわけです。当時の日本の官僚は満州でいろいろな統制の実験をしたんだ。満州は一応の実験場だったんだな。今から考えてみると私なんかも使われたわけだな。これ（弘報協會の活動）で、日本の言論統制も満州なみにはいかんけれども、一県一紙主義ができたわけだ[121]」と、満洲と内地の言論統制の接点に古野伊之助が存在していたという証言を残している。

第二章のまとめ

日中戦争が始まる前年の一九三六（昭和一一）年に、懸案であった日本国内における通信社の統合が実現した。通信社の統合は、新聞へと続くメディア統合の先駆と位置づけられるが、それが実現するまでには約四年の年月を要した。難航した背景には、全国紙と地方紙の新聞業界を二分する対立や、外務省と軍部（陸軍）の情報宣伝政策に関する主導権争いが存在した。

通信社という存在は、全国紙にとっては補助的存在にすぎないが、地方紙にとっては記事ばかりでなく広告の斡旋便宜を受ける不可欠な存在であり、そのため通信社の統合を自社の利害に直結する問題として敏感に反応した。電通と深い関係にある多くの有力地方紙は、統合が電通ではなく聯合を主体として行うという政府方針を全国紙の陰謀とみて、強く反対した。また電通を庇護してきた陸軍も好意的に受け止めていなかった。しかし高度国防国家の建設を意図する陸軍は方針を転じて統合実現に賛成したが、その背景には満州での國通の存在も大きく働いていた。統合実現で一致した政府は、地方紙の反対運動を封じ込め、同盟通信社が設立された。

これにあわせて政府は、同盟に補助金を交付する組織として非公式機関であった情報委員會を公式な官制に基づく情報委員會へと格上げした。さらに同委員會を日中戦争が始まった一九三七（昭和一二）年には情報部へと拡充、改組し、情報宣伝機関の整備に努めた。

日中戦争が膠着状態に陥るのを受けて政府は、国家そのものの戦時体制化を急ぎ、一九三八（昭和一三）年に國家総動員法を制定した。同法には新聞の発行停止という厳罰規程が盛り込まれていたが、在京新聞社幹部の親睦団体二十一日會は規程の削除を要求し、政府もこれを受け入れて削除された。だが同法は三年後の一九四一（昭和一六）年三月には、新聞社の解散を含む企業の生殺与奪の権限条項など政府の権限を強化する内容に改正され、それに対して新聞社は何らの反対を唱えることはなかった。

政府は一九三八（昭和一三）年には戦時統制の基本法規である國家総動員法を制定し統制を強化した。新聞用紙についても使用制限品目のなかに入れて統制下に置いた。用紙は当初、商工省が単なる物資として統制したが、一九四〇（昭和一五）年にはその権限を内閣へ移管し、内閣書記官長を委員長とする「新聞雑誌用紙統制委員會」を設置し、言論統制という観点から新聞を押さえ込む有効な手段として活用した。

統制強化の流れのなかで内務省は一九三八（昭和一三）年八月、本論の主題である新聞統合に着手した。末次内相の指示によるもので、戦時下の言論統制と用紙の節減を目的として最初に悪徳不良紙、次いで弱小紙の整理統合と、二段階で実施する構想を立案した。実施は各都道府県当局の裁量に委ねられた。新聞統合は根拠法、すなわち新聞を強制的に整理統合する法的な権限を明記した法令は存在しなかったため、内務本省から都道府県当局への指示も口頭でなされ、新聞の廃刊も各都道府県警察部特高課の命令ではなく、特高警察が新聞側と懇談して諭す「懇諭」という言葉が使用され、あくまで新聞側の自主的意思に基づくという形式が採られた。

メディアの日中戦争への対応は、全国紙、地方紙を問わず戦争遂行を支持し、戦況報道に力を入れたことが挙げられる。なかでも資本力に勝る全国紙は満州事変を上回る多数の記者を戦地へ派遣し、自動車、飛行機などの機動力を駆使して「素早く、きめ細かな記事や写真を掲載」（『日本新聞年鑑（昭和一五年版）』）した戦況報道で地方紙を圧倒し、発行部数を劇的に伸長させ、企業体としての力量の格差は拡大した。

一九三九（昭和一四）年一〇月には鳥取県の普通日刊紙が一紙に統合し、新たに日本海新聞を創刊するという動きが出現した。これには全国紙の激しい販売攻勢により淘汰されてしまうという危機感を募らせた同県内の地方紙が統合によって資本力を拡充し、同時に県当局の新聞用紙の安定供給などの庇護を得て企業の生き残りを図ろうという意図が存在した。一県一紙は内務省が計画的に目標を設定した結果生まれたものではなく、日中戦争下での全国紙との激しい販売競争のなかで、地方紙自身の意思が大きく働いていた。

また新聞各社は軍用機、戦車、砲弾など兵器や軍歌の献納、展示会の開催など、大規模かつ趣向を凝らした協力事業を展開した。満州事変の際にも協力事業を行ったが、日中戦争の比ではなく「およそ新聞社の計画する事業は総て戦時色に彩られたもののみ」（『日本新聞年鑑（昭和一三年版）』）という指摘は、記事を見るまでもなく、新聞各社の戦争に対する意識を表象している。

一方、満州では言論統制の機構整備が進められ、一九三六（昭和一一）年九月に満州の主要な報道機関を一つにまとめた組織、満州弘報協會が設立された。弘報協會はメディアが自主的に言論統制を実施することを目的としており、なかでも國通はその中心的な存在であった。國通社長である森田久は弘報協會の理事長を務めて、精力的に新聞統合を推し進めた。結果、約六〇新聞社、約一〇〇紙存在した満州のメディアは、一九四〇（昭和一五）年九月までに、約四〇新聞社、約七〇紙が整理統合されて一八新聞社、二九紙となった。

満州事変を契機として戦時への対応を開始した国家は、日中戦争を受けて戦時体制の構築に全力を挙げるとともに新聞統合という新たな言論統制に着手した。一方、メディアも日中戦争の遂行を支持し、これに協力する姿勢を示した。このように国家とメディアの関係は日中戦争を通じて、結びつきを深めていった。満州では日本に先駆けて言論統制の体制の整備や新聞統合が実施されており、なかでも言論統制の実施組織である弘報協會は日本に影響を与えたと推測される。

第三章　新聞統合の進展――太平洋戦争開始前

本章では太平洋戦争の開戦必至の状況下で、言論統制体制の確立を急ぐ国家と、これにメディアが能動的に協力し、一体化した関係が築かれる過程を検証する。とくにメディアで構成する日本新聞聯盟が新聞共販制の実施、記者倶楽部の改編という言論統制を自身で実施する過程や、新聞統合が一県一紙という形で進展し、多くの県で実現していく状況、さらに全国の新聞を一元化することを企図した新聞共同會社設立案が作成された経緯や背景、さらに設立案をめぐる紛糾と収拾の過程を取り上げる。

一　情報局の発足

1　組織の特徴

第二次近衛内閣は一九四〇（昭和一五）年一二月六日、情報部を発展、改組する形で内閣情報局を設立した。

近衛首相は同年七月二二日、組閣に際した記者会見で早くも、各省情報機関を統合一元化した組織の設立を政策の第一に掲げるなど意欲を示し、同年八月一六日には「内閣情報部ノ機構ヲ改メ外務省情報部、陸軍情報部、海軍軍事普及部、内務省警保局図書課ノ事務等ヲ統合シ　情報並ニ啓発宣伝統一及敏活ヲ期スルコト、追而之ニ関スル機構ノ整備ニ付キテハ　内閣関係各省ニ於テ速ニ研究ノ上決定実施セラルルコトトスルコト」という方針を閣議決定した。その閣議決定の後に、法制局長官を座長とする内閣情報部機構改正協議會が設けられた。協議會では一ヵ月の協議で、九月二八日には「情報局設置要綱」を決定、一二月六日には官制公布して内閣情報局を発足させるという、速いスピードで事は進められた。

情報局は、情報部と比べてはるかに強い権限を有する言論統制、宣伝の国家機関であり、第一部「企画」、第二部「報道」、第三部「対外」、第四部「検閲」、第五部「文化」の五つの部と一七の課からなり、総裁、次長のほかに五一名の「情報官」を含めて膨張時の職員数は五五〇名を数える組織であった。この設立当初の五部編成は、一九四三（昭和一八）年四月には四部編成（第五部が廃部されて第一部に編入）となり、さらに同年一一月には三部編成（第一部を廃部し官房へ編入）するなど改編された。形式的には、外務省情報部が担当した対外宣伝は第三部「対外」に、内務省警保局図書課が担当した新聞、雑誌、出版物の検閲は第四部「検閲」に吸収するなど、政府内の情報、宣伝部局はすべて情報局に吸収、一元化された。だが、各省は既存の組織を手放そうとはしなかった。外務省情報部だけは松岡の指示や、情報局総裁のポストは外務省へ渡すという近衛首相の説得で解体されたものの、それ以外の政府組織は、陸軍情報部は「陸軍報道部」に、海軍省軍事普及部は「海軍報道部」に、内務省警保局図書課は「検閲課」と名称を変更して存続し、これら組織は情報局組織と二枚看板を掲げ、同一人物が兼務する、実体は「多頭のヒドラ」(1)であった。

矛盾を含んだ組織であったものの、言論統制の系譜からすると「情報局の設立で、消極的、積極的統制の組織的合体が完成した」という意味があり、また実質的にも大きな力を有した。とくに「現役ニ在ル陸海軍武官ニシテ情報局情報官ニ専任セラレタル者ノ分限等ニ関スル件」が公布され、多数の軍人が中核部局部課長あるいは情報官に就き、情報局の主導権を掌握した。これは政府の情報・宣伝政策の実権を軍部が掌握したという重要性を有している。一九四〇（昭和一五）年一二月の情報局の設立時に情報官に任命された陸海軍軍人は一五人で、情報官全体の三割を占めた。また部課長ポストも、五部一七課のなかで、第一「企画」部長は伊藤賢三海軍少将、第二「報道」部長は吉積正雄陸軍少将、第一部第一課「啓発宣伝の企画」課長は近藤新一海軍中佐、同部第三課「輿論思想の調査」課長は藤田実彦陸軍中佐、第二部第一課「新聞」課長は松村秀逸陸軍大佐、同部第二課「出版、用紙統制」課長は大熊譲海軍大佐、第五部第三課「文藝、美術、音楽」課長は上田俊次海軍中佐というように、軍人が三分の一を占めて実質支配した。それは情報部時代に練られた新聞統合などの積極的統制構想を実施に移す素地が形成されたことを意味していた。

情報局は日比谷の帝国劇場を接収し、同劇場に居を構えた。その発足の模様を読売新聞（昭和一五年一二月六日付け夕刊）は「帝劇の舞台は、まはって」の見出しで、「六日、内閣情報部が情報局となった。新體制の脚光を浴びる旧帝劇に『部』から『局』への静かなる脱皮が行はれたのである。真新しい檜材の看板が玄関に掲げられ、初代総裁伊藤述史総裁がさっそうと参内、午すぎには第一部長の海軍軍事普及部伊藤賢三少将、第二部長の参謀本部吉積正雄少将はじめお歴々が顔を輝かせて初登庁だ。その総数高等官五〇名、属九〇名、嘱託、雇員あはせて三五〇名、きのふまでの部員数一七〇名に比べて一朝にして二倍にふくらんだ大世帯である」と報じている。さらに読売は一九四一（昭和一六）年一月一二日に、伊藤総裁とナチスのゲッペルス宣伝相の電話会談を企画。読売の柴田編集局長の挨拶の後、伊藤はドイツ語で「枢軸國間の國民的提携」を呼びかけ、これは日本放送協會がレコード録音し、同日夜のラジオ放送で全国放送された。こうした華々しささえ感ずる情報局の門出だけに、「部」から「局」への存在感を誇示することが必要であり、その象徴が新聞の戦時体制再編を意図した新聞統合であった。

2　陣容

情報局の総裁は、伊藤述史（外務省・昭和一五年一二月六日～同一六年一〇月一八日）、谷正之（外務省・同～一八年四月二〇日）、天羽英二（外務省・同～一九年七月二二日）、緒方竹虎（朝日新聞・同～二〇年四月七日）、下村宏（朝日新聞、日本放送協会・同～二〇年八月一七日）、緒方竹虎（同～二〇年九月二日）が順に就任。次長は久富達夫（毎日新聞・昭和一五年一二月六日～一六年一〇月二三日）、奥村喜和男（逓信省、企画院・同～一八年四月二二日）、村田五郎（内務省・同～一九年七月二八日）、三好重夫（内務省・同～二〇年四月一〇日）、久富達夫（同～二〇年八月二二日）、赤羽穣（内務省・同～二〇年九月二日）である。「言論統制の総本山」と称された情報局だが、このように最高幹部の総裁には朝日の緒方、下村が、次長には毎日の久富と、統制される側の新聞出身者が就任し、新聞出身者の多くが情報局職員として雇用された。

情報局のなかでも新聞統合を主導した第二部は、「報道」を担当する最重要の中枢部の部署で、第一課「新聞と通信社」①新聞及通信に対する政府発表に関する事項、②新聞及通信に関する事項、③部中他課の所管に属せざる事項、第二課「出版」①雑誌及出版物に関する事項、②新聞雑誌用紙の統制に関する事項、第三課「放送」放送に関する事項、の三つの課で構成された。情報局が一九四一（昭和一六）年四月に、幹部職員のための手引きとして作成した内部文書「秘　情報局ノ組織ト機能」には、第二部の担当目的として「報道は正しい輿論を構成する根幹である。従って政府の行う発表は勿論、その他一般報道も國家的総合的見地に基づいて常に一定の目途の下に一貫した方針に従って企画統制されなければならない(2)」と、メディアを総力戦体制へ組み入れて活用する積極的統制の姿勢を明記している。

情報局が設立された一九四〇（昭和一五）年一二月の時点で、第二部の陣容は部長が吉積正雄陸軍少将、第一課長松村秀逸陸軍大佐、第二課長大熊譲海軍大佐、第三課長宮本吉夫、その下に七人の専任情報官（兼任を加えれば一六人）という顔ぶれであった。一九四二（昭和一七）年四月に吉積が陸軍省整備局長に栄転した後は、松村が第二部長（心得）に昇格している。これにともない新聞を担当する通称「新聞課」と呼称された第一課長には、放送担当の第三課長であった逓信省出身の宮本吉夫が横滑りした。

情報局の実権を掌握した軍人、吉積正雄は一九一四（大正三）年に陸士（二六期）、一九二三（大正一二）年に陸大（三五期）卒後、近衛師団参謀、参謀本部員などを経て、一九二九（昭和四）年から一九三二（昭和七）年まで東京帝大法学部政治学科へ派遣された。陸軍から東京帝大への派遣学生は「満州事変期に台頭するエリート将校層の象徴的存在であり、総力戦準備を基底にした軍部自体の業務拡大が必然的に生み出した単なる軍事専門家の枠を超えた行政能力を有する軍部官僚(3)」で、こうした行政に通じた軍部官僚は「本来軍事行動計画立案の専門家である幕僚将校の中で、政治、経済政策に関与した将校を『陸軍政経将校』と呼称し、官僚の『革新派』と同じ意味で、陸軍の『革新派』という捉え方を採用することも可能(4)」で、彼等は革新官僚と結んで政策に大きな力をふるった。吉積は、軍内で順調なエリート・コースを進んだ人物である。一九三九（昭和一四）年一二月に第四軍参謀長、一九四〇（昭和一五）年三月には少将に昇級し、同年九月参謀本部付きから同年一二月に情報局第二部長へ配属された。一九四二（昭和一七）年四月には整備局長に就いた後に中将へ昇級し、一九四五（昭和二〇）年三月には軍務局長へ就いた。情報局第二部長の後に整備局長、軍務局長という陸軍の要職を歴任したことは、陸軍上層部が吉積の情報局における活動を評価したことにほかならない。

また松村秀逸は一九二〇（大正九）年に陸士（三三期）、一九二八（昭和三）年に陸大（四〇期）卒後、関東軍参謀（新聞班長）、大本営陸軍報道部員、陸軍省情報部長を経て、一九四〇（昭和一五）年八月に大佐へ昇級し、情報局の設立を協議する「内閣情報部機構改正協議會」の陸軍側委員を務めた。そのまま同年一二月に情報局第二部第一課長、一九四二（昭和一七）年四月に第二部長（心得）を務め、一九四三（昭和一八）年四月には軍務局付として軍務へ戻り、同年一〇月には大本営陸軍報道部長、一九四四（昭和一九）年八月に少将へ昇級し、一九四五（昭和二〇）年五月には再び情報局の今度は第一部長を務め、同年七月からは第五九軍参謀長、戦後は参院議員（自民党）となった。関東軍や陸軍省で一貫して新聞、報道を担当し、陸軍内で「報道の専門家」として名を馳せた。経歴が示すように、吉積や松村は軍人であっても軍事専門家の枠を超えて、新聞の内部事情にも通じた軍部官僚であったことが特徴だ。

こうした軍人に加えて、次長は「革新官僚の旗手」と称された奥村喜和男が務めた。奥村は一九二五（大正一四）年に東京帝大法学部政治学科卒後、逓信省へ入省し、一九三三（昭和八）年には満州へ派遣され満州電信電話会社の設立にかかわった。一九三四（昭和九）年の逓信省電務局無線課長などを経て、一九三五（昭和一〇）年には内閣調査局調査官、一九三七（昭和一二）年には企画院書記官とし、電力会社を統合し、国家管理とする電力管理法制定では中心的役割を演じている。逓信省監察課長などを経て、一九四一（昭和一六）年一〇月に情報局次長に就任し、一九四三（昭和一八）年四月に辞任した。一九四二（昭和一七）年九月から辞任するまでの八ヵ月間は、総裁の谷正之が外相を兼務したため、最高幹部として情報局を差配した。つまり、新聞統合にとって重要な期間は、革新官僚の代表格である奥村が情報局のトップに座っていた。橋川文三は、革新官僚に関する一連の論文で(5)、「國防國家體制の建設は軍部を中心に高唱されたが、そうした軍事理念が次第に『政治』を排除してゆく過程で、軍の有力な支持者となり、戦争計画のために必要な情報や技術の提供者となったのが、『革新官僚』である。彼らは、軍部が端的にその軍事的必要から國家體制の変革を求めたのに対し、一九三〇年代における世界史的な危機状況の認識に立って、政治と経済の全面的な組織化と計画化の必然性を認めた集団である。軍部の國防國家の要求が比較的単純な思想の上に立てられていたのに対し、彼らはむしろ自由主義と個人主義のゆきづまりの意識から、新しい世界観にもとづく国家改造に進んだテクノクラートの一群といえよう」と定義し、とくに奥村について「奥村はそうした革新官僚の思想と心情を明晰に語った人物の一人である(6)」と指摘している。

奥村は電力國家管理法を立案したことで、一躍その名が知られ、「(奥村)喜和男のキワは、際物のキワに通ずるところがあるが、これは時局が生み出したところの一つの名前なのである。一般的には彼の名は知られていなかった。逓信省の下っ端役人たる彼の存在を知るはずもなかった。電力統合が問題になって、論議が糾然として起ると、いつしか彼は、政府方の城を守る勇ましき選手として立っていたのである(7)」と評された。その電力國家管理法構想は、当時数多く存在した電力会社を一つの会社にまとめて、国家が運営することを内容としている。同構想が立案された一九三七(昭和一二)年に電力会社は四七五社、一九三八(昭和一三)年には四一二社を数えたが、このなかで「五大電力」といわれた東京電燈、日本電力、大同電力、東邦電力、宇治川電気の五社が激しい販売競争を展開し、一九三二(昭和七)年には競争防止と電力業安定のため五社間の企業カルテル「電力聯盟」が結成された。一方で、電力事業の管理を所管していた逓信省は「電力事業を日本資本主義の基幹産業」と認識し、電力の低廉な安定供給の確保を図るための国家統制の検討に着手した。一九三五（昭和一〇）年五月には岡田啓介首相の指示で内閣調査局が設置され、各省から調査局へ中堅官吏が調査官として派遣されたが、逓信省からは奥村が派遣され、調査官となった。内閣調査局は二年後の一九三七（昭和一二）年五月に企画庁に改組され、わずか五ヵ月後の同年一〇月には内閣資源局と合体して企画院に拡大され、「戦時体制の総合的参謀本部ともいうべき地位を占めたが、この企画院こそ、革新官僚の集結する根拠地であり、従来の官僚概念を超えた統治作用の流出する本源地でもあった(9)」とされる。

内閣調査局へ入って以来、奥村は電力の国家管理方策を検討し、電力國策要綱私案を作成したが、これに政党、財界が電力のみならず他の重要産業に対する国家統制に波及することを警戒して強く反発し、大きな政治問題へと発展した。奥村私案を基礎とした電力國家管理法案は広田内閣の総辞職で廃案となったが、第一次近衛内閣の永井柳太郎逓信相が一九三八（昭和一三）年一月に改めて議会へ提出し、同年三月二六日に可決（公布は四月六日）された。同法に基づいて一九三九（昭和一四）年四月に「日本発送電力株式會社（日発）」が設立され、さらに一九四二（昭和一七）年四月には國家総動員法に基づいた配電統制令が公布され、電力会社は九社からなる配電会社へ強制統合されて、発、送、配電を一貫する電力の国家管理が完成し、それは現在にいたる電力九社の原型となっている。

その電力國管管理法案の核心は、「営利を第一義とし、公益を第二義とするような経営形態は電力事業に限らず、これから以後、國家の重要産業には不適当である。公益を第一義とし、國家・社会の許容する程度に於て利得を収むることが今後の経済活動の指導方針であらねばならぬ(10)」というように、営利を排して、公益を最優先させるという発想で、公益を具現化した「高度國防國家建設」を標榜する軍部の主張と一体化したものであった。

具体的には、既存の電力会社の所有設備を法律によって強制出資させ、一つに統合した株式会社を設立し、同社の株は出資の評価額に応じて出資した（統合された）既存の会社が所有する。そのうえで政府は同社保有の全設備を借り上げて発電および送電を直営し、使用料を同社に支払う。既存の電力会社は地域ごとの配電事業のみを担当して、生産施設は私有のままとし、その経営・管理を国家の手に収めようとする「民有国営」「資本と経営の分離」という考えである。奥村の情報局次長就任は、同盟社長の古野伊之助の推挙によるものだ。奥村は内閣調査局調査官のときに通信社の統合に深くかかわり、古野と緊密な関係を築いた(11)。同盟社長の岩永裕吉が急逝した際に奥村は同盟社長に古野を据えるよう各方面へ働きかけた。そして今度は、古野が逓信省大臣官房監察課長であった奥村の情報局次長就任に動いた。

情報局で、奥村の片腕的存在であった宮本吉夫は、逓信省時代の上司と部下という関係だ。宮本は一九二八（昭和三）年に東京帝大法学部政治学科卒後、逓信省へ入省し、一九三六（昭和一一）年七月に内閣情報委員會が設立された際に、逓信省側委員として放送に関する業務を担当し、一九三七（昭和一二）年七月には逓信省電務局無線課長として日本放送協会の監督を務めた。一九四〇（昭和一五）年一二月に情報局発足を受けて第二部第三課長として放送に対する統制を担当し、一九四二（昭和一七）年七月から同部第一課長として、新聞統合を担当した。逓信省出身として放送の統制を担当していた宮本が、新聞担当、しかも新聞統合の実務責任者となったのは、奥村の指示によるもので、宮本は「昭和一七年六月頃、奥村さんから呼ばれて、新聞課長となることを求められた。全くの素人であるところから固辞したが、奥村さんは自分が支持協力するからと言われ、私は受諾することを余儀なくされた(12)」と、証言している。第二部第一課の専任情報官、尾之上弘信も奥村の企画院時代の部下で、尾之上は内閣情報部では「新聞通信ニ対スル一般指導」などを担当する第二課の新聞通信関係主任を務め、言論統制構想を作成している。奥村はかつての部下である宮本や尾之上を起用し、「新聞の統合に心血を注いだ」[13]のである。このように新聞統合を主導した情報局の主要幹部は、軍部官僚および奥村や奥村と繋がる革新官僚で固められた。

またメディアの協力者も存在した。「新聞之新聞」（昭和一五年八月三日付け）は、「帝都の新聞統制に関しては、之が発動の方法及時期に就いては尚未定の状態にある。政府筋の相談役と見られている古野同盟社長、軍部の顧問格と見られている城戸報知新聞常任顧問の動向は注目されている。既に非公式に両氏は夫々、新聞界の行き方その他に関して意見を求められているものの如く、新聞界でも両氏の動向には重大関心を払っている」などと、同盟社長・古野と報知新聞常任顧問・城戸元亮の二人を挙げている。

古野については、これまでも言及しているが、その経歴は三重県四日市出身で高等小学校卒後、上京し、商店小僧などを経て、一九〇九（明治四二）年に新聞広告を見てＡＰ通信社東京支局に給仕として入社した叩き上げの人物である。國際通信社、聯合で頭角を現し、岩永裕吉が逝去した後、同盟社長に就任した。國際通信社の北京特派員として、鈴木貞一、板垣征四郎、土肥原賢二ら陸軍の駐在武官と親交を深め、陸軍との人脈を形成した。古野に対しては、朝日新聞常務の鈴木文四郎の「一部の新聞人は、軍の幹部級を招いて酒食をすすめ、迎合したりした。不愉快に耐えなかったのは、彼らが軍人たちに新聞経営上の知識や、新聞の生命である紙の使用量の制限その他、新聞の最も苦痛とする弱点をいかに攻めればよいかを教えたことである。新聞を官僚と軍人に売り、そのお先棒を担いで新聞を統制し自由を奪った首謀者は同盟通信社社長古野であった[14]」などの厳しい批判がある。批判の是非はともかく、全国紙が古野をどのように見ていたかを示す証言だ。

もう一人の人物、城戸元亮は京都帝大卒後に大阪毎日新聞へ入社し、系列紙である東京日日新聞の主筆、大阪毎日の主幹を経て一九三三（昭和八）年一月に同社会長に就任したが、同年一〇月に社内派閥の対立から臨時役員会で解任された。城戸の解任は「城戸事件」と呼ばれ、城戸を慕う多くの記者がともに退社した。その後に城戸は、陸軍省情報部の嘱託および情報部の外郭団体、大東研究所の所長に就任した。情報局の設立にともない、陸軍省情報部が「陸軍報道部」と改名された際に大東研究所は解散されたが、城戸は引続き陸軍報道部の嘱託を務めた。また、この間には陸軍から推されて報知新聞の最高顧問も務めている。城戸と陸軍を結んだのは、情報局の実力者となる松村大佐で、ともに熊本出身という縁によるものだ。陸軍省情報部が、前身の「陸軍省新聞班」から改名したのは一九三八（昭和一三）年のことで、これは新聞班長に就任した佐藤賢了大佐が「新聞班を大情報局に改編強化し、その長は次官と同位に置き、陸軍大臣に直属させ、省外からも人材を集める」ことを意図したものの、構想は実らずに改名だけにとどまったという経緯がある。佐藤の構想では「組織の長に、城戸元亮を据える」というもので、佐藤に城戸を推挙したのが松村である。しかし、大構想が日の目を見ずに終わったため、佐藤大佐は城戸を嘱託として任用した。(15) 城戸の配下の大熊武雄は東京日日新聞陸軍省担当の政治部記者で、城戸事件で退社した後に読売新聞へ移ったが城戸の誘いで、情報部嘱託・大東研究所採用大東研究所研究員となった。大熊は松村大佐の求めで、二つの統制構想を作成しているが、二つとも城戸との共作と推測される。城戸や大熊の毎日出身者には新聞への複雑な思いが存在し、一方で陸軍にとっては新聞の内情に精通した新聞出身者には利用価値があった。ともかくも、情報局の軍部官僚や革新官僚の周辺には、こうしたメディア関係者が存在した。

3　言論統制構想

内閣情報局第二部長として新聞統合を主導した吉積が所持していた文書のなかには、言論統制に関する「積極的新聞政策私案」「秘　新聞指導方策に就て」「極秘　言論の重要性と各種宣伝機関の現状」「極秘　新聞統制具体案」「部外秘　新聞統制私案断片」の五つの文書が綴られている。(16)一部の文書には傍線や書き込みがなされてあり、吉積が新聞統合を進めるうえで参考資料として活用したことを示唆している。

統制構想のなかでもっとも古い「積極的新聞政策私案」は一九三六（昭和一一）年四月に作成された構想で、構想の作成者名は記載されていない。構想は國立新聞研究所の設立、記者法および出版事業法の制定などを提唱しているが、なかでも注目されるのは、新聞統合などの統制策を盛り込んだ出版事業法の制定や、それを進めるために首相直属の新聞局という名称の官制の組織を新設する構想を打ち出している点だ。

「斯くの如き事業の裏面には相当寒心すべき問題が潜在すると思はれる」などと新聞雑誌の現状に批判を加え、そのうえで「政府は自ら立ちて整理合理化の機運を醸成し、場合によっては之を強制すべきである。従って出版事業法を制定して合理的なる新聞雑誌の経営法を指示する必要があろうと思ふ。出版事業法は右の目的を有するのみならず新聞雑誌の販売法、広告料収入等も合理化して、不合理なる競争によって経営難に陥る現今の通弊を打破しなければならぬ」と、出版事業法の制定を提言している。この「政府が強制的に整理合理化する」統制こそが、新聞統合にほかならない。また記者の資格や登録は満州では一九四一（昭和一六）年八月に「記者法」が公布され、日本国内では法制化こそされなかったが日本新聞會によって実施された。つまり、構想は、「國立新聞研究所」を除いて、何らかの形で実現した。その意味で、私案は後の言論統制の「原型」を早い段階で提示した構想として歴史的意味がある。

次いで「秘　新聞指導方策に就て」構想は、昭和一五年二月一五日という日付が明記されているが、先の構想と同様に作成者名は記載されていない。「編集陣営の者が如何に時局認識に徹し、國家的自覚を有して居ても現在の新聞が、この程度の紙面しか作成出来ない所以のものは、新聞の本質が売ることを第一義とする商品であるからである。営業部面の発言は紙面の方向を決定する程の威力を有つている。従って新聞対策の『鍵』は、新聞の『営業』を押へることであらねばならぬ」と企業体としての新聞に着目し、営業部門を「押へる」ことに統制の照準を据えた点が特徴で、とくに「新聞用紙供給の國家管理」という構想はただちに実施されている。文書には、「一、営利事業ノコト　二、新聞人ノ心哀トシテ　新ナル特務ヲ欲ス　三、購読者カラ攻撃ヲ受クルコトヲ嫌フ」という吉積の文字と思われる「書き込み」がなされてあり、吉積がそうした点に印象を受けたことが推測される。

「極秘　言論の重要性と各種宣伝機関の現状」構想は昭和一五年六月二六日付けの作成期日が明記され、「陸軍省情報部大熊嘱託員」と作成者名も記載されている。「大熊嘱託員」とは、先に示したように毎日新聞出身の大熊武雄のことだ。「新聞の弘報宣伝上に於ける地位は、宣伝上最も重要な役割を持つ」と、新聞の影響力の大きさを強調する一方で、城戸が関係している報知新聞および國民新聞の両紙以外の有力紙を「未だに自由主義的色彩を脱却し得ず、その根本態度を決し兼ねて徒に浮遊している状態」と厳しく批判し、「今こそ新聞を全面的に統制利用すべき絶好の機会である」と、統制利用を説いている。

「極秘　新聞統制具体案」構想には「尾之上試案」という副題が付されてあり、作成者は情報部第二課主任の尾之上弘信である。構想が作成された昭和一五年八月二二日の時点では、近衛首相の指示により、情報部の組織拡大を前提とした内閣情報部機構改正協議會が八月一六日に政府部内に設けられた。新たに発足する情報局で実施する新聞統制の具体策を念頭に作成されたと思われる。同構想は、統制手段について国家側が前面に出るのではなく、「新聞協會ヲ改組シ（又ハ　新協會ヲ創設シテ）テ　新聞側ノ自治的（新聞社相互ノ利害関係ヲ噛合サシム）統制ヲ行ハシムル」という狡猾な手段を、提唱している。ここに示された「新聞協會ヲ改組シ（又ハ　新協會ヲ創設シテ）」という団体は、一九四一（昭和一六）年五月に自主的統制を目的とした日本新聞聯盟が発足したことで実現した。また「新聞側ノ自治的（新聞社相互ノ利害関係ヲ噛合サシム）統制ヲ行ハシムル」は、全国紙と地方紙の対立を利用して統制を進めることで、構想どおりの手段を用いて情報局は統制を進めており、大きな影響を与えたと考えられる。だが新聞統合に関しては、「一県二紙ヲ標準トシ　交通文化等ノ地方事情ニ依リ、一県一紙乃至四紙程度ヲ認ム」と幅をもたせた。これは、情報部（情報局）としてもこの段階では一県一紙という方針が確定していなかったことを示すものだ。

「部外秘　新聞統制私案断片」構想は、大熊武雄が「情報局の業務開始に當り、松村大佐の命に依り」作成したもので、作成された日付は昭和一五年一二月五日と、情報局が設立されたのと同じ日付である。新たな組織である情報局の「言論統制策」を提言したもので、ドイツの記者法をモデルとした「日本の現状に適する如き新聞記者法を早急に制定しなければならぬ」と記者登録制度の制定や、「新聞統制を考慮する場合に、その販売機構の改革をも同時に実行しなければ統制の目的を達することは到底不可能である」と共販制の実施など具体的な統制策が盛り込まれており、販売機構の統制は同構想のとおり実施された。だが同構想も新聞統合については、「現在の東京に於ける有力七紙（同盟通信社を除く）、朝日、日日、読売、都、報知、國民、中外を三社位の程度にする。（東朝、東日、読売三社）位、大阪は大毎、大朝の二社位にする。京都は京都日日、日の出新聞の何れかの一社にする。其の他の地方各県は、原則として一県に就き二社とする。但し、県により新聞社の無い所もあるから、これは地方の実情に即して一地方ブロックに就き一社とするやうな方法を執るやうにすれば良いと考へられる」とあいまいな提言にとどまっている。

これらの言論統制構想の特徴は、第一には、「積極的新聞政策私案」を除いた四つの構想が一九四〇（昭和一五）年に集中して作成されたことだ。それは情報局の設立を前提として新組織設立の意義や存在感を示すための構想が検討されたのを表している。第二には、構想が軍部ではなく、革新官僚や新聞関係者、あるいは研究者の手によって作成されたことだ。新聞というメディアを総力戦体制に組み込むことを意図した主力は、軍部であるには相違ない。しかし、構想立案にはメディア関係者が参加し、彼らが軍人たちに新聞経営上の知識や、新聞の生命である紙の使用量の制限その他、新聞のもっとも苦痛とする弱点をいかに攻めればよいかを教えた(17)という事実は、メディアと国家の関係を考察するうえで、重いものがある。また新聞統合について構想はいずれも、一県一紙ではなく、地方事情を勘案して一県二紙に傾いている。それは構想が作成された一九四〇（昭和一五）年の段階では複数の地方紙が激しく競い合う状態が多くの県では続いており、地方紙間の競争を強制的に停止させ、一県一紙にまとめあげるのは、「部外秘　新聞統制私案断片」が「現在の実情に即して見るに」と記しているように困難視されたことを示している。

二　日本新聞聯盟の設立

1　結成の過程

先に示した「全国三紙の発行部数推移」（**図表3**）の、昭和一二年から昭和一七年までの六年間の推移を改めて確認したい。

全国三紙の自社作成の総計は昭和一二年六八〇万四三六七部、昭和一三年六三五万五〇三四部、昭和一四年六八二万四四三部、昭和一五年七六〇万一二五二部、昭和一六年八五八万七〇部、昭和一七年八九二万二五八七部である。日中戦争が開始した一九三七（昭和一二）年から一九三八（昭和一三）年にかけて部数は減少したものの、以降は増加の一途をたどっている。大量の従軍記者の派遣や社機など機動力をフル稼働し、きめ細かな戦地報道を全国三紙が競い合って展開したのが増加の要因である。新聞の発行総数自体、昭和一二年一一八三万部が昭和一七年には一四六八万部と二八五万部も大幅増加した。この増加部数の大半（約六割）の一七七万部を、全国三紙の増加が占めており、発行総数に占める全国三紙の割合は、昭和一二年五七・五％、昭和一七年で六〇・七％と着実に増加し、全国三紙の寡占化が伸長している。当然ながら、地方紙は強く危機感を募らせた。[18]

全国三紙のなかでは、読売の伸長が注目される。読売は昭和一二年に東京では東京朝日、東京日日の両紙を抜いて、第一紙へと躍り出た。同紙の社史（『読売新聞八十年史』）は「余力を蓄えること一年有半、昭和一四年、多年の宿願であった大阪進出の機会を捕らえんとし、また従来盲点となっていた西日本への進出を企図した」と記述している。読売の地方新聞経営に対する方式は、朝日、毎日とは異なっていた。朝日、毎日は、そのまま地方紙をなぎ倒していく方式であったが、読売の場合は買収後に経営の実権は掌握するものの、地方紙の題字をそのまま使用した。これは「アメリカのハースト系新聞をモデルにした方式で、地方人士は地元紙に非常な親しみを持っていることに着眼した」もので、地方読者の全国紙に対する抵抗感をやわらげ、部数拡大を図るという狙いによる。もう一つの理由は、新聞用紙の配給が挙げられる。別会社にすれば、その会社の分の新聞用紙の配給が受けられるという狙いもあった。具体的には、大阪時事新報（昭和一五年春、大阪）、九州日報（昭和一五年八月、[19][20]

福岡）、山陰新聞（昭和一五年八月、島根）、長崎日日新聞（昭和一六年一月、長崎）、静岡新報（昭和一六年四月、静岡）、樺太新聞（昭和一七年二月、樺太）、小樽新聞（昭和一七年三月、北海道）を、次々と配下に収めた。大阪時事新報は株式の約七割を買収し、また九州日報、山陰新聞、長崎日日新聞、静岡新報は完全に買収した。読売社長正力が九州、山陰、静岡の三紙は会長に、長崎日日は相談役に就任し、読売から幹部を派遣して直接経営した。樺太新聞は新聞統合の流れのなかで、樺太の既存四紙（樺太日日、樺太時事、恵須取毎日、樺太旭新報）が一九四二（昭和一七）年二月に合併して創刊された新聞である。その際に読売は同社に出資し、正力が会長に就任、読売から幹部を派遣して直営した。小樽新聞とは、資本金の半額を出資するという連繋関係を結んだ。

一九四一（昭和一六）年七月には、報知新聞の株式の過半数を買収した。報知新聞は一八七二（明治五）年に創刊され、大隈重信率いる立憲改進党系の機関紙（政論新聞）で、その後に大衆紙へ脱皮し、明治末から大正期にかけて時事新報、國民新聞と並んで東京紙の最右翼と称された。しかし関東大震災以後は、東京朝日、東京日日の大阪系紙に押されて部数は暫時減少、講談社の野間清治が買収して経営に当たったが振るわなかった。その後講談社も撤退し、一九三九（昭和一四）年からは政治家・三木武吉が社長を務めていた。三木が読売に全株式を売却した経緯は、以下のようなものだ。赤字が続く同紙に、一九四一（昭和一六）年五月、満州から帰国した星野直樹、岸信介が、満州國を宣伝する広報紙とするため報知新聞を買収したいという話が、情報局第二部第一課長松村大佐から三木へ寄せられた。しかし同紙の内部で三木の社長解任が画策され、その動きと満州組の買収話が連動していたことに反発した三木は、読売の正力に売却をもちかけ、正力が買収に応じた[21]。両者の話し合いで、株式の過半数は読売が買収、正力が会長に就任するが、題字および三木の社長ポストはそのままとし、読売の営業局次長であった務台光雄が営業局長として報知へ出向し実権を掌握した。

一九四〇（昭和一五）年の新聞界の状況は、「全国三紙が、地方紙を盛んに買収した。とくに正力さんの馬力は強く、これに刺激されて対抗上、朝日、毎日も買収や、裏から紐を付けるとかする。新聞統合がなかったら、全国の地方紙が全国紙に買収されていた[22]」というものであった。全国紙の販売攻勢に加えて、用紙をはじめとした新聞資材の窮迫、さらに基盤である政党が解消して大政翼賛会が発足する状況のなかで、地方紙は生存に強い危機感を募らせた。このため在京の有力地方紙の集まり「全国地方新聞支社局會議」は一九四〇（昭和一五）年一〇月に、「新聞新體制についての意見を、内閣情報部へ具申し、地方新聞の立場を認識させる」という方針を決め、同年一二月までに一七の地方紙が情報部へ意見書を提出した[23]。「意見書」（京都日日新聞）、「地方新聞機構改革案」（山形新聞）、「陳情書」（高知新聞）、「新體制意見報告書」（福井新聞）、「上申書」（徳島日日新聞）、「意見具陳書」（九州新聞）、「統制ニ関スル卑見」（室蘭毎日新聞）などと、提出書類の名称を異にしているが、意見書は当時の地方紙の意識を浮き彫りにしている。新聞統合についてほぼすべての地方紙が自紙の存続を前提として賛成の意思を示し、自紙を「大政翼賛會の機關紙」（京都日日新聞、山形新聞）「國策指導機關」（福井新聞）「県の情報宣傳機關」（芸備日日新聞）と位置づけて「國策へ（進んで）順應する」ことを誓約した。なかには記事の配信を受ける同盟の購読料金について、「地方紙は無料とし、それを國家が同盟へ補助する」（秋田魁）など財政的な便宜供与を求める意見も存在する。意見書は、全国紙の攻勢を抑制して地方紙を庇護するよう国家に求めていることを、特徴としている。

こうした地方紙の指導的立場を担ったのが、名古屋新聞社社長の森一兵である。同紙は大阪朝日新聞社の名古屋通信部部長であった小山松寿が中京新報を譲り受けて改題し、一九〇六（明治三九）年に立憲改進党（民政党）系紙として創刊した。名古屋市内はじめ東海、北陸地方でライバルの政友会系紙、新愛知（明治二〇年創刊、大島宇吉社長）と競い合った地方紙の雄で、小山が民政党代議士（昭和一二年七月〜一六年二月まで衆院議長）を務めるなど有力地方紙として存在感を示していた。森は小山の義弟（小山の妻の弟）で、政界活動で多忙な小山に代わり、同紙の経営を掌握（昭和一一年に専務理事から社長に昇格）していた。国家主義的な政治思想の持ち主であった森は、「時局の重大性を認識して、革新日本の展開に尽力する信念に立ち、皇國日本の尊貴なる原理に遵ひ國民的全組織と新構造との體系を全體主義的に確立し、これを闡明するに努めたい」という「革新新聞道」と称する経営方針を打ち出した。[24]森の片腕であった専務の大宮伍三郎も「事変勃発以来、逸早く名古屋新聞は自由主義に宣戦を布告、勇敢に闘ってきた。然るに未だ自由主義の迷夢から醒めぬ新聞がある。かかる時、名古屋新聞の読者を一名でも増やすことは、それだけ日本人を自由主義の桎梏から解放、以て國策の線に沿って國論を統一さす所以だ[25]」と社員に訓示した。同紙の「革新新聞道」なるものは、全国紙に対抗する販売拡張意識と一体であり、森および大宮は積極的に国家との接近に努めた。一九三七（昭和一二）年一一月に開かれた近衛首相ら政府関係者と有力地方新聞一九社代表による時局懇談會では、森が地方紙を代表して「國民的信念に基づいて『新聞参戦』の実を挙げたい[26]」と政府への協力姿勢を強調した。一九四一（昭和一六）年初めには、森の提唱で有力地方紙の幹部が会合し、「有力地方紙で構成する団体を結成し、新聞統合を含む新聞統制を自主的に進める」ことを決議した。[27]国家との結びつきを強めることで、国家の手を借りて全国紙の進出を抑制し、生き残りを図るという目論見は、有力地方紙総体の目論見であったといえる。

一方、全国紙に対しては、同盟の古野が情報局の伊藤総裁、吉積第二部長と計り、そのうえで緒方、高石、正力の全国三紙幹部に「自主的統制団体の結成」を働きかけ、全国紙側も重要産業に統制会が続々と結成される状況下で、新聞の統制も必至という判断から消極的ながら応じた。[28]同時期は「大新聞は地方紙を狙って虎視眈々たるものがあれば、地方紙も大新聞を目するに不倶戴天と観念し、大新聞打倒のために連繋しやうと、自由競争の心理の惰性が相当熾烈であった[29]」というように全国紙と地方紙の感情的対立が激化しており、このままでは新聞の自主的統制団体が全国紙と地方紙に分かれて二つ存在してしまうという状況が現出した。このため古野が「政府当路、特に情報局と連絡して、大同団結を極力図り[30]」新聞業界が一つにまとまった団体を結成するよう斡旋し、一九四一（昭和一六）年五月二八日、自主的統制団体「日本新聞聯盟」（以下、新聞聯盟）が発足した。

情報局の伊藤総裁は一九四一（昭和一六）年四月の閣議で、「昨夏来、新聞聯盟設立に就て気運駘蕩しありし所、昨四月五日主要日刊新聞社の代表者と会合し、委員を上げ設立準備に着手することとなれり。右聯盟は朝野対立の幣を避け、官民一体の組織とし報道、営業両面における刷新を図り、所謂新聞新體制の確立を期せんとするもの[31]」などと説明している。「戦時の言論統制体制の確立」を目標に掲げる情報局にとって、新聞業界の自主的統制団体結成は、その出発点に当たるものであった。

新聞聯盟の会員は、発足直後の同年六月には全国紙と有力地方紙の計三一社であったが、同盟の勧誘もあり、同年一二月には同盟の加盟新聞社とほぼ同数の一一二社（台湾の四社を含む）、すなわち日本の主要な新聞社のほとんどが会員に加わった。メディアで構成する統一組織とは言いながら、全国紙と地方紙は新聞聯盟に対して、それぞれ異なる位置づけをしていた。全国紙は国家による「強圧的天下り統制」を軽減・防御する方策と捉えたが、全国紙の販売攻勢に危機感を募らせる地方紙は、新聞聯盟を通じて国家に統制を促し、全国紙の動きを抑制したいという思惑が存在した。こうした全国紙と地方紙の位置づけの相違は、新聞聯盟の審議に投影され、事あるごとに双方は激しく対立した。

2　理事、監事の構成

新聞聯盟は定款に、活動目的を「新聞事業の自治的統制団体として斯業の進歩発達を図り、以てその國家的使命を達成する」と掲げた。しかし「自治的」はあくまで、新聞社側の考えにすぎなかった。情報局の「この組織が万一にも政府と対立するようなことがあっては、天下の大事を招く。官民一体となって正しき運営を行うには政府自ら参与して協力を期するに如くはない」という強い意向で、理事會のメンバーには情報局次長、情報局第二部長、内務省警保局長の政府関係三人が加えられた。

新聞聯盟は、以下のような組織で構成した（**図表11**）。

図表11　日本新聞聯盟組織図

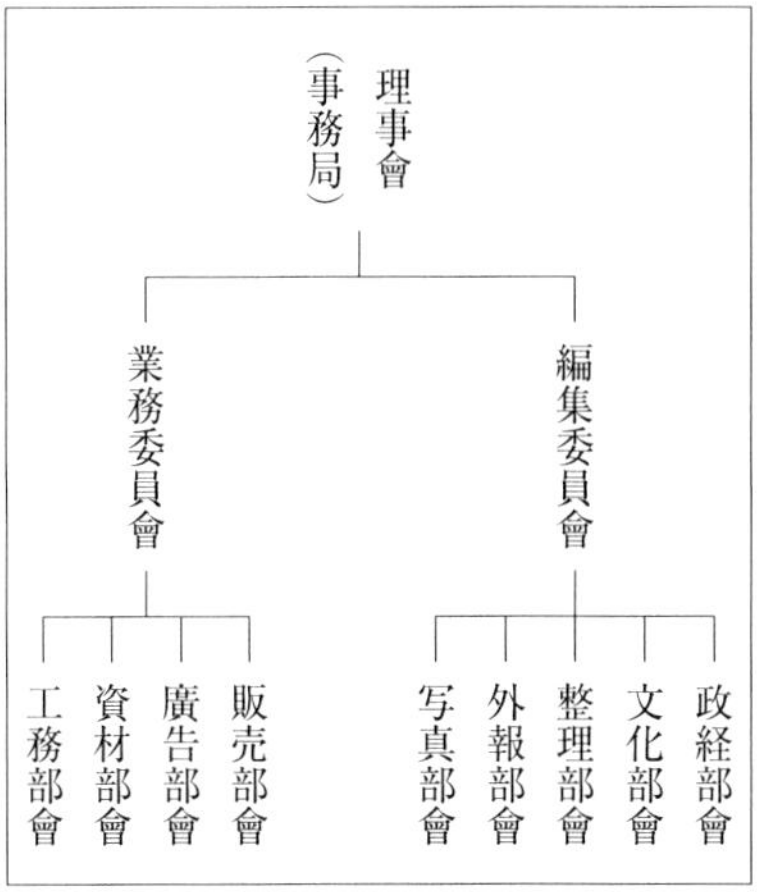

最高協議・決議機関である理事會を中心として、編集、業務の二つの委員會、その下に編集委員會は政経、文化、整理、外報、写真の五部會、業務委員會は販売、廣告、資材、工務の四部會が置かれるという構成である。理事、監事の役員一四社の配分は、東京・大阪系新聞社および同盟が七社、地方紙が七社とし、理事は朝日、毎日、読売、報知、中外商業、同盟、北海タイムス（北海道）、河北新報（宮城）、新愛知（愛知）、名古屋（同）、合同（岡山）、福岡日日（福岡）、監事は都、中國（広島）が就いた。理事會、委員會、部會のメンバーはいずれも、理事、監事を務める一四社に限定されたが、「（一四社以外の會員新聞社からは）特に不平不満は無かった。全国の大新聞一四社が集まっても、時勢は最早一四社だけの利益壟断を許す訳もなかったし、また頻

繁な會議に幹部総出という手弁当の名誉職は、一四社以外には勤まる新聞が殆どなかったからである」という。[32]

理事は社長級があてられ、緒方竹虎（朝日）、高石真五郎（毎日）、正力松太郎（読売）、三木武吉（報知）、田中都吉（中外商業）、古野伊之助（同盟）、東季彦（北海タイムス）、一力次郎（河北新報）、大島一郎（新愛知）、森一兵（名古屋）、杉山栄（岡山合同）、永江真郷（福岡日日）、監事は福田英助（都）、山本実一（中國）と経営幹部が顔を揃えた。さらに情報局次長久富達夫（昭和一六年一〇月二三日からは奥村喜和男）、情報局第二部長吉積正雄、内務省内務省警保局長橋本清吉（同月二〇日からは今松治郎）の政府関係三人を参与理事として加えた計一七人で理事會を構成し、理事長には中外商業社長田中都吉が選任された。委員は局長級、部員は部長級があてられて、編集委員長には東京日日の高田元三郎、業務委員長には朝日の石井光次郎が、また事務局長には古野の側近の岡村二一が、同盟から出向し専従の形で就任した。

3　用紙の配給調整と紙数の公開

新聞聯盟が最初に取り組んだのが、新聞用紙の配給調整である。情報局が五月三一日に「昭和一六年度下期の用紙割当基準」を諮問してきたためだ。前述したように、政府は一九四〇（昭和一五）年に新聞雑誌用紙統制委員會（委員長・情報局総裁）を設置して新聞用紙の配給を決定した。同委員會は一九四一（昭和一六）年度上期の配給を「昭和一二年の実績」を基準として、使用する用紙の量（発行部数）に応じて削減率を決めたが、地方紙から「消費の実情に照らすと、一部に有利であるなどの不合理や欠陥がある」という不満の声が上がっていた。このため情報局は、新聞業界自身に決めさせせようとしたのである。

当時、用紙の相次ぐ配給制限の強化にともない新聞各社は漸次、減頁を余儀なくされていた。日中戦争開始前は各紙一六～二〇頁であったのが、朝日の場合、一九三六（昭和一一）年秋の朝刊一二頁、夕刊八頁の計二〇頁を最多として、漸次減頁し、一九四〇（昭和一五）年一月一日からは新活字の鋳造で一四段制を一五段制に改めたが、それでも用紙制限には対応できず、東京朝日は同年三月一日から、大阪朝日は同年四月一日から朝刊八頁、夕刊四頁の計一二頁、一九四一（昭和一六）年六月一日からは朝刊六頁、夕刊四頁の計一〇頁、同年七月七日から朝刊六頁、夕刊二頁の計八頁、同年十月一日から一週三日朝刊四頁と減頁していた。(33)

諮問を受けて新聞聯盟の理事會は、六月二日から協議を開始したが、吉積情報局第二部長から「昭和一六年下期は、全体で一割ないし一割五部の制限」という意向が内示され、議論は紛糾した。結局は「昭和一二年という三年も前の実績を踏襲しているのは実情に適しない。現在の発行部数を基準の対象とすべき」ことで一致し、一四回に及ぶ理事会を開いて七月二二日に、以下のような案（**図表12**）をまとめて情報局へ答申した。

この答申の「有代発行部数」とは、実際に購読料を取っている新聞の発行部数のことで、これとは別に新聞社が販売店へ販売促進用として押しつけた「無代紙（押し紙）」と呼ばれるものが存在する。答申は、発行部数の

図表12　答申案

各新聞社別に昭和一五年七月から昭和十一六年六月に至る一ヶ年間の「有代発行部数」に対し、昭和一六年六月中の、その新聞の一日平均頁数を乗じ、これを連数に換算し、各新聞社の「消費率」とする。

右消費率に対し、一定累進率を乗じて実際配給率を算出し、この率に依り下期の送配給数量につき按分する。

一定累進率は、年二〇〇万連以上九二%、一六〇万連以上九三%、一二〇万連以上九四%、八〇万連以上九六%、二〇万連以上九七%、一〇万連以上九八%、五万連以上九九%

但し、上半期に於て二万五千連以下の新聞に対しては、下半期減配せず。

実数の有代発行部数を基準とすることとした。また一定累進率のうち、一ヵ年一〇〇万連以上の紙を消費する新聞社は朝日、毎日、読売の全国三紙のみで、三〇万連台一社、二〇万連台二ないし三社、一〇万連台二社、五万連台以上が四社、それ以外は五万連以下である。つまり制限対象となるのは一二ないし一三社に限定され、なかでも全国三紙が大幅に減配を甘受するという内容だった。全国紙の大幅譲歩がなければできない相談であったが、理事會の議決で答申は決められた。(34)

答申を決める議論の過程では、基準となる「昭和一五年七月から昭和一六年六月にいたる一ヵ年間の有代発行部数」の数値が、大きな焦点として浮上した。「新聞編集が新聞の陽の部分であるのに対して、新聞販売は影の部分である。その影の部分では、文字通り血みどろの、食うか食われるかの競争が明治期以来繰り広げられた(35)」というのが、新聞社の実相である。戦前期において、新聞社の経営の実態を示す数値である有代発行部数は、新聞社にとって秘中の秘であった。経営基盤の脆弱性を粉飾するため、数値を水増し公示する新聞社がほとんどだった。もし実数を公表すれば、水増し公示で単価を設定している広告料金に大きな影響を与え、取引銀行との関係にも支障が出るなど経営に直結する死活問題となる。そのため、これまで内務省警保局が調査しても、大雑把な数値しか把握できなかったという経緯がある。

六月二日の理事會では、かねて「公表すべし」を持論としてきた読売の正力が「進んで公開すべきだ」と主張した。これに報知の三木が「そんなことは机上の空論だ」と机を叩いて反対する緊迫した場面もあったが、情報局第二部第一課長の松村大佐が公表に賛成の意向を示し、業務委員會で審議することになった。正力は報知へ出向している務台光雄に部数調査案の作成を指示した。(36)

六月九日の第一回業務委員會で務台が提示した調査案は、公表対象を聯盟の理事、監事一四社に限定し、一四社は聯盟が定めた様式に基づいた報告書を提出し、報告書が正しいか否かを、提出以外の他社の理事、監事社の代表で構成する調査員が販売店を抜き打ち的に現地調査し、万一報告数字に虚偽があった場合は罰則として配給用紙を削減することなどを内容としていた。二、三の質疑だけで同案は採択され、約一週間の強行スケジュールで報告書提出、調査が実施された。調査対象も理事、監事だけに絞ったが、これは理事、監事一四社だけが年間に五万連以上用紙を使用する新聞社であったためで、しかも実際に調査したのは朝日、毎日、読売の全国三紙だけであった。

『新聞総覧（昭和一七年版）』は「現地調査の結果は、殆ど虚偽の報告のなかった事を確かめ得た。即ち過去数十年間の販売拡張戦は、虚偽と策略と欺し合ひを常套として来たのであるが、今や新聞聯盟の下に一致結束した今日、各社間各々信義を守り得る事が立証されたのである。制裁取り決めは無用の長物と化した(37)」と評価している。だが表面化しなかっただけで、実際には暴力沙汰の事件まで生じた。調査は抜き打ち的に販売店を訪れるというスタイルで行われ、当該社の本社担当員が一人介添えし、他社の販売関係者七人が調査に当たり、情報局員と特高警察が立会い、紙分け手板、順路帳と送り金を本社資料と照合し、到着数、売り上げ数、集金額、納金額、従業員数など新聞社が販売店へ販売促進用として押しつけた「無代紙（押し紙）」の存在の有無を中心に調べた。東京・湯島の東京日日販売店の調査では、殺気立った販売店員が調査員を取り囲み、暴力を加えられんとした(38)という事件が起きている。

正力が公表を強く主張した理由は、読売が「東京における第一紙」であることが公表によって裏付けられたほうが得策という見通しと自信があったためで、調査の結果、東京における全国紙の発行部数は読売が一五六万部、東京日日が一四二万部、朝日が一二八万部と、思惑どおり読売の躍進が証明された。また報知は三四万部で、それまで二〇万部とみられていた数値を上回り、かえって広告単価が上がった[39]、という事例もあった。ともかくも用紙の基準数値に関しては、情報局が諮問して新聞側が答申し決定するという方式が、統制団体が新聞聯盟から日本新聞會へ移行した後も継続された。

4　共販制の実施

理事會で発行部数の公開や用紙制限基準について討議を重ねる過程で、今度は新聞の共同販売制度（共販制）の実施をめぐり激しい応酬がなされた。新聞社は自紙を販売する販売店（専売店）を組織化し、各専売店が値引き、景品（販売拡張材料）などさまざまなアイディアで販売拡張を競い合ってきた。専売店を基礎とした販売こそが新聞社の興廃を担っており、専売店を廃止し共販制とすることは販売競争の停止を意味していた。

共販制を取り上げたのは、情報局第二部第一課長の松村大佐が実施を求めたためだ。松村が共販制の実施を「新聞統制の重要な手段」と考えたのは、「部外秘　新聞統制私案断片」（大熊武雄作成）と題した構想に基づいている。同構想は「新聞の統制に當っては、販売機構の改革を実行しなければ統制の目的を達することは到底不可能である」と強調し、「最も適當なる方法」として①全國新聞社の販売機関を統合整理して一元化し、資本金三千万乃至五千万円程度の一大共同販売会社を創立する、②各新聞社及販売店主を株主として、本社を東京に置き、大阪に支社その他の各地に支店或は出張所を置き、区、町村毎に読者の分布状態及地理的関係等を考慮して、販売店の数を限定する、③愛読せんとする新聞紙の配達は恰も煙草の如く、読者の自由意志に任せる、④共同販売会社は単に華客先の希望する新聞紙を配達するだけに留める——、という共販制の実施を提案していた。

理事會は七月二九日の会合で共販機構の具体案を業務委員會に検討させることを決め、業務委員會は八月七日から検討を開始したが、「殆ど罵り合ふ激論」が中央（全国）と地方の委員によって展開反覆され、「数回の会合悉く喧嘩別れ」に終わり、妥協の見込みは付かなかった。(40)

地方紙は共販制を「全国紙の拡張を阻止する有効な手立て」と位置づけて、「用紙は益々逼迫してくる。増資（販売拡張）競争に血道を挙げている時ではない。販売を合理化するため、共同販売、共同集金、共同輸送を実現すべきだ」「紙面製作の革新に対し、販売の革新は微温的だ。共販制こそ経営の革新である。自由主義的な競争は敵国思想に通じるものだ。公益優先、滅私奉公の実を挙げる意味で、共販制の実現を急ぐべきだ」などと専売廃止・共販制の実施を強く主張した。これに対して全国紙は「共販制の実施によって販売拡張は大きな痛手を受ける」という危機感を抱いて、「部数はすでに調査結果によって明らかになっている。乱売、積み紙（無代紙）は、用紙が規制されている現状では起こり得べくもない。過去の幻想に捉われた共販制至上論は迷惑千万だ」「新聞は一般商品と異なり、共販制の対象たるに適しない」などと反論した。

しかし結局、九月一七日の理事會で「今年（昭和一六年）一一月末日までを準備期間とし、一二月一日を期して共販制を実施する。このため九月二三日以降、一切の新聞拡張行為を厳禁する」ことを決定した。これは全国紙が譲歩したためで、全国紙には「政府・軍部の根本の狙いは、新聞統合―再編成で、ことに全国三紙の力を削ぐという点に主眼があるのだから、共販ぐらいで、済ますことが出来るのなら、傷が浅いのではないかと考えた」(41)（田畑忠治朝日販売部長）と、強圧的な統制を回避するための譲歩という意識が存在した。『新聞総覧（昭和一七年版）』は、「恰も自由主義の衣を一夜にしてかなぐり捨てて、中央地方紙相携へて共販に邁進する事となった。声明の内容は烈々たる気魄を打込んで懦夫をも起たしむるの概があった」(42)と記している。つまり新聞業界が情報局の意向を受け、あるいは先取りして、自らの手で「自由主義の衣をかなぐり捨てた」のである。

共販制は、新聞社個々に所属していた販売店を拠点とした販売網を解体し、それに代わり共同で配達、集金、輸送を行う「新聞共同販売組合」と称した共販制機構を設立するという方式で実施された。全国の販売所を一つの会社にまとめた新聞共同販売組合は、中央本部—地区連合会—道府県共同販売組合—市町村共同販売所という縦系列の階層組織で構成された。中央本部が指示を下すという統制型の組織を避けて、「実権は府県共同販売組合にもたせるように配意した」[43]という。だが、こうした配意も新聞聯盟に代わる日本新聞會の発足にともない、一九四二（昭和一七）年一〇月に新聞共同販売組合は日本新聞配給會へ改組され、全国を一つの会社とし、中央本部が指示を下すという統制型の組織となるのである。

各道府県組合は北海道樺太地区、東北地区、関東地区、中部地区、関西地区、中国四国地区、九州地区、東京市地区、大阪市地区の九つの地区連合会に再編されたが、このブロック分けをめぐり業務委員會は再び紛糾した。石川、福井、富山の北陸三県の新聞社が「新潟県を加えた四県を、北陸地区という独立地区として欲しい」と求めたためで[44]、これは北陸三県の新聞にとって新愛知、名古屋新聞の名古屋系二紙は脅威であり、名古屋系二紙が主導権を握るであろう中部地区への編入を忌避したという事情がある。業務委員會は「あまり地区の数を増やす事は混雑の惧れあり」との理由で北陸地区の設置は却下したが、三県の意向を組み入れて三県を関西地区とした。こうした紛糾からは、全国紙と地方紙に加えて、地方紙間の販売上の対立構図が浮かび上がる。また東京市では、各新聞社が共販制における販売所の役員、店舗の獲得を意図し、随所で小競り合いが展開された。

ともかくも新聞社の自主的統制団体である新聞聯盟で自主的に決定したという建前や、新聞各社の販売店の解散式を警察官が臨検するなどという当局の監視があり、その一方で「一市町村に一販売所」という原則の適用外を六大市以外の千葉、宇都宮、前橋、静岡、松本でも同様に適用外とするよう多少の弾力性をもたせるなどの配意を加えるなどの工夫を凝らし、目標とした一二月一日までに一部の都市を除いて全国的に共販制が実施された。遅れた都市も名古屋市は一二月一八日に、東京市は一九四二（昭和一七）年一月七日に、京都市は二月二〇日にずれ込んだものの、[45]結局は共販制へ移行した。

東京日日営業局長の七海又三郎は「もめ事はあった」としながらも、「利益は持ち分に応じて配分するから、何も仕事をしない構成員も配当を受けて生活できる。だから、前よりこの方がいいなという気持ちを起した。初めは寂しいという考えでいたようだが、やってみると楽だし、共販制に馴れた。また新聞社も、これで儲けた。競争するための販売費がいらなくなった上、送った紙の分だけキチンと金が入る。新聞社の経営は、これで非常に良くなった[46]」と指摘し、共販制に反対した全国紙からも実施後は何ら苦情の声が上がらなかった事情を明かしている。

5　記者倶楽部の改編

さらに新聞聯盟は、懸案であった記者倶楽部の改編に着手した。記者倶楽部は昭和初期の一九三〇年代までに中央官庁、地方出先、政党、財界などの公的団体では漏らさず設けられた。『日本新聞年鑑』の記載を拾うと、東京の記者倶楽部は一九二五（大正一四）年には三七、それが一九三一（昭和六）年には五一、一九三三（昭和八）年には六九、一九四〇（昭和一五）年には九四を数えることができる。

記者倶楽部は、新聞社にとって商品製作の工程で不可欠な存在であり、政府側にとっても言論統制のうえで不可欠な存在であった。この時代の記者倶楽部は、①倶楽部の構成は記者個人単位、②所属する新聞社、通信社という企業体の枠を超え、記者団の自治的機関の形態を備え、もって各社の統制から離脱していた、③首相官邸、内務、大蔵、鉄道省、警視庁など主要官庁には複数の記者倶楽部が存在した——、を特徴としていた。倶楽部の構成が記者個人単位であることは、倶楽部の運営はあくまで記者側自身が執り行うことを意味し、自治的機関として会社（企業・経営者）から独立した存在として独自の活動を展開する理由ともなっている。このため大臣や官庁幹部と対立し、謝罪あるいは更迭させる一方で、記者が解雇処分にあった場合などは倶楽部として当該会社に抗議し処分を撤回させるなど、政府および会社という権力と対峙する事態が続発した。

当時、時事新報の編集局長を務めた伊藤正徳は「倶楽部は各社記者の聯合力を以て権勢を揮ひ、或る時は富該官庁と抗争を醸し、或る時は一省の高官や行政長官の更迭を見るに至った例もあり、小さい例としては、倶楽部の慰労旅行の為に急行列車を不停車駅に臨時停車させたり、又は寄附金を取ったり（主として政党関係）したこともある。多数の倶楽部員中には悪徳記者もあり、情報売込の屈強なる拠点ともなって、官庁や良新聞社も頗る悩まされた」(47)と、記者倶楽部に厳しい批判を浴びせている。伊藤の批判は会社側の立場からの、指揮に服さない組織への苦々しい眼差しを率直に表しているが、倶楽部を管理下に置くという点で、会社側と政府当局の思惑は一致する。言論統制で記者倶楽部は改編されたが、その下地は以前から存在した。

一九三〇（昭和五）年一一月、浜口雄幸首相が東京駅においてピストルで撃たれるテロ事件が発生した。病院へ運ばれた浜口首相は手術を受けたが、この事件の際、電通の記者は特オチ（同社だけが記事にしない）という失態を演じ、会社は記者を解雇した。記者は警視庁担当記者で作る日比谷倶楽部に所属する社会部記者で、急遽政治部の応援取材に駆り出されたものだ。日比谷倶楽部は「不慣れな取材の結果ミスが、その原因であり、不慣れな政治取材を社会部記者に命じた会社の方が悪い」と反発、その記者の後任として同倶楽部に入会した記者を除名処分に付して対抗した。

在京新聞社幹部で構成する二十一日會は、記者倶楽部の行為を人事権への介入と見て「記者倶楽部規約（改革）草案」と題した記者倶楽部改編案を作成した。草案は、①倶楽部の構成は会社単位とする、②在京の記者倶楽部は、二十一日會加盟の在京有力紙および大朝、大毎の一二社に限定する（これ以外の新聞、通信社は除外する）、③倶楽部の目的を取材協力機関に限定する、④倶楽部の決議や申し合わせは、会社の承認を経て後に効力を発する——、と記者倶楽部の独立性を奪うことに主眼を置いた内容だ。[48] 二十一日會は会社へ記者を呼び付けて威嚇したり、倶楽部の総会へ幹部が乗り込んで改編を強制するなど草案の実現に躍起となった。これに対し記者倶楽部側も在京の三九記者倶楽部が結束して阻止に立ち上がり、結局は二十一日會が改革案を取り下げて事態収拾された。だが一九三〇（昭和五）年に作成された二十一日會の草案は、これで役割を終えたわけではなかった。

一九四一（昭和一六）年に記者倶楽部の改編を課題として取り上げた新聞聯盟は、新聞各社の局長級で構成する編集委員會が同年八月から「情報局またはこれが建議を用ひて各官庁と連絡し」[49]、同年一一月までに改編案を作成した。わずか三、四ヵ月という短期間で作成できたのは、二十一日會草案を下敷きにしたためだ。編集委員會作成の「改革改組の具体案」は、①一つの省庁には原則として一つの記者倶楽部を置く、②倶楽部の構成は、新聞、通信社の会社を単位とする、③倶楽部を構成する新聞、通信社は、在京八社、または新聞聯盟の理事、監事である一四社に限定する、④政府当局との連絡を密にし、派遣記者の入退会は事前に当該当局と協議のうえで決定する、⑤倶楽部における協定事項、除名その他の制裁事項はすべて当該当局ならびに、新聞聯盟と連絡のうえで決定する——、など二十一日會案と類似した内容となっている。従来の記者倶楽部の特徴である記者個人を構成単位とすることや、複数の存在、自治的機関としての権利を完全に否定し、倶楽部を管理の枠内に収めることが特徴だ。しかも、政府当局の承認がなければ記者の入退会や協定を決定できないということは、監督権を会社ばかりでなく政府当局にも供与したことを意味している。さらに倶楽部のメンバーを新聞聯盟の理事、監事である一四社に限定した。一四社の発行部数の合計が全国日刊紙の約八割を占めており、聯盟での協議、方針決定も一四社だけでなされていたが、弱小な新聞社を排除し有力な一四社で特権を享受しようとした意図も見逃せない。

改革改組の具体案は、政府の戦時の言論統制の方針（昭和一六年一一月二八日閣議決定「新聞ノ戦時體制化ニ関スル件」）に盛り込まれ、情報局と新聞聯盟の協議のうえで一二月四日に「記者會規約」「記者倶楽部整理手順」の具体策を決定し、同日付けで「情報局第二部第一課長　松村秀逸」名の文書として聯盟加盟の新聞各社へ通達した。(50)「記者會規約」（**図表13**）は、記者倶楽部の存在目的を「本會ハ　當局ト協力シテ　新聞通信ノ國家的使命ヲ達成スルヲ以テ　目的トシ」と定め、さらに「當該官庁ニ対スル各社ノ接触機関トシテ　担當部門ノ研究取材等ヲ行フモノトス　之ガタメ　第二章以下ニ示ス事項ノ決定ニ方リテハ　○○當局ト　密接ナル連繋ヲ保ツモノトス」と当局との密接な連携を掲げている。この規約は当局の一方的押し付けではなく、新聞聯盟との協議のうえで、しかも新聞聯盟が用意した原案を基礎として作成されている。

記者倶楽部の改編が実施された日時について、先行研究では一九四一（昭和一六）年の「一二月初旬」あるいは「一二月中旬」というあいまいな日付でしか把握してこなかった。しかし、『情報局関係資料』に収録された資料「記者倶楽部整理手順」(51)（**図表14**）によると、記者倶楽部の改組は太平洋戦争開戦当日（一二月八日）に閣議決定され、翌九日に慌ただしく既存の記者倶楽部は廃止、新たに「當局ト協力シテ　新聞通信ノ国家的使命ヲ達成スルヲ以テ　目的トシ」、記者倶楽部が発足したことを示している。

記者倶楽部は「本會ハ　社ヲ単位トシ　新聞聯盟理事社、監事社ニ属スル記者ヲ以テ構成ス」（「記者會規約」）

図表13　記者會規約　（出典）『情報局関係資料』第二巻

第一章　名称竝目的

第一条　本會ヲ　○○記者會ト稱ス

第二条　本會ヲ　○○ニ置ク

第三条　本會ハ　當局ト協力シテ　新聞通信ノ國家的使命ヲ達成スルヲ以テ目的トシ　當該官庁ニ対スル各社ノ接触機関トシテ　担當部門ノ研究取材等ヲ行フモノトス之ガタメ　第二章以下ニ示ス事項ノ決定ニ方リテハ　○○當局ト密接ナル連繫ヲ保ツモノトス

第二章　構成竝組織

第四条　本會ハ　社ヲ単位トシ　新聞聯盟理事社、監事社ニ属スル記者ヲ以テ構成ス

但、必要アルトキハ　新聞聯盟及當該官廳ノ同意ヲ得テ右構成ヲ変更スルコトヲ得

一、記者ヲ常置セザル社ハ　構成員タルコトヲ得ズ

二、必要アルトキハ　本會ノ構成ヲ二部制トナシ　第五条以下ノ規定ヲ各部別ニ適用ス

三、會員タル記者ハ　他ノ二記者會ニ限リ　兼務スルコトヲ得

四、構成社ニ於テ　部長又ハ支社局長以上ノ職務ニアル者ハ會員タルコトヲ得ズ

第五条　構成各社記者ノ新入會、又ハ名義変更ハ　各社ノ申込ニ基キ

規約（つづき）

速カニ総會ノ議ヲ経テ　之ヲ新聞聯盟竝ニ當該官廳ニ報告シ其ノ承認ヲ受クルモノトス

第六条　會員タル資格ハ　事由ニヨリ消滅ス

一、退社

二、退會

三、除名

第三章　総會

第七条　総會ハ必要ニ應ジ　幹事之ヲ招集シ　構成分子三分ノ二以上ノ出席ヲ以テ成立ス

第八条　総會ハ本會ノ入退會、名義変更ソノ他重要事項ヲ審議ス

第九条　総會ノ表決権ハ一社一票トス

第一〇条　総會ノ決議ハ　出席社ノ三分ノ二以上ノ同意ヲ要ス

但シ　罰則規定ニ基ク除名ニ関シテハ　全會一致ノ同意ヲ要ス

第一一条　記事、写真等ニ関シ　當該官廳トノ間ニ協定ヲナシ得ルトキハ直チニ　新聞連盟関係部會ニ　報告スルモノトス

記者會内ノ協定ハ　スベテ新聞聯盟関係部會へ報告シ　部會ニ於テ異議アルトキハ　修正又ハ撤去スルモノトス

第一二条　定期総會ハ　春秋二期之ヲ開催ス

図表13　記者會

第四章　會計竝事務

第一三条　會費ハ一名ニツキ　月○円トス

第一四条　新入會費ヲ　○円　名義変更ヲ○円トス

第一五条　本會ニ幹事ヲ置キ　二社ノ名トシ　○ケ月毎ニ　循環的ニ交替ス

第一六条　幹事ハ　本會ノ庶務及ビ會計ヲ掌ル

第五章　罰則

第一七条　左ノ事項ヲ犯シタルトキハ　総會ノ議ヲ経タル後　新聞聯盟関係各部會ノ承認ヲ得テ　制裁ヲ加フルコトヲ得

一、本會ノ名誉ヲ毀損シタル場合

二、本會ノ目的ニ違反スル行為ヲナシタル場合

三、會費ヲ引続キ　三ヶ月以上滞納シタル場合

第一八条　制裁ハ左ノ三種トス

一、除名（個人除名、全員除名）

二、出入禁止

三、戒告

と定められたように、原則的に新聞聯盟の理事、監事である在京七社（朝日、毎日、読売、報知、都、中外商業、同盟）、地方有力七社（北海タイムス、河北新報、新愛知、名古屋、岡山合同、中國、福岡日日）のみで構成し、それ

図表14　記者倶楽部整理手順

△次官会議附議決定（一二月八日）
△閣議決定（同）
△新記者會結成（一二月九日午前中）
△各廳同時発表（同日午後四時）
△整理組ノ閉出シ
新記者會トノ共同會見拒否
発表物ノ不配布
室、電話其他ノ便宜不供興
「新バッチ」ニ依ル　出入取締

（出典）『情報局関係資料』第二巻

以外の新聞社は排除された。「記者倶楽部整理手順」に記された「△整理組ノ閉出シ　新記者會トノ共同會見拒否　発表物ノ不配布　室、電話其他ノ便宜不供興　『新バッチ』ニ依ル　出入取締」という文言からは、整理された新聞社の記者の抵抗を断固排除しようという当局の強い姿勢がうかがえる。

一九四〇（昭和一五）年の段階で在京の記者倶楽部の総数は九四、このうち中央省庁の倶楽部は鉄道八、内務五、警視庁四、首相官邸三、商工三、厚生三、文部三、農林三、逓信三、司法・裁判三、企画院三、大蔵二、外務二、海軍二、拓務二、陸軍一、宮内一、興亜院一の計五二を数えたが、改編によって、一省一倶楽部の原則の下で一八に劇的に減少した。

この一八が新聞聯盟公認の記者倶楽部で、中央省庁以外の倶楽部は実態的活動を継続したものの、形のうえでは廃止された。大蔵、内務、商工、農林、逓信、鉄道、厚生、拓務の各省では、一省一倶楽部の原則の下で、「第一部」「第二部」の二部制を採用した。「第一部」は複数の担当記者が常勤する在京紙、「第二部」は常勤せず一人の記者が複数の倶楽部を兼務する地方紙というもので、こうした区別を付けたほうが、運営上都合がよいとの判断に基づいている。倶楽部の改編によって悪徳記者の多くはたしかに排除されたが、倶楽部は、「機密ノ保持及報道宣伝ノ積極的指導」のため「新聞ノ戦時体制化」を図ろうとする国家の意に沿う存在となって、現在にいたっていることも否定できないであろう。そして何より改編はメディア自身が進んで作成し、実施したことに留意が必要である。

6　思想戦戦士

編集委員會は記者倶楽部の改編に加えて、「絶えず情報局と連絡懇談して輿論指導または報道や政府発表に種々献策した」[52]。その一つとみられる「言論報道統制に関する意見――新聞聯盟編集委員會」と題した意見書（**図表15**）が存在する[53]。同文書は、情報局第二部第一課長であった宮本が保管していたもので、編集委員會の活動および当時の記者の意識を示した貴重な資料といえる。

同意見書が作成された日付は明記されていないが、新聞聯盟が創設された一九四一（昭和一六）年五月以来、編集委員會内で意見交換がなされ、同年秋ごろまでに作成されたものと推測される。意見書は、冒頭で「戦時下における吾等新聞人は、新聞は、思想戦兵器にして新聞記者は思想戦戦士なりとの自覚の上に立ち」と記し、思想戦戦士の立場から政府当局が新聞という思想戦兵器を活用し、国民士気の昂揚と対外宣伝戦という言論報道政策の効果ある指導を行うため、「言論報道政策の一般的指導態度」「検閲取締方法」「地方に於る検閲指導」などの方策を提言している。「思想戦戦士」という表現は「そうした単語は当時の常套句であり、あるいは当局の厳しい弾圧を避けるための偽装的なもので、狙いは当局の官僚統制に対する不満をぶちまけたものだ[54]」といえなくはないが、それは戦後になされたものだ。文面を素直に読めば、戦士として国家に協力する能動的意思が読み取れる。

統制に関する意見

（出典）『情報局関係資料』第二巻

新聞聯盟編輯委員會

（要約）

戦時下における吾等新聞人は、新聞は、思想戦兵器にして新聞記者は思想戦戦士なりとの自覚の上に立ち、言論報道に関しては、國策の指向する方向基準に一致協力し、外は國際宣伝戦を、内は国論啓発指導戦の清新活発を期し、以て其本来の機能を縦横に発揮せざるべからず

然るに従来往々にして単一なる上意示達指導に偏して、新聞の官製色乃至は劃一類型化を濃化せしめ、或は又消極的取締に堕して、ニュース報道の客観性を奪ひ言論の活気を萎縮沈滞せしめ、思想戦兵器としての新聞の効力を著しく減殺せしめたるやの嫌なしとせず、かかる所以のものは、蓋し未だその一髀化すべき指導と協力の態勢において完全せざるものあるに因るものと思はる

本編輯委員会は茲に政府當局と新聞との協力に萬全なる緊密一髀化を実現することの最喫事たるに鑑み、當面改善すべき諸問題につき検討せる結果、大要左の意見を得たるを以て、取敢へず纏めて参考に供するものである

（一）言論報道政策の一般的指導態度に就て

一、効果ある指導を狙ふこと

戦時下における言論報道政策の狙ひは「國民士気の昂揚」及び「対外宣傳戦」を第一義とする。従って言論報道統制の主眼は、この目的に向つて如何に「効果ある指導」を行ふかに置くべきであらう

二、重点を積極的指導に置くこと

効果ある指導は、効果ある言論報道に俟つべきであり、効果ある言論報道は「言論の権威」と「報道の真実」に対する、内外一般の信用によつてのみ期し得らる。それは、瑣事末節の干渉規則によって新聞の効果を

矯むが如き抱束的取締に偏すことなく、國策の大綱基準の線に沿ひ相當の弾力性を保たらしめ各新聞夫々

図表15　言論報道

の獨創力と情熱を以て個性を生かし得る積極的指導に重点を置き、良心の機微に触れた綜合的輿論を反映せしむる工夫が必要であらう

三、積極的指導は官製指導の劃一化を避くるにあり

従来指導は動もすれば記事の制限に傾き、偶々その積極的なるものも亦、往々にして官製記事の劃一的示達形式に堕するもの多く、此結果新聞の類型化を来して、生彩と迫力を喪失し、一般の対新聞信頼感を希薄ならしめ、指導は却って逆効果を招きたる憾なしとしなかった。ここに謂う積極的指導とは、大綱と目標を明示して、其の取扱ひは新聞社の良識判断に信頼し、極めて自然な取扱ひに委して濃厚なる官製色を印象せしめることなく、指導の効果を大局的に挙ぐべき措置を講ずることである

四、「共に宣傳する」協力態度を要望

新聞指導に當る政府當局の一般的態度としては、消極的取締意識を排して、積極的指導により、新聞は被取締態度を清算して協力参畫態度を執り、當局対新聞の二元観念を一擲して「共に宣傳し」「共に作る」協力髀制を実現すべく、當局と新聞との機構並に人的連繫の緊密度を更に一段と強化すべきである。

特に情報局は政府と新聞の間に介在する意思の接合機関としての使命の二重性を充分に意識して、政府代辨者としての事務的示達主義に偏せず、國民輿論の宣傳機関としての政治的指導の機能をも併せ備へ、新聞をして積極的に参與協力せしむる弾力ある指導方針を執られんことを希望する

（二）指導の方法技術に就て　略
（三）指導機関と検閲機関の一元化に就て　略
（四）検閲取締方法に就て　略
（五）地方に於る検閲指導に就て　略
（六）當局との協力機構に就て

> 政府當局の言論報道政策に一體協力を行はしむる為、指導並に取締の両面に対し不斷に緊密連絡を保つべき接触機関を設くること。右目的の為、毎月二回、政府當局と懇談するなど新聞聯盟編輯委員會を活用されたし

三　新聞共同會社設立案

1　新聞統合の諮問

新聞統合は、第二段階の弱小紙の整理統合から、第三段階の一県一紙の実現へと進行していた。また新聞統合を所管する政府機関も情報局の発足とともに、内務省から移管された。情報局の伊藤総裁は一九四一（昭和一六）年二月八日の翼賛議會・衆院「國家総動員法委員會」で、深沢豊太郎議員が新たに設立された情報局の任務に関連して「言論機関の整理統合の方針は如何に」などと質したのに対し、「（新聞の整理統合は）従来は内務省でやっていたが、今後は情報局で行ふ。その方針は議会の協賛に基づいて行う方針を採りたい。また言論機関自身が、戦時体制を採って欲しい(55)」と答えて、新聞統合の「所管」が情報局へ移されたことを明らかにした。さらに「地方紙については、一県一紙という画一的なことは考えていない。統制遂行のため、特別法に依るか、國家総動員法でやるかは、具体的に考えていないが、（言論機関側の）理解に基づいて協議的にやって行きたい。また中央、地方共に独自の事情があるから、一様に統制するが如き考えはない(56)」と明言した。統合には新聞社側の強い抵抗が予想され、新聞社に強い反感を喚起することは世論対策上得策ではないという判断が働いていたことが

うかがえる。

しかし、情報局は一九四一（昭和一六）年九月一七日、新聞聯盟の第二〇回理事會に新聞社の統合・再編成に関する「審議事項」を諮問し、ただちに審議を開始するよう促した。新聞統合は自らの死活に直結する問題であるため、新聞側は進んで取り上げることに逡巡するというのが新聞聯盟の大勢であった。だが、情報局の強い姿勢を前にして新聞側も、同問題に対応せざるをえず、これを契機として事態は動き出すことになった。

情報局内で同問題を主導したのは第二部であり、同部長の吉積（陸軍少将）が中心に位置したことは、所持していた文書(57)が裏付けている。すなわち、吉積は情報局が聯盟に審議を求めた日に、新聞統合に関するファイルを作成し、その表紙に「昭和一六年九月一七日　起　新聞統合ニ関スル書類綴　第二部長」と記している（以下、同書類綴を「吉積文書」とする）。「起」という文字からは、昭和一六年九月一七日から新聞社の統合・再編成を完遂する「作戦」を「起ち上げる（開始する）」という現役の陸軍軍人の決意を示している。

伊藤の同年二月の議会発言から約半年後の同年九月に、情報局が新聞統合に着手することを決意した理由として、統制の課題のなかで共販制や記者倶楽部などの課題は同年八月までに大筋の目途がつき、新聞統合だけが課題として残されたことが挙げられる。しかも一連の統制は、情報局が意図した方向へ新聞社側自身によって実施されつつあった。こうした新聞社側の姿勢は情報局に、残る最大の課題である新聞統合も同じように実施できるという自信を与えたのであろう。満州國では同年八月二五日に、新聞社法など五つの言論統制関係法令を公布し、戦時の言論体制を整えたことに刺激を受けたことも挙げられる。だが最大の理由は、九月六日の御前会議で一〇月下旬を目途に対米英蘭戦争準備を完了することを内容とした「帝國國策遂行要領」が決定されたことにあり、吉積は「対米英蘭戦争必至の状況下、戦時体制整備は急務である」と判断したと推測される。

図表16　新聞聯盟・新聞會関連年表

昭和16年	※8月1日	米国が対日石油輸出を全面禁止
	※30日	重要産業団体令公布
	※9月6日	御前会議「國策遂行要領」(10月目途に戦争準備) 決定
	17日	政府が日本新聞聯盟へ「審議事項」を諮問
	10月4日	小委員會を設置し、答申案の検討を開始
	※15日	ゾルゲ事件 (尾崎秀美逮捕)
	※16日	近衛内閣瓦解
	※18日	東條内閣発足
	23日	情報局次長に奥村喜和男が就任
	11月5日	小委員會が「共同會社」設立案など内容の答申案を提示
	同日	御前会議「國策遂行要領」(12月初旬武力発動) 決定
	8日	緒方案、山田案を提出
	10日	甲、乙の小委員會の設置を決定
	11日	甲、乙委員會開会　甲委員會は結論まとめる
	12日	乙委員會開会　　　乙委員會が結論まとめる
	20日	理事会で田中聯盟理事長が衆議統裁することを決定
	24日	田中聯盟理事長が衆議統裁し、意見書を政府へ提出
	28日	政府が閣議で「新聞ノ戦時體制ニ関スル件」を決定
	※12月8日	開戦
	13日	新聞事業令を公布 (勅令)
昭和17年	1月10日	政府が新統制団体の設立委員を指名
	2月5日	新統制団体「日本新聞會」設立総会
	11日	日本新聞會発足

(注) ※は言論統制以外の動き

しかし吉積ら情報局が企図した作戦どおりに、事は進まなかった。「起」は体制整備の開始であったが、新たな混乱の開始でもあった。一九四一（昭和一六）年九月に審議事項を諮問して以来、開戦をはさんで一九四二（昭和一七）年二月に日本新聞會が発足するまで五ヵ月間、動きは関連年表（**図表16**）に示したように複雑に展開した。

新聞聯盟の参与理事でもある吉積が九月一七日の第二〇回理事會で諮問した新聞統合に関する「審議事項」（**図表17**）は、二つの内容で構成されている。「審議事項（其の一）」は、新聞の形態および統合の基準を、

「（其の二）」は統合の実施方法について、それぞれ協議するよう求めている。「（其の一）」「（其の二）」のいずれも、「可否」を問いかけているが、それは手段の差異についての問いであり、新聞統合を実施するという情報局の意思は明白であった。さらに審議事項からは、情報局が「全國新聞統制會社」という組織を設立する構想を抱いていることがうかがえた。

図表17　審議事項　（出典）『新聞総覧（昭和一七年版）』

審議事項（其の一）

一　全國の新聞を全國紙、中間紙（ブロック紙）、ローカル紙に大別する事の可否（可とすれば、その数及び発行地　如何）

二　全國紙、中間紙、ローカル紙の性格（記事内容）に特殊区別を設ける事の可否

三　建頁を指定するの可否　（可とする場合は、その原則　如何）

四　全國紙、中間紙に地方版を認める事の可否

五　大都市（東京大阪等）にローカル紙を存在せしめる事の可否

六　大都市に特殊新聞（業界紙に非ず）を存在せしめる事の可否（可とする場合は、その数及び性格如何、またその記事に制限を附する事の可否）

七　ローカル紙は一縣一紙を原則とするの可否（特例を認めるの可否を含む）及び一定発行部数以下のローカル紙を認めざる方針の可否（此場合、その発行部数の限度如何）

八　同一新聞社にして発行地を一箇所以上持つことの可否

九　全國紙と又は中間紙とローカル紙との間に資本関係を結ぶ事の可否

十　業界紙を認める事の可否（可とすれば、その種類竝に数如何）

図表17（つづき）

審議事項（其の二）

一　新聞統制の根本方針を（イ）「業者の自主統合」（ロ）「政府の命令に依る統合」の何れを可とすべきや
二　新聞統合に要する資金を（イ）「民間業者の支出」（ロ）「政府の命令に依る統合」の何れを可とすべきや
三　全國新聞統制會社設立の可否
四　新聞社の組織原則如何
五　新聞紙法改正の要否

新聞聯盟は九月中旬から一〇月初旬にかけ毎週月水金と、ほとんど隔日に理事會を開き、審議事項の対応を協議した。審議は「その都度　甚だ溌剌たる論戦に火花を散らし　口角泡を飛ばして時の経つのも忘れるが如くであった」[58]とされ、吉積文書に収録された新聞聯盟の理事會議事録（「九月一九、二二、二四日の理事會」[59]（図表18①）および「意見書」[60]（図表18②））からは、情報局の諮問に戸惑う有力新聞の姿が浮かび上がる。

この「意見書」は、新聞聯盟の事務局が理事會の混乱を受けて、理事である有力一四紙から別途、提出を求めた文書である。「意見書」からは、有力紙の企業意識が露骨に浮かび上がる。全国紙、地方紙双方ともに自社の利害に鋭敏に反応している。河北新報の意見書は自紙が「東北ブロック（地区）」の最有力紙（最多の発行部数）であることを念頭に自紙をブロック紙とし、その一方で全国紙の地方進出を抑制するという、統制を自紙の権益拡大に繋げようという思惑に満ちた内容だ。名古屋新聞の意見書の表紙には「私は朝日、毎日の両社を統合しない限り東京、名古屋、福岡等、要するに全國的新聞統合は不可能と信じますから、政府の御雄断を切望いたします」と記されている。社長の森は九月一九日に意見書を提出したが、一〇月三日に内容を修正し再提出している。

図表18①　９月19, 22, 24日の理事會　（出典）『情報局関連資料』第六巻

「新聞を全國紙、中間（ブロック）紙、地方紙に大別するの可否」

読売「全國紙と地方紙の二本建が妥当だ。地方紙を一県一紙とするのには反対で、一県二紙あるいは二県一紙とすべきだ」

中国「地方紙と全國紙とするも、地方紙中の有力なるものは自然に中間紙となるので、これを認める」

報知「（朝日、毎日、読売）三紙を全國紙とするには今迄の自由組織と自由経営を辞めさせ機構を根本的に改める必要がある」

都「三木（報知）の意見に同意する」

同盟「現在三紙の特色はない。自由主義から國家公益主義となるのが本筋であろう。中間（ブロック）紙と全国紙は同じようなものではないか」

名古屋「ローカル紙の外に数県に亘る中間（ブロック）紙を認めるべきだ」

合同「ローカル紙一本にて可だ。その県の県紙の存続が困難な場合に中間（ブロック）紙を認めても良い。全國紙はスペシャル・ペーパーとして認める」

中外「中間（ブロック）紙、ローカル紙の区別はない。　全國紙は、スポーツ、娯楽、広告を止め　建頁十二頁として認める」

朝日「全國紙は二つ以上必要だが、最大いくつまで認めるか。発行地は東京におくのか」

東日「二つの新聞の場合、競争が激化し場合によっては私利私欲により妥協することもあるので三つが妥当であろう。拠点は東京に置き、印刷所は全國的に置くべきだ」

福日「発行所は全國に認めるが、地方をひどく侵害しないよう制限すべきだ」

都「東京では政府が統制する一紙とする。官僚化は認め難いが、既に新聞は自由ではない。印刷所は全國的に置くが、発行部数は小規模なものとする」

24日の理事會（つづき）

名古屋「全國を数地区に分け、新たに政府方針の中央紙（全國紙）を作るなら全國紙の存在を認める」
朝日「毎日、朝日を全國紙と位置付ければ、（新たに作る）必要などない」
同盟「朝夕刊最少限四頁とす　手付に於ては三紙に最低頁を定めるを可」
報知「ローカル紙は四頁にて可」
東日「全國紙は十二頁、ブロック紙は八頁、ローカル紙は六頁とす。用紙減少は止むを得ない」
※吉積の書き込み「此基準にて政府に用紙をくれと云うのが主眼」

「全國紙、中間（ブロック）紙に地方版を認めることの可否」
朝日「一つの新聞で全部を知り得るようにするため地方版を認める。但し全國紙の地方記事と、地方紙の記事には差があることが必要だ」
報知「地方版は全國紙には認めないが、中間（ブロック）紙には認める。資本主義的大新聞が発展し、地方紙が低落するのは認めない。同時に同盟通信社を強化して地方紙を良くするニュースを与える必要がある」
東日「中間（ブロック）紙の地方版は認めないが、全國紙の地方版は認める」
名古屋「地方版について東日の主張には反対する。報知の主張には賛成、同意する。大新聞社が小都市にまで記者を置くのはいかがなものか。同盟から配信を受ければ良いではないか」
北海タイ「全國紙のみが（國民を）指導し、地方紙は特殊事項を書けと言うので農村をインテリ化するなどの弊害が大きく、認められない。大新聞の発行部数を減らし、一方で新聞の数は多いほど良い」
読売「如何にすれば國家のため、大衆のためになるかを考えるべきだ。経営は二の次である。このためには設備を良くすることが必要だ。小資本、小人員で全國紙と同じことをやろうと言うこと自体が誤りだ。地方紙は地方的特色を出すべきだ。中間（ブロック）紙は不要だ。大新聞は資本提携で地方紙の内容を握るべきで、地方版

図表18①　９月19, 22,

の如きは問題ではない」
合同「三木（報知）の主張に同意する。全國紙の地方版を認めれば、地方紙は潰れる。但し東京紙が関東ブロック紙を兼ねるのは認める」

「一県一紙を原則とするの可否」
朝日「東京と大阪には経済新聞は一つあってもよい。また一県一紙を支持する。二県一紙は認めない」
報知「立派なローカル紙を作るためには経済的に競争しないことが必要で、一県一紙を支持する」
同盟「人口百五十万に付き一紙を、認める」
名古屋「県内に他の新聞を入れない方法を講じることが先決問題だ」
報知、東日、合同「古野（同盟）の『全國的に百五十万に付き一新聞社を認める』とする意見には反対だ。文化、人口、交通、購買力等を考慮して判断すべきだ」
合同「中間（ブロック）紙を七地区に分けることに反対する」
中外「一県一紙とし、其の中で発達するのが中間（ブロック）紙であり、敢えて販売地域を制限する必要はない」
報知「歴史から見ても現在から見ても福岡、名古屋は中間（ブロック）紙と見える」

「全國紙が地方紙との間に資本関係を結ぶことの可否」
福日、合同「全國紙が中間（ブロック）紙を支配することは認めないが、中間（ブロック）紙は地方紙を支配するのは認められる。全國紙が地方紙を握るのは地方の実情に合わない」
読売「全國紙が地方紙を持つのを認めないというのは、正しくない」

図表18①　９月19, 22, 24日の理事會（つづき）

朝日「題号を同じくするのは認められる」
同盟「中間（ブロック）紙と地方紙の資本提携関係ならば認められる」
東日「弊害がない以上は、認めても良い」

「全國新聞統制會社設立の可否」
報知「中間（ブロック）紙以上の新聞社を対象とした統制會社を作るべきだ」
朝日「不必要だ。統制會社は幕府的存在となる所がある」
名古屋「（全国紙の）朝日、毎日、読売の三紙が名目上、経済上、そのまま残れると考えているとすれば、それは認められない。全国を七つのブロックに分け資本統制、国論統制を行うべきだ」
中外「森（名古屋）、三木（報知）案は理想だが実行が困難だ。自主的統合が出来なければ統制會社を作る以外にはない。いずれにしても営利企業なる形態を改めなければならない」
東日「統制會社は無益にして有害だ。統合は新聞社の間で買収統合をすべきだ」
福日「統制會社には不同意だ。新聞聯盟が統制會の役割をやればよい」
読売「（一般企業の）産業統制會社は実際うまく運営されていない。新聞に於て然りだ。統制會社は必要がない」
北海タイ「新聞統制は新聞聯盟がやるべきものだ」
同盟「統制會社は或いは必要であろう。ただし今の問題ではない。漸次そうなるだろうが」
朝日「統制會社は公益法人ではなく、経営組織とすべきである」
同盟「株式會社とすると営利事業となるが、現状の公益法人でも古い。そのため新たなる公益法人株式會社を法律上作る必要がある」

図表18②　意見書　　（出典）『情報局関連資料』第六巻

名古屋「古野（同盟）の案に賛成する。直ちに実行する為に株式會社とし、定款に制限を付けるべきだ」
報知「公益法人が妥当である。現法律を改正するか又は単独法を作るかを検討すべきだ」
※吉積の書き込み「評議委員會を開いて諮問してくれ、との主張あり」

河北新報社長　一力次郎　「新聞の理想体制について」
①全國紙は認めない。
②全國を七つのブロック（地区）に分け、新聞の経営単位を「一ブロック一社」とし、ブロック内の各県には経営体に従属する発行所を置く。
「樺太・北海道」「東北」「関東」「中部」「近畿」「中国四国」「九州」の七ブロック
各県の発行所（県紙）は一県一（一県一紙）とする
③ブロック新聞の経営担当者は、あくまでブロック内の人物で、その業務に専任する者とする
④その新聞社の設立資金は、政府の協力で行う。而して新聞社の資本は公共的資金から成るのが望ましく、各県、県信連等の出資による

名古屋新聞社長　森一兵　「答申ノ要項」
①現ニ全國ニ販売サル、全新聞ヲ資本化シテ　一個ノ新聞統制会社ヲ設立ス
全国都道府県ヲ七ノ新聞管区トシ　諸新聞ヲ管区毎ニ統合シテ　支社ヲ置キ
編集印刷ノ施設ヲ完備シ　新聞ヲ発行ス
（管区ハ　一力次郎氏ノ案ニ同ジクス）

見書（つづき）

②統合ハ　業者ノ自治ニ由ル
統合ニ要スル資本ハ　業者ノ出資トシ　必要ニ応ジテ　政府ノ融資ヲ仰グ
先ツ　株式会社ヲ以テ統合シ　追テ特別法ヲ以テ　新聞営団即チ公益法人ヲ作ルコト

新愛知（國民）新聞社長　大島一郎「新聞統制案」

①二ノ大新聞偏重主義ヲ絶対排撃シ、統合ノ公正ヲ期ス
中央紙（全國紙）ハ　一社ニ限ル。朝日、毎日新聞合同ニヨリテ理想的中央紙ノ完成ヲ期ス　真ニ内外ニ対シ国策ヲ宣布シ　国論ヲ指導スルモノニテ、地方問題ヲ扱ハズ。故ニ地方版ヲ付セズ
②中間（ブロック）紙地区別並ニ数ハ左ノ如シ
「樺太・北海道」（一）「東北」（一）「関東」（一）「中部」（一）
「近畿」（一）「四國中國」（一）「九州」（一）
③ローカル紙ハ　人口、交通網、配給関係等ヲ斟酌シ　全國ヲ通ジ
四十社トス
④新聞ノ統制ハ業者ノ自主的統合ニヨル　統合資金ハ政府ノ融資ニヨル
統合ノ実施方法ハ　中央紙ハ朝日、毎日両社ノ合議ニヨルモノトシ
中間（ブロック）紙ハ各地区内ノ最有力社ガ世話役トナリ　地区内ノ
新聞統合ニツキ　別記「統合実施要項」ニヨリ協議スルモノトス
⑤統合ハ　ブロック内ニ於ル最大発行部数ヲ有スル新聞社ガ世話役トナリ
當該新聞代表者ノ協議ニヨルモノトス　場合ニヨリテハ　新聞聯盟事務局代
表者其ノ他立會ヲ求メルコトアルベシ

図表18②　意

中國新聞社長　山本實一　「聯盟理事會審議事項答申案」

①全國紙は一にして発行地は東京（帝都）に置く。全國紙はその日の新聞は、その日に全國各地に配達し得る機構と設備を有する

②中間紙は、そのブロック内に於る最も有力なローカル紙を以って之に充つ

発行地は「樺太・北海道」（札幌）「東北」（仙台）「関東」（東京）「中京」（名古屋）「関西」（大阪）「中國四國」（廣島）「九州」（福岡）

四國は一ブロックとして独立せしむるか、或は高知、徳島を「関西」に、香川、愛媛は「中國」に属せしむが適當なりと認む

③ローカル（県）紙は、原則として府県庁所在地に発行所を有するものなり

一県一紙を必要と認む

ローカル紙と中間（ブロック）紙との資本的関係を認むるが、ローカル紙と全國紙との資本関係は認めない

現今五百有余の大小新聞あり。これを一県一紙に整理統合するが焦眉の急務なり。統合は業者の自主的統合とし、資本は民間業者の支出とするも政府の融資を仰ぐ

④全國新聞統制会社設立は、尚研究の余地あり

（岡山）合同新聞副社長　杉山栄　「新聞統合要綱」

①東京ニ於テハ　中間（ブロック）紙ヨリ二種ノ全国紙及ビ一種ノ経済紙ヲ、大阪ニ於テハ一種ノ全國紙ヲ抽出

②人口四〇〇万ニ対シテ一紙ノ中間（ブロック）紙ヲ認ム

ローカル（県）紙ハ原則　一県一紙

見書（つづき）

「樺太・北海道」（中間紙一　県紙二）「東北」（中間紙一　県紙五）
「関東」（中間紙五　県紙八）「中部」（中間紙二　県紙七）
「近畿」（中間紙二　県紙五）「中國四國」（中間紙二　県紙七）
「九州」（中間紙一　県紙七）
計　全國紙三　中間（ブロック）紙一〇　県紙四一
③又ハ（第二私案）トシテ　全國紙三、経済紙一　中間（ブロック）紙ハ
認メズ　ローカル紙ハ一県一紙　但シ北海道ハ二又ハ三紙
統合ハ政府ノ斡旋ノモトニ　新聞聯盟ガ統合ノ任ニ當ル
資金ハ政府ノ融資ヲ乞フ

北海タイムス常務　東季彦　「新聞聯盟理事會審議事項答申」

①全國ノ新聞ハ　中間（ブロック）紙及　県（ローカル）紙トスル
「ロンドンタイムス」ノ如キ　権威アル新聞ヲ　全国紙トシテ創刊シ　政府ノ機関紙トスルナラバ　（全國紙トスル）ヲ賛成
②中間（ブロック）紙ハ一ブロック一紙ヲ原則トス
但シ「関東」「中部」「京阪」「樺太・北海道」ニハ特例ヲ認ム
発行地ハ東京　大阪　名古屋　岡山　福岡　仙台　札幌
③県（ローカル）紙ハ一県一紙ヲ原則トス
④新聞統制ハ　新聞聯盟ノ立案スル統合案ニ拠リテ　之ヲ行フ
此方法ニ拠ル統合困難ナル場合ハ　政府ノ熱心且親切ナル斡旋ヲ要望ス

図表18②　意

統合ニ要スル資金ハ　民間業者ノ支出ヲ可トスル　資金足ラザル場合ハ
政府ノ融資ヲ求ムル
新聞統合不成立又ハ不十分ナル場合ハ　全國新聞統制會社ヲ設立スルヲ
可トス

福岡日日新聞社長　永江真郷　「答申」

①全國紙、中間（ブロック）紙、ローカル紙ノ三種トスルコトハ概念的ニ肯定サルル　現実ニハ全国紙ナルモノハ存在セズ　東京、大阪ノ有力新聞モ皆東京、大阪中心ノ　ブロック紙タルヲ免レズ　故ニ今日ニ於テ　之等モ　ブロック紙トシテ取扱フヲ可トス
②中間（ブロック）紙ハ原則トシテ「一ブロック一紙」トス　但シ人口、経済力、其他ノ事情ニ依リ二紙又ハ三紙ヲ認ム
其ノ数及発行地ハ左ノ如クスルヲ適当ト信ズ
「北海道」（札幌一）「東北」（仙台一）「関東」（東京三）「中部」（名古屋二）
「近畿」（大阪二）「中國四國」（記載なし　一）「九州」（福岡、小倉又ハ門司　二）
③ローカル（県）紙ハ「一県一紙ヲ原則トシ　例外ヲ認ムルヲ」可トス
④全國新聞統制會社設立ハ　其ノ必要ナシ
新聞統制ハ業者ノ自主的統合乃至諒解ニ依ルベシ
統合ニ要スル資本ハ原則トシテ民間ノ出資ニ待ツベシ　但特別ノ場合ニハ政府ハ新聞聯盟ヲシテ之ヲナサシムベシ

見書（つづき）

報知新聞社長　三木武吉　「新聞統合私案要綱」
①統制会社ヲ設置スル　持紙出資ノ株式会社組織トス　他日新聞事業法ヲ制定シテ　特殊公益法人制度ヲ制定セラルル場合ニハ同意
②統制会社ガ　全国紙、中間（ブロック）紙ノ新聞ヲ発行（統制紙）スル
全國紙ハ東京ニ本社ヲ　東京、大阪ニ発行所ヲ置ク
中間（ブロック）紙ハ　東京　大阪　名古屋　岡山（又ハ廣島）　福岡　仙台　札幌ニ本社及発行所ヲ置ク
③統制会社ハ　統制紙各社ノ経理ノ大綱ト　最高人事ヲ管掌指揮シ　各社ハ其範囲内ニ於テ　最高度ノ自由ヲ確保シテ　新聞ノ特色ヲ発揮セシムル

都新聞社長　福田英助　「聯盟理事会審議事項ニ対スル意見書」
余ハ機会アル毎ニ　新聞ガ「國家社会ノ公器ニシテ　断ジテ営利事業ニ非ザルコト」ヲ強調シテ来タ
各新聞社ガ新聞ノ公器タル特性ニ鑑ミ　國家ニ献納スルノ精神ヲ以テ　一ノ公益団体ニ結集シ、國家利益ト新聞ノ使命達成ニ挺身スル
全国紙ハ一紙、発行地ハ東京　中間（ブロック）紙ハ全国ヲ数ブロックニ分ケ各ブロックノ中心地ヲ発行地トス　各一乃至二、三紙　ローカル紙ハ一県一紙トス
公益法人ニヨル　全國新聞統制機関ノ設立ヲ要望ス　実現不可能ノ場合ニハ官民共同出資ヲ適當ト認ム統制ハ業者ノ自主的統合ヲ可トスルモ　政府ノ好意的斡旋ヲ希望ス

中外商業社長（新聞聯盟理事長）　田中都吉　タイトル名なし
現在ニ於テ全国紙ト称スヘキモノナキモ　将来之ヲ創設スルカ　又ハ現在ノ一、二紙ヲ之ニ改造スルハ可ナリ

図表18②　意

全國紙ハ特典ト特別ノ義務ヲ有ス
（用紙配給ヲ多クシ　取材上特別ノ便宜ヲ与フル）
中間（ブロック）紙ハ　県紙ノ発達セルモノニ過キス　設クル要ナシ
県紙ハ一県一紙ヲ原則トシ　地方ノ情況ニヨリ特例ヲ認ム
一県一紙の例外トシテ大都会（東京、大阪、名古屋等）ニハ　数紙ヲ認ム
特種新聞ハ　東京、大阪等ニ　一、二紙ヲ認ム
統制ノ根本方針ハ　政府ノ熱意アル斡旋指導ノ下ニ　業者ノ自主的統合ニ依ルヲ可トス　之ガ不可能ナルニ於テハ　必要限度ノ法令ヲ新定シ
統制會（新聞聯盟ヲ強化スルモ可）ヲ設置シテ　統合ヲ遂行スルノ外ナシ

朝日新聞主筆　緒方竹虎「新聞統合私案」

統合は一定の原則の下に、その数を減ずることを主眼とすべし
全國紙、ローカル紙の二つとなるべし。中間（ブロック）紙は畢竟偶然の事実に過ぎず
東京の七紙は、其の社自らの目標とするところより見て本来全國紙なり
七紙が全国紙として多過ぎるとせば、発行部数の一単位を百万とし、報知、國民、中外、都を合同の上、一全国紙とすべし
この場合、中外を経済新聞、都を東京のローカル紙とするも一案なり
地方は一県一紙に統合
真の新聞体制は、右統合後、新聞聯盟の活用と共販制度及び廣告共同機関の設置並に新聞事業法の制定によって逐次完成さるるものなり

図表18②　意見書（つづき）

何れにしても、機構による統合整理は明確なる原則を見出し得ざるの憾みあり。故にこの際は、人的態勢を一新して範を各界に示すも一案なりと考ふ。
所謂「新聞奉還論」を人的に行ふものなり
一例を示せば、新聞社長にして（イ）昭和十二年以前より、その職に在るもの（ロ）他の営利会社の重役を兼ねるもの（ハ）前科あるもの（政治犯を除く）――を此際引退せしむるか、又は兼職を解かしむることの如し

毎日新聞取締役　山田潤二「答申書」
別ニ統制機関ヲ新設セズ　現在ノ聯盟理事会ヲ存置ス
新聞統合ハ　熱意アル政府ノ斡旋ノ下ニ　聯盟ニ於テ業者自主的ニ之ヲ行ヒ　要スル資金ヲ支出ス
全國紙三、紙面作成ノ本拠ヲ東京ニ置キ　各地ニ於テ印刷発行ス
中間（ブロック）紙ハ「一区一紙」ヲ原則トス
地方紙ハ「一県一紙ヲ原則トス」　特例ヲ設クルコトヲ得

読売新聞社長　正力松太郎「聯盟理事会審議事項答申」
全國紙は、一紙独占は弊害を伴ふ故に数は二紙又は三紙、発行地は首都東京でなければならない。各地に印刷所を増設する必要がある。大新聞をして郷土新聞と資本的提携をとらしむると共に編集上の連絡を保たらしむことが必要だ。中間（ブロック）紙の存在する処には郷土紙の必要なく、郷土紙の存在する所には中間（ブロック）紙の必要はない。畢竟、全國紙と郷土紙の二紙あるのみである。

郷土紙は地方行政庁の純機関紙を作らんが為ならば、一県一紙の原則は動かし得まい。状況に応じて特例を認むべきは當然である。官報化するの幣は極力避けなければならない。

統合問題を業者の自主的統合によりて解決し得れば、敢えて全國新聞統制會社設立の必要はない。統制会社を設立して統合問題が自然的解決をするわけではなく、問題を會社内に移すのみであるから統合問題の解決を先議すべきである。

新聞は公益事業にして、私益の対象たるべき企業ではない。従って営利法人たる謂はれはないが、公益法人組織では當意即妙的に活躍すべき弾力を必要とする新聞事業に不適富である。今後は法的に公益性を付与すべきだ。


修正個所は全國新聞統制會社に関するもので、当初の「要項」では「全國新聞統制會社設立ノ必要ヲ認メズ、新聞聯盟ヲ以テ之ニ充テル」としているが、それを「現ニ全國ニ販売サル、全新聞ヲ資本化シテ　一個ノ新聞統制會社ヲ設立ス」と一転して賛成している。先に説明したように森は、地方紙の指導者として、当初から「國策順応」（「革新新聞道」）を掲げ、国家による統制と、「新聞新體制」の再編を主張してきた。その意図は、情報局へ追従し、その力を借りて全国紙を押さえ込み、地方紙の権益を保持することにある。しかし、審議では情報局の意図を読解できずに、先に提出した「要項」では「全國新聞統制会社設立ノ必要ヲ認メズ」と記し、その後に情報局の意図を察知して慌てて再提出した痕跡がうかがえる。また新愛知は全国紙の存在を容認する代わりに朝日、毎日両紙の統合を求めている。また新愛知は東京紙である國民新聞を傘下に置くため、國民新聞の存続を意図して関東地区では二紙を主張している。さらに中部地区では最多の発行部数を有する自紙が「世話役」となり、中間（ブロック）紙を創刊するなど、自紙の権益拡大を追及した内容である。中國新聞の意見書も、広島を拠点としたブロック内の最有力紙である自紙の利益を最優先とし、全国紙を抑制する一方で、自紙を中間（ブロック）紙と位置づけ、四国を丸ごと、それが適わない場合は香川、愛媛は「自社の領域」とするなど、利益獲得を実現しようとする思惑が露骨に示されている。合同新聞（岡山）は「第一私案」「第二私案」と、内容が異なる二つの私案を提出している。ブロック紙を求めているが、中国四国ブロックでは岡山県の新聞である自紙と中國新聞が競合してしまう。このため「人口四〇〇万ニ対シテ一紙」という条件を付して中国四国ブロックに二紙のブロック紙を認めるとするなど、他の地方紙と同様に自紙の権益拡大に終始した内容である。北海タイムスの意見書は、ブロック紙について「原則一紙」としながらも、自紙の樺太・北海道は特例として複数紙を求めるという他の地方紙と同様に自紙の権益拡大の意図が明らかである。全國新聞統制會社にも言及し、「新聞統合不成立又ハ不十分ナル場合ハ」の条件付きで、その設立に同意している。福岡日日新聞の意見書は、地方紙のなかでは唯一、全國新聞統制會社設立について「必要ナシ」と明記していることは注目される。しかし全国紙を認めず、一方でブロック紙の存在を求め、原則一紙としながらも九州ブロック二紙としているのは、他の地方紙と同様に自紙の保全を求める内容である。

報知新聞社長の三木は先に説明したように報知の全株式を読売へ売却し、名義上の社長という立場にあった。(61)三木は「反軍」を掲げ、一九四二（昭和一七）年に行われた翼賛選挙でも「非推薦」で出馬した政党人であるが、新聞統制に関しては終始、情報局の意向に沿った姿勢を示し、審議では一貫して、情報局に追随して強い統制を求める主張を展開し、統制会社についても「設置スル」と積極的支持を明記している。その理由を三木の伝記は「報知を手離すことになったのであるから、三木はこの問題にはむしろ国策便乗の機であるとしたようだ。（新聞統制については）新聞社側も実は利害打算の上に立っていたので、言論の自由という大義名分だけで動いていたとは言い切れない」[62]と歯切れの悪い説明をしている。また都新聞社長の福田は、後に都新聞と国民新聞の統合に際して、「國家ニ献納スル」と宣言し、その一方で新会社「東京新聞」の社長就任を切望しており、情報局に積極的に売り込むことで、逆に生き残りを図ろうとする思惑がうかがえる。中外商業新聞社長の田中は聯盟理事長であるだけに情報局寄りの意見を表明する一方で、「特種新聞ハ　東京、大阪等ニ一、二紙ヲ認ム」などと、自紙・中外の存続を求めている。

一方、全国紙の意見書は、朝日新聞では主筆の緒方が作成した。緒方は朝日社内で、創業者村山龍平の娘婿である村山長挙社長（昭和一五年五月社長就任）と対立し、大多数の株式を握る創業者の一族の社内に対する影響力を排除するため「資本と経営の分離」をかねて主張していた。したがって正力（読売）や山田（毎日）とは異なり、あいまいな言い回しとなっている。毎日新聞では取締役の山田が作成した。山田は満鉄の出身で、一九一九（大正八）年から一九二〇（大正九）年にかけ世上を揺るがした満鉄事件（塔連炭鉱事件）の立役者である。同事件は満鉄の中西清一副社長が、政友会議員森恪の経営する塔連炭鉱を高額で買収し、政友会の政治資金へ回したという疑惑で、満鉄興業部庶務課長であった山田はこれを内部告発する「赤心録」と題する手記を大阪毎日の紙上に公表し、これを受けて野党であった憲政会が原首相や与党政友会を国会で攻撃し、中西が逮捕、起訴される疑獄事件に発展（最終的に中西は無罪）したもので、山田は満鉄を退社して大阪毎日へ途中入社した経緯がある。毎日新聞は、新聞聯盟理事會へは当初、会長の高石真五郎が出席していた。しかし同社出身の情報局次長久富からひそかに、「情報局が統制強化の意思を固めた」[63]と聞き、門司支局長であった山田を「満鉄であいうことをしただけあって、弁護士的な鋭いところがある」[64]と見込んで急遽東京へ呼び戻し、専務取締役の肩書きを与えて聯盟理事として送り込んだという。地方支局長から社を代表する新聞聯盟理事に抜擢されただけに山田は、新聞統合を「権力に屈せず言論の自由を護り抜く会心事（と捉えて）一生涯の中で最高度に精力を傾倒した」(65)そうで、全國新聞統制會社の設立に反対の立場を明確にしている。

また読売新聞の意見書は、社長の正力が自ら作成した。正力は「統制会社を設立して統合問題が自然的解決をするわけではなく、問題を会社内に移すのみである」という理由を挙げて、「統合問題を業者の自主的統合によりて解決し得れば、敢えて全國新聞統制會社設立の必要はない」と強い反対の姿勢を示している。また読売が地方紙を買収するスタイルをとって地方へ進出している（九州日報、小樽新聞ら）ことを「大新聞と郷土紙の資本的提携」という表現で、正当化し、其の是認を求めるなど、自紙の利益保全を念頭においている。吉積は、この正力の意見書のなかの「営利法人たる謂はれはない」という文に線を引いており、正力に反感を示していることがうかがえる。つまり審議や意見書からは、全国紙が「全國新聞統制會社設立の可否」に強い警戒心を示し、地方紙は「新聞を全國紙、中間（ブロック）紙、地方紙に大別するの可否」「全國紙、中間（ブロック）紙に地方版を認めることの可否」に強い関心を示している。つまり全国紙、地方紙ともに自らの利害が直接絡むところに強い警戒と関心を抱いていることが浮き彫りとなる。

2　小委員會と六つの案文

こうした紛糾した事態を受け一〇月四日の理事會で、議長を務める新聞聯盟の田中理事長が「小委員會を設置し、そこで審議事項に対する新聞聯盟としての案文を作成する」と宣言した。田中は自身のほかに同盟の古野、三人の政府系参与理事（情報局次長、情報局第二部長、内務省警保局長）の計五人の委員を指名し、早々に小委員會を立ち上げた。「公正を期すため当事者である新聞関係者は外し、それ以外の理事で構成した」というのが、その理由である。しかし、政府系参与理事と古野は連繫しており、「小委員會の結論は、すでにこの人選で明白であった」[66]といえ、ここまでは情報局が描いた筋書きに沿って事が運ばれたと推測される。

この時期は近衛内閣が瓦解（一〇月一六日）、東條内閣が発足し（同月一八日）、政権交代にともない情報局、内務省の人事が行われた時期と重なり合う。情報局総裁は一〇月一八日付けで伊藤述史から伊藤と同じ外務省出身の谷正之に、次長は同月二三日付けで毎日出身の久富達夫から逓信大臣官房監察課長の奥村喜和男に、内務省警保局長も同月二〇日付けで橋本清吉から今松治郎に、それぞれ代わった。奥村の次長就任は日付こそ「一〇月二三日」だが、以前から奥村が小委員會案の作成に加わっていた。それは次長に就任して間もない奥村が政府系参与理事を代表し、弁舌さわやかに小委員會案の説明や反対意見への応酬を行っていることからも明らかだ。つまり小委員會が開かれた時点で、実質的に奥村次長が存在していたのである。

小委員會では、電力統合の実績を有する「革新官僚」の奥村、高度国防体制の整備を急務とする「軍部官僚」の吉積、満州での言論統制の実績を有する「メディアの協力者」の古野の三人が中心となり案文作成作業がなされた。

一〇月四日の理事會で設置された小委員會は、約一ヵ月間審議を重ねて、一一月五日の理事會に小委員會案および付属文書を提示した。小委員會案は、全国の新聞社を一つに統合し、「新聞共同會社」という名称の組織を設立することを主内容としている。審議事項に盛り込んだ「全國新聞統制會社設立の可否」を、こうした形で具体化した。同案は既存新聞企業の解散を意味するものであり、戦後の歴史的評価は「要するに、日本全国の新聞社を一株式会社に統合してしまおうというわけである。まさに新聞の自由の否定であり、他人のものを事実上無償で取上げて軍閥とその同調者が勝手に運営しようという暴案である。この案が実行されると、日本に独立した新聞は一社もなくなる」[67]など、戦時期の「暴力的」言論統制の象徴と位置づけられている。それにもかかわらず、検証はまったくなされてこなかった。

吉積文書には、小委員會案に関連した文書として、六つの小委員會案と、そのほかに付属文書として「新聞統合會社の目的と其の運営」「新聞共同會社の設立に就て」「新聞新體制に就て」「新聞新體制要綱案」の四通の文書が存在する。六通の小委員會案はいずれもタイプ印刷で、印刷された文章のいくつかに削除を意味する手書きの傍線が引かれ、修正文や挿入文が手書きで記入してある。それらは、吉積の手によるものと思われ、そのまま小委員會の審議経過を表している。

六つの小委員會案のうち一つは、同案文の前の案文とまったく同じ内容であるため除外し、五つの小委員會案を推定される作成順に、通し番号を付して小委員會案1「新聞統合試案」（図表19）、小委員會案2「新聞統合試案」（図表20）、小委員會案3「小委員會案」（図表21）、小委員會案4「小委員會案」（図表22）、小委員會案5「小委員會案」（図表23）とし、付属文書は付属文書1「新聞統合會社の目的と其の運営」（図表24）、付属文書2「新聞新體制に就て」（図表25）、付属文書3「新聞共同會社の設立に就て」（図表26）、付属文書4「新聞新體制要綱案」（図表27）とし、それぞれ示した。

吉積文書に収録されている小委員會の審議経過を示す「小委員會第三回迄の決定事項」という文書[68]では、会合の日時について初会合は記載されておらず、第二回一〇月一〇日午後二時より於同盟社長室、第三回一〇月一一日午前一〇時於同盟社長室と第二、三回会合と記している。初会合では「新聞の資本力による統合、いはゆる弱肉強食の状態に放任することは今日の時局に鑑みて不可であるから、この際全國新聞の資本を統合する特殊株式組織による単一統制會社を設置し、新たに公共的な全國新聞體系を整備することが必要である」「地方各地に於ける統合は特殊事情ある府縣を除き大体一縣一紙を方針として、各地方長官の斡旋に委せる」「東京、大阪、名古屋、福岡の四都市は別個に考慮する」という基本方針を決定した。また最初に作成した小委員會案1には、「全國の日刊新聞社を株主とした新聞統合會社（假稱）を設立する」「全國各地の新聞をして、新聞の発行を委任経営せしむ」「一県一紙を原則に基づき急速に統合併を断行する」など初会合の決定事項が盛り込まれている。すなわち、①全国の普通日刊紙を一つの会社に資本統合する、②一県一紙を原則として新聞統合する――という基本方針は、最初に設定されたのである。吉積が理事會に諮問した「審議事項」には「全國新聞統制會社設立の可否」と記載してあることを踏まえれば、小委員會の審議が開始される以前に基本方針は決定され、また小委員會案1も作成されていたとも考えられる。

第二、三回の会合の論議は、「新聞統合會社（假稱）」の具体的な組織形態に集中し、①発行部数と有体財産を評価して全国各新聞の統合価格を定め、これを持ち寄って新会社を作る、②右のために評価委員會を設ける、③買収される新聞社に対しては新会社の株券を交付する。これに応じない新聞社には、融資をして現金を与える、④さしあたり現行法による株式会社とするが、特殊会社法を制定して特殊会社とする、⑤各新聞社の現業幹部をもって法人を組織し、この法人に対し統制会社（親会社）から新聞発行を依託する――などの基本骨格を決めた。

小委員會案2は、第三回までの審議で決定した事項が盛り込まれてあり、三回の審議を踏まえて作成された案文と推測される。小委員會案1と比べると、小委員會案2では「新聞統合會社（假稱）」のほかに、新たに新聞統合について「新聞社」と題した項目を加え、東京、大阪、福岡、名古屋の大都市の新聞社数および、ほかの道府県は「原則として一社とす」という基本方針が以下のように明記されている。

図表19　小委員會案1「新聞統合試案」（出典）『情報局関係資料』第六巻（以下、図表27まで同）

名称　新聞統合會社（假稱）

目的　我國新聞界の全智能、技術、設備一切を総動員して良き新聞の製作と、その普及徹底に集中し、以て「良き新聞を戸毎に一紙」の目標現を期す

事業　現存する全國各地の新聞社をして、其儘新聞の発行を委任経営せしむ。委託経営に関する規定は別に之を定む。但し有代発行部数二萬部以下の新聞社は一県一新聞の原則に基き急速に統合合併を断行するものとす。統合會社はその目的達成のため左の事業を行ふ
（ア）新聞社の合併統合並に新設
（イ）新聞編集の監督
（ウ）共同販売制度の確立
（エ）廣告料率の適正化
（オ）新聞用紙其他資材の調達
（カ）新聞記者の素質向上

組織　追て特別法（新聞社法）を制定して、新聞の公益事業たる性格を明確にし、利益は配富を限定し（例へば五分以内）、役員の選任に一定の制限を設くべきも、右特別法の公布を見る迄は取敢へず株式會社の形式による

資本金　約一億圓

株主　東京大阪を始め全國各地に於て発行せらるる日刊新聞社の株主を以て新聞統合會社の株主とし、各新聞社の本會社に対する持分は、各社の有代発行部数（昭和十六年一月より六月に至る六ヶ月の平均）に比例して之を決定す。有代発行部数一部につき十圓の割合を以て換算す
但し有代部数二萬部以下の新聞社は株主たることを得ず

図表20　小委員會案２「新聞統合試案」

名称　新聞統合會社（假稱）

目的　我國新聞界の智能、技術、施設一切を総動員し、良き新聞の製作とその普及徹底を期す

事業　全國各地の日刊新聞を全國各新聞社に委託経営せしめ併せて左の事業を行ふ

（ア）新聞社の合併並に新設

（イ）新聞業務の助成監督

（ウ）新聞用紙其他資材の調達

組織　新聞統合會社のため特別法を制定し新聞の公益事業たる性格を明確にし、利益配富の制限を設く

但し右特別法の公布を見る迄は取敢へず株式會社の形式に依る

資本金　約一億圓

株式　全國各日刊新聞社の発行部数、有體財産並に営業成績を評価し之を統合會社に帰属せしめ新聞統合會社は右に該富する価格の株券を各當該新聞社に交附す

役員　役員の選任は左記に依る

（ア）全國各日刊新聞社の代表者中より互選されたる者

（イ）右の役員により推薦せられたる者

持分　統合會社に対する各新聞社の持分を決定したる上にて各新聞社は統合會社に対しその持分に相當する有體財産（土地、建物、印刷機械設備）を提供して拂込に代ふるものとす。この場合各新聞社の有體財産が統合會社の持分を減少す。有體財産が持分に超過する時は新聞社に於て超過分を任意に處分す

役員　各新聞社の代表者中より役員を推薦し、政府に於て認可する制度とす

図表20　（つづき）

新聞社　全國各日刊新聞社は現業重役幹部社員を以て有限會社を組織し其儘引続き新聞の経営に當る其新聞分布左の如し
（ア）東京　五社以内（内一社は経済産業新聞とす）
（イ）大阪　四社以内（内一社は経済産業新聞とす）
（ウ）福岡　三社以内
（エ）名古屋　二社以内
（オ）其他の各都道府県は原則として一社とす
但し地方の特殊事情により別に発行所を設けることを得
建頁　朝夕刊併せて一日六頁乃至八頁とす
但し朝刊又は夕刊のみを発行する新聞社は一日四頁を下るを得ず
地方版　発行地に隣接する府県に限り之を設くることを得

第一　新聞統合會社設立案
一、名稱　新聞統合會社（假稱）
二、目的　新聞が國家の公器たる性格に鑑み我国新聞界の智能、技術、施設一切を総動員して良き新聞の製作とその普及徹底を期す
三、事業　全國各地の日刊新聞を全國各新聞社に委任経営せしめ併せて左の事業を行ふ
（ア）新聞社の合併統合並に新設

図表21　小委員會案３「小委員會案」

四、組織
（イ）新聞事業の助成並に監督
（ウ）新聞用紙其他資材の調達
（エ）其他前條の目的を達するに必要なる事項
新聞統合會社のため特別法を制定し、新聞の公益事業たる性格を明確にす
但し右特別法の公布を見る迄は取り敢へず株式會社の形式に依る

五、資本金　※約　圓

六、株式　全國各日刊新聞社の発行権並に有體財産を統合會社に帰属せしむ
之が為、各新聞社の発行部数、有體財産並に営業成績を総合評価し、之に該當する価格の株券を各當該新聞社に交附す
（右株券による金融に就ては政府の斡旋を期待す）

七、役員　役員の選任は左記に依り政府の同意を要すものとす
（ア）全國各日刊新聞社の代表者中より互選されたる者
（イ）右の役員の合議により推薦せられたる者

八、新聞経営　全國各日刊新聞社は現業重役幹部を以て法人を組織し、統合會社との委任契約の下に引續き新聞の経営に當る
委員経営に當る新聞社は発行部数に正比例する一定の金額及び利益の※《パーセント》を統合會社に納付するものとす

第二　全國新聞分布案

（ア）東京　五社以内（内一社は経済産業新聞とす）
（イ）大阪　四社以内（内一社は経済産業新聞とす）

図表21　（つづき）

（ウ）福岡　　三社以内
（エ）名古屋　二社以内（出来得れば一社）
（オ）其他の各都道府県は原則として一社とす
（但し地方の特殊事情により別途考慮す）

第三、建頁
朝夕刊併せて一日六頁又は八頁とす
但し朝刊又は夕刊のみを発行する新聞は一日四頁又は六頁とす
注　※は空白

第一　新聞共同會社設立案

一、名稱　新聞共同會社（假稱）
二、目的　新聞の國家公器たる性格に鑑み我国新聞界の智能、技術、施設一切を総動員して良き新聞の製作とその普及徹底を期す
三、組織　新聞共同會社のため特別法を制定し、新聞の公益事業たる性格を明確にす
但し右特別法の公布を見る迄は取り敢へず株式會社の形式に依る
四、資本金　※約　圓
五、株式　全國各日刊新聞社の発行權並に有體財産（土地、建物、印刷機）を共同會社に帰属せしむ。之れに對し、各新聞社の発行部数、有體財産並に営業成績を総合評價し、その評價に相當する株券を各當該新聞社に交附す

図表22　小委員會案４「小委員會案」

（右株券による金融に就ては政府の斡旋を期待す）

六、役員　役員は左の方法により選出す。

但し其の任命には政府の同意を要す

（ア）全國各日刊新聞社の代表者中より互選されたる者

（イ）右の役員の合議により推薦せられたる者

七、事業　（ア）全國日刊新聞の経営は之を新聞社に委託す

（イ）新聞社の統合並に新設

（イ）新聞業務の助成並に指導

（ウ）新聞用紙其他資材の調達

（エ）其他前條の目的を達するに必要なる事項

八、新聞経営　現在の各日刊新聞社は之を改組し、現業重役幹部のみを以て新たに法人を組織す。法人は共同會社との委任契約に従ひ引續き従来の新聞業務、新聞の経営に當る

各新聞社は発行部数に比例する一定の金額及び利益の※　《パーセント》を共同會社に納付す

第二　全國新聞分布案

全國に於ける新聞社の分布を左の如く定む

（ア）東京　　五社以内（内一社は経済産業新聞とす）

（イ）大阪　　四社以内（内一社は経済産業新聞とす）

（ウ）福岡　　三社以内（支社を含む）

（エ）愛知　二社以内（出来得れば一社）

（オ）其他の各都道府県は原則として一社とす

第三、建頁
（但し地方の特殊事情により別途考慮す）
朝夕刊併せて一日六頁又は八頁とす　但し朝刊又は夕刊のみを発行する新聞は一日四頁又は六頁とす
注　※は空白

案5「小委員會案」

第一　新聞共同會社設立案

一、名稱　新聞共同會社（假稱）
二、目的　新聞の國家公器たる性格に鑑み我國新聞界の智能、技術、施設一切を総動員して良き新聞の製作とその普及徹底を期す
三、組織　新聞共同會社のため特別法を制定し、新聞の公益事業たる性格を明確にす
但し右特別法の公布を見る迄は株式會社の形式に依る
四、資本金　※約　圓
五、株式　全國各日刊新聞社の発行権並に有體財産（土地、建物、印刷機）を共同會社に帰属せしむ。之れが為、各新聞社の発行部数、有體財産並に営業成績を総合評價し、その評價に相當する株券を各當該新聞社に交附す
（右株券による金融に就ては政府の斡旋を期待す）
六、役員　役員は左の方法により選出す
但し其の任命には政府の同意を要す
（ア）全國各日刊新聞社の代表者中より互選されたる者

図表23　小委員會

七、事業
（イ）右の役員の合議により推薦せられたる者
（ア）全國日刊新聞の経営は之を各新聞社に委託す
（イ）新聞社の合併統合並に新設
（ウ）新聞業務の助成並に指導
（エ）新聞用紙其他資材の調達
（オ）其他前條の目的を達するに必要なる事項

八、新聞経営　現在の各日刊新聞社は之を改組し現業重役幹部のみを以て新たに法人を組織す
當該法人は共同會社との委任契約の下に引續き従来の題号の下に新聞の経営に當る
各新聞社は発行部数に比例する一定の對値及び利益の※　《パーセント》を共同會社に納付す

第二　全國新聞分布案
全國に於ける新聞社の分布を左の如く定む
（ア）東京　　五社以内（内一社は経済産業新聞とす）
（イ）大阪　　四社以内（内一社は経済産業新聞とす）
（ウ）福岡　　三社以内（支社を含む）
（エ）愛知　　二社以内（出来得れば一社）
（オ）其他の各都道府県は原則として一社とす
（但し地方の特殊事情により別途考慮す）

注　※は空白

統合會社の目的と其の運営」

（要約）

新聞が國家國民の公器であるべきは論を俟たない。國際宣傳戰場に於ける武器として、前線と銃後を結ぶ紐帯として、國民思想の基調をなし、輿論指導の任に當るものとして、新聞の有する國家的使命は時局の重大と共に益々切實なるものである。

然るに我國新聞は、其の初期に於て多くは政黨の機関紙乃至は機関紙的性格をもって育成され、次で資本主義的営利事業の對象として発展を遂げて来た。

今や内外の時局は有史以来の非常重大の秋、新聞もその本然の國家的使命に自覚して過去に於ける一切の過誤弊風を廃除して、國家に益する最大の能力を発揮せんが為、社団法人新聞聯盟を結成し、用紙其他の資材と労働力の節約を行ふべく、共同共販制度の確立を断行せんとすると共に、全國各地に於ける企業的乱立を是正せんが為の整理統合、廣告價格の適正化等を急ぎつつある。

これらは新聞界革正の應急対策としては極めてその當を得たるものであるが、新聞新體制の根本的確立は、現状の如き営利企業的形態を其儘に存続しては到底これが完遂を期し得らるるものではない。

即ち、新聞本来の理想たるべき強度の公益的性格と、現實の経営機構たる営利的性格とは、永遠に相添はざる並行線であつて、両者の矛盾を根底より調整せんが為には、何等かの形態に於て資本と経営との分離を行ふの外はない。凡ての新聞は一個人、一財閥、一會社の資本の桎梏を離れて、純粋なる公的機関としての性格に相應し法人格の下に置かれなければならぬ。

小委員會は資本と経営の調整に意を用ひたる結果、新聞統合會社設立の件を起案するに至った。従来の資本主義的経営に含まれたる長所即ち競争によつて生ずる努力と創意を減却することなく、一方に國家的統制によつてややもすれば陥りがちなる無味単調の悪弊を招来せざる様、特に留意した。

國際宣傳戰の熾烈なる時代に於ては新聞の有する宣傳力のより正しき発展は一層切實に要請されるのである。

図表24　付属文書1「新聞

従つて本案に於ては新聞の資本制覇乃至営利第一主義を排除すると共に、國営または官有的形式をも採らず、あくまで新聞事業の民有民営たるべき本質を失はしめざる事とした。

即ち、政府の協力を求めて民間業者代表を主體とする特殊法人會社に新聞界全體の資本を統合して、一大統合會社を設け、これに強力なる統制力を附輿すると共に、新聞の経営発行は現存の新聞社の重役幹部に依託して、その全能力を自由に活溌に発揮せしむることとした。

既にして民有民営たる以上、限度を設けて営利を許容し、その宣傳力の強大を期する為めに経営的競争を認むるを當然なりと雖も、その営利は公益奉仕、宣傳力強化、設備改善、従業員好（まま）遇等を以て限度と為すは謂ふまでもない。

以下本統制會社の實施に伴って、一應豫想される困難、或は危惧される諸貼に就て思案するに概ね左の如し

一、「全國各新聞社の現有財産評價を如何にして行ふか」

新會社設立に先立つて財産評價委員會を設け、発行部數、有體財産、営業成績の三方面より適正なる評價を行ふ。有體財産の評價に當つては社屋、土地、主たる機械類の程度に限定し、その他の備品等は評價の対象に加へず

二、「統合會社株券の金融性は如何」

必要ある場合の換纂價處分を可能ならしむる為め、政府の新會社に對する融資命令、或は配當保證を期待する

三、「統合會社は経営の基礎に不安なきや、委任経営する新聞社の訣損、又は利益過少の場合は如何にするや」

著しく営業成績不良なる新聞社は、當状を検討の上その経営者を交替せしむるか、またはこれを廃刊せしむ。假りに資本統合の影響により、一時的には営業成績の低下することありとも、國民の要求する最低限度の新聞紙數は保ち得やう。我國内地の人口七千三百萬に對し、現在は約一千萬部の日刊新聞が発行されている。即ち人口七・三に對し、一部の割に當る。無益の販賣競争を除く結果、人口一〇に對し、一部となる場合を想定するも七

會社の目的と其の運営」（つづき）

百三十萬部を下ることはない譯である。これだけの最低部數を基礎に置く統合會社が、全體的に観て経営困難なる理由なし。從つて政府は安んじて融資命令または配當保證を為し得ることとなる

四、「企業としての妙味を失ふ為め、新聞経営者が從来の如き熱意を持たずために新聞は官報化し紙面に生彩を缺く結果とはならぬか」

一應は誰しも考へる處であるが、限度を設けて新聞事業の発達に必要なる営利性を認め、新聞の官営化を排して民有民営の方針を執りたる所以は既に述べたる通りである。從来に於けるが如き企業的情熱は即ち営利的情熱である。編輯部面に於ける速報競争、特種争奪、経営部面に於ける販賣競争、廣告争奪等は凡て此處から発生した。著しきに至つては新聞本来の公益性若しくは指導性をも自ら破毀して、或は衆俗に媚び、或は國家の利害を忘れて速報を焦つた。かかる弊害は資本統合によつて先づ著しく除去せらるだらう。

然しながらそれ故に新聞が生彩を缺くとは言えない。新聞を営利企業の對象と心得る経営者は次第に去つて、眞に公器としての新聞を製作するを以て天業と為すもののみが、やがては残るであらう。その場合之等の経営者は凡ゆる智能を傾けて「良き新聞」の経営に當る。其處には自ら全國の新聞経営者間に良き新聞製作のための溌剌たる競争が展開されることは必至である

五、「営利的熱意が失はれる結果は、新聞社の設備他が低下することなきや」

良き新聞は良き人と良き施設から生れる。全國新聞の利益はあげて良き人と良き施設のために費やされるべきが理想であつて、統制會社の目指す處はここにある

六、「大資本に據つて発行されてこそ新聞は良くなる。中央有力紙の地方進出を阻む結果は地方讀者の損失とならぬか」

從来の営利的新聞は採算を無視して地方に進出することはしなかつた。即ち個々の企業家の意志によつて新聞の配置は決定されて来たに過ぎない。然るに統合會社によれば國家の全體的立場から必要に應じ意識的に之を配

図表24　付属文書１「新聞統合

置することが可能となる。例へば必要とあれば樺太にも沖縄にも、良き人と良き施設を以て臨むことが出来るのである。かかる場合は統制會社によつて損失補償を行ふことも可能である。故に統制會社が地方讀者のために不利となることは断じてない

七、「各新聞社の出資額の大小によつて発言権を一、二の新聞社が獨占する如き結果にならぬか」

全國新聞社代表役員を選任する際、地域別に適正數を割り當るなどの方法を講ずれば此の杞憂は容易に解決されやう

八、「統制會社が幕府的存在となつて専断する惧れなきや」

運営如何によつては必ずしも、その惧れなしとは言へぬ。然しながら一個人、一會社、一資本、一官廳等その何れもが公器たる新運を左右することが出来なくなる。大方針は凡て民間の業者代表を主體に組織される統制會社の最高役員によつて決せられ、政府の同意を得て之を行ふものなるにより、その方向を謬るが如きことは萬々豫想されぬ

九、「統合會社の役員会議は、各役員の利害一致を缺き、事毎に紛糾するが如きことはなきや」

個々の企業形態のままに於いて結成せる新聞連盟に於てすら、用紙割當、共同販賣等の如き重要事項は自治的に定め得たのである。況んや資本統合後の新會社に於て無益の紛糾ありとは考へられぬ處である

一〇、「統合會社の役員並に新聞経営者は他業兼営を為し得るか」

事業の公益性に鑑み経営者及従業員の不偏不黨を要求する為めに、他業兼営を禁ずるは當然であらう

一一、「本案実施に當り國家は如何なる協力を為すや」

融資命令または配當保證を為す外、新聞事業に携る者の矜持と御奉公心を高からしむる為、國家は統合會社と協力して業者の素質向上、生活の安定を計ると共に社会上の地位を昂進せしむるべく特別の恩典を供興するの用意あるを信ずるものである

図表25　付属文書２「新聞新體制に就て」

一、國民の思潮と輿論は新聞の報道と言論によつて、或は起り、或は動き、或は定まる。新聞は實に國民の公器である。而かも國家は未曾有の世界的變局に直面し、政治、経済、産業、文化、其他百般の新體制を要請して止まない。輿論指導の公器たる新聞こそ、率先自らの新體制を確立して他に垂範すべきである

二、新聞事業の本質的矛盾は、新聞が高度の公益性を有する國家國民の公器なるにも拘らず、その経営形態が資本中心の営利企業である點にある。従つて新聞新體制の重點は、公益事業と営利企業との各々の特長を採り、短所を棄て新聞の健全なる発達を圖るにある

三、新聞新體制によつて、新聞を資本制覇又は営利第一主義の對象たらしむることを封ずると同時に、新聞人相互の間に明朗闊達な競争を展開せしめ、創意と努力と能率とを、資本中心から國家中心へ、売れる新聞から良き新聞へ、集中発揚せしめなくてはならない

一、我國の直面せる内外時局の重大性と新聞の國家國民の公器たる本質に鑑み、全國の新聞社は大同団結して新聞共同會社を設立し之に依つて新聞資本の合同と新聞経営の独立を確保し、以て新聞事業の発達とその使命の完遂を期せんとす

二、新聞共同會社は全國新聞社の代表者及びその合議により推薦せられたる者を以て組織する役員會に依つて運営し、以て我國新聞界の智能、経験、創意を傾けて、良き新聞の製作とその普及徹底を圖らんとす

三、新聞資本を合同して、之を新聞経営者の共同管理下に置き、適度の利益配當を可能ならしめると同時に、新聞資本の對立抗争により生ずる一切の弊害を除去して、國家的見地より新聞事業の発達と新聞記者の活動とを期圖せんとす

図表26　付属文書３「新聞共同會社の設立に就て」

四、新聞経営の独立を確保して、新聞人相互間に健全なる競争を展開せしめ、その創意と経験とを各々『良き新聞』の製作に集中せしめ各新聞社の利益は挙げて、之を公益奉仕、従業員の向上設備改善等に充てんとす

五、新聞が國家國民の公器たるべきは論なし、故に新聞は一個人、一資本、一財閥、一團體の独占事業たらしむべきものに非ず

新聞をして資本制覇又は営利第一主義の対象物たらしめてはならぬ。故に大小の新聞の合併、新聞社の合體を以て新聞統制成れりとなすは、根本的錯覚である

從来の新聞経営機構の本體を改めずして、國家目的に副ふ最も良き新聞の製作を期すは不可能である。新聞新体制の眞目的は此處にあるのであつて、新聞の数の検討は第二義的の問題である

未曾有の重大時局下、國家の政治、経済、産業、資源、文化、凡ゆる「物」と「機構」が一つの國家目的に集中されつつある時、新聞のみが従来のままの経営形態であり得る理由はない。否、輿論指導の公器を以て自ら任ずる新聞こそ此の際眞の新體制を以て率先垂範すべきである

新聞の生命は内外に對して強大なる宣傳力を有するまでにある。新聞の國営又は官有はその機能を滅却する恐れあるにより、新聞の経営は一般企業と異りあくまで獨自性を保持せしめなければならぬ

六、本案によれば全國各新聞社の資本を打つて一丸となし、これを新聞界の共有物となすことによつて新聞の獨自性を保持せしめ其の共有資本下に各新聞は良き新聞の経営と製作を競ふことになる

七、適度の利益は勿論之を認めなくてはならぬ。但しその利益はあげて公益奉仕、正當なる宣傳力の強化、設備改善、従業員の向上等に充てられるものである

八、資本共有の目的は新聞の買潰しに非ず、否、益々新聞の公益的機能を発揚せしむるにある。従つて各新聞の運営は新聞人の経験と創意と努力を活用する為、主として在来の新聞名の下に在来の経営者、従業

図表26　（つづき）

員の手により之を行はしむるは當然である
九、資本合同によって新聞の生彩を減却し、又新聞の性格を歪曲するが如き惧れありとの論あるべきも、一旦新形態の下に新理念確立せば新聞人は智能を傾けて『良き新聞』の運営に當り、全国新聞の間に『良き新聞』製作のため健全なる競争が展開されるべきは必至なり
一〇、尤も舊態に慣熟し新形態に妙味を感ぜざる若干の人士（主として経営者又は営業関係者ならん）は新聞界より退却することとなるべきも如斯は必ずしも新聞界にとりて不幸と言ふべからず
一一、新聞は國家の公器にして新聞経営者又は従業者は國家の重要なる公益事業を擔當する者なること明白なるに鑑み、将来國家はこれに對し諸種の特典を興ふるを要す。これを例示すれば租税公課の免除又は軽減、新聞人の生活安定制度確立、新聞人に對する國家の栄典賦興等である
一二、本案実施に當つては、當然國家の融資命令配當保證を必要とするも、新聞が國民生活にとつて不可缺ののなる以上、全國的通算に於て缺損となるが如きこと断じてなく、経営上必要なる利益は必ず確保し得る。故に事實上國家の出費を要することはない
一三、本實施による効果
ア、従来の営利的機構によつては行ひ得なかつた全國新聞文化の計畫的配置
イ、國家目的に副ふ報道の眞の自主性を十分に発揮し得る
ウ、海外特派員の集團的偏在を矯めると共に、個々の競争に依て駐在國の宣傳方針に採られるの弊を除き、國家の公的機能を十分に発揮せしめ得る
エ、従軍報道の自主的統制を行ひ得る
オ、新聞施設の全國的向上を期し得る
カ、新聞記者の素質と矜持を高からしむること

図表27　付属文書４「新聞新體制要綱案」昭和16年10月30日

一、世界の各國は今やその好むと好まざるとに論なく米英中心の世界制覇維持か、世界三分の新秩序確立か、二途その何れかを選ぶべき分水嶺に立つている。この世界未曾有の變局に直面して、我日本は大東亜共栄圏の確立を以て帝國不動の國是とし、有らゆる艱難を突破して之れが實現を期せんとするのである

二、外に大東亜共栄圏を確立する以上、内に先づ高度國防國家の體制を實現強化することが絶對不可缺の条件である

三、内に高度國防國家の體制を確立強化せんとするには、従来の自由主義、個人主義、資本主義的思潮に基く分裂、對立、抗争の観念を根本的に精算して、統制主義、全體主義、國家主義的思潮に基く共同、協力、團結の意識を昂揚し、以て挙國一體、智能も、技術も、労力も、資材も國家の有らゆる能力と資源は挙げてこれを動員しなければならない

四、五十年の歴史を以て國内に對立抗争を續けて来た政黨は解散した。数十年来営利第一主義を唯一の目標として苦心経営して来た各種の産業すら國家目的完遂のため、各々その新體制を整へつつある。況や内外輿論の原動力として、最高度の國家的使命と公共的任務を擔當する新聞事業に於てをや

五、新聞は、その報道と言論とによつて、内に在りては國民の思潮を形成し、輿論を左右すると共に、外に對しては國論を反映し、國是を宣明する國家の公器であり、社会の木鐸である。

新聞こそ他に率先して、それ自體の新體制を確立し、全國民を率ひて政府の當局と共に、國の内外に對する國策の樹立と遂行に協力し、以て他にその範を示さなくてはならぬ

六、新聞新體制の重貼は新聞が最高度の國家性公益性を有する事業である本質に鑑み、新聞をして資本制覇又は営利第一主義の對象物たらしめてはならない

七、新聞の基礎は國民大衆に對し強大なる宣傳力を有する點にある。従つて新聞の國営又は官有は、その機能を減却する恐れあり、新聞は飽迄も民有民営でなくてはならない

図表27　(つづき)

八、民有民営であるためには適度の営利を認めなくてはならない。適度の営利とは公益奉仕、宣傳力強化、設備改善、営業員の向上等を實現し得るを以て限度とする

九、民有民営の形態としては各新聞毎に個人、組合、會社等種々の組織を考へ得るも何れも資本制覇乃至営利第一主義の弊に陥り易し

一〇、茲に於て考へらるる唯一の途は新聞界の共有物とするにある。共有を實現する方法としては各新聞社の資本を打つて一丸とするの外なし。資本合同の方法としては本案の如き考案を立つるの外なし

一一、共有の目的は新聞の冒涜に非ず。否、益々新聞の公益的機能を発揚せしむることを以て資本合同後の各新聞の運営は新聞人の創意と経験や實力を活用する為主として在来の新聞名の下に在来の経営者、従業員の手によりこれを行はしむるは當然である

一二、此の場合に於て或は新聞の生彩を減却し、又新聞の性格を歪曲するが如き惧れなしとせざるも、之は単なる通渡的の現象にして、一旦新形態の下に新理念確立せば眞の意味に於ける新聞人が知恵を傾けて『良き新聞』の経営に當り、全國新聞の間に『良き新聞』製作の為健全なる競争が展開さるべきは必至なり

一三、尤も憤激し新形態に妙味を感ぜざる若干の人士（主として経営者又は営業関係者ならん）は、新聞界より退却することとなるべきも如斯は必ずしも新聞界にとりて不幸と云うべからず

一四、新聞は國家の公器にして新聞経営者又は従業員は國家の重要なる公益事業を擔當する者なること明白化せるに鑑み、将来國家はこれに對し、諸種の特典を興ふるを要す。これを例示すれば租税公課の免除又は軽減、新聞人の生活安定制度確立、新聞人に對する國家の栄典賦興等である

（ア）東京　　五社以内（内一社は経済産業新聞とす）

（イ）大阪　　四社以内（内一社は経済産業新聞とす）

（ウ）福岡　　三社以内
（エ）名古屋　二社以内
（オ）其他の各都道府県は原則として一社とす

福岡が「三社以内」となっているが、このうちの二社は朝日、毎日の福岡支社を指しており、福岡県の地方紙については一県一紙の原則という趣旨である。朝日、毎日両社の福岡支社は朝鮮、台湾、満州への販売拠点であり、同支社の存続はそうした権益を容認するという意味を含んでいる。また名古屋は「二社以内」となっているが、「二社」とは競合する新愛知、名古屋の二つの地方紙のことであり、同地に存在する朝日、毎日両社の支社は撤収することを意味する。全国紙である朝日、毎日両社の地方支社の撤収は、有力地方紙が強く求めていたものので、これを「福岡は残し、名古屋は撤収する」としたのは、朝日、毎日両社の反発を少しでも軽減することを意図し、古野が謀ったものだという。(69) 小委員會案2で決定された新聞統合の基準数値は、その後修正されることなく、実際にも同案に沿って新聞統合が実施された。

小委員會案3は、「第一　新聞統合會社（假稱）」「第二　全國新聞分布案」「第三　建頁」と三つに整理して構成、さらに「新聞統合會社の目的と其の運営」と題した付属文書が付けられるというように、完成された形式を整えている。題名もそれまでの「新聞統合試案」から「小委員會案」へと修正された。「第一　新聞統合會社設立案」では役員の選任について、「役員の選任は政府の同意を要するものとす」という会社人事の国家管理が盛り込まれた。さらに「新聞経営」という項目が設けられ、「全國各日刊新聞社は現業重役幹部を以て法人を組織し、統合會社との委任契約の下に引續き新聞の経営に當る」と、新聞社の法人化および新聞統合會社から委託され経営するという経営形態が明記された。さらに名古屋について「二社以内」が「二社（出来得れば一社）」へと修正された。

小委員會案4は、「新聞新體制に就て」「新聞共同會社の設立に就て」「新聞新體制要綱案」の付属文書も付けられている。最大の修正点は「新聞統合會社」を「新聞共同會社」へと名称変更したことだ。どのような理由で名称変更したかを示す文書は残されていない。しかし、「日本の全ての新聞社で構成し、その目的を単に新聞社の統合ばかりでなく、新聞の國家公器たる性格に鑑み我國新聞界の智能、技術、施設を総動員して良き新聞の製作とその普及徹底を期す」と定めた以上、「新聞統合會社」という名称よりも、日本のすべての新聞社を示す「共同會社」という名称のほうが妥当であると判断したに相違ない。また「第二　全國新聞分布案」の「名古屋」が「愛知」と修正された。「二社以内（出来れば一社）」は小委員會案3と同じだが、「名古屋」という大都市ではなく、「愛知」という県名としたことは、同地に一県一紙の原則を適用し、「（出来れば一社）」に力点を置く考えをにじませている。

小委員會案5は、小委員會の最終案として一一月五日の理事会へ提示されたと思われる。それまでの「第三　建頁」が削除され、「第一　新聞共同會社設立案」「第二　全國新聞分布案」の二部構成に修正され、建頁は新聞共同會社設立案に比して瑣末な項目という判断から削除されている。

また付属文書は、それぞれ「新聞新體制」や、「新聞共同會社」設立の目的、意義を説いているが、それらは奥村の手によるものと推測される。奥村は日米開戦の日（昭和一六年一二月八日）の夜に、日本放送協会のラジオ番組で「宣戦の布告に當り國民に愬ふ」と題した演説を行い、このラジオ演説は「名演説（奥村の萬歳放送）」と評された(70)。演説ばかりでなく奥村の文章は、アジテーション（扇動）的言い回しが特徴である。四つの付属文書では随所に奥村独特の言い回しが散見され、奥村が作成、あるいは作成に関与したことを裏付けている。電力統合で採用した「民有國営」「資本と経営の分離」という考え方が、新聞統合では共同會社設立案となって具現化されたといえる。

3　奥村と古野の存在

奥村の新聞共同會社についての基本的考えは、次のようなものだ。「國家國民の公器」である新聞を資本制覇または営利第一主義を排除し、「資本中心から國家中心へ」「売れる新聞から良き新聞へ」と本来の公器としての使命を全うさせるよう改編し、新聞新体制を構築することにある。新聞の公益的性格という理想と営利的性格という現実の矛盾を根底から調整するためには、資本と経営を分離する必要があり、それは新聞共同會社を設立することではじめて具体化することができる。すなわち、現存のすべての新聞社を解散し、その資本を一つに統合した特殊法人、新聞共同會社を設立することで、新聞は公的機関としての存在となる。しかし一方で、国家統制によって陥りがちな無味単調の悪弊を避けるため、経営は現存の新聞社幹部に依託するという考えである。

また付属文書では、「新聞人が知恵を傾けて『良き新聞』の経営に當り、全國新聞の間に『良き新聞』製作の為健全なる競争が展開さる」(「新聞新體制要綱案」)などと、「良き新聞」というフレーズが、カギカッコつきで何度も繰り返されている。奥村が「良き新聞」というフレーズを新体制のキャッチ・コピーとして意図的に使用したことは明らかだ。「良き」という言葉の意味するものは、高度国防国家のなかで戦争支持などの国家目的へ国民を同調させる宣伝という使命を忠実に担うということにほかならない。

それでは、奥村の革新思想に基づく新聞新体制にとって、新聞社の整理統合という新聞統合はどのように位置づけられるのであろうか。「新聞共同會社の設立に就て」文書では、「新聞が國家國民の公器たるべきは論なし、故に新聞は一個人、一資本、一財閥、一團體の独占事業たらしむべきものに非ず。新聞をして資本制覇又は営利第一主義の対象物たらしめてはならぬ。故に大小の新聞の合併、新聞社の合體を以て新聞統制成れりとなすは、根本的錯覚である。従来の新聞経営機構の本體を改めずして、國家目的に副ふ最も良き新聞の製作を期すは不可能である。新聞新體制の眞目的は此處にあるのであつて、新聞の数の検討は第二義的の問題である」と強調し、新聞の数の検討は瑣末な問題とされた。つまり新聞統合という国策の「大義」は数の問題ではなく、新聞および新聞社そのものを明治以来の私企業としての資本制覇、営利第一主義を国家中心へと「集中発揚」させ、高度国防国家の下での新聞新体制へ再編することにある、と位置づけられた。

こうした奥村の発想に加え、古野の考えも投影されていると思われる。共同會社の組織形態は、満州での新聞統合の実施母体で、古野が設立を提案した満州弘報協會と類似しているためだ。改めて弘報協會の組織的特徴を挙げると、①満州の既存の主要な新聞社および國通の資本を統合した株式会社の形態を採る、②加盟新聞社は設備のすべてを弘報協會へ提供し、その評価額に応じた株式を弘報協會が加盟新聞社へ発行する、③弘報協會は、加盟新聞社の整理統合を行う、④経営は加盟新聞社がそれぞれ行う形式を採る、⑤しかし新聞社の幹部は弘報協會が任命し、言論や事業も指導する――などが指摘できる。形式的に新聞社は独立しているものの、実質的に弘報協會が実権を握り、弘報協會を関東軍が指導するという巧妙な仕掛けが施されている。

弘報協會と、共同會社の類似点を列記すると、①（株式会社）新聞共同會社は「新聞共同會社設立のため特別法を制定し、新聞の公益事業たる性格を明確にす。但し右特別法の公布を見る迄は株式會社の形式に依る」と「当面」という条件を付しているが、弘報協會と同じ株式会社である、②（株式）新聞共同會社は「全國各日刊新聞社の発行権並に有體財産（土地、建物、印刷機）を新聞共同會社に帰属せしむ。之れが為、各新聞社の発行部数、有體財産並に営業成績を総合評價し、その評價に相當する株券を各當該新聞社に交附す（右株券による金融に就ては政府の斡旋を期待す）」と、弘報協會と同じ形式で株式を発行する、③（経営）新聞共同會社は「全國日刊新聞の経営は之を各新聞社に委託す」「現在の各日刊新聞社は之を改組し現業重役幹部のみを以て新たに法人を組織す。當該法人は共同會社との委任契約の下に引續き従来の題号の下に新聞の経営に當る」と、弘報協會と同様に表向き新聞各社の経営を認める形式である、④（人事権）新聞共同會社は「役員の任命には政府の同意を要す」と政府の人事権を定めているが、これも弘報協會が経営幹部を任命するのと同様である、⑤（納付金）新聞共同會社は「各新聞社は発行部数に比例する一定の對價及び利益を共同會社に納付す」と納付方式を定めているが、これも弘報協會と同様の方式である――などの諸点が挙げられる。満州では弘報協會を主体として新聞統合を実施し成果を上げたという実績が、弘報協會を参考とした理由として考えられる。

古野は新聞統合に深く関与し、全国紙などから「新聞を統制して、その最高権力を掌握する野心的策謀を試みた」[71]など厳しい批判を浴びた。同盟という通信社の経営者である古野が新聞という異なるメディアの再編に深くかかわった理由として、古野の国家主義的思考が挙げられる。その人柄を周辺は「個人的な名誉や金銭には恬淡で、公的観念や正義感が強く国士としての風格があった」[72]（岡村二一新聞聯盟事務局長）と評しているが、公的観念や正義感が国家主義的思考へ走らせたといえる。板垣征四郎、鈴木貞一らの陸軍軍人と懇意であったことも[73]、古野の思考を示している。それに加えて、国策通信社である同盟にとって指導監督官庁の情報局には補助金の交付などを通じて、その示達に服す義務があったことが挙げられる。情報局は言論統制の全般にわたり古野に助言を求め、古野も協力者として動いた。だが古野は、唯々諾々と情報局の命に従う存在であったのではないこともたしかで、「古野は情報局と新聞側の間に立ち、その要役を演じた。情報局に対しては新聞側の要望を伝えてその強権を抑え、一方で新聞側には情報局の意を伝えて余計な軋轢を生じさせぬよう導いた」[74]（同）という証言は、古野の一面を捉えている。同盟が新聞社を会員とした新聞共同組合組織であったことも大きな理由である。同盟の運営は加盟新聞から支払われる分担金に依拠している。しかし多くの地方紙の経営は脆弱で、地方紙を整理統合し経営を安定させることが、同盟の経営安定に直結していた。

さらに古野は通信社と新聞の関係について「通信社と新聞社の業務分担を明らかにして、通信社と新聞社との間の、いたずらな重複と無駄を省く」ことを持論としており、一九三五（昭和一〇）年秋に古野が関東軍へ提出した「満州弘報協會結成要項案」[75]のなかにも、その考えを盛り込んでいる。古野の「業務分担」とは、「主要なニュース取材は通信社が行い、新聞は通信社配信の記事を中心に、紙面を構成する」というもので、それは「通信社が作成したニュースで新聞のニュースを単一化・統制する」ことも意味していた。発想の根底には、通信社の新聞に対する地位というメディア間の微妙な問題が存在する。日本では通信社と新聞社の役割が不明確であり、通信社は新聞の補助的存在という一段低い地位に甘んじ、新聞に対して鬱屈感を抱いてきた。しかし満州においては古野の提案を受けて、通信社と新聞の「業務分担」がなされ、通信社が新聞を上回る存在に位置づけられている。日本でも、一方で通信社一元会社の同盟、他方で新聞一元会社という体制が実現すれば、その関係は少なくとも対等なものとなる。こうした意識も働いたとも考えられる。

4　全国紙の反発

小委員會は一九四一（昭和一六）年一一月五日、新聞共同會社設立を中心とした案を理事會へ提示した。同日は御前会議で一二月初旬に武力発動を決意するとの国策方針が決定され、大本営が海軍に対米英蘭作戦準備を命令した日でもある。陸軍少将である吉積は方針を知りうる立場にあり、新聞の戦時体制の早期実現を改めて決意したことはたしかである。

理事會は「一たび此の案が報告されるや、賛否両論俄然對立して華々しい論戦が展開され、舌端火を吐くの概を呈して物凄い雰圍気を作り出した」という。[76] 地方紙および弱小の東京紙（報知、都）が賛成し、全国三紙が強く反対するという対立構図で、報知の三木武吉が「小委員會案に全面的に賛成」と発言すると、これに毎日の山田潤二が「三木君は資本家代表として突如報知の社長に納まったもので新聞社の経験は頗る浅い。しかも現在は自分の持ち株全部を正力君に売払った人である。そんな人の議論には信用もなく、傾聴するに足らぬ」と批判し、[77] これに怒った三木は「無礼者」と怒鳴り、山田に肉薄し鉄拳をふるわんとして隣の者にとめられるというように白熱化した。奥村情報局次長と正力読売社長との間でも激しい論争が展開された。奥村が全国紙の反対論に憤激して「自分は小委員會案を国家のため絶対に必要と信ずるから職を賭してどころではない、死を賭しても実現させて見せる」と激語すると、正力が起き上がって「読売新聞は自分の生命である。自分も命に賭けて、かかる案は阻止する」と応酬したという。[78] 三日後の同月八日には朝日の緒方竹虎、毎日の山田が理事会へ小委員會案に対する「代案」を提出した。全国紙の両案は、新聞共同會社を設立しなくても新たな法律制定、統制強化を目的とした統制機関の新設などにより、国策に順応できるという内容で共通している。

このため同月一〇日の理事會では、小委員會案と全国紙提出の代案について再び論争が繰り広げられた。吉積文書に収録された新聞聯盟の議事録は次のように記している。

この議事録には全国紙と地方紙双方の意識が示されている。全国紙は小委員會案（新聞共同會社案）を「新聞の自由の否定であり、他人のものを実際上無償で取り上げて軍閥とその同調者が勝手に運営しようという暴案である。端的に言えば、新聞社の取り潰し案で、この案が実行されると、全国に独立した新聞は一社もなくなる」(79)と捉えて反対した。だが「言論の自由」とは元来、権力に屈せず権力を批判する自由を指すが、「言論の自由」を守ったという全国三紙のそれは、満州事変以来、大衆の戦争ムードを巧みに誘導しながら飛躍的に部数を伸ばしていった三紙の軌跡と矛盾する。正力の場合も「(読売は)自分が粒々辛苦して築き上げた血の結晶」という経営者としての強い自負があり、それだけに営々と築きあげた所有物が国家に収奪されるということへの強い反発が存在した。

これに対し地方紙の論客、森名古屋新聞社長は「現時の高度國防國家の言論陣営を強化するには、大新聞社よりも寧ろ各地方に散在している中小の新聞社を育成強化する方策を講じなければならない。(全国の新聞社を)共同會社へ一元化し、その分身の経営會社として経費支弁等の援助を受ける原案は、新聞経営者の立場から云うと理想的である」などと賛成論を展開した。その根底にあるのは全国紙への反感で、全国紙が大資本に物を言わせて地方へ進出し、地方紙は駆逐される危機性があるが、新聞共同會社によって全国紙の地方進出を阻止できると

緒方理事　我々聯盟の意図する目的は、この案（緒方案）で充分達成し得る。
三木理事　それは寧ろ共同會社案によらなければ完全に達成されぬ。統制会案（緒方案）では自社の資本を代表するから不可なり。
緒方理事　それは単なる観念論である。

図表28　11月10日に行われた理事會の議事録

森理事　自分は全国新聞の代弁者として発言する。朝日、毎日、読売三社は代案を撤回し、小委員會の原案に合流せられん事を御願いたす。共同會社案は経営の立場から言うと全く理想的で全従業員は期せずして賛同している。我が名古屋新聞社の社員は、私の為に彰徳表を贈るといって張り切っている位である。

朝日、毎日の二社の如きは今日では「新聞貴族」になっている。従業員も「新聞貴族」としての自尊心を持っており、社会もまた「新聞貴族」として待遇する。恰も銀行界に於て三井、三菱、住友などが「銀行貴族」であって、重役から駆け出しの新米行員に至るまで他の中小銀行員よりも優越な様な錯覚を持っている。これは畢竟巨大な機構の背景の為で、従業員の才能人格には何の関係もない。新聞人の如く人格的の尊厳と天下を指導すべき識見の矜持とに生きているべきはずの職場にある者としては、新聞社の経済的な環境の為に差別を受くることは忍び難い精神的苦痛で、中小の新聞人の境遇に経験のない緒方、山田両君の如きは恐らく感じが出ないと思う、両君等は「新聞貴族」の従業者たる栄位を保たん為に現状維持論を提出されたのではないか。

要するに三社の案は原案に比して実施上幾多の欠陥がある。原案の細項に亘り更に検討修正を加えることとなし、観念だけは一會社共同案に満場一致で決定せられんことを翼望するものである

山田理事　どう考えても共同案によると独立性と云うことが成り立たないように考えるが、田中、古野両氏の意見はいかに。

田中議長　従来の独立性は別として、時勢に応じた独立は完全に成り立つ。

古野理事　本当の新聞経営の独立と云うことは、個々の資本を一つに纏め上げることによって初めて確保されると思う。どうして確保するかと云うことは、その社の組織をどうするかと云う技術上のことであって、若し確保されないならその時反対したら良い。その場合には自分も反対する。

いう思惑であった。要するに全国紙、地方紙双方ともに、名分とは別に根底には自社の生き残りと既得権の保持という意識が存在したのである。

同日の理事會では新たに、①小委員會（甲）「共同会社案の欠陥を補うべき研究・資本合同の形式に依て新聞経営の独立性を確保するには如何にすべきか」を検討、②小委員會（乙）「代案（緒方、山田案）の不備を改めるべき研究・資本合同を行わずして新聞新體制の目的を達成するには如何にすべきか」を健闘――という甲乙二つの小委員會を設置することを決め、翌一一日に開いた小委員會では「統制機関設立については田中議長（新聞聯盟理事長）の衆議統裁で決定し、その統裁に対しては絶対服従する」などの意見を集約した。

二つの小委員會は問題検討を目的としたものではなく、田中都吉議長（新聞聯盟理事長）の裁断で論争を決着させるための瀬踏みであり、これを受けて二〇日の理事會では、議論は出尽くしたとして「田中議長（新聞聯盟理事長）の衆議統裁で決定し、その統裁に対しては絶対服従する」ことを申し合わせた。

5　収拾の舞台裏

一任を受けた田中がどのような裁断を下すか、「田中が統裁を下すまで鬼が出るか蛇が出るか、各理事は固唾を呑んで待った(80)」とされ、田中自身も「この決定如何が新聞の将来に重大影響あることを深く認識し、一晩熟慮の上(81)」と証言して田中独自の判断であると強調している。そして田中は同月二四日の理事會で、新聞共同會社について「全國新聞社ノ資本ヲ合同スルヲ以テ　最モ徹底セル方途ナリト認メタル」としながらも、「之ガ實行ニ関シ　難貼ヲ　豫見セラルルニヨリ、迅速處理ヲ要スル現下ノ情勢ニ鑑ミ　別紙ノ通リ　立案致」と、設立見送り方針を盛り込んだ統裁文を提示した。これにより新聞共同會社設立案は葬られ、戦時期言論統制の大きな山場とされる騒動は、収拾された。

しかし、これはあくまで表舞台の動きである。古野の側近で新聞聯盟事務局長であった岡村二一の「古野が緒方と諮り、（田中）都吉はそれに沿って動いただけだ。代案も古野が緒方に『あなたから（代案を）出してくれ』と頼み、そして緒方さんが出した[82]」との証言や、緒方の「一元会社案（共同會社案）は行詰ったので、田中君や古野君から僕に『何か代案はないか』と言ってきた。それで僕の案で進むことになり自治統制をすることになった[83]」という証言からは、実際には古野と緒方が大きな役割を果たしたことが裏付けられる。

古野に反感を抱く全国紙のなかで、朝日の緒方だけは古野と懇意で、「緒方と古野の二人はどちらも国利国益至上主義者で仲がよく、誰も加えないで定例的に星ケ岡茶寮で月に何回か飯を食っていた[84]」などの親密な関係を築いていた。朝日社内からは「緒方は古野を信用し過ぎると批判する空気があった[85]」という。緒方の部下であった細川隆元は「支那事変の始まったころ、よく緒方から資本と経営の分離論を聞かされ、緒方の考え方は新しくてエライと感心し共鳴したものだった。資本と経営の分離論は、緒方の新聞資本主義体制に対する彼一流の考え方であったとともに、軍部の革新思想の影響もあったことは見逃せない。緒方の親友であった古野伊之助は緒方を鞭撻していた[86]」と指摘している。この「新聞資本主義体制に対する彼一流の考え」とは、大多数の株式を握る創業者村山一族らの社内に対する影響力の排除であったことは明らかだ。

また岡村は、小委員會案（共同會社設立）についても「この案は古野が主張し、緒方も賛成した案だろうと思う。だから理事會にこの案が提出された際も正力と山田は猛烈な反対論を唱えたが、緒方は一言も言わないで黙っていた。正力は『緒方君、君はさっきから黙っているけど、こんなことやられていいのか。朝日新聞がなくなってしまうんだよ』と言った[87]」と証言している。全国紙は読売正力、朝日村山、毎日高石の三社の最高幹部が参集し、「最後まで結束して反対する」と申し合わせ、新聞界の長老で毎日の最高顧問の徳富蘇峰が正力、緒方、山田の三人を招き「新聞界は今や死活の危機に立っている。独立なき新聞に存在価値はない。新聞の存亡は三社の決意にかかっている。三社の結束が破れる日は野心家の策謀が勝つ日で、その時は全新聞の潰え去る日である」と、結束を訴えるなどの運動を展開した(88)。反対運動は「全国三紙の結束保持」を重点に置いていたが、そのこと自体、「結束」が崩れかねない危機感が存在していたことを示している。そうした懸念は緒方への疑念で、「緒方は平常から古野と別懇であり、いつも古野擁護の立場にあった。その緒方が今度の問題でも古野と通謀し、新会社実現に努力しているとのデマが、どこからともなく流れ、毎日と読売の幹部を警戒猜疑せしめ、三社の結束を動揺せしめた(89)」と指摘されている。

最終的に緒方は、小委員會案（共同會社設立）に反対の立場を取るが、それには同時期に摘発されたゾルゲ事件が大きく影響したと思われる。一〇月一五日に逮捕された元朝日記者の尾崎秀美に、緒方は目を掛けていた。また情報を提供した容疑で朝日の政治部長と政治記者も逮捕される事態となり、編集担当責任者であった緒方に対し「社内では責任追及の声が激しく挙がった(90)」など、緒方は窮地に立たされており、全国紙の一致した反対運動の流れに抗すことなどできる状況にはなかった。

古野も全国紙の結束を崩すことは難しい以上、小委員會案（共同會社設立）を押し通せば新聞業界の全面対立、新聞聯盟の分裂に発展すると判断し、緒方に代案作成を依頼した。緒方も依頼を快諾してただちに代案を作成したが、これは両者がかねて意見を交換し、「資本と経営の分離」などの基本的考えが一致していたことを証している。また全国三紙は極秘裡に田中を招いて、一元會社案（共同會社案）さえ撤去すれば、その他の問題は田中に一任するとの条件を示していた(91)ため、緒方が共同會社設立に代わる統制案を作成することは、全国紙と妥協を図るうえでも効果的であった。

古野は一方で地方紙を説得したが、地方紙にとって後ろ盾の存在である古野が決めたシナリオに反対する力はなかった。情報局に対する説得もなされ、そのときのことを田中は、「政府の姿勢もそう強くなかった。新聞社に対してはビクビクしていた。僕が『私が言う通り政府がやるか』と政府と軍部に念を押したら『よろしい。やろう』という。奥村君は初め偉そうなことを言ったが、後は皆黙って一言も言わなかった」と証言している。(92)「強くなかった」わけではなく、軍人の吉積にとっては言論統制体制の実現が何より最優先であり、全国紙と軋轢を起こし実現が遅れるのを避けたかったに相違ない。また奥村は「死を賭しても実現して見せる」と啖呵を切っただけに、簡単には納得しなかったと思われるが、情報局と新聞聯盟（新聞側）のパイプ役である古野の言に従うよりほかに、選択はなかったのであろう。

こうした根回しがすんだうえで、田中は一一月二四日の理事會で統裁文を提示した。統裁文は緒方の代案に全面的に依拠した内容で、根回しを知らなかった報知の三木が「共同會社を設立すべし」と唯一発言したが、(93)同調する意見がないため、三木はペテンにかけられたような格好になって「一体どうなっているんだ」と漏らしたという。

6　メディアと国家の結合

田中は統裁文を、ただちに「意見書」として政府（東條英機首相・兼内相宛）に提出した。これを受けた政府は、一一月二八日に「新聞ノ戦時體制ニ関スル件」と題する言論統制の基本方針を閣議決定した。そして一二月八日の開戦をはさみ、同月一三日には政府方針を具現化した新聞事業令を公布し、一九四二（昭和一七）年二月一一日に日本新聞會が発足した。

こうした戦時期の言論統制が形成される一連の流れからは、緒方案（図表29）、田中（統裁文）意見書（図表30）、政府「新聞ノ戦時體制ニ関スル件」基本方針（図表31）の三つが、重要な位置を占めたことを確認することができる。その関連性を内容面から検証しよう。

先の緒方自身の証言を詳しく示すと、「一元会社案（新聞共同會社案）は行詰ったので、田中君や古野君から僕に『何か代案はないか』と言ってきた。それで僕は『資本制覇を除くのが真の狙ひなら、なにも一元会社（新聞

「新聞事業法要綱試案」

一、新聞社
新聞社は新聞紙を発行して時事その他の報道並に註釋評論をなし、國民輿論の啓発と文化の向上を圖るを以て目的となす

二、組織
新聞社は民間の出資による法人とす

三、許可主義
新聞社の設立は、これに公的性格を賦與するため許可主義とす

四、新聞社の代表者及び編輯責任者
新聞の公的性格に鑑み、新聞社の代表者又は編輯責任者に適格條件を設く
(例へば、左の各號の一に該當する者は缺格者とすといふ如き)

（出典）『情報局関係資料』第六巻，（注）※は空欄

図表29　緒方案

イ　帝國臣民たる國籍を有せざる者
ロ　陸海軍人にして現役又は召集中の者
ハ　未成年、禁治産者、准禁治産者
ニ　破廉恥罪により刑に處せられたる者
ホ　破産の宣告を受け又は公民権を停止せられ又は懲戒處分に付せられたる者にして未だ復権せざる者
ヘ　本法により新聞紙発行の許可取消しを受けて未だ三年を経過せざる者
ト　十個年以上現業の経験を有せざる者

五、兼業禁止
新聞社の代表者又は編輯責任者は、新聞の公的性格に鑑み他の営利事業に関係するを得ず

六、株式に關する諸制度
イ　新聞社の株式は社内従業員（現業に従事する重役を含む）に於てその全部を保有すべきものとす
ロ　新聞社の株主総會に於ける議決権は、新聞の公的性格に鑑み商法第二百四十一條第一項但書の規定に依る
ハ　新聞社の株主総會に於ける役員選挙については新聞の公的性格に鑑み商法第二百四十一條第一項の規定を拘束するの條項を定款中に設くることを得ざるものとす

七、配當制度
新聞社の株主配當は、新聞の公的性格に鑑み、金利程度を超ゆるを得ざるものとす

八、新聞の自治統制機關

図表29　（つづき）

イ　各新聞社は政府に協力して言論の指導方針を議し、新聞紙面の刷新及びその公的性格を維持するため自治統制機關を設くること

ロ　新聞社の自治統制機關は政府に協力し、新聞事業に對する助成並に出資を為すこと

ハ　右目的達成の為、各新聞社は発行紙数に比例する一定の金額及び毎期利益の※パーセントを自治統制機關に納付すべきものとす

九、共同販賣機關及び廣告共同機關

各新聞社は非営利性確保の目的を以て共同販賣に關する機關、及び廣告に關する共同機關を設くべきこと

一〇、政府は公益上必要と認むる時は新聞社の許可を取消し又はその他の命令を得るものとす

一一、新聞社は内閣総理大臣の監督を受くるものとす

一二、新聞の公的性格に鑑み政府は適當の特典を新聞に與ふるものとす

追記

一、本法施行の際、現に存する新聞社にして政府の許可を受くべき適格條件を具有し、その定款の改正を要するものは※個月以内に之を行ふべきものとす

二、新聞事業法と併行して新聞記者法を制定し、新聞記者の資格改善を圖ると共に公的性格を賦與するの要あり

新聞聯盟　理事長　田中都吉

昭和一六年一一月二四日

内閣総理大臣　東條英機殿
内務大臣　東條英機殿

図表30　田中統裁（政府ニ提出シタ文書）　（出典）『情報局関係資料』第六巻

新聞新體制ニ對シ別紙ノ通　意見及提出候也

追而

一、　別紙ノ意見中ニハ　其實行ニ當リ　法令ノ制定ヲ要スルモノ不尠ト存候ニ　付　此貼ハ　政府ニ於テ可然御措置相成度

二、　本案ノ起案ニ當リテハ全國新聞社ノ資本ヲ合同スルヲ以テ　最モ徹底セル方途ナリト認メタルモ　之ガ實行ニ関シ　難貼ヲ　豫見セラルルニヨリ、迅速處理ヲ要スル現下ノ情勢ニ鑑ミ　別紙ノ通リ　立案致スモノニ付　右御含ミ置キ相成度

別紙

一、　新聞社ハ凡テ　法人組織トシ　其ノ株式又ハ出資ハ社内従業員（現業ニ従事スル重役ヲ含ム）ノミニヨリ保有スヘキモノトス

但シ　此主旨ニヨリ　現在ノ新聞社ヲ新法人ニ改組セシム為メニ　適當ノ準備期間ヲ　許容スル必要アリ

二、　新聞社ノ経営ニハ適正利潤ヲ認ムルモ利潤ハ公益奉仕、設備改善、従業者向上等ノ為メ使用セシメ　配當ハ一般國策會社ニ許容スル程度ニ制限ス

三、　新聞社ノ設立ハ許可主義トシ　其ノ首脳者ノ選任ニ一定ノ適格條件ヲ設ケ又首脳者其他ノ役員ガ他ノ営利事業ニ従事スルコトヲ禁ズ

四、　全國ノ新聞社ヲ強制加盟セシメタル統制機関トシテ現在ノ社団法人新聞聯盟ヲ強化シ　之カ監督官廳ヲ一元化シ　之ニ衆議統裁ノ道ヲ開キ　更ニ出来ル丈ケ　官廳権限ヲ委譲スルト共ニ　進ンデ新聞社相互間ノ買収合併投資又ハ新聞社ノ統合新設改組等ノ場合ニ於テ　資本力ノ行使ヲ要スル時ハ　凡テ新聞聯盟ノ承

認ヲ受ケシムルカ又ハ新聞聯盟自體ノ事業トシテ之ヲ行フ事トセシムルヲ要ス

五、各新聞社ハ　其ノ資産金又ハ発行部数ノ何レカヲ基準トスル　共同會社（假稱）ヲ組織シ　之ヲシテ新聞聯盟運営上必要ナル財政的處理ノ機關タラシム、共同會社ノ設立及機構ノ決定等ハ　新聞聯盟之ニ當ル

六、新聞ガ國家ノ公器ナルト共ニ　新聞事業ノ特有スル性質ニ鑑ミ　政府ハ各新聞社ノ個性特色ヲ尊重シ常ニ新聞人ノ創意ト経験ヲ発揮活用セシムル様留意セラレタク　特ニ新聞用紙及其他ノ資材ノ適正ナル供給ヲ計リ
通信及輸送上ノ便宜ヲ與ヘ　竝ニ租税公課ノ負擔ニツキ特例ヲ認ムル等
新聞ノ國家的使命ニ適應スル様　新聞事業ヲ待遇セラレタシ

（出典）『現代史資料　マス・メディア統制（二）』

起案　昭和一六年一一月二七日
閣議決定　昭和一六年一一月二八日
新聞ノ戦時體制ニ関スル件　別紙ノ通　閣議決定相成候條依命此段及通達候

一、新聞ノ統制

新聞ノ國家國民ノ公器タル本質ト内外情勢ノ重大化ニ鑑ミ　其ノ運営ヲシテ國家目的ニ合致セシムルヲ要ス　之為左記ノ如ク措置ス

（一）新聞統制機構

1　新聞統制會ノ設立

右統制會ハ全國ノ新聞社ヲ強制加盟セシムル法人トシ、新聞ノ統合、合併、新設、資材ノ配給調整竝ニ言論報道ニ関スル國策ノ遂行ニ協力スルト共ニ國家目的ニ副フ如ク　経営及編輯ノ改善等ヲ企圖ス尚其ノ役

図表31　新聞ノ戦時體制ニ関スル件

員ハ政府ノ許可ヲ要ス
2　共同會社（假稱）ノ設立
右會社ハ統制會ノ業務ノ一部ヲ施行シ、其ノ機能ヲ発揮セシムル為　必要ナル財政的處理機關トシ、統制會加盟各社ノ資産、資本金、発行部数等ヲ基準トシテ出資スル株式會社トス
（二）新聞ノ経営主體
1　新聞社ノ設立ハ許可主義ニ依ルコトトシ　其ノ首脳者ノ選任ニハ一定ノ適格條件ヲ設ク
2　新聞社ハ凡テ法人組織トシ　其ノ株式又ハ出資ハ社内従業員（現業ニ従事スル重役ヲ含ム）ノミニ依リテ保有ス、但シ右ニ關シテハ相當ノ準備期間ヲ認ム
3　経営ニハ適正利潤ヲ認ムルモ　利潤ハ公益奉仕、設備改善、従業者向上等ノ為使用セシメ　配當ハ一般國策會社ニ許容スル程度ニ制限ス
（三）政府ノ監督
政府ハ統制會及各新聞社ノ指導監督ヲ行フモ、新聞ニ關スル指導監督ノ一部ハ統制會ニ委譲實施セシム以上ノ措置ハ國家総動員法ニ基ク勅令ニ依リ　急速之ガ實施ヲ為ス

二、　新聞記者クラブノ整理
機密ノ保持及報道宣傳ノ積極的指導ノ為現在ノ濫立無統制ナル記者クラブヲ左ノ要領ニ依リ整理ス
1　各省ニ於ケル従来ノ記者クラブヲ廃止シ　新タニ新聞統制會（聯盟）ニ於テ記者會ヲ結成ス
2　右記者會ノ結成ハ統制會（聯盟）ト情報局及當該官廳ト連絡ノ上實施ス
3　政府ノ発表ハ原則トシテ右聯盟記者會ヲ通ジテ之ヲ為ス
本整理ニ際シ要スレバ　轉業ノ方途ニ付考慮ス

三、　新聞記者ノ育成等
新聞ノ運営ニ従事スル新聞記者ノ品位向上ト地位ノ保障ヲ確保スル為左ノ措置ヲ講ズ
1　新聞統制會ノ事業トシテ新聞記者ノ養成訓練ヲ實施ス
2　新聞記者ノ採用ハ統制會ヲシテ審査登録セシム
3　共済施設等厚生施設ノ完備ヲ期ス　之ガ為政府ハ相當ノ補助ヲ考慮ス

共同會社）でなくとも、株の決議権を制限するとか、社外者が株を所有することを禁止するとか、方法はいくらでもあるではないか』と主張し、『なるほど、それで良かろう』といふので、僕のこの案で進むことになり、一つの妥協案として日本新聞會をつくり、自治統制をすることになった[94]」というもので、緒方案が言論統制の具現化の基本となったことが浮かび上がる。

「新聞事業法要綱思案」と題した緒方案は、「新聞事業法」という名称の新法制定を提案している。「新聞事業」は一般的に通用している言葉ではなく、政府が制定した「新聞事業令」という名称は緒方案から採ったものと推測され、それ自体が政府方針と緒方案との関連性を証するものだ。こうした実績があるからこそ、緒方は一九四四（昭和一九）年七月に情報局総裁に就任したのであろうし、それは同時に国家とメディアの一体化を表象している。緒方案は、政府が新聞社の監督権、設立の許可権および解散権を有することを認める一方で、既存の日本新聞聯盟を改組した「自治統制機関」を新設し、新聞社自身が統制を行う考えを提案した。さらに新聞の「公的性格」を明確にするため、社員持ち株制（社外者の株所有の禁止）、社員株主の議決権行使、株主総会による役員選任権確保、配当の制限、新聞経営者の兼業禁止という「資本と経営の分離」の具体策を盛り込み、記者の質的改善を図るのを目的に「新聞記者法」の制定も求める内容である。

田中の意見書（統裁文）は「新聞社ノ設立ハ許可主義トシ」と政府の許認可権限を認め、新聞の「公的性格」を明確にするための策として、新聞社の組織の法人化、株式の社内保有、配当の制限など、緒方の案と同内容を提言した。さらに「全国ノ新聞社ヲ強制加盟セシメタル統制機関トシテ　現在ノ新聞聯盟ヲ強化シ」と新聞社で構成した新たな統制団体の設立を求めているなど緒方案と同一内容で、緒方案を下書きとして作成したことを裏付けている。田中が付け加えた提言もあり、新たな統制団体について「官廳権限ヲ委譲スル」と言論統制に関する政府権限を団体に委譲するよう求め、さらに団体の活動として「新聞社相互間ノ買収合併投資又ハ新聞社ノ統合新設改組等ノ場合ニ於テ　新聞聯盟自體ノ事業トシテ之ヲ行フ事トセシムルヲ要ス」と、新聞統合を挙げた。

また田中意見書では焦点の共同會社設立について「全國新聞社ノ資本ヲ合同スルヲ以テ　最モ徹底セル方途ナリト認メタル」としながらも、「之ガ實行ニ関シ　難點ヲ　豫見セラルル」として見送る考えを表明し、「新聞聯盟ノ運営上必要ナル財政的處理機関」という、まったく別なことを目的とした組織として設立することを記した。同種の「新聞共同會社」設立は、政府方針「新聞ノ戦時體制ニ関スル件」にも明記されている。結局、このような組織は設立されなかったが、なぜ意見書に盛り込んだのか。共同會社の設立をめぐり奥村情報局次長が「死を賭しても実現させて見せる」と激語したということもあり、情報局側の「面子」に配意し、案文のなかに文言だけでも盛り込もうとしたと見られ、そうしたことも水面下での調整で話がつけられたのであろう。

政府方針は、①「新聞ノ統制」（統制機構、経営主体、政府ノ監督）、②「記者クラブノ整理」、③「記者ノ育成等」――の三項目で構成され、「新聞ノ統制」の項目では、「全國ノ新聞社ヲ強制加盟セシムル新聞統制會ノ設立」の意向を示し、その活動として「新聞ノ統合、合併、新設、資材ノ配給調整竝ニ言論報道ニ関スル國策ノ遂行ニ協力スルト共ニ國家目的ニ副フ如ク　経営及編輯ノ改善等ヲ企圖ス」を挙げた。さらに新聞社の法人化、社内持ち株、配当の制限、新聞社設立の許可制を実施する方針を示しており、これらはすべて田中の意見書と同じ内容で、ほかに「記者クラブの整理」や「記者の育成」を提唱したが、これは新聞聯盟の編集委員會が改革すべき課題として取り上げて情報局へ提言した改革案どおりの内容である。

この政府方針に基づき新聞統制會、日本新聞會は設立されるが、日本新聞會で編集した『日本新聞會の解説』は「聯盟理事長田中都吉の名を以てせる政府への回答案こそ、勅令・新聞事業令及び日本新聞會生誕の萌芽となった」[95]と、田中意見書と政府方針の関連性を指摘している。さらに谷正之情報局総裁も國家総動員法審議會で「新聞を規律致しておるのは、新聞紙法竝に國家総動員法に基づく新聞紙等掲載制限令の主として記事の取締に止まり、根幹たる新聞事業そのものに付いて之を規律する法令を欠いていた。（政府が）實現の方途を講ずる必要を痛感せらるに至る偶々、新聞界に於ても自らの體制を強化せんとの空気漸次有力化し来たり、新聞聯盟に於て新聞新體制に關する意見書を作成し、急速之が實現方を政府に要請して參ったのであります。政府に於ても、兼ねてより新聞事業の整備刷新に付ては熱心に之を希望し、其の實施に付種々考研中でありましたので、此の意見を諒とし、十分之を参考とし、以て時局下新聞の國策的使命達成上遺憾なからしむるやう本要綱（新聞事業令）を制定し、速やかに之が實施をなさんとするものであります[96]」と発言し、新聞事業令と田中意見書との関連性を明らかにしている。

このように戦時の言論統制の政府方針が、メディア側の緒方案、田中意見書に盛り込まれた具体策に基づいて決定されたことは「結果から見るならば、政府は初め（共同會社設立という）ダイナマイトを示して心胆を奪ひ、

（メディア）自らに火薬を選ばしめた」[97]と言えなくはない。しかし何よりも、戦時の言論統制は、統制される側のメディア側自身が参加し、国家と一体化して立案されたという事実を踏まえる必要がある。

四　一県一紙の進捗

1　第二段階での完成（一一県）

新聞共同會社設立案をめぐる中央での大きな動きとは別に、地方では県当局の指導で、一県一紙へ向けて整理統合が着々と進められた。一県一紙は、第二段階の昭和一五年六月から昭和一六年八月の間に一一県が完成させた。第一段階の一九三九（昭和一四）年一〇月に実現した鳥取を併せれば、第二段階が終了した一九四一（昭和一六）年八月までに一二県で統合が完成した。それら富山、群馬、埼玉、千葉、沖縄、宮崎、奈良、山梨、香川、福井、佐賀の一一県について検証する。

富山県（「北日本新聞」昭和一五年九月一日）

鳥取県の約一年後に一県一紙を実現した富山県は、統合に県知事や県特高警察が深く関与し、さらに統合後には特高警察警部が新聞社の役員に就任して経営、編集の実権を握るという、全国でもまれな経緯をたどっている。

同県は「人口八万四千人の富山市を中心として此処に富山日報、北陸タイムス及び北陸日日新聞があり、高岡市（人口五万七千人）を地盤として高岡新聞がある。（県外移入紙は）東京紙、大阪紙との分水嶺で、東京紙の勢力は大阪紙に較べてやや薄く、大朝、大毎を第一として読売これに次、新愛知、報知、北國、名古屋の順位とみられる。（昭和一一年九月現在）地元紙は富山日報（民政党系）一万八〇〇〇部、北陸タイムス（中立）一万二〇〇〇部、北陸日日新聞（中立）九〇〇〇部、富山タイムス（政友会系）一二五〇〇部、高岡新聞（政友会系）四〇〇〇部、越中新聞（中立）一万五〇〇〇部　移入紙は大朝、大毎、読売各七〇〇〇部、新愛知、報知各二〇〇〇部、名古屋一五〇〇部」[98]という分布である。情報局関係資料「普通日刊新聞頒布状況調」（昭和一五年五月末現在）[99]では、中央（東京・大阪系）紙三万三九一二部（四三・五％）、地方（地元）紙三万五〇〇〇部（四四・九％）、他県紙八九八〇部（一一・六％）と、全国紙の侵攻に圧迫されている。地元紙の占有率は半分を欠くなかで、富山市に富山日報、北陸タイムス、北陸日日新聞、高岡市に高岡新聞が、このほかに富山市に名古屋紙（新愛知）系列紙の富山タイムスが、高岡市には石川県の北國新聞の系列下の越中新聞と、地元紙が乱立状態にあった。

社史[100]によると、同県の整理統合は、矢野兼三知事が、特高課検閲係の警部補・鰐渕国光の「同じ内容の新聞を毎日発刊し、無駄な競争を繰り返しているのは、緊張している国内の空気を堕落させ、益するところは少ない。検閲係りが同じ内容の四紙に目を通すのは大変であり、一にすれば手数も省ける」という建策を受けて、鰐渕に検討を指示した。矢野は独学で高等文官試験に合格して内務省へ入省し、退官を前にしていただけに「少しでも中央の覚えを良くするため点数稼ぎにあせった」[101]という意識が存在したという。鰐渕は高岡、北陸日日、越中の三紙の記者と協議して策を練り、県外紙の系列紙、富山タイムス、越中新聞は親会社に引き取らせ廃刊とした。残る富山日報、北陸タイムス、北陸日日新聞、高岡新聞の四紙を対象に統合の話を進めた。

営業不振に喘いでいた北陸日日、高岡、北陸タイムスの三紙は賛成したが、黒字経営の富山日報は統合に反対した。そうした状況下、富山日報の「農村出身の兵が後顧の憂い無く戦場で働ける最上の方法は、農地解放より他にない」という社説が発刊禁止処分を受け、書いた記者は検挙され「退社、縣外追放」の処分を受けた。特高課による「脅し」に相違なく、これを契機に同紙も賛成せざるをえず、県特高課の「斡旋」で一九四〇（昭和一五）年六月から四社による統合協議が行われた。だが新会社の株の割り当てをめぐり、それぞれ勝手な部数を主張して譲らず、県特高課は「既存の発行部数を基準とする」方針の下に、新聞用紙の納入先である大阪の紙問屋を調査し、一年分の用紙消費量を算出して、各社の出資額による株持分を決め、北陸タイムス、富山日報、北陸日日新聞、高岡新聞の順で株を配分した(102)。今度は役員選考で難航したが、これも県特高課の素案に従い、四社各二人ずつ役員を出し、社長には北陸タイムス社長の田中清文が就任した。記者は県特高課が思想的傾向や素行を調査したうえで採用が決められ、不採用の記者については県特高課で就職先を斡旋したという(103)。このように四社は統合して同県の統合は完成、同年八月一日に「北日本新聞社」として発足した。

創刊第一号（同日付け）には矢野知事の「聖戦目的達成を阻害する自由主義的既成理念の筆殺に突進すると共に、新體制確立に格段の力を致し、以て皇謨の翼賛と國運の進展に寄與せられん事を望む(104)」という「祝辞」が掲載されている。同紙自身も「時恰も皇紀二千六百年の輝かしい年であり、内外方面が革新と新秩序建設の意気に勇み立っている時に、本紙の誕生は誠に意義ある事である。四社は機能を強化し、國策遂行に協力せんがため、断然廃刊して代わって本紙の新生を見た。過去半世紀の間國民各層に根を張った既成政党も解党の已む無きに至り、独り言論機関のみが旧態依然たる事を許さない。四紙の解散、本紙の生誕は、即ち言論機関の新體制実現とも云ふべきである。全社員は甦生と革新の意気に燃え立ち、皇謨を翼賛し奉り、國運の隆盛、國威の宣揚に努めん(105)」という「創刊の辞」を掲げて、「全社員は國運の隆盛、國威の宣揚に努めん(105)」と県当局の期待に応える意思を明らかにしている。

統合の結果、『新聞総覧（昭和一六年版）』が「文章報國の使命完遂を目指して創刊された本紙は、裏日本新聞界の王座として自他共に之を許す盛観を示している」[106]と記述するように、「経営面では増紙、体質強化という良い結果を生んだ。新聞社も一個の企業体であり、統合は地方紙にとって従業員の給与が上がるなど、『福の到来』にも等しいものであった」[107]と経営は安定した。情報局「部数増減比較表」[108]は、一九四二（昭和一七）年一二月現在五万五三九五部、一九四四（昭和一九）年四月現在六万六三九〇部と、それを裏付けている。

同県の特徴は県知事、特高課警部の県当局による強制と関与をともなった統合であるが、それは一方的な公権力による押し付けではなく、ジリ貧状態からの脱却という本音と「新體制実現」という建前が合い混じった、自身の能動的意思が存在した。同紙が特異であるのは、発足後の一九四〇（昭和一五）年秋に、統合の推進役を務めた県特高課警部の鰐渕がもう一人の巡査を引き連れて、主幹という幹部社員として入社したことだ。これは社員に旧四社意識が抜けず社内対立を繰り返したため、同紙側が「鰐渕入社を県に懇望した」[109]もので、入社した鰐渕は社の実権を握る一方で、「（一県一紙を進展させた）地域ブロック形態構想」を情報局などに提言するなど、「一県一紙実現の立役者」として全国的知名を馳せた[111]。同社の四冊の社史では、矢野知事、鯉渕警部の評価について、もっとも早い一九六九（昭和四四）年に編纂した『八十五周年北日本新聞史』では「功労者」と讃えているのに対し、以後の社史は「（矢野は）点数稼ぎにあせった」など批判し、位置づけを変化させている。

群馬県（「上毛新聞」昭和一五年一〇月一日）

同県は「新聞中心地は前橋市で上毛新聞があり、関東地方での有力紙に数へられている。外に上毛日日、上州、群馬各新聞の三紙があり、高崎市には上野新聞、桐生市には両毛毎夕、両毛織物各新聞等がある。全県に亘って東京各紙が侵潤し、県内全購入量の八割以上まで東京紙の占有にあると云はれる。（昭和一四年九月現在）地元紙は上毛新聞一万五〇〇〇部、上毛日日新聞六九〇〇部、群馬新聞三五〇〇部、上州新聞三三〇〇部、上野新聞四八〇〇部、両毛毎夕新聞三二〇〇部、県外移入紙は東日四万〇四八四部、東朝三万九九四三部、読売三万三〇六八部、報知九〇九四部、都三八〇〇部、中外商業二二〇〇部、下野新聞三〇〇部」(112)という分布状態にあった。情報局関係資料「普通日刊新聞紙頒布状況調」(113)（昭和一五年五月末現在）では、中央（東京・大阪）紙一二万二七九五部（八七・〇％）、地方（地元）紙一万八〇四〇部（一二・八％）、移入（他県）紙三五一部（〇・二％）と、東京紙が地元紙を圧倒する状況下で、県都前橋市の上毛新聞が有力地元紙として辛うじて存在感を示している。

県当局による整理統合は一九四〇（昭和一五）年夏までに、普通日刊紙は、上毛新聞を筆頭に上毛日日新聞、上州新報、群馬新聞、上野新聞、両毛織物新聞、東毛新聞の七紙に整理された。県警察部長館村三喜男は同年九月、これら七紙に「（統合に対する地方庁への）白紙委任状の提出と、無償廃刊の意思表示」を求めた。これに上毛新聞の篠原秀吉社長は反発したが、結局は上毛新聞が他の六紙を「上毛新聞は六紙に対する買収金を支払うが、債務は継承しない。また上州新聞、群馬新聞、上毛日日の三紙の社員は、社長を除いて全員を雇用する」(114)という条件で吸収統合することで合意し、同年一〇月一日に一県一紙は完成した。同県は、唯一全県に販売網を展開し、明治期以来の伝統がある上毛新聞が他の地元紙をすべて吸収統合するタイプで、抜きん出た新聞が一紙存在する県の場合には、同様の形態が採られている。

情報局関係資料「部数増減比較表」(115)では統合の結果、一九四二（昭和一七）年一二月現在一万〇〇五八部、一九四四（昭和一九）年四月現在一万六九一三部と、約七割の大幅増加を示した。

埼玉県（「埼玉新聞」昭和一五年一一月一七日）

新聞の二大中心地、東京、大阪の隣接県では、東京紙、大阪紙に席捲されて有力な地元紙が存在しない傾向が見られるが、なかでも埼玉は典型県である。情報局関係資料「普通日刊新聞紙頒布状況調」(116)（昭和一五年五月現在）では、中央（東京）紙一四万九〇三一部（九八・九％）、地方（地元）紙一五〇〇部（〇・九％）、移入（他県）紙三五部（〇・二％）と、東京紙の完全な圏内にあることを示している。『日本新聞年鑑（昭和一六年版）』は「関東六縣中、地元新聞の最も不振の地で、東京紙の重圧の為、永い間此地に独立して新聞の発行されるのを見なかった。近年は浦和市、その他に数種の小新聞が発行されるに至ったが、昭和十三年来、当局の整理統合の為に廃刊するもの相次ぎ、今は浦和市の武州新報一紙を残すのみ」(117)と指摘し、（昭和一五年八月現在）東日、東朝、読売各五万〇〇〇〇部、國民一万五〇〇〇部、報知一万〇〇〇〇部という発行部数を挙げている。

県当局は整理統合を進める一方、五一紙のすべてが土岐銀次郎知事の「埼玉は東京紙に近いため地方紙としては、あまり理想的なものはなかった。そのため縣民の指導啓発紙として旬刊紙を創刊する」という発案で、残存する「埼玉県新聞」（日刊）と「埼玉日報」（週刊）の二紙を中心に、二〇余の週刊、旬刊紙を統合し、一九四〇（昭和一五）年一一月一七日に「埼玉新聞」を創刊させ、一県一紙が実現した(118)。

同紙の発行部数は、情報局関連資料「部数増減比較表」(119)では一九四二（昭和一七）年一二月現在五一五五部が、一九四四（昭和一九）年四月現在五九一〇部と、県当局の後押しで支えられ、何とか「縣紙」の体裁は維持していた。経営も難しい状態であり、このため数藤鉄臣知事は「株式会社」であった同紙を「社団法人」組織に改組強化することを意図して、資金集めを行った。私企業でなく社団法人とし、県当局丸抱えの組織とすることで、「縣紙」としての権威を高めるのが狙いで、社長には川口市長の岩田三史をあてるなど、県内各界の代表者を役員に据えた。同紙は一九四四（昭和一九）年一〇月一六日に社団法人に改組し、当時としては珍しい「タブロイド判二頁」仕立てで創刊された。ちなみに同紙は、戦後の一九五五（昭和三〇）年六月に株式会社へ復している。同県は二つの点で、他県と異なる特徴を有している。有力な地元紙が存在しないため、県当局が弱小紙を束ねるなど縣紙の創刊に熱を入れて取り組んだこと、新聞社を当初の株式会社から社団法人へ改組したことである。社団法人組織はほかに徳島新聞（徳島県）、東京新聞（東京都）と例は少ない。

千葉県（「千葉新報」昭和一五年一一月一九日）

同県は「古くから埼玉県に次ぐ関東での新聞経営難の地とされ、年々東京紙の重圧が加はり、地元新聞の経営は益々困難となるばかりである」[120]という分布状態であった。とくに「昭和一二年一二月から都下有力紙は千葉県へ朝刊の自動車輸送を開始し、従来の午後七時刷出しの第二版の代わりに、九時半刷り出しの第五版を送ることになり、威力の増大することは多大。千葉市には千葉毎日、房総日日等の歴史ある新聞があり、また県そのものが比較的富力を有する所から、群小新聞が各地に族生し、絶えず小競り合ひを続けている。東京各紙では、東日、東朝が王座を占め、読売、報知、國民がこれに次ぐ。東京紙四位、五位の一紙を以てして、全県下地元紙の総部数に匹敵、或はこれを凌駕する」と、東京紙の勢力下に置かれていた。情報局関係資料「普通日刊新聞紙頒布状況調」[121]（昭和一五年五月現在）では、中央（東京）紙一七万三九三一部（九五・三％）、地方（地元）紙八三〇〇部（四・五％）、移入（他県）紙三六部（〇・二％）と、埼玉県と同様に東京紙の勢力圏内に組み込まれていたことを示している。

整理統合は、立田清辰知事が当初、千葉市に二紙、房総方面に一紙、合計三紙に整理（廃刊）の方針を立てた。

そこで、各紙自身において解決すべしとの消極的態度を取っていたが、談合遅々として進まず、昭和一五年七月現在で、地元紙は千葉市に千葉毎日新聞、房総新聞、千葉日日新聞、日刊千葉県民新聞の四紙、館山市に房総日報などの日刊紙のほかに週刊、旬刊、月刊紙をあわせて三三紙を数えた。このままでは一県一紙の実現は不可能と見た立田知事は、「中央の新体制運動に即応し、国および県の広報機関としての新聞の必要性を痛感、一方では言論統制も行おう」と、一九四〇（昭和一五）年九月一五日に三三紙の代表者を県庁に招致し、「九月末日限り、全紙廃刊届を提出する」よう慫慂した。これを受けて地元紙側は何らの抵抗も示さず、かえって歓迎したが、これは「地方紙も経営状態からすれば、これは渡りに船であり、苦心惨憺たる発行継続の責任から逃れ得ることなら新聞統合はむしろ望むことであった」[122]ためという。

創立資金七万円は、立田知事の斡旋で、県内有力者・企業の古荘四郎彦（千葉合同銀行頭取）、浜口儀兵衛（銚子ヤマサ醤油社長）、茂木七左衛門（野田醤油社長）、荒木昭定（成田山新勝寺貫主）らが出資した。これら出資者は新聞の顧問として名前を連ね、「匿名組合」という会社形態で「千葉新報」が発足し、同年一一月二〇日に創刊号を発刊した。社長には立田知事の友人の茨城新聞元編集長の萩谷敬一郎が就任し、立田の後任として知事に就任した藤原孝夫知事も顧問に名前を連ねた。同紙は県当局や県下有力企業の後押しを受けた「縣紙」として「縣報の登載と各区裁判所の登記公告掲載紙たる特徴を以て、各市町村各種団体の機関紙と目され、縣下唯一の地方紙として使命達成に邁進」[123]と記述されているように、県当局の官報という役目を担った。

発行部数は、情報局関係資料「部数増減比較表」[124]では、一九四二（昭和一七）年一二月一〇日現在五三〇〇部で、これが一九四四（昭和一九）年四月一〇日現在には一万三一七三部と一・五倍に微増している。同県の整理統合は埼玉県と同様のタイプで、その特徴は県当局の機関紙創刊という意図と、弱小地元紙の営業目論見が合体した典型的な例と指摘できる。

沖縄県（「沖縄新報」昭和一五年一一月二〇日）

同県は「人口も少なく、富力も低く特に交通が不便だから新聞の不振は免れ難い。那覇市に五紙あり。琉球新報が最も古い歴史を持ち、沖縄朝日、外に輪転機を有つものは日刊沖縄がある。他に大朝、大毎が多数を占めている」[125]という状態で、一九三六（昭和一一）年九月現在の地元紙の発行部数は、琉球新報（政友会系）四八六九部、沖縄朝日新聞（民政党系）三三二七部、沖縄日報（中立）二九二一部[126]であった。情報局関係資料「普通日刊新聞紙頒布状況調」[127]（昭和一五年五月現在）では、中央（大阪）紙四〇一九部（二五・九％）、地方（地元）紙一万〇〇〇〇部（六四・五％）、移入（他県）紙一四八三部（九・六％）となっている。同県の新聞も政友、民政両政党の機関紙としての流れを汲んでおり、また大阪系紙などの移入は比較的少なく、琉球新報、沖縄朝日の両紙が堅い読者層に支えられている状態である。

県当局は一九四〇（昭和一五）年に琉球新報を軸として、沖縄朝日、沖縄日報の三紙を統合し、他紙は廃刊する方針を示し、有無を言わせぬという強圧的な姿勢で臨み、統合会社「沖縄新報社」が発足、同年一二月二〇日から沖縄新報が創刊し、同県の統合は完成した。発行部数は情報局関係資料「部数増減比較表」[128]によると、一九四二（昭和一七）年一二月一〇日現在一万八〇五八部で、これが一九四四（昭和一九）年四月一〇日現在には二万五六二一部と約四割増加した。

統合の結果、「輪転機二基を据え付け印刷能力の高揚と写真製版の整備をなし、社屋を増築して同盟通信社支局設置を要請し、無電の供給を受け、記事内容の充実に着手」[129]など零細状態からの脱却が図られた。戦後に同紙は廃刊し、琉球新報が復刊した。社史は「沖縄新報になって初めて、社の機構が本格的に整備された」としながらも、「内容的には、言論機関としての新聞の歴史は終わった。沖縄新報の報道は、戦況ニュースと軍国調の一色に塗りつぶされて行った(130)」と複雑な説明を記述している。同紙の記事の多くはたしかに、「軍国調」記事であった。しかし同紙が沖縄戦最中でも休むことなく発刊され、学徒で組織した「鉄血勤皇隊」が弾雨のなか、同紙を戦線へ配達したという事実は「日本の新聞史上、特筆されるべきこと(131)」である。

宮崎県（「日向日日新聞」昭和一五年一一月二五日）

同県は「人口希薄、交通不便のため永らく新聞不振の地とされていた。小新聞の興廃常なく、其処へ大朝、大毎は時局下に大進出をとげ、山林村にまで手を延ばし、部数も恐ろしく事変前に倍加したであろうと云われる。小新聞はいずれも経営困難、如何にして時局を突破せんかに悩んでいる。移入紙は大朝、大毎殆ど伯仲、福日の進出目覚しく、鹿児島、大分等も多少入っている(132)」というように、全国紙や福岡日日など他県紙が激しく侵入し、一方の地元紙は有力紙がなく弱小紙が競い合っているという分布構図の県である。地元紙にとっては、地元他紙、他県紙、全国紙と三重の競争を展開するという厳しい状況下にあった。情報局関係資料「普通日刊新聞紙頒布状況調(133)」（昭和一五年五月現在）では、中央（大阪）紙三万五五九二部（七〇・五％）、地方（地元）紙一万〇六三〇部（二一・〇％）、移入（他県）紙四二六四部（八・五％）となっている。

こうした状況だけに「昭和九年、宮崎新聞社長の仲道政治によって早くも県下各紙の合同統合が企てられ、一県一紙主義が高唱せられた。宮崎新聞と宮崎時事、日州新聞の統合を見たが、依然として小新聞の興廃が続き、仲道社長の理想は容易に実現せられなかった(134)」というように、地元紙自身が生き残るために統合を働きかける動きが存在した。さらに「紀元二千六百年記念」として「八紘之基柱（はっこうのもとはしら）」を発案したことで知られる相川勝六知事が「言論統制とパルプ資源節約という時局の要請もあり、理想的新聞を造成す」など新聞統合に熱意を示し、強引な手法を用いて整理統合を進めた。このため、日、旬、月刊紙で「自発的に廃刊せるものは三一紙、失効処分を受けたもの一一紙に及び、昭和一四年六月現在で日刊一一、週刊二、旬刊一の計一四紙までに減少」[135]した。

一九三九（昭和一四）年六月二六日には地元日刊紙社長が会合し、①「紀元二千六百年記念」と銃後強化のため現在の日刊一一紙を解体し、新体制組織に参加する、②実行の時期ならびに方法は県当局の斡旋に白紙一任する、③新体制による新聞の第一号発刊と同時に各紙は廃刊する――などを申し合わせた[136]。同年九月現在の発行部数は、地元紙―宮崎新聞一万部、延岡新聞三四〇〇部、宮崎今日一五〇〇部、延岡新報一二〇〇部、戦車新聞一〇〇〇部、飫肥毎日新聞一〇〇〇部、宮崎中央新聞九五〇部、三州日日新聞九〇〇部、南九州毎日新聞八五〇部、宮崎毎日新聞八〇〇部、宮島新聞八〇〇部、移入紙―大阪朝日新聞一万五六二一部、大阪毎日新聞一万三五四七部、鹿児島朝日新聞七九五五部、九州日日新聞四六八部、鹿児島新聞四五〇部、大分新聞三〇〇部――である[137]。

その後に宮崎今日と戦車新聞が統合して祖国日向となり、延岡新報は廃刊し、一九四〇（昭和一五）年九月までに九紙となった。県当局では相川の後任知事長谷川透が継続して積極的に動き出し、九紙に対し「九月二十日までに自発的に廃刊届を提出するよう」迫り、各紙も協力して設立趣意書が作成された。趣意書は「事変下挙國一致ノ政治強化ニヨル新聞統制ニ當リ　宮崎縣下ノ日刊新聞九紙ハ廃刊シ　同時ニ県當局ノ斡旋ニ依リ　一県一紙ノ理想的強力ナル日刊新聞ヲ発行シ　以テ國策ニ順應スル事トナレリ　『日向日日新聞』ト称シ　本社ヲ宮崎市ニ置ク　総額ヲ拾九万円、株式組織トス」[138]という内容である。創刊を明治節の同年一一月三日に予定したが、大株主となる日向興銀の持ち株が大蔵省の許可を必要としたため延期せざるをえず、「紀元二千六百年記念」の「八紘之基柱」の完工式典が行われる一一月二五日に変更され、この間に人選は県当局が主導し進め、「廃刊となる新聞社の社長級の大半を幹部に当てる呉越同舟の観があった[139]」という。

同紙は「創刊の辞」として「悠久二千六百年、神州肇國の大業に遠く想ひを馳せつつ、連綿の皇統、弥栄の皇運を寿ぎ奉り、此処に創刊第一号を縣民各位の前に送り得るは、同人の至高至大の欣快とする所である。人或は言論の不自由を叫び言論の死滅を説く。併しながら、実践力なき徒らなる放言言論の為の言論は、もはや古き自由主義と共に地球上に存立の席を失ひこそすれ、言行一致的の真の言論、現実相に根ざす責任ある言論は、今こそ、その鋭鋒を現し威力を揮はねばならぬ。本縣當局が國策に順拠し、紀元二千六百年記念事業の一として、一県一紙に日刊新聞を統合の計画あるを聞いて、縣下九日刊紙同人が釈然として之に応じ、全く自発的に廃刊届を提出した所以のものも全く如上の如き信念が期せずして九社同人の胸奥に萌下が故に外ならぬ[140]」などと記している。『新聞総覧（昭和一七年版）』にも「宮崎縣の國策紙、縣当局に於ける新聞統制の國策に順應し、全國に率先して之に着手[141]」と記されている。情報局関係資料「部数増減比較表[142]」では、一九四二（昭和一七）年一二月一〇日現在一万一九〇八部で、一九四四（昭和一九）年四月一〇日現在には一万八八八四部と約六割増加した。

同紙は一九六一（昭和三六）年に題号を「宮崎日日新聞」と変更した。社史は「一県一紙の体制が整い、有力な県紙が誕生したことは、整理統合がその半面でもたらした利点であり、その活躍によせられた県民の期待も大きく、祝福されたスタートだった[143]」と位置づけている。生き残るという利の保全と表裏一体に、進んで国策紙を志向する地方紙の意識を、当時の雰囲気そのまま率直に記述している。

奈良県（「奈良日日新聞」昭和一六年一月一日）

同県は「大阪新聞の純然たる領域で、大朝、大毎の勢力絶大、記者の配置なども地元新聞の遠く及ばざる所、地元紙の不振は恰も関東の埼玉県に似ている。大朝、大毎は県民から殆ど地元新聞視され、（両紙とも）全県下で相当徹底的に専売化を行っている。事変以来、両紙は従来縁故の薄かった地区にまで深く侵入し、新愛知、大阪時事も相当に伸び、名古屋新聞、読売新聞も幾分増加した。奈良市には奈良新聞（民政党系）、大和日報（政友会系）、大和毎日新聞（國民同盟系）其の他があるが、いずれも政党機関紙として僅かに余命をつなぐ状態である[144]」という大都市圏の大阪紙が侵入して地元紙を圧倒する典型的な分布状態であった。

一九三八（昭和一三）年九月現在の発行部数は（移入紙）大朝六万〇〇〇〇部、大毎五万〇〇〇〇部、大阪時事五〇〇〇部、新愛知五〇〇〇部、名古屋新聞二〇〇〇部（地元紙）奈良一〇〇〇部、夕刊中和一〇〇〇部、大和日報、大和毎日、夕刊大和は五〇〇乃至八〇〇部[145]」である。情報局関係資料「普通日刊新聞紙頒布状況調[146]」（昭和一五年五月現在）では、中央（大阪）紙五万四九〇一部（八三・四％）、地方（地元）紙五四二〇部（八・二％）、移入（他県）紙五四五〇部（八・四％）と、新聞年鑑の指摘を裏付けている。

県特高課による整理統合は、一九三九（昭和一四）年には月刊紙を対象に行われ、一九四〇（昭和一五）年七月から積極的に乗り出した。同月末に大和毎日新聞の廃刊に次ぎ、八月末には特殊のもの二、三紙を残して県下の新聞すべてを廃刊させた。現存するのは、奈良市の大和日報、奈良新聞、高田町の中和新聞の三紙だけとなった。そのうえで特高課は、北満で木材業に従事し産をなした資産家・小松兼松に協力を要請した。これに応えて、小松が約二万円を出資し、大和日報、奈良新聞、中和新聞の三紙を買収統合し、一九四一（昭和一六）年一月一日に「奈良日日新聞」を創刊した。社長には小松が就き、編集局長には「県警察部の肝いりで、言論報國にいた県出身の今西丈司を迎えた」[147]。資金から人選など、すべて特高課がお膳立てをした。

情報局関係資料「部数増減比較表」[148]では、一九四二（昭和一七）年一二月一〇日現在の発行部数七七七五部で、これが一九四四（昭和一九）年四月一〇日現在には九二二二部と増加し、統合によって地元紙の部数を維持した。同県の統合は、全国紙に淘汰されるのを県当局の丸抱えによって阻止し、「縣紙」という形式を整え、何とか地元紙の存続を維持したという形態としては、埼玉、千葉と同型のタイプである。「奈良県新聞史」は「ここで小勢力に分立していた県下の新聞界は、一つの力に結集され、しかも新聞用紙の統制によって保護されたので、初めて日刊紙らしい体制を整備する機会に恵まれた」[149]と評している。

山梨県（「山梨日日新聞」昭和一六年二月一日）

山梨日日新聞の前身、峡中新聞は、一八七二（明治五）年七月創刊という地方紙最古の歴史を有している。同県の新聞分布は「東京紙の勢力範囲に属し、県も小さく地元紙が伸びるには不利である。有名な東京紙の混戦乱売地で、地元販売業者の苦しむ処である。但し中心地は人口一〇万六千の甲府市に限定され、山梨日日新聞は我国有数の古い歴史を持ち、相当の成績を挙げている」[150]という東京紙の「混戦乱売地」の中で地元紙では山梨日日新聞が抜きん出た存在であった。

一九四〇（昭和一五）年の発行部数は（移入紙）東朝、東日、読売各一万二〇〇〇部乃至一万四〇〇〇部（地元紙）山梨日日三万〇〇〇〇部、山梨毎日一万二〇〇〇部、山梨民報八〇〇〇部と推計されている[151]。情報局関係資料「普通日刊新聞紙頒布状況調」[152]（昭和一五年五月現在）では、中央（東京）紙四万四一八九部（五二・五％）、地方（地元）紙三万九四四〇部（四六・九％）、移入（他県）紙五四一部（〇・六％）と、東京紙と地元紙が総体として拮抗する状態であった。

一九三九（昭和一四）年ごろ、主な地元紙は山梨日日（中立）、山梨毎日（中立）、峡中日報（中立）、山梨民報（民政党系）、山梨民友（中立）、甲州時報（中立）の六紙を数えたが、県当局の慫慂で同年七月に山梨民友、甲州時報の二紙が廃刊した。「縣當局は山梨毎日、山梨民報の両紙に対し、山梨日日への合併を慫慂した模様であるが、山梨毎日は山梨民報を買収して存続せんとし、一方の山梨民報も山梨毎日を買収せんことを強調し、行き詰まりの状態にある。山梨日日は何時にても両紙買収の用意あるものの如くである」[153]と記載しているように、県当局は山梨日日が他紙を吸収する形での一県一紙を意図したが、他紙はこれに応ぜず、交渉は難航した。山梨日日に次ぐ紙数をもつ山梨毎日は統合を渋り、両紙関係方面の会合は何回となく行われたが容易に結論は出なかった。このため安岡正光知事ら県当局は焦り出し、山梨日日との統合を強要した。この結果、山梨日日は一九四〇（昭和一五）年一〇月に峡中日報、一一月に山梨民報を吸収統合し、山梨毎日も一九四一（昭和一六）年二月一日に統合し、同県の一県一紙は実現した[154]。同県の統合は、有力な地元紙が一紙存在し、他紙の反発があったが結局は「吸収統合する」群馬県と同様のタイプである。

『新聞総覧（昭和一七年版）』では「中部日本の権威的存在」「最多の発行部数」などの見出しと「縣内地方紙は茲に昭和一六年より一県一紙の國の方針に協力せり。之より中央の大政翼賛会成立と時を同うし、社内に大勢翼賛山日推進委員會を設置、進んで県民指導機関たるの態勢を了せり」[155]という説明文を掲載している。「國策順應」の世論を喚起する「縣民指導機關」を以て任じる一方で、「縣紙」としての部数を誇示するという、地元紙の意識が示されている。情報局関係資料「部数増減比較表」[156]によると、一九四二（昭和一七）年一二月一〇日現在の発行部数三万〇七九五部で、これが一九四四（昭和一九）年四月一〇日現在には三万五五一六部と増加した。

香川県（「香川日日新聞」昭和一六年二月一一日）

同県は「如何に大阪紙殊に大毎、大朝の勢力が偉大であるか。尤も大阪両紙は数年来飽和状態に達していると云われ、読売は一時猛進出を試みたが激減した。さうした外来勢力に対して人口九万一千の高松市に四国民報（政友会系）、香川新報（民政党系）の二紙が互ひに競争を続けている。共に県下の政友、民政両党を背景とする唯一の地元新聞である為、そこに不動の地盤があり、支持がある」[157]という分布状態で、一九三九（昭和十四）年九月現在の発行部数は（移入紙）大朝二万一一九七部、大毎二万〇八八四部、大阪時事六五六四部、合同新聞二七四二部、読売七七七部、（地元紙）四国民報一万八〇六三部、香川新報一万〇〇三〇部[158]と推計されている。情報局関係資料「普通日刊新聞紙頒布状況調」[159]（昭和一五年五月現在）では、中央（大阪・東京）紙三万六〇八七部（七七・〇％）、地方（地元）紙五八六〇部（一二・五％）、移入（他県）紙四八九一部（一〇・五％）と、地元二紙が存在するが、大阪紙が圧倒している状態である。

県特高課は有力二紙を除く、月刊、旬刊紙をまず整理した。平沼騏一郎内相から「一県一紙実現」の指示を受けて帰県した永安百治知事が、一九四一（昭和一六）年一月、四国民報、香川新報両紙の社長を呼び、「小異を捨てて速やかに國策に順應して欲しい」と統合を慫慂した。これを受けて両紙は協議を重ね、①両紙は同時に解散し、新たに「香川日日新聞社」を創立する、②二月四日に解散し、同月一一日の紀元節当日をもって香川日日新聞を創刊する、③従業員はすべて香川日日新聞社に引き継ぐ――、との合併条件で合意し、同県の一県一紙は完成した。この統合は、両紙の基盤をなした政友会、民政両党の政党解消が大きく作用したことは明らかである。

二月一一日の香川日日新聞創刊号の「発刊の辞」は「久しく拠点と伝統を堅持し来った両紙が一切の過去を葬り、新たに縣下唯一の日刊紙『香川日日新聞』を発刊するに至った所以は断じて自我利害に存せず、専ら刻下の時局に基く國策の要請と、両社の深き國家的信念に存するのであって、心情と理想の至純公正のみがよくこの難事業を達成せしめ得たのである。所謂新聞統制、新聞新體制の声は既に各方面に高まりつつあるが、全國新聞界の現状は必ずしも未だその気運を具体化するに至っていない。蓋し一縣一新聞の実現は、本県本紙を以て先鞭とし、況んや統合経過の順調と合理性は、恐らく斯界への一大垂範としてひそかに吾人の誇りとする所であり、本紙の使命責務は國家的にも地方的にも亦新聞界に対しても極めて重大なるを感ずるのである。郷土唯一の言論機関として、國家大局の目的に殉ぜんことを期するのみである(160)」と、統合を国策の要請と、深き国家的信念に裏付けされたものと誇示している。しかし、そうした建前のほかに、圧倒する大阪紙を前にして新聞用紙の安定供給や県当局の庇護などの「利益のメリット」という本音が存在していたことは見逃せない。情報局関係資料「部数増減比較表(161)」では、一九四二（昭和一七）年一二月一〇日現在八五七七部で、これが一九四四（昭和一九）年四月一〇日現在には一万三四七一部と増加した。

福井県（「福井新聞」昭和一六年三月一日）

同県は「小縣だが、産業盛んにして新聞の数も割合に多い。けれども大阪紙（大朝、大毎）及び名古屋紙（新愛知、名古屋新聞）の侵入の為め地元新聞に甚だしく不利で、殊に満州事変以来大阪紙の圧迫甚だしく、支那事変は益々之に拍車を加へた(162)」という状態で、地元紙は福井市の福井新聞（民政党系）、福井日報（政友会系）、新福井日報（中立、新愛知が経営）の三紙が有力であった。情報局関係資料「普通日刊新聞紙頒布状況調(163)」（昭和一五年五月現在）では、中央（大阪・東京）紙四万二七八四部（六〇・三％）、地方（地元）紙一万六九六〇部（二四・五％）、移入（他県）紙九五〇〇部（一五・三％）と、少ない購読者を複数の地元紙、大阪紙、名古屋紙が競合して獲得しあう激戦地域であることを示している。

同県の新聞統合は一九三九（昭和一四）年六月ごろから各地区で開始され、県特高課は「県都福井市の有力紙福井新聞が他紙を吸収統合する統合案」を構想した。特高課の指導を受けて福井新聞は、一九四〇（昭和一五）年一月に福井民報、同年一一月に三国町の「みくに新聞」、同年一二月に敦賀市の敦賀時事新聞、一九四一（昭和一六）年二月に小浜市の若州新聞、武生町の北陸タイムス、勝山町の大野朝日新聞を次々に吸収統合した。社史[164]に掲載された同年二月二三日付け福井新聞には、福井新聞、みくに新聞、敦賀時事新報、若州新聞、北陸タイムス、大野朝日新聞の六社の合併社告が「全縣一社に合同　福井新聞の機能拡大強化　國策に順應」の見出しで、「國論統一、物資節約の國策に順應し各社協議の上、二月一一日は紀元の佳節にして且つ福井新聞の創立記念日なるが故に同日を以て敢然手を握り福井新聞に合同することとせり、而して二月二八日までをその準備期間となし、三月一日より合同したる福井新聞を配達することとせり　斯くして一縣一紙の理念を完遂すべく努力すべきを以て倍奮の購読を給わらんことを切望す」という説明文が掲載されている。さらに四月一〇日付け紙面では「新聞報國に邁進　きのふ北陸タイムスの合併披露の祝賀」の見出しで「桜花一時にほころび染めた昨日の吉日において本社武生局主催の下に武生劇場において晝夜二回開催、晝の部には坂井武生町長、岡田武生警察署長ら地域の名士、来賓五百人を招き、式典と芸妓の舞踊が披露された」という記事が掲載されている。こうした記事は、一九四一（昭和一六）年三月一日に福井新聞が他の日刊紙を吸収統合し、一県一紙が実質的に完成したことを示している。

しかし内務省編集の『出版警察報』に掲載された「普通日刊新聞整理完成調」（昭和一七年一一月一日現在）では「福井　近完」、情報局関係資料「普通日刊新聞紙調」（同）でも「現在二　福井新聞　新福井日報」と記してある。本書では、『新聞総覧（昭和一七年版）』の「福井県　統合完成　昭和一六年三月　福井新聞一紙のみ[165]」などを参考に、昭和一六年三月一日を統合完成の日付とした。

情報局関係資料「部数増減比較表[166]」では、一県一紙となった福井新聞の一九四二（昭和一七）年一二月一〇日現在の発行部数は一万五〇〇五部で、これが一九四四（昭和一九）年四月一〇日現在には二万三八一六部と大幅増加した数値を挙げている。新聞統合によって地元紙が一紙となり、さらに県外移入紙の侵食が抑制された結果、同紙の基盤が形成されたという典型的な例である。

佐賀県（「佐賀合同新聞」昭和一六年五月一日）

同県は「縣面積は小さく、大體に於いて福岡の新聞の勢力下にある。移入紙の朝刊は午前三時頃、佐賀市に着き、夕刊は六時頃に着く。福岡日日が最も優勢、大朝、大毎、九州日報がこれに次ぎ、地元紙は不振である。有力地元紙は佐賀市（人口五万二千）に佐賀毎夕（中立）、佐賀日日（民政党系）、佐賀新聞（政友会系）の三紙があったが、昭和一三年一〇月に佐賀毎夕は、佐賀新聞を買収して同年一一月より歴史ある佐賀新聞の題字を継承した。唐津市の唐津日日（政友会系）は東松浦郡方面の特殊な地盤により活躍[167]」で、要するに福岡紙に侵食されていた地域である。一九三七（昭和一二）年九月現在の発行部数は（移入紙）福岡日日一万〇〇〇〇部、大毎七五〇〇部、大朝七〇〇〇部、九州日報五〇〇〇部、（地元紙）佐賀毎夕、佐賀日日各五〇〇〇乃至九〇〇〇部[168]と推計される。情報局関係資料「普通日刊新聞紙頒布状況調」（昭和一五年五月現在）では、中央（大阪・東京）紙二万六五九九部（四五・〇%）、地方（地元）紙七七〇〇部（一三・〇%）、移入（他県）紙二万四六七九部（四二・〇%）と、推計を裏付けている。

県特高課は一九三九（昭和一四）年八月、県下の月、旬、週刊紙をすべて廃刊させる方針で臨み、さらに同年一一月には普通日刊紙の整理へと進み、佐賀日日新聞が唐津日日新聞を吸収した結果、残存紙は佐賀新聞と佐賀日日新聞の二紙となった。県当局は佐賀、佐賀日日の両紙に対し「一紙へ統合するよう」慫慂し、その結果、両紙は統合し新たに「佐賀合同新聞社」として一九四一（昭和一六）年五月一日、佐賀合同新聞を創刊し、統合は完成した。統合は「合同」という題号が示すように対等合併の形をとったが、佐賀日日新聞社主の江口嘉六が病気重く気力を失っており、佐賀新聞社長の中尾都昭が主導権を握り、実質的には「佐賀新聞が、佐賀日日新聞を併合した」(170)というもので、社長には佐賀新聞の中尾社長が就いた。このように同県の統合は地元紙の数が基本的に少なく、有力二紙が統合したタイプである。

同紙は創刊号に「大東亜共栄圏を目標とする高度國防國家体制確立に、國論の統一は最も喫緊なる國家要請であります。両社は時局即應の使命完遂のため、縣当局の勧奨により、大局的見地から小我を捨て、ここに合併を断行、名實ともに権威ある郷土新聞としての使命に向って邁進することになりました」という声明を掲載した。(171)合同新聞創刊を受けて、同盟通信社の支局を同社内に置き、同盟との密接な繋がりを深めるとともに、最高審議会を設置し、「顧問として縣内の有力者を網羅し、その審議による基準を原則として編集の指針を確立する」という対応策を実施した。社史は「縣当局と緊密なる連絡の和衷協力の下に真に佐賀県代表紙としての充実を期するとともに、尚一層新聞報國の使命に邁進して、一は國恩に應え、一は読者の恩顧に酬いると称しているが、当局の言論統制強化の具現であると見ることが出来る」と、それが県当局の強制によるものと記しているが(172)、創刊号の声明は自ら進んで県当局の機関紙を志向したことを示している。

情報局関係資料「部数増減比較表(173)」では、同紙の一九四二（昭和一七）年一二月一〇日現在の発行部数は一万一二七七部で、これが一九四四（昭和一九）年四月一〇日現在には一万二一三二部と微増した。

2　第三段階前期での完成（一三県）

第三段階（昭和一六年九月―昭和一七年一一月）は、新聞事業令が法的威力を発揮し始めた一九四二（昭和一七）年二月を基準として、前期（昭和一六年九月―昭和一七年一月）と後期（昭和一七年二月―同年一一月）に区分した。

第三段階前期は五ヵ月と短期間であるが、一三県もの県で一県一紙が完成した。福島、高知、広島、岡山、兵庫、静岡、愛媛、徳島、島根、岩手、栃木、青森、岐阜の一三県について検証する。

福島県（「福島民報」昭和一六年九月一日）

同県は岩手県に次いで面積の広い県であり、福島市を中心とした中通り、会津若松市の会津、平市の浜通りの三地域で歴史文化が異なり、地域ごとに数多い地元紙が存在した。しかし関東地方と隣接し東京から比較的短い時間で鉄道が到着するため、朝日、毎日、読売、報知の全国、東京紙、さらには河北、いはらき等の他県紙も侵入し、「地元紙はその総数を以ってしても東京一流紙に及はずと見られている」[174]という状態である。情報局関係資料「普通日刊新聞紙頒布状況調」[175]（昭和一五年五月現在）では、中央（大阪・東京）紙八万五〇四〇部（八六・〇%）、地方（地元）紙一万一六五〇部（一一・八%）、移入（他県）紙二一四五部（〇・二%）と、推計を裏付けている。

県特高課は「三地域（福島、会津若松、平の三市）で各一紙に統合。その上で一紙に統合」という二段階で整理統合する方針で臨んだ。一九四〇（昭和一五）年までの整理統合は「一年前には日刊二九、旬月刊七七、合計一〇六が濫立していたのが、廃合整理の結果現在は日刊一六、旬月刊六一、合計七六に減じた」[176]。具体的には、会津では一九三九（昭和一四）年八月に新會津新聞、會津魁新聞、會津日報が統合し、新たに會津新聞となり、浜通りでは一九四〇（昭和一五）年一〇月に磐城新聞、磐城時報、磐城毎日新聞、常磐新聞が統合し、新たに磐城毎日新聞となった。難航したのは中通りで、県都福島市には政友会系の福島民報、民政党系の福島民友新聞のライバル二紙が存在した。両紙併せても「一万二、三千見當」[177]であり、先の「地元紙はその総数を以ってしても東京一流紙に及はず」はそれを指すが、両紙は県内一円で販売され、県の代表紙としてライバル関係にあった。両紙の統合が、同県の整理統合の焦点となったが、県知事・橋本清吉の強い要請で一九四一（昭和一六）年一月に両紙は統合した。

一九四〇（昭和一五）年一二月三一日付けの両紙には「今般福島民報、福島民友両新聞は時局の重大性に鑑み、言論統制・用紙節約の國策に順應し一縣一紙の實現を期し率先合流合同し陣容を整備強化し以て新聞報國の使命達成に邁進する事と相成り候間」という合同社告が掲載されている。福島民報社史は「当時、県紙は福島民報と福島民友新聞の二つがあった。県警察部では発行部数や経営内容、信用度などを総合的に検討した結果、歴史も最も古い福島民報を残し、統合することが決まった。統合された社には買収金が支払われた」[178]と民報による吸収であると記しているが、一方の福島民友新聞社史は「政府は地方長官である知事を東京に集め、（新聞統合の）徹底を指示した。強制的な指示だった。橋本清吉知事は帰県すると民報、民友の両紙社長を呼び『一県一紙は政府の不動の方針であり、小異を捨てて速やかに国策に順応してもらいたい』と善処を要望した。結局、合同やむなしとなり、両社の題字のどちらを残して継続するかに話は進んだ。歴史からいえば明治二五年創刊の民報、同二八年創刊の民友となるため、歴史をとって民報を存続題号と決め、合同が決定した」[179]と、強制的な指示による対等な統合であると記している。橋本知事は同年一二月に内務省警保局長へ栄転しており、自身の栄達が係った県内新聞の整理統合だけに、強圧的な指示であったと思われる。しかし、両紙の統合は民報による吸収であり『新聞総覧（昭和一七年版）』は「福島民友新聞を買収合併」と明記し[180]、『出版警察報（昭和一七年十一月号）』掲載の文書でも「吸収」と記されている。

一九四〇（昭和一五）年末までに地域一紙の形に整理され、次いで県当局は會津新聞、磐城毎日新聞に対して、福島民報への統合を慫慂、これに対し両紙は「夕刊紙としての存続」を求め、それぞれ会津若松、平市で夕刊を発行した。しかし、一九四一（昭和一六）年八月に會津新聞、翌九月に磐城毎日新聞が発行を断念し、民報に吸収統合され、これで同県の整理統合は県当局の計画どおり完成した。このように同県の統合は、まず地域ごとに一紙に統合し、そのうえで縣紙一紙に統合するという面積の広い県での統合の典型例である。情報局関係資料「部数増減比較表[181]」によると、一九四二（昭和一七）年一二月一〇日現在の発行部数一万八三五二部で、これ一九四四（昭和一九）年四月一〇日現在には三万〇六〇八部と二倍近く増加した。

福島民友は戦後の一九四六（昭和二一）年二月に復刊し、読売の系列紙として現在にいたっている。ほとんどの県では現在にいたるまで戦時期に整理統合した形を維持しているなかで、分離独立は長崎日報などと並んで数少ない事例である。

高知県（「高知新聞」昭和一六年九月一日）

自由民権運動発祥の地である同県では、明治期から政友会系「土陽新聞」と民政党系「高知新聞」の両紙が政党機関紙として県内を二分し覇を競い合った。内務省がまとめた一九二七（昭和二）年一一月現在の調査では、土陽新聞三万部、高知新聞三万五〇〇〇部と記している。[182]だが土陽新聞は経営難に陥り、一九二九（昭和四）年からライバル高知新聞が経営することになった。これに反発する形で一九三一（昭和六）年、新たな政友会系紙として高知日日新聞が創刊された。一方で土陽新聞は一九三八（昭和一三）年、高知新聞の手を離れて再び独立経営となった。一九三九（昭和一四）年八月現在の発行部数は高知新聞二万八〇〇〇部、土陽新聞八〇〇〇部、高知日日新聞一万〇〇〇〇部、大阪朝日、大阪毎日各一万二〇〇〇部[183]で、同年一二月には土陽、高知日日の両紙が統合した。土陽新聞の題号は継承したが、新社長は高知日日社長の野村茂久馬が就任し[184]、改めて土陽新聞と高知新聞の有力二紙が競う状態となった。情報局関係資料「普通日刊新聞紙頒布状況調」[185]（昭和一五年五月現在）では、中央（大阪・東京）紙二万二〇三一部（三七・四％）、地方（地元）紙三万五九八〇部（六一・一％）、移入（他県）紙八七〇部（一・五％）となっている。

県特高課は一九三八（昭和一三）年四月から週旬刊紙を対象に整理統合に着手し、同年内に一九紙を四紙に整理統合した。普通日刊紙についても統合を指導し、一九三九（昭和一四）年一月に高知日日新聞が高知毎日新聞を吸収統合し、さらに上記したように同年一二月には土陽と高知日日の両紙が統合した。県当局は一九四一（昭和一六）年四月、残る土陽、高知の両紙の統合に着手した。その中心となったのが県警察部長・石橋豊徳である。石橋は「高知、土陽両紙を統合し、新たに県内の実業家宇田耕一を社長とする新聞を創刊する」ことを構想し、「県当局に白紙委任するよう」、高知、土陽両社の社長に求めた。その際、石橋は高知新聞社長の野中楠吉が同盟通信社の理事会副会長を務めていることを念頭に「この構想は、同盟通信社の古野社長も了解したものだ」と付け加えたが、この一言が同県の統合に同盟社長の古野が関与する契機となる。

高知新聞側は「高知が土陽を吸収統合するのが当然であり、社長も野中高知新聞社長がそのまま継続すべきだ」と反発し、野中は上京して古野と面談し真意を質した。古野は「少々話が違う」と答え、①新聞を一つにすることは賛成だ、②新聞は地方の政客事業家の御用新聞たらしめず、③新聞経営は、新聞事業に経験があり、「新聞報國」の精神を有する人物を採用する、④統合は当事者間の円満なる解決を理想とする。しかし不調の際は県当局の干渉も必要となるだろうが、日本新聞聯盟もこれに協力する――との考えを示した。意を強くした野中は、土陽新聞社長の野村と会談し、「土陽新聞を廃刊し、高知新聞と統合する。新たな高知新聞は、会長には野村、社長に野中など両紙の幹部を配置する」ことで合意した。しかし県当局は、この自主的統合を「土陽新聞では県が求めた白紙委任を受け入れており、両紙の合意はこれに違反するため認められない」など、特高課の面子を潰すものと態度を硬化させた。

このため高知新聞では古野同盟社長に仲裁を一任、その後、水面下でのさまざまな動きの結果、同年七月にようやく合意が得られ、覚書が作成された。覚書は「土陽新聞は八月三一日で廃刊し、高知新聞と合併する」「会長に野村、社長に野中、さらに常勤取締役一名、若しくは編集局長は古野同盟社長に推薦を一任する」などで、末尾には立会者として、古野と石橋の名前が記されている。覚書どおり土陽新聞は同年八月末に廃刊したが、その後編集局長人事をめぐり再び紛糾、ようやく同年一〇月一日に合同式が行われ、最終決着した[186]。

社史には水面下での交渉に当たった高知新聞幹部の証言が掲載されている。「その頃、特高はえらい権力を持っておった。『野中や野村はもう古い。それに比べると宇田は前途有望の士だ。言うことを聞かねば物価統制令違反で引っ張る』。当時は物資が不足し始めており新聞社でもヤミで用紙や鉛などを買い求めていた。それを摘発して逮捕するぞと脅すので、野中は高知にいたたまれず箱根に姿を隠した。そして特高課に気付かれないよう大阪の旅館で野中と野村は会談した。二人は政友会、民政党と犬猿の仲であったが、水いらずで会談した。会談後に野村は『政友会総裁の板垣退助が創った新聞をわしの代で潰すことは腹を切るより辛い。だがどうしても一県一紙にせにゃならんなら、新聞に関しては野中の方がわしより一日上じゃ。だから白紙で一切を野中に任せることにした』と語った。（両社長の合意を受けて）高知へ電報を打ち両社の幹部、ひいきの芸者を高知から呼び、会談の成功を祝った。帰りの汽車も二等車を借り切り『特高何するものぞ。矢でも鉄砲でも持ってこい』[187]と意気大いに上がったが、この秘密会談を知った特高は大変な激高ぶりで『大阪会談は無効』と威嚇してきた」など、当時の雰囲気を伝えている。

同県の統合は、政友、民政両政党を背景に拮抗した二紙が存在した典型的例で、県当局が権威を笠に強権を振い、これに新聞側が反発し、交渉は混乱した。また同盟社長の古野が斡旋役を務め、統合後には同盟社員を取締役として派遣するなど同紙との関係を強めたことが特徴として挙げられる。情報局関係資料「部数増減比較表」[188]では、一九四二（昭和一七）年一二月一〇日現在の発行部数六万三九一〇部が、一九四四（昭和一九）年四月一〇日現在には七万三七三〇部と増加し、統合効果を示している。

広島県（「中國新聞」「呉新聞」昭和一六年一〇月三〇日）

同県は「中國地方一の大縣である上に、人口三三万四千の廣島市、二五万六千の呉市、五万七千の尾道市等を包括するので、中國新聞は地方の一流紙として中央紙に譲らぬ機構内容を整備し、呉市に呉新聞、山口縣徳山市に中國防長新聞を経営、隣縣にまで進出し、大阪紙に拮抗する唯一のものである」[189]と、中國新聞が抜きん出た存在感を示している。同紙は飛行機二機を所有する有力地方紙で、日本新聞聯盟の監事も務めていた。情報局関係資料「普通日刊新聞紙頒布状況調」[190]（昭和一五年五月現在）では、中央（大阪・東京）紙一一万六五六〇部（五三・

二％）、地方（地元）紙八万四七七〇部（三八・七％）、移入（他県）紙一万七二四〇部（八・一％）と、中國新聞は存在感を示していたものの全国紙に侵入を許していることを示している。

同紙の山本實一社長は一九四一（昭和一六）年九月に内閣情報局へ提出した意見書で、全国紙を抑制する一方で、自紙を中間（ブロック）紙と位置づけた。四国を丸ごと、それが適わない場合は香川、愛媛を「自社の領域」と主張しており、有力地方紙として同紙が一県一紙を基盤整備および拡張の好機と捉えていたことがうかがえる。

同県の統合は、一九四一（昭和一六）年九月に中國新聞の系列下の呉新聞が芸備日日新聞、呉新興日報を吸収した。さらに同年一〇月二四日に県当局の立会いの下で中國新聞は山陽日日新聞を吸収する交渉を開始し、一週間足らずで廃刊見舞金および山陽日日新聞の就業希望者を引き取ることで合意、同月三〇日に山陽日日新聞は廃刊し、一県一紙は実現した。一紙抜きん出た中國新聞が存在した統合の典型例で、整理統合は容易であった。情報局関係資料「部数増減比較表」[191]では、一九四二（昭和一七）年一二月一〇日現在一五万二九一四部と有力地方紙にふさわしい数値を示し、一九四四（昭和一九）年四月一〇日現在には一八万二二〇八部と安定している。

同県で特筆すべきは、「呉新聞」の存続が当局から容認されたことである。一県一紙の原則が厳しく全国で適用されたなかで、県としては唯一の例外である。これは呉市が海軍の重要基地であるためで、「呉新聞が一県一紙という新聞統制の枠から除外されたのは、呉市民に海軍関係ニュースを提供する使命を遂行し、空襲が激化し戒厳令が布かれた場合、鎮守府として治安維持のため一つの新聞を確保していなければならないとの理由からであった」[192]という。つまり、一県一紙の実施は内閣情報局の吉積正雄陸軍少将の率いる第二部が所管したが、海軍が「呉市については特例とすべき」と申し入れ、これを陸軍が受け入れたという陸海軍の駆け引きの結果によるものだった。

岡山県（「合同新聞」昭和一六年一一月四日）

同県は「大阪紙の侵入猛烈だが、縣が大きく、岡山市があり且つ新聞の数は比較的少なく、中國筋の一流新聞たる中國民報（民政党系）と山陽新報（政友会系）の両紙が発達した。両紙は昭和一一年一二月一日に合併して山陽中國合同新聞社を創立した。合併の趣旨は中央に於ける通信社機構の整備を機會として、中央紙の侵略に對抗すべく、地方新聞の一元的擴大強化を計るといふにある」(193)というもので、新聞統合が開始される以前の一九三六（昭和一一）年に有力二紙が統合した山陽中國合同新聞が最有力紙として存在していた。情報局関係資料「普通日刊新聞紙頒布状況調」(194)（昭和一五年五月現在）では、中央（大阪・東京）紙六万八七九〇部（五六・七％）、地方（地元）紙四万六五七〇部（三八・四％）、移入（他県）紙五八五〇部（四・九％）であった。

明治期以来競い合った政友会系の山陽新報と、民政党系の中國民報の一九三六（昭和一一）年という時期の統合は中央における通信社機構の整備および両紙の大株主の地方銀行が統合し、資本系統が一本化されたことが理由とされる(195)。通信社機構の整備とは電通と聯合の二つの通信社が統合し、同盟通信社が設立されたことを指している。山陽は聯合、中國民報は電通と契約し配信を受けていたが、同盟の設立により同じ記事の配信を受け、掲載記事に差異がなくなるため統合したというもので、通信社の統合を契機とし地方紙が統合した例は同紙以外にない。

同紙は中國新聞と同様に、日本新聞聯盟の理事を務め、副社長・杉山栄が自紙をブロック紙として権益拡大を求める意見書を内閣情報局へ提出している。県内の整理統合は、一九四一（昭和一六）年三月に岡山新聞を吸収統合し、同年一一月三日には津山朝日新聞、倉敷日報を吸収統合し、名実ともに一県一紙を完成した。同県の統合は明治以来のライバル二紙が自主統合して「合同新聞」を創刊した昭和一一年に事実上の県内一紙が実現し、残余の新聞は容易に吸収統合された。情報局関係資料「部数増減比較表」[196]では、一九四二（昭和一七）年一二月一〇日現在の発行部数一〇万八五七八部で、一九四四（昭和一九）年四月一〇日現在には一四万四四四一部と安定した発展を示している。

兵庫県（「神戸新聞」昭和一六年一二月一日）

日本の近代化の先駆けの地・神戸では幕末期の開港とともに外字紙が発刊された歴史を有し、明治期から多くの新聞が発刊された。なかでも神戸新聞（政友会系）と神戸又新日報（民政党系）、さらに業界紙の神戸日日新聞が抜きん出ていた。

神戸又新日報が経営難に陥り低調となったのに対し、神戸新聞は進藤信義社長が優れた経営手腕を発揮した。まず京都の関西日日新聞を買収して京都日日新聞と改題、さらに大阪時事新報を買収し、一九三一（昭和六）年には神戸新聞を主体として三紙トラスト「三都（神戸、大阪、京都）合同新聞社」を結成し、三紙を発刊した。進藤は「大朝、大毎に対抗するには、（地方紙が経営的に集合し）その集合力を以て当るに如かない」との抱負を有し、長崎日日新聞（長崎県）、海南新聞（愛媛県）、大和新聞（奈良県）などの地方紙も買収あるいは委託経営した[197]。だが、本体の神戸はともかく、大阪時事新報の赤字は大きかった。このため一九三三（昭和八）年には京都日日を、一九三五（昭和一〇）年には大阪時事新報を分離し、「三都合同新聞社」は解散した。

ともかくも同県は「関東の神奈川縣に似た位置にある。併し横浜の新聞の不振に較べて、神戸の大阪侵入軍に對する奮闘振りは格段の相違である。昭和一四年九月の部数につき一部専門家は大朝一五万部、大毎一二万部、神戸新聞八万乃至一〇万部、読売一万部と推定[198]と、大阪紙が影響力をもつなかで地元有力紙、神戸新聞の存在感を指摘していた。情報局関係資料「普通日刊新聞紙頒布状況調」[199]（昭和一五年五月現在）では、中央（大阪・東京）紙三六万〇九六四部（七七・八％）、地方（地元）紙九万七一四〇部（二〇・九％）、移入（他県）紙五三三九部（一・三％）である。

同県の整理統合は、県当局が一九三九（昭和一四）年五月に県下の約七〇〇の新聞紙に対し、「一四年六月三〇日までに廃刊届を提出すべし」との指示を発して開始されたが、「その手法は相当峻烈を極めたものの如く、一部には非難の声も聞く[200]」という厳しいものだった。神戸又新日報も県特高課から廃刊を求められ、同年六月三〇日付け夕刊を最後に、姿を消した。その際、又新では「又新は歴史ある新聞だ。又新よりあとから出た神戸新聞より先に廃刊を命令されるのは納得行かない。神戸新聞を先に廃刊させよ」と奥村県特高課検閲係長に迫ると、奥村は「やがては神戸新聞も統制するから、廃刊に応じてくれ」と重ねて求めたという[201]。その言葉どおり、特高課は神戸新聞に対する統制を強めたが、その狙いを進藤社長個人へ向けた点が他県と違う特徴である。進藤は元来の新聞記者（愛媛県出身、人民新聞、大毎神戸支局長などを経て神戸新聞主幹）で、明治期には神戸新聞に「陸軍の不平党」と題して東條英機首相の父で陸軍中将英教ら陸軍幹部を批判した記事を連載した。その後も東條中将との間で応酬を展開するなど自由主義者として知られ、時局に批判的な川崎造船社長の松方幸次郎ら神戸の財界人とも気脈を通じていた。県特高課の進藤に対する弾圧には、時の首相である東條へのおもねりや、神戸財界人への見せしめの意があった。たとえば、神戸市内の石油タンク爆発の記事について、「見出しが大き過ぎる」などとして整理部長の解任を強要し、さらに「官僚の態度と國民の不安　新体制の進行を妨ぐ」と題した社説を

「自由主義的筆法で國策に反する」として執筆した論説部長の解任を求めるなど、事あるごとに取締りを強めた。社史は、その弾圧の様子を以下のように記している。特高課では「神戸新聞の自由主義的風潮を払拭し、特高課の意のままになる新聞にするためには、社員の進退位では手緩い」と進藤を社長の座から放逐し、後任社長に川崎重工専務（大政翼賛会壮年団幹部）川崎芳熊を据えるという策謀を立案した。一方で特高課は県内の弱小紙を地域ごとに、播州地方は中國新報、但馬地方は但馬日日新聞、丹波地方は丹波新聞、淡路は淡路新聞など一紙に整理統合する作業を進めていた。つまり特高課の意図は、神戸新聞の存続を認め、同紙が各地域の新聞を吸収する形で整理統合するが、社長の進藤は辞任へ追い込み、「自由主義的風潮を払拭する」というものであった。(202)

一九四一（昭和一六）年七月には高山特高課長が「進藤は新聞を利用し、私益を得ている」「大阪時事新報の天皇の御真影を社内移動させる際に、進藤は不敬な取り扱いをした」などとして、退社と進藤所有の同社株式をすべて川崎へ譲渡するよう要求した。進藤が「社長は辞任するが、株式譲渡はしない」と拒否すると、高山は「御真影への不敬罪などの容疑で進藤を逮捕し、神戸新聞を叩き潰す」と脅しを加えた。このため進藤も特高課の強要を受け入れざるをえず、全株を譲渡し、八月に行われた臨時株主総会で退社へ追い込まれた。さらに同年一一月二五日に丹波新聞、三〇日に中国新報が廃刊して、特高課の筋書きどおりに一県一紙が完成した。同紙は、進藤の「犠牲」の結果、「縣紙」としての地位を保全した。

「銕翁」と号した進藤は、一九五二（昭和二七）年に神戸新聞夕刊に遺稿というべき「銕翁秘録」を連載したが、そのなかで「僕は憲兵隊と特高の弾圧に苦しんでいたので、中央の実情もかなり分かっていた。新聞事業に対して東條の許に出入りしている一、二の新聞関係者が、新聞を統制せざる限り、社會の何物を統制しても戦時態勢にならぬと説き、巧みに煽てあげて、中には東條から奇奇怪怪な一札を取っているものさえあった。軍は統制と称し、官僚は翼賛と主張し、恫喝と脅迫をもってし、人民は黙々と奴隷の如く追いまわされるばかりで、挙國一致などは人民叱声の軍、官の虚声であった。東京では陸軍報道班、内閣情報局、内務省警保局の官吏は夜毎に新橋、赤坂に招待されて、平気でいる。地方も憲兵、特高など上は隊長から一兵、上は知事から一巡査に至るまで、連夜豪華な招宴に骨を腐らせた[203]」など、当時の様子を記している。情報局関係資料「部数増減比較表[204]」では、一九四二（昭和一七）年一二月一〇日現在一〇万一五一五部で、一九四四（昭和一九）年四月一〇日現在には一二万四九六一部と安定した発展を示した。

静岡県（「静岡新聞」昭和一六年一二月一日）

同県は、静岡、浜松、沼津、清水、熱海の主要五市に多くの地元紙が存在する一方で、人口も多く、交通の便も良いため、東京紙（東朝、東日、読売、報知）と名古屋紙（新愛知、名古屋）の移入紙が進入し、相互に激しく競り合う販売激戦地である。移入紙は「報知が浜松新聞を併売とし、読売は浜松民声新聞を買収して浜松読売新聞を発行し、東日も浜松日日を創設してこれに対抗した。地元紙は静岡市の静岡新報（政友会系）と静岡民友新聞（民政党系）が発達した[205]」という東京紙と名古屋紙が地元ニュースに力を入れ激しい販売競争を展開するなか、地元紙は苦戦を強いられるという状態であった。情報局関係資料「普通日刊新聞紙頒布状況調[206]」（昭和一五年五月現在）では、中央（大阪・東京）紙一七万七三八三部（七八・一％）、地方（地元）紙一万九〇一〇部（八・四％）、移入（他県）紙三万〇三四〇部（一三・五％）と、地元紙が東京紙と名古屋紙の競争の狭間で劣勢にあったことを裏付けている。

同県の整理統合は一九三九（昭和一四）年から進められ、同年末に三六紙存在した普通日刊紙は、一九四〇（昭和一五）年末までに静岡市に静岡新報、静岡民友新聞の二紙、ほかは浜松市（浜松新聞）、沼津市（沼津合同新聞）、清水市（清水新聞）、熱海市（東海朝日新聞）の各一紙の計六紙に整理統合された。小濱八彌知事は六紙に対し、①浜松、沼津、清水、熱海の四紙は、その発行権を静岡新報、静岡民友のいずれかに譲渡すること、②静岡新報、静岡民友の両紙は譲渡を受けた新聞社に対し、その発行部数に応じて譲渡金を渡す——という統合方針を示した。「これは新報、民友以外の四紙が、一県一紙後の経営主導権を新報、民友のいずれに委ねるか、二者択一を迫った県当局の切り札であった」[207]という。

これを受けた六紙間の個別折衝が一九四一（昭和一六）年三月初めから開始されたが、四月に静岡新報は読売新聞との間で「読売新聞に同紙を売却し、同紙社長には新たに読売の正力松太郎社長が就任し、継続発行する」という調印を、突然結んだ。これは「統合の主導権を握れないと判断した静岡新報が、読売からの買収交渉を渡りに船と即座に了承」したためで、読売を後ろ盾として統合を優位に進めようという思惑があった。これに県当局は面子を潰されたこともあり、「地方紙の統合に中央紙は妄りに介入すべきでない」と新報と読売を強く非難した。結局、譲渡問題は、民友への譲渡を浜松新聞、清水新聞、東海朝日新聞の三紙が応じ、一方で沼津合同新聞は新報への譲渡を決めた。今度は民友、新報両紙の統合交渉へと話は進んだものの、民友が譲渡の結果を踏まえて「出資金は民友四に対し新報二」の民友を軸とした統合を主張したのに対して、新報は対等を求めて紛糾した。しかし県当局や譲渡した地元紙の「県紙は県内紙で」の強い意向から民友が主導権を握る形で同年一二月一日に「静岡新聞社」が発足し、社長には民友社長の大石光之助が座り、本社の社屋も民友に置かれた。読売へ売却するという新報の行動が、県当局や地元紙側の反発を買い、県内紙という意識を高める結果となり、主導権は民友に託されるという結果となった。

同県の統合は、地元紙が「県外移入紙に、いずれ淘汰される」という危機感から県当局の統合に呼応し、そのなかで主導権争いを演じ、さらには読売が争いに介入したことが特徴として挙げられる。読売が地方紙を買収、あるいは連繋したのは、ほかに大阪時事（大阪）、九州日報（福岡）、山陰新聞（島根）、長崎日日（長崎）、小樽新聞（北海道）があり、内閣情報局では新聞統合に反する行為とみて読売を強く批判した。

創刊号では「静岡新聞」という題字の下に統合六紙の名前が列記され、小濱知事の「多年の伝統と歴史を有する縣下六新聞社が、國策に順應し欣然廃刊、統合し、茲に静岡新聞社を創刊、一意新聞報國に邁進せんとする襟度は、社会の木鐸たる新聞の新使命に照らし、洵に欣快の至りに耐えない。郷土新聞本来の使命に鑑み、國策完遂の推進力として縣と表裏一体となり、新聞報國の実績を挙げられんことを希求して止まぬ」との祝辞や、徳富蘇峰の「東海旭光　皇徳新」という揮毫が掲載されている(208)。知事の祝辞には「縣当局と表裏一体の國策完遂の推進力、新聞報國の郷土新聞」という縣紙創刊の意図がうかがえる。同紙は「静岡縣民唯一の機関紙」「郷土民は郷土紙を絶對に愛する」と、統合の過程で生まれた「郷土紙」という意識を販売でも強調し、情報局関係資料「部数増減比較表(209)」の一九四二（昭和一七）年一二月一〇日現在では二万三九二一部が、一九四四（昭和一九）年四月一〇日現在では三万一四一一部と、順調に発展した。

愛媛県（「愛媛合同新聞」昭和一六年一二月一日）

同県は「大阪紙の侵入急な上に政争裂しく新聞勢力が幾つにも分割され、為めに大をなすものがない。地元紙は県都松山市に海南新聞、伊予新報、愛媛新報の三紙、宇和島市に南伊時事新聞、四國日日新聞の二紙が有力紙として存在する(210)」という、大阪紙に圧迫されるなか、地元紙は県内各地に分散し、競り合うという状態である。

情報局関係資料「普通日刊新聞紙頒布状況調」[211]（昭和一五年五月現在）は、中央（大阪・東京）紙六万四〇五六部（六一・九％）、地方（地元）紙三万五五〇〇部（三四・四％）、移入（他県）紙三七九〇部（三・七％）と、それを裏付けている。

県特高課は一九三八（昭和一三）年末ごろから整理統合に着手し、一五九紙（有保証金紙一一九、無保証金紙四〇）が一九三九（昭和一四）年末までに八四紙（有保証金紙七一、無保証金紙一三）に減少した。この整理統合は主として悪徳、不良紙を対象としたものだが、弱小紙に対しても同年五月末および七月初めに整理統合、廃刊の指示がなされ、一九四一（昭和一六）年九月までに普通日刊紙は海南新聞、伊予新報、南伊時事新聞、四國日日新聞の四紙を除いて廃刊に追いやられた[212]。廃刊したなかには、歴史ある愛媛新報（昭和一五年一月廃刊）も含まれている。

残る四紙に対する整理統合は、同年九月上旬に中村敬之進知事が伊予新報社長らに統合を求めることから開始された。新聞統合委員會が組織され、委員長は高村坂彦警察部長、委員は四國日日新聞を除く海南、伊予新報、南伊時事の三紙各二名、オブザーバーとして松山警察署長と同盟通信社松山支局長という顔ぶれである。同盟の参加は隣県の高知県の統合で同盟社長の古野を調停者としたことをモデルとしたものと推測される。また四國日日新聞は「弱小紙」という高村警察部長の判断で委員から除外された。同年一一月八日から開かれた委員會で、高村警察部長は、①三紙は解散し、新たに愛媛合同新聞を創刊する、②新たな新聞社の出資金は三紙と県当局が斡旋する第三者が出資する、③会長は大本貞太郎・伊予新報社長、社長は香川熊太郎・海南新聞社長、副社長は井上雄馬・南予時事新聞社長を選任する――を内容とした裁定書を提示した。しかし、松山市の海南、伊予新報のライバル両紙は双方とも自紙が主導権を握った統合を主張して譲らず、委員會は難航し、同月三〇日深夜にようやく合意にいたった。合意内容は県当局提示の「裁定書」を基本として、三紙の出資金比率は海南五、伊予新報四、南予時事三、役員比率も海南五人、伊予新報三人、南予時事二人と海南を軸とした統合で、四國日日新聞については、新会社が買収することでも合意した。新役員の一人には軍人（陸軍予備役少将田中清一）を加えられたことも特筆される。社史には「委員會では、佩剣をガチャつかせ、いきり立つ警察部長の顔が悪魔の如く見えた」[213]など、県当局の強引な指導を示す証言が収録されている。

愛媛合同新聞の創刊号（一二月一日付け朝刊）には「時恰も皇國興廃の重大なる時局の渦中に、海南新聞、伊予新報、南予時事新聞三社の大同団結による愛媛合同新聞は、愛媛県唯一の國策新聞として雄雄しくも晴れの第一歩を踏み出した。愛媛合同新聞の新生は、急迫しつつある内外の情勢に対処し、官民一体、挙國一致、國民の総力を発揮して未曾有の國難を突破すべき崇高至純なる國家的要求に基くものであり、吾等の最も本懐とする所である。新聞に課せられた使命は、毅然として悠久不動の國体精神を宣揚し、政府の國策に協力して、國論の指導統一を図ると共に、國防國家態勢の確立に貢献することにあり、任務の至重なる今日より大なるはない。殊に痛感されることは戦争に対する新聞の役割であり、総力戦必勝の鍵の一つが、新聞の機能を如何に発揮するかに掛かっていることを思う時、吾等の総身は感激を覚ゆるのである。新生の愛媛合同新聞は國家中心主義に基づく純乎たる指導精神を堅持し、國策に即應する迅速にして溌剌たる言論報道の任務を尽くし、世の期待に副ふ覚悟である」[214]などと、「発刊」の辞が掲載された。統合が「國家的要求に基づく」ものであること、新聞の使命は「國論の指導統一を図ると共に、國防國家態勢の確立に貢献する」ものであること、そして「國家中心主義に基づく純乎たる指導精神を堅持し、國策に即應する迅速にして溌剌たる言論報道の任務を尽くす、覚悟である」という意思の表明は、県当局の指導もあったことは無論だが、新聞側がそうした意識を抱いたことを示している。

県当局が強引な指導で統合しただけに新会社発足後も海南、伊予新報の確執が引続き展開され、わずか四ヵ月後の一九四二（昭和一七）年三月に県当局が再び介入、社長ら幹部を更迭し、出資者の一人で監査役を務めていた地元財界人（三津浜煉瓦会社を経営）の近藤正平を社長に指名した。新聞経営に素人の近藤は、日本新聞會に社のまとめ役として人材を派遣するよう要請し、日本新聞會練成副部長の地位にいた進藤富士夫が総監督として赴任した。進藤は神戸新聞社長進藤信義の長男で同社常務を務めていたが、親子とも同紙を追われ、富士夫は日本新聞會に職を得ていた。父の信義がかつて海南新聞を経営していたことからの人選だが、「喧嘩ばかりで辞めたい」と任期半ばで退社し[215]、その後も同紙では内紛が続いた。一九四四（昭和一九）年二月に同紙は「愛媛新聞」と改名したが、「合同」という名を付した新聞が、岡山の「合同新聞」や大分の「大分合同新聞」と増えて紛らわしいという理由からだという[216]。情報局関係資料「部数増減比較表[217]」は、一九四二（昭和一七）年一二月一〇日現在四万五一〇五部で、一九四四（昭和一九）年四月一〇日現在五万一五〇三部と内紛にもかかわらず、「縣紙」として安定した発展を遂げたことを示している。

徳島県（「徳島新聞」昭和一六年一二月一六日）

同県は「大阪紙の侵入烈しく、殊にその安値販賣は地元新聞を悩ます事一通りでなかった。併し地元に新聞の数が少ないため徳島市を根拠とする徳島毎日（中立）、徳島日日（政友会系）の二紙は大阪紙の圧迫に堪へ、健気な奮闘を続け、其の牙城を守ってきた。（発行部数は）徳島毎日、徳島日日各一、二万部程度と勢力に大差なく、大毎、大朝は双方二万部内外と推定される[218]」という、大阪紙の侵入のなかで地元二紙が競り合いを演じる状態であった。情報局関係資料「普通日刊新聞紙頒布状況調[219]」（昭和一五年五月現在）は、中央（大阪・東京）紙三万〇七八八部（四一・三％）、地方（地元）紙三万九七〇〇部（五三・一％）、移入（他県）紙三九八四部（五・六％）としている。

県当局は香川、高知、愛媛と四国各県での一県一紙完成の動きと歩調を合わせ、一九四一（昭和一六）年秋に徳島毎日、徳島日日に統合を求めた。これを受け両紙は自主的に統合の協議を進め、ほぼ合意に達したが、県警察部長は両紙の自主協議を認めず、「統合は県当局へ白紙一任する」という誓約書と両紙の廃刊届の提出を強要し、県当局が指名した児島庄蔵（徳島地検検事正）、大久保義夫（県町村会会長）、坂本政五郎（徳島市長）の三人が、①両紙の対等統合し、新たに会社を発足する、②社長は新聞に関係のない第三者をあて、多田為太郎徳島毎日、松島肇徳島日日社長は最高顧問として会社経営から外れる——を主内容とした統合案をまとめ、同案に従って同年一二月新たに坂本政五郎を社長として「株式會社　徳島新聞社」が発足し、同月一五日夕刊に創刊号を発行した。[220] 社史には、統合に際して県特高課が「統合後の退社希望者をとり取りまとめる一方、思想状況や活動状況を勘案し退職を勧奨した」など、人員整理を差配したことが証言とともに記されている。[221]

一県一紙は完成したが、これは同紙の場合には統合へのスタートにすぎなかった。徳島新聞内では徳毎、徳日両紙が依然として主導権争いを続けた。県当局は内紛解決のためには資本を一本化し、第三者の資本家に全株式を買収させるしかないと判断し、一九四三（昭和一八）年八月、県警察部長は、①株式會社徳島新聞は内部に相剋摩擦あるにつき、第三者資本家に同社全株式を譲渡せしめ、資本の一元化を図らんとす、②株式譲渡方法は県に於て評価委員を選任し、その評価金額を以て譲渡せしむ、③以上の案に対し徳島新聞社は八月二四日までに回答すべし、④承諾ない時は、新聞を廃刊処分とし、会社の解散を命じ、これを強行すべし——と申し渡した。

同紙の大株主である徳毎、徳日両紙は対応に苦慮した。とくに徳毎の資産管理会社社長であった多田為太郎

（昭和一七年八月死去）の長男、嘉之助は「新聞の正しい発展が亡き父の遺志であり、そのため徳毎側の株式を全て、日本新聞會に寄贈する」ことを決意し、申出書を作成して上京、同盟社長の古野を訪ねて協力を要請し、日本新聞會へ申出書を提出した。日本新聞會側も応ずるにしても手続きが必要で、さらには一方の徳日側の意向を聞く必要があるとして、理事の岡村二一に対応を委ねた。岡村の斡旋で内閣情報局、徳島県当局らの協議の結果、①株式会社徳島新聞社は解散し、社団法人徳島新聞を設立する、②設立出資金は、社団法人徳島新聞社後援会に対する寄付金をもって充当する。後援会は県関係有識者を発起人とし、不特定多数より寄付を受ける。後援会は社団法人徳島新聞設立後に解散する、③株式会社徳島新聞の株式は、社団法人徳島新聞社が買収する、④新社の役員人事は県当局の意向を尊重し、県は政府および日本新聞會と協議のうえで決定する、⑤従業員は新社に引き継ぐが、旧社役員は再任せず――との方針を決定した。方針に基づいて後援会が作られ寄付金募集が行われたが、特高課長の総指揮で辺地の駐在まで警察署員が総動員され、「○○警察署管内一同」といった無記名も含め寄付金がかき集められた。それでも不足し、野田清武県知事の保証で阿波商業銀行から借り入れ、一九四四（昭和一九）年五月一五日、社団法人設立が認可され、新たに社団法人徳島新聞が設立された。同社役員には日本新聞會から編集局長（前川静夫・読売新聞出身）、業務部長（前田渡・萬朝報出身）が送り込まれた[222]。

新たな「徳島新聞」は同年六月一日付け朝刊で創刊号を発行したが、「新発足の言葉」と題して「社團法人は本来の目的として営利を目的とせず、社會公益を主眼とする経営体である。國家の公器、紙の弾丸たる新聞の本領は、この運営に移してこそ初めて遺憾なく発揮し得る」と社団法人の意義が強調されている。また同社の定款は「本社ハ皇國ノ道ニ則リ　國論ノ指導昂揚ト　國策ノ浸透推進ニ當リ　以テ公器タル新聞ノ國家的使命ヲ達成スルコトヲ目的トス[223]」と、国家と一体化した新聞の使命を強調している。

同県の統合は、県当局の強引な主導でライバル二紙が統合したが、その後に両紙の激しい主導権争いは続き、結局は日本新聞會が介入して「社団法人」へ改組したことを特徴としている。整理統合で「社団法人」の形態が採られた東京新聞社（昭和一七年一〇月）、埼玉新聞社（昭和一九年一〇月）は戦後に株式会社へ改組したが、徳島新聞は現在なお社団法人を継続している。内紛にもかかわらず発行部数は情報局関係資料「部数増減比較表」[224]では、一九四二（昭和一七）年一二月一〇日現在三万七二五七部が、一九四四（昭和一九）年四月一〇日現在四万〇五九五部と順調な伸びを示した。

島根県（「島根新聞」昭和一七年一月一日）

同県は「大阪新聞（大朝、大毎）さらに福岡（福岡日日）の県外移入紙が侵入、地元紙は松江市の松陽新報（民政党系）が山陰方面唯一の朝夕刊発行紙として存在し、山陰新聞（政友会系）がこれに次ぐ。発行部数は松陽新報一万二五〇〇部、山陰新聞八〇〇〇部、大朝一万九〇〇〇部、大毎一万八二〇〇部、福日五五〇〇部[225]」という分布であったが、一九四〇（昭和一五）年八月に読売新聞が山陰新聞を買収したことで「太平の夢をゆすぶられ、山陰は新體制を整えて松陽に争覇を挑み、松陽また陣容を立て直して用意怠らない[226]」へと変化した。情報局関係資料「普通日刊新聞紙頒布状況調[227]」（昭和一五年五月現在）は、中央（大阪・東京）紙三万七一〇二部（二八・九％）、地方（地元）紙七万四八〇〇部（五八・三％）、移入（他県）紙一万六二六二部（一二・八％）と、地理的（交通事情）要因などから地元紙が健闘している。

読売の社史は山陰新聞を買収したことについて「山陰新聞は古い（歴史を有した）地方新聞で、経営難のため正力社長に応援を求めてきたので財政援助を行った。だが、経営難は改善されず、ついに経営いっさいの引受け方を懇請されるに至った。本社としては通信網を強化するにさしたる効果はないが、九州日報を引受けようとする際でもあり、山陰文化の開発に微力を尽くしたい意向から経営を引受けるに至った。本社が経営し、正力社長が会長、社長は欠員とした[228]」と記している。読売経営の山陰新聞は読売本社企画部次長の市村謙一郎が編集局長兼支配人として「紙面を読売本紙と同型活字、一五段組に改め、小説、文芸、囲碁将棋欄を充実、プロ野球（巨人、阪神）の招請、藤原義江独唱会の無料公開、無料映画班の巡回など独特の事業企画と併行して紙数増加の作戦を展開、一年足らずして紙数一五乃至一六〇〇〇部を増加、まさに四割方の大増紙を達成した[229]」という。

読売の正力社長は松陽に対しても「内々譲渡の交渉」を持ちかけ、岡崎正臣社主もこれに応ずる姿勢を見せた。しかし同紙内では「山陰が読売の前に屈し郷土紙は松陽一紙のみの現状において、山陰の前轍を踏むことは出来ない」と反発が強く、これに県政財界人も「郷土人のための郷土紙を護れ」と同調し、同年一一月に県政財界を代表して山林資産家の田部朋之が岡崎から同紙を買い、経営に当たった。

県当局による整理統合は、大坪保雄知事が直接乗り出し、松陽、山陰両紙に非公式に統合を要請したが、松陽の若槻福義編集局長が強く反発し暗礁に乗り上げた。一九四一（昭和一六）年秋、大坪知事の「勧説はこれまで数回に及んだが、今度の統合勧説はもはや命令的でさえあった[230]」。県警察部長室で県警察部立会いの下で両紙の統合交渉が行われたが難航し、同年一二月八日の太平洋戦争開始を受けて県警察部が「今は一刻の躊躇も許されず、昭和十七年一月一日を以て必ず一紙創刊号を発行せよ」と迫った。このため一二月一五日、「株式会社島根新聞社創立に関する契約書」が大坪知事立会いで両紙によって交わされた。島根新聞の出資金は松陽五・五、山陰四・五、社長に田部（松陽社長）、会長に正力（山陰会長）が就いた。

同県はライバル二紙による統合だが、静岡県と同様に読売が地方紙を買収し、統合の当事者として交渉に参加していることが特徴で、社史は「編集局は市川局長ら読売の出向社員で占められ、戦時下の島根新聞の記事の多くは、読売からの提供記事掲載で埋められた[231]」と読売を批判している。同紙と読売の連繋は戦後の一九四六（昭和二一）年に読売が持ち株を売却し、解消された。情報局関係資料「部数増減比較表[232]」では、一九四二（昭和一七）年一二月一〇日現在一万五四六〇部で、一九四四（昭和一九）年四月一〇日現在二万四二九七部と安定している。

岩手県（「新岩手日報」昭和一七年一月一日）

同県は北海道に次ぐ面積で、地域ごとに地元紙が存在したが、なかでも県都盛岡市の岩手毎日新聞と岩手日報の両紙が有力紙として競い合ってきた。内務省がまとめた一九二七（昭和二）年一一月現在の調査では、「岩手毎日新聞一万七〇〇〇部、岩手日報一万三八六五部」と記している[233]。ともに政友会系であるが、同県出身の元首相原敬は毎日を盛り立て、日報を嫌ったことに始まり、両紙の経営権は岩手銀行が毎日を、盛岡銀行が日報を、それぞれ握るという銀行間の対立でもあった。

一九三一（昭和六）年の銀行パニックで岩手銀行が経営危機に陥ると、その煽りで毎日は一九三三（昭和八）年四月に廃刊した。一方の日報の親会社盛岡銀行も経営難で、同紙の財政も厳しい状態にあった。同銀行から日報へ営業部長として送り込まれた岩淵栄男を中心とした経営側と、後藤清郎主筆を中心とした編集側が対立し、一九三七（昭和一二）年に後藤らは「新聞人による新聞経営」を唱えて従業員組合を結成、翌一九三八（昭和一三）年一月に「新岩手日報」という題号で新たに新聞を発刊し、同年六月には組合を解散し、同紙を発刊する株式会社「新岩手社」を立ち上げた。銀行系の「岩手日報」と従業員組合の「新岩手日報」が併存して読者の獲得競争を演じたが結局、「岩手日報」が同年九月一日夕刊を最後に廃刊へ追い込まれた。こうして後藤を社長とする「新岩手日報」が日報に代わり県下の代表紙の地位を獲得した。なお同紙は戦後の一九五一（昭和二六）年九月、「新岩手日報」発刊五千号を記念し、題号を「岩手日報」に「復元」した。(234)

一九三九（昭和一四）年は「移入紙は東朝一万五〇〇〇部、東日一万二〇〇〇部、読売一万部などで、地元紙は県都盛岡市の新岩手日報が一万四二〇〇部と抜きんでているが、釜石、宮古、花巻など地方にもそれぞれ有力紙が存在する」(235)という状態である。情報局関係資料「普通日刊新聞紙頒布状況調」(236)（昭和一五年五月現在）は、中央（大阪・東京）紙四万二八五七部（七二・一％）、地方（地元）紙一万三三〇〇部（二二・三％）、移入（他県）紙三二三〇部（五・六％）と、東京紙の優勢を示している。

県当局は一九三八（昭和一三）年九月から新聞の整理統合に着手し、一九三九（昭和一四）年八月末までに普通日刊紙は盛岡、花巻、一関、宮古、釜石に各一紙程度に統合された。そのうえで県当局は、新岩手日報に同紙以外の普通日刊紙を吸収するよう要請し、一九四二（昭和一七）年一月一日までに岩手國民新聞（盛岡）、三陸日日新聞（釜石）、日刊岩手（花巻）、宮古新聞（宮古）、岩手日日新聞（一関）の日刊五紙その他旬刊、月刊三紙を買収し、一県一紙が完成した。社史は、その際に同紙は買収費を捻出するため増資をしたが、それには県警察特高課が協力したと記している。(237)

多数の新聞が存在し、それを地域ごとに一紙に整理統合し、そのうえで県都の有力紙である新岩手日報を軸に統合するという手順を踏んでいるが、同県の有力紙は新岩手日報しか存在せず、当初から新岩手日報が他紙を吸収することが構想され、交渉も容易に進んだ。その騒動で新岩手日報が分裂し、岩手日報が創刊された一九三八（昭和一三）年が事実上の「縣紙」の誕生といえる。情報局関係資料「部数増減比較表」(238)では、一九四二（昭和一七）年一二月一〇日現在二万四九二五部で、一九四四（昭和一九）年四月一〇日現在三万四七一三部と順調に推移した。

栃木県（「下野新聞」昭和一七年一月一日）

同県は「東京各紙の混戦地で、東朝、東日、読売三紙巴状戦をなし、報知これに次、中外、國民その他も入っている。地元紙の雄とせられる下野新聞も県外移入紙の急迫に油断を許さぬ状態にある」(239)とされる。情報局関係資料「普通日刊新聞紙頒布状況調」(240)（昭和一五年五月現在）は、中央（大阪・東京）紙九万八三五七部（九三・二％）、地方（地元）紙六八〇〇部（六・四％）、移入（他県）紙三三部（〇・三％）で、地元紙では下野新聞が抜きん出た存在だが、東京紙に圧倒的に侵食されて厳しい状態にあった。

地元紙は一九四〇（昭和一五）年春の段階で、県都宇都宮市に下野新聞、下野日報、栃木市に下野同盟新聞、足利市に両毛新聞、佐野町に野州新聞の五紙を数えたが、同年九月に両毛新聞、野州新聞が廃刊した。県特高課は下野新聞に残余の地元紙を買収・吸収するよう要請し、同紙は一九四一（昭和一六）年一二月までに残る下野日報、下野同盟新聞を吸収し、一九四二（昭和一七）年一月一日付け紙面で「一縣一紙実現　地方記事に万全」と一県一紙完成を宣言した(241)。このように同県の統合は、県都の有力一紙による吸収というタイプの典型例であり、社史は「一県一紙は資材難と広告収入の激減から、青息吐息の地方紙にはまさに救いの神であり、中央紙の攻略から身を守る楯ともなった(242)」と、率直に記している。

同紙は一県一紙完成を受けて、「野州官民の機関紙を標榜し、廣く縣下官公民の言論を代表し或ひはその尖兵となって上意下達下意上意に活躍、各種團體の機関紙性能をも兼ね備へることとし、縣廳の整理方針を促進せしめた。各團體は一斉に機關紙又は雑誌を廃刊し、下野新聞が一頁を献呈せる野州官民の機關紙欄に投稿して其の目的を完遂する理想的状態を現出した。この餘すところなき地方機關紙化は情報局にても、他縣の地方紙整理に模範的新聞として推賞している」と自讃している。この「野州官民の機關紙欄」という独特の欄は、「縣紙」として県当局や公的団体の官報の役目を果たすというもので、具体的には「六万の産業人は起つ　一月一日を期して皆勤運動開始（縣産業報國會）」「民間に巣喰う迷信を打破せよ（縣警察特高課）」などの記事が掲載されている。(243)(244)

さらに経営面では一九四二（昭和一七）年五月に資本金を三〇万円から一八万円に減額し、大毎の東京紙である東日が新資本金の九割（一七万四〇〇〇円）を出資したほかに運営資金（約一五万円）も融資し、印刷、その他機械、器具の整備、補強の面でも援助し、社長兼編集局長に同紙浦和支局長の小林萬之助が、宇都宮支局長の福嶋武四郎が専務兼営業部長に就くなど、東日の「系列化」に入った。島根、静岡県における読売のように、栃木県では下野新聞に対する反発は起きなかったが、それは東日のテコ入れがなければ経営が成り立たない状態にまで追い詰められていたためだ。同紙は現在も毎日の系列下にある。情報局関係資料「部数増減比較表」では、一九四二（昭和一七）年一二月一〇日現在一万四五一九部が、一九四四（昭和一九）年四月一〇日現在二万一三九〇部と増加し、「縣紙」としての体裁を整えたことを示している。(245)

青森県（「東奥日報」昭和一七年一月一日）

同県は「地理的関係から東京紙の脅威は比較的に希薄だとは言え、東朝、東日、読売、報知は青森版を有し、急行列車の運行開始以来午前七時四十五分には青森に到着する。さらに北海タイムスも青森版を持ち、河北新報は併買紙を持ち、地元紙は東京紙、県外紙の包囲下に置かれている。併し青森市の東奥日報（中立）は経営よろしきを得て頓に勢力を伸張し、縣下の代表的勢力として侵入軍と戦ひ、一重鎮として貫禄を示している。次に同紙の競争相手として青森日報（中立）があり、弘前市に弘前新聞（政友会系）、八戸市に八戸毎日などがある」[246]という分布状態である。情報局関係資料「普通日刊新聞紙頒布状況調」[247]（昭和一五年五月現在）は、中央（大阪・東京）紙三万一六〇一部（四三・三％）、地方（地元）紙三万八八七〇部（五三・三％）、移入（他県）紙二四三〇部（三・四％）と、県外移入紙の侵攻はあるが、青森市の東奥日報を最有力紙として各地域にそれぞれ地元紙が存在するという状態であった。

県特高課は一九三九（昭和一四）年に旬月刊紙を整理し、一九四〇（昭和一五）年には普通日刊紙について青森の東奥日報、青森日報、東北タイムスを除いて、ほかの市では一地方一紙の形態に整備し、一九四一（昭和一六）年一〇月から一紙へ統合の指導を始めた。一一月一〇日から東奥日報、青森日報、弘前新聞、八戸合同新聞の四紙の代表が集まり、統合への協議が開始された。しかし東奥日報を軸とした特高課の案について、青森日報らが強く反発し、一時は相当な紛糾を見せていた。成り行きが憂慮されたが、一二月二二日県警察部長室で行われた第四回会合で「滅私奉公の精神に則り、圓満なる解決點発見に努め成果をみた」[248]。青森日報らは一二月二五日で廃刊し、一九四二（昭和一七）年一月一日に東奥日報がこれらを吸収する形で同県の統合は完成した[249]。同県の統合は、東奥日報が最有力紙ではあるものの、長年のライバル紙の青森日報らが主導権確保を図って反発し、難航したことが特徴である。

東奥日報は「一縣一紙実現につき謹告」（昭和一六年一二月二五日付け）で「米英両國の世界制覇的野望は、遂に全人類を挙げて世界戦乱の渦中に投げ込み、その康寧を奪うに至りました。各新聞社は大乗的見地に立脚し、新たに発布された新聞事業令の趣旨に則り、其の事業を統合、東奥日報の名に於て一縣一紙を実現新発足し、以て新聞報國の大使命に邁進、誓って大東亜戦争を勝ち抜き興亜大事業完遂の國策に協力する事になりました」と統合の意義を記している。[250]同月八日の対米戦争開始が、「滅私奉公の精神」へと向かわせたことを、「謹告」は裏付けている。情報局関係資料「部数増減比較表」[251]では、一九四二（昭和一七）年一二月一〇日現在五万六八二二部が、一九四四（昭和一九）年四月一〇日現在六万三五〇一部と増加している。

岐阜県（「岐阜合同新聞」昭和一七年一月六日）

同県は「美濃と高山とにより成り、地勢上から見ると新聞経営には極めて不利な土地である。山岳の飛驒、美濃も半分が山岳地帯で交通頗る不便で、人口密集の平坦部、岐阜、大垣両市は名古屋に接近しすぎで、名古屋の新聞の攻勢に対する受難が多く、地元紙の苦心は並大抵ではない。有力地元紙の岐阜日日新聞は政友会系、岐阜新聞は民政党系で、社長（経営者）は対立的であったが、両紙の編集記者は親密な間柄で別段目立った反目などなかった[252]」という特徴がある。

『日本新聞年鑑（昭和一四年版）』でも「大阪と名古屋の挟撃を受け、概して不振を免れない。地元紙は岐阜市を根拠とする岐阜日日新聞が古くから固い地盤を有し全縣的に勢力を張り、また岐阜新聞は夕刊紙として特異の勢力を占め、つづいて岐阜縣新聞、飛驒毎日等がある。昭和一三年九月某官憲方面の推定は岐阜日日新聞五五〇〇部、岐阜新聞七五〇〇部、岐阜縣新聞五〇〇〇部、飛驒毎日新聞四〇〇〇部、美濃大正新聞二四〇〇部。県外移入紙の昭和一二年八月に於ける推定部数は新愛知三万八八〇〇部、大朝二万三八〇〇部、大毎二万一一〇〇部、名古屋一万六二〇〇部[253]」と記している。情報局関係資料「普通日刊新聞紙頒布状況調[254]」（昭和一五年五月現在）は、中央（大阪・東京）紙六万〇八〇一部（四六・九％）、地方（地元）紙一万七八六〇部（一三・七％）、移入（他県）

紙五万〇八七五部（三九・四％）と、静岡県と同様に、大阪紙に加えて名古屋紙の攻勢で、厳しい状態にあったことを示している。

県特高課による整理統合は「他県よりも遅れ、やや手ぬるい観がある」[255]と指摘されているが、当局は「岐阜日日新聞を主体として同紙が他紙を吸収統合する」との方針を定めて、一九四一（昭和一六）年一〇月に飛騨毎日新聞、一二月に岐阜新聞を、一九四二（昭和一七）年一月五日には美濃大正新聞を吸収統合し、題号を「岐阜合同新聞」と改め、これで同県の一県一紙は完成した[256]。

同県の統合は岐阜日日新聞が他紙を吸収した統合だが、県外移入紙に圧迫された状態だけに、歴史的に古い岐阜日日新聞を中心とした統合に吸収される側も抵抗感は比較的少なかった。それは「合同」という名称にも表れている。情報局関係資料「部数増減比較表[257]」では、一九四二（昭和一七）年一二月一〇日現在二万四六九一部が、一九四四（昭和一九）年四月一〇日現在三万一一五〇部と増加した。

第三章のまとめ

政府は内閣情報部を発展拡充させ、一九四〇（昭和一五）年一二月六日、内閣情報局を設立した。これにともない新聞統合の所管は、内務省から情報局に移された。

情報局は形式的には政府内の情報、宣伝部局のすべてを吸収、一元化したが、陸軍情報部は「陸軍報道部」に、海軍省軍事普及部は「海軍報道部」に、内務省警保局図書課は「検閲課」と各省は名称を変更して存続させ、情報局組織と二枚看板を掲げ、同一人物が兼務した。矛盾を内包した組織であったが、実質的には大きな力を有した。情報局では軍人が主導権を確保し、なかでも新聞の統制を任務とした第二部の部長吉積正雄陸軍少将はその中心に位置した。次長には電力統合を立案した革新官僚、奥村喜和男が就任し、メディア側から同盟社長の古野伊之助らが協力した。

情報局の意向を踏まえた古野の提唱で一九四一（昭和一六）年五月には、全国の新聞社で構成する自主的統制団体、日本新聞聯盟が結成された。新聞聯盟は最高協議・決議機関である理事會を中心に運営され、一四の有力新聞社幹部および情報局次長ら三人の政府関係者の計一七人の理事で構成した。新聞聯盟は発行部数の公開、新聞の共同販売（共販制）の実施、記者倶楽部の改編などの統制に取り組み、次々に実施した。

開戦準備の方針が御前会議で決定された同年九月、情報局は一九四一（昭和一六）年九月、新聞統合に関する「審議事項」を新聞聯盟に諮問し、ただちに審議を開始するよう促した。情報局の強い姿勢を前にし、新聞社側も、同問題に対応せざるをえず、これを契機として新たな事態が動き出すことになった。同盟の古野、新聞聯盟理事長の田中および奥村、吉積ら政府系理事で構成する小委員會が約一ヵ月かけて、新聞統合に関する案文を作成した。それは、一県一紙を新聞統合の原則とすることや、全国の新聞社を新聞共同會社に一元化することを内容としていた。

新聞共同會社設立という急進的な案は、電力統合を立案した実績を有した奥村が「民有國営」「資本と経営の分離」という考えを新聞統合へ投影させたことや、満州での言論統制に影響力を有した古野が満州弘報協會をモデルとして提示し考案されたと推測される。

新聞共同會社設立案について、地方紙は賛成したものの、全国紙は強く反発して理事會は紛糾した。結局、田中が新聞聯盟理事長の権限を行使して統裁文を示し、事態は収拾された。田中の統裁文は、焦点の新聞共同會社について見送りの考えを示す一方で、全国の新聞をすべて強制加盟させた新たな統制団体を設立することや社外持ち株の禁止、利潤の制限など具体的な統制策を提示している。田中は、統裁文を「田中意見書」として政府（東條内閣総理大臣兼内務大臣）に提出し、これを踏まえて政府は同年一一月に「新聞ノ戦時體制ニ関スル件」と題する戦時の言論統制の基本方針を閣議決定した。

一連の動きは、戦争遂行を志向する国家が言論統制を図ったのは事実であるものの、被統制者であるメディアが参加者として統制の具体案作成や実施に深くかかわったという事実を示している。新聞の自由な販売を制限する共販制の実施や、記者倶楽部の自治権のはく奪、戦時の言論統制の基本法令新聞事業令までも、メディア側が提言した案に基づき制定された。満州事変で開始された国家の上からの統制と下からのメディアの能動的参加が、この時期に結合一体化し、戦時期の体制が形成されたといえる。

メディアが能動的参加をした背景には、戦況報道を契機とした全国紙と地方紙の対立激化という要因が存在する。国家は全国紙と地方紙の対立激化を「新聞社相互ノ利害関係ヲ噛合サシム統制ヲ行ハシム」（「極秘　新聞統制具体案」）と統制構想が記したように、統制に利用した。その典型が新聞統合で、一県一紙の名分として「全国紙による淘汰を抑止し、地方紙を保全する」ことを掲げたが、一紙に統合した地方紙を当局の機関紙「縣紙」と位置づけ、戦争遂行の世論形成の道具として活用した。すべてではないものの地方紙の多くが統合に応じ、進んで「縣紙」の役割を担った。

第二段階（昭和一五年六月から昭和一六年八月）の期間に一県一紙を完成したのは一一県であり、第一段階で完成した鳥取県を合せても全体（四七都道府県）のいまだ四分の一にすぎない。

同段階で完成した一一県の統合は、「唯一の有力紙が、他の弱小紙を吸収統合するタイプ①」が四県（群馬、沖縄、山梨、福井)、「同規模のライバル二紙が統合するタイプ②」が二県(香川、佐賀)、「まず地域ごとに一紙に統合し、そのうえで有力な一紙あるいは二紙を軸に統合するタイプ③」が一県(富山)、「同規模の数紙が統合するタイプ④」が四県(埼玉、千葉、宮崎、奈良)——である。

県都の歴史ある有力一紙が他紙を吸収するタイプ①と、複数の弱小紙が統合するタイプ④という、相反するタイプの統合交渉が多いのが特徴である。この二つのタイプは、形態的には相反しているものの、比較的容易に、難航をともなわず統合できる点で共通している。第二段階の「昭和一五年六月~昭和一六年八月」という時期はいまだ、一県一紙が国策方針として決定されておらず、内務省にとっては「努力目標」にとどまり、表面的には新聞社側の「自発的意思」に基づくものとされた。そのため、二つのタイプは容易に、難航をともなわず統合できる県が、一県一紙を完成させたことを証している。

また同段階に一県一紙を完成させた県の全体に共通するのは、富山県に示されるように県当局側が統合に強い熱意を示したこと、また統合に対する地方紙の反発が、比較的薄く、むしろ全国紙や他県紙の侵食を受けて、このままでは「自然淘汰」されるという危機感が強く、埼玉、千葉、奈良の各県ではすでに淘汰されている状態で、生き残るために新聞用紙の安定供給など県当局の庇護への強い期待が存在した——ことが挙げられる。

県当局の対応はまちまちで、それは知事あるいは警察部長の熱意の濃淡が大きく作用した。富山県の矢野兼三知事、宮崎県の相川勝六知事に見られるように、「國策遂行」という意識に加えて、本省への覚えをよくしようという「点数稼ぎ」の官吏意識が働いていた。

一方の新聞側では、企業体としての力量が弱い、多くの新聞は悪徳不良紙、弱小紙と認定され、各県特高課によって有無を言わさず、廃刊あるいは統合を強要された。しかし、有力な地方紙は、自身は存続することを前提とし、公権力が国策として指導する統合を、全国紙に対抗しうる力量を倍化させる好機と捉えて進んでそれに呼応した。こうした経済的目論見だけでなく、「新聞報國」の名の下に国策順應への強い使命感を抱いて、「縣民指導機関紙」という上意下達の官報の役割を演じた。そうした意識は『新聞総覧（昭和一七年版）』に掲載された各紙の「縣の國策紙」（日向日日）、「縣民指導機関」（山梨日日）、「國策に順應する新聞報國の熱誠」（香川日日）という説明文からも浮かび上がる。そうした事実は、新聞統合を公権力による言論統制、弾圧という枠組みだけで捉えるのは単純にすぎることを示している。

第三段階前期は、「昭和一六年九月〜昭和一七年一月」と、わずか四ヵ月余と短期間だが、各県特高課の主導で一三県と、多くの県で一県一紙が実現した。統合は、タイプ①が六県（広島、岡山、兵庫、栃木、青森、岐阜）、タイプ②が三県（高知、徳島、島根）、タイプ③が四県（福島、静岡、愛媛、岩手）、だがタイプ④の県はまったく存在しない。タイプ①がもっとも多いが、これに該当する県では有力紙は一紙しか存在せず、一県一紙が実態では現出していた。このため県当局も鷹揚に構えてきたが、一県一紙が「國策」となり既成の事実化したことを受けて、県当局が急ぎ実現を図ったもので、容易に統合されている。これとは逆にタイプ②は、政友会系、民政党系と明治期以来競い合ってきた競争紙同士だけに双方が譲らず、強圧的に統合しようとする県当局との間で複雑な対立が展開され、徳島県では統合後にまで確執を継続している。

これまでの第一、第二段階と大きく異なるのは、太平洋戦争という緊迫した時代状況と、実施主体の県当局（県警察部特高課）が新聞事業令によって新聞の整理統合の法的根拠を手にしたことだ。一県一紙の実現を急ぐよう求められた県当局（県警察部特高課）は強圧的な姿勢を強くし、新聞側も「國策に順應した方が得策」あるいは「抵抗しても無駄」という意識が強まった。また、静岡、島根県のように地元紙を買収した全国紙の読売新聞が、整理統合交渉の場に当事者として参加し、その交渉を複雑化させた。戦時の言論体制実現を企図した情報局には、地方紙の育成および全国紙の地方進出の抑制という考えがあった。情報局の統制の裏をかき、地方紙を買収し、あくまで地方への進出を企てる全国紙の執念を見ることができる。

さらに高知、愛媛県のように同盟通信社が調停役として介入したことも、同段階の特徴の一つである。これは同盟社長古野伊之助が新聞聯盟の実力者として情報局に顔が利き、地方紙の実情に詳しく、何よりも地方紙に理解ある存在として、地方紙の間で受け止められていたことを示している。

第四章　新聞統合の完成——太平洋戦争開始後

本章では、太平洋戦争下に一体化した関係を結んだ国家とメディアが、戦時の言論統制を実施した動きを検証する。とくにメディア各社で構成する日本新聞會が統制規程を定めて自身の統制を実施することや、新聞會が日本新聞公社へ改組され、全国紙と地方紙が共同で新聞を発刊する持分合同が行われたことを取り上げる。そして新聞統合について、一九四二（昭和一七）年初頭には約半数の県でしか完成を見ていなかった一県一紙が、根拠法である新聞事業令を背景として、同年一一月までに全国の都道府県で完成された過程を明らかにする。

一　日本新聞會の設立

1　新聞事業令の制定

新聞事業令（図表32）は國家総動員法に基づく委任立法として、太平洋戦争開始直後の一九四一（昭和一六）

年一二月一三日に公布された。戦時言論統制の基本法令と称され、政府に新聞統合の法的根拠を与えると同時に、新聞統合の実務を担う統制団体の設立を明記しており、新聞統合にとって画期的な意味を有している。

新聞事業令公布後、政府は同月二〇日には「新聞事業令施行細則」を公布、さらに一九四二（昭和一七）年一月一〇日には、「内閣、内務省告示」で「新聞事業令第六条ノ規定ニ依ル團體ヲ設立スベシ　團體ノ設立ノ許可ヲ申請スベキ期限ハ昭和一七年二月二八日トス」と、日本新聞會の設立を命じるとともに、設立委員（新聞、通信三〇社）、会員（新聞一〇四社）を指定した。これを受けて既存の日本新聞聯盟は解散し、新たに日本新聞會が二月五日に創立総会を行い、同月一一日（紀元節を期して）業務を開始、正式発足した。こうした戦時の言論統制の一連の流れの節目に新聞事業令は位置している。

新聞事業令の制定に関して、情報局第二部長吉積の「新聞統合ニ関スル書類綴」には、五つの新聞事業令試案が綴じられている。[1] 五つの試案は、①「新聞事業統制令」（作成日付・昭和一六年一一月二五日、七条で構成）、②「新聞事業統制令」（一一月二八日、二四条で構成）、③「新聞事業令」（一二月一日、一二条で構成）、④「新聞事業ニ関スル勅令案要綱」（日付なし、九条で構成）、⑤「新聞事業令」（一二月二日、一〇条で構成）——で、五つの試案は名称や、構成条文の数は異なるものの、ほぼ同じ内容である。

最初の試案が作成された日付は、田中意見書が政府に提出された翌日に当たり、これは早い時期から情報局が事業令の制定に着手していたことがうかがえ、情報局と新聞聯盟との間に緊密な連携が存在したことを証している。

「新聞事業」という名称は緒方案から採ったことを先に指摘したが、①②試案で「新聞事業統制令」となっていた法令の名称は、③試案からは「統制」という言葉が省かれた。また新設される統制団体の名称も、②試案では「大日本新聞統制會」、③試案では「大日本新聞會」となっていたものが、⑤試案では条文からは省かれ、欄外に「団体名称ハ本會ニテ規定」などという手書きの書き込みがなされている。結局、条文では「団体」とするにとどめている。

団体の名称から「統制」という言葉が省かれた経緯について、日本新聞會の専務理事を務めた岡村二一は「政府は『新聞統制會』でやってくれと言うんです。どこの団体も鉄鋼統制會とか繊維統制會とうたっていましたから。僕は（懇意だった情報局第二部一課長・陸軍大佐）松村秀逸に『新聞統制會としたら国民が、新聞まで統制されている。統制されている新聞に書いてあることが当てになるかと思う』、『言論人として耐えがたい恥辱だから統制を外してくれ』と頼んだ」[2]とメディア側の要請によると証言、一方で情報局幹部の宮本吉夫は「一般の重要産業では、この種の団体は統制會の名が付されたが、新聞の自主性を重視する建前から、とくに新聞については統制の名を削除した[3]」と情報局の判断と記している。

新聞事業令（**図表32**）は一二条で構成され、①新聞統合を進めるため「主務大臣（内閣総理大臣及び内相）が新聞事業の統廃合などを命じる権限を有する」、②統制の実務を担当する新聞業界の統制団体について「主務大臣（内閣総理大臣及び内相）は國策の立案、遂行を目的とした団体の設立を命じる権限を有する」――の二本柱からなっている。

まず、「新聞事業」を「時事ニ関スル事項ヲ掲載スル新聞紙ノ発行ヲ目的トスル事業」（第二条）と定義し、第三条で新聞の発行を従来の届け出制から「許可制」と改め、事業の委託、共同経営、譲渡、廃止、休止も主務大臣の許可が必要であることを、第四条では主務大臣が整備の必要を認めたときに、事業の譲渡、譲受、合併を命令する権限、協議が紛糾した際には裁定する権限を、第五条では命令、裁定に従わない事業主に対し、廃止、休

新聞事業令

（出典）『現代史資料　マス・メディア統制』

昭和一六年一二月一三日

勅令第千百七号

第一条　國家総動員法第一六条ノ三ノ規定ニ基ク　新聞事業ノ開始、委託、共同経営、譲渡、廃止又ハ休止ニ関スル命令及新聞事業ヲ行フ法人ノ目的変更、合併又ハ解散ニ関スル命令、同法第一八条ノ規定ニ基ク新聞事業ノ統制ヲ目的トスル団体等ニ関スル命令及当該団体ニ関シ必要ナル事項　竝ニ同法第一八条ノ三ノ規定ニ基ク新聞事業ノ譲渡又ハ新聞事業ヲ営ム会社ノ合併ニ付テノ租税ノ軽減ニ付テハ本令ノ定ムル所ニ依ル

第二条　本令ニ於テ新聞事業ト称スルハ　時事ニ関スル事項ヲ掲載スル新聞紙ノ発行ヲ目的トスル事業ニシテ　命令ヲ以テ定ムルモノヲ謂フ

第三条　新聞事業ヲ開始セントスル者ハ　主務大臣ノ許可ヲ受クベシ　新聞事業主其ノ委託、共同経営、譲渡、廃止又ハ休止ヲ為サントスルトキ　亦同ジ

新聞事業ヲ行フ法人ノ目的変更、合併又ハ解散ノ決議ハ　主務大臣ノ認可ヲ受ケルニ非ザレバ其ノ効力ヲ生ゼズ

第一項ノ許可及前項ノ許可ニ関シ必要ナル事項ハ　命令ヲ以テ之ヲ定ム

第四条　主務大臣　新聞事業ノ整備ノ為　必要アリト認ムルトキハ　命令ノ定ムル所ニ依リ　新聞事業主ニ対シ事業ノ譲渡若ハ譲受又ハ会社ノ合併ヲ命ズルコトヲ得

前項ノ協議調ハズ又ハ協議ヲ為スコト能ハザルトキハ　主務大臣之ヲ裁定ス　協議ハ主務大臣ノ許可ヲ受クルニ非ザレバ　其ノ効力ヲ生ゼズ

第五条　左ノ各号ノ一ニ該当スルトキハ　主務大臣ハ当該新聞事業主ニ対シ　其ノ事業ノ廃止又ハ休止ヲ命ズルコトヲ得

図表32

一　前条第一項ノ規定ニ依ル命令又ハ同条第二項ノ規定ニ依ル裁定ニ従ハザルトキ
二　第六条ノ規定ニ依ル団体ノ定款又ハ統制規程ニ違反シタルトキ
三　当該新聞事業ノ運営ガ國策ノ遂行ニ重大ナル支障ヲ及ボシ又ハ及ボスノ虞アルトキ
前項ノ処分ハ予メ警告ヲ為シタル後　之ヲ行フ
第六条　主務大臣ハ命令ノ定ムル所ニ依リ　第八条ノ規定ニ該当スル者ニ対シ　新聞事業ノ綜合的統制運営ヲ図リ　且新聞事業ニ関スル國策ノ立案及遂行ニ協力スルコトヲ目的トスル団体ノ設立ヲ命ズルコトヲ得
第七条　前条ノ規程ニ依ル団体ハ　其ノ目的ヲ達スル為　左ニ揚グル事業ヲ行フ
一　新聞紙ノ編輯其ノ他　新聞事業ノ運営ニ関スル統制指導
二　新聞事業ノ整備ニ関スル指導助成
三　新聞共同販売其ノ他　新聞事業ニ関スル共同経営機関ノ指導助成
四　新聞記者ノ登録　竝ニ新聞従業者ノ厚生施設及養成訓練ノ実施
五　新聞用紙其ノ他ノ資材ノ配給ノ調整
六　新聞事業ノ向上ニ関シ必要ナル調査研究
七　其ノ他　本団体ノ目的ヲ達スルニ必要ナル事業
第八条　第六条ノ規定ニ依ル団体ノ会員タル資格ヲ有スル者ハ　左ニ揚グル者ニシテ　主務大臣ノ指定スルモノトス
一　新聞事業主
二　新聞事業主ニ対シ報道事項ノ供給ヲ為スヲ目的トスル事業　其ノ他新聞事業ニ関係アル事業ノ事業主
第九条　重要産業団体令第八条第二項及第九条乃至第三六条ノ規定ハ　統制會ノ會員タル団体ヲ組織スル者ニ関スル部分ヲ除キ　第六条ノ規定ニ依ル団体ニ之ヲ準用ス　但シ閣令トアルハ命令トス

図表32　（つづき）

第一〇条　第四条第一項ノ規定ニ依ル命令ニ基キ　左ノ事項ニ付登記ヲ受クル場合ニ於テハ　其ノ登録税ノ額ハ左ノ額トス
一　合併ニ因ル會社ノ設立
二　合併ニ因ル會社資本ノ増加
三　新聞事業ノ譲受ノ場合ニ於ケル不動産ニ関スル権利ノ取得
第一一条　本令中　主務大臣トアルハ内地ニ在リテハ内閣総理大臣及内務大臣トシ　朝鮮、台湾、樺太又ハ南洋群島ニ在リテハ各朝鮮総督、台湾総督、樺太庁長官又ハ南洋庁長官トス
第一二条　略

止を命じる権限を定めている。この規定は、それまで法的根拠を有していなかった新聞統合が、これではじめて法的根拠を有した重要な意味をもっている。とくに命令、裁定に従わない事業主に対し、廃止、休止を命じる権限は、対象となる新聞社から統合に対する「拒否権」「抵抗権」をはく奪することを指していた。実際に同条項を適用された新聞社はないものの、対象新聞社に「抵抗しても無駄」という大きな心理的圧力を与えた。

一方で事業令は、主務大臣は新聞事業の「綜合的統制運営」を図り、「國策ノ立案及遂行ニ協力」することを目的とした統制団体の設立を命じる（第六条）とし、団体が行う事業（第七条）として、①新聞紙ノ編輯其ノ他新聞事業ノ運営ニ関スル統制指導、②新聞事業ノ整備ニ関スル指導助成、③新聞共同販売其ノ他　新聞事業ニ関スル共同経営機関ノ指導助成、④新聞記者ノ登録　竝ニ新聞従業者ノ厚生施設及養成訓練ノ実施、⑤新聞用紙其ノ他ノ資材ノ配給ノ調整、⑥新聞事業ノ向上ニ関シ必要ナル調査研究、⑦其ノ他　本団体ノ目的ヲ達スルニ必

要ナル事業――を挙げている。ここに挙げられた事業は、閣議決定した戦時の言論統制の基本方針（「新聞ノ戦時體制ニ関スル件」）のすべてを盛り込んでおり、条文に記された「國策ノ立案及遂行ニ協力」を目的とした統制団体とは、政府の言論統制を代行する権限を統制団体に付与することを意味していた。統制を統制対象の業界自身に委ねる方式は、「重要産業団体法」（昭和一六年九月一日公布）に基づき設置された鉄鋼統制会、石炭統制会など主要産業業界の統制会で実施されており、情報局が主要産業の統制会をモデルに発案したことを示している。事業令に関連して公布された「新聞事業令施行細則」（昭和一七年一月五日）では、新聞紙の発行回数を毎月一〇回以上と規定し、新聞事業の経営は法人組織に改組するよう求め、経営者も新聞事業以外の営利事業との兼業を禁止された。

さらに政府は「内閣、内務省告示」（昭和一七年一月一〇日）で、日本新聞會の会員となる一〇四の新聞社を指定しているが、この「一〇四」という数字は、同時期の段階で存在した主要な「普通日刊紙」が全国で一〇四紙（社）ということであり、同時に「會員」として指定された一〇四紙（社）のなかで、いまだ一県一紙を実現していない新聞社に対して、整理統合を急ぐよう求めた。内閣、内務省告示がなされた時点で一県一紙が実現していたのは、四七都道府県のうち、半分強（五三％）の二五県で、残りの二二都道府県には東京、大阪、札幌、名古屋、福岡の五大都市が含まれ、いずれも統合は難航が予想されていた。

この他に政府は「情報局第二部長吉積正雄　内務省警保局長今松治郎」の連名で都道府県知事宛に同法令の施行に関して細かい指示を通達（同年一月五日付け）で出したが、一県一紙について「新聞事業整備統合未済ノ地方ニ於テハ　概ネ地方新聞（所謂全国新聞ヲ除ク）タル普通日刊新聞紙ハ　出来得ル限リ一道府県一紙ノ実現ニ努力セラレ度　尚其ノ地方ノ事情ニ依リ　管内ニ二紙以上ヲ必要不得止ト認メラルルニ於テハ　一月末日迄ニ其ノ事情ヲ具申打合セノコト」[4]と、例外を認めることも検討することを示している。難航を見越して、この時点では検討課題としたのであろう。

新聞事業令は公布される前、一九四一（昭和一六）年一二月一〇日に首相官邸で開かれた國家総動員法審議會の審議に付された。その席で中島彌団次議員は「この案は言論の自由を奪うものだ」と反対意見を述べたが、その最中にマレー沖海戦の勝報が伝えられて議場は総立ちとなり、中島も反対演説を中止し、同法令は「劇的な空気の中に全会一致で可決した」[5]という。

情報局第二部長の吉積は、同法令が公布された同月一三日の夜、日本放送協会のラジオ放送に出演し、公布の意義などを説明した。「現在の日本の姿は申すまでもなく朝野一體であり、官民一體である。朝野に分かれて論陣を張る時代は過ぎ去ったのである。細かいことや下らぬことを暴露したりするのが言論の任務ではない。社会の木鐸としての矜持をもって邁進することが言論界の最大任務である。新聞聯盟は最近、新聞の新體制に関する根本問題について、政府に意見を具申して来た。新聞界の人々が過去の複雑なる経緯を超越して、政府の命令によらず、率先この挙に出たことは、よき意味における新聞界の英断である。従って政府は、この新體制を促進するための根拠を興へる必要を認め、この度、総動員法による勅令を公布した。新聞界の人々は徒に架空の理想に走らず、過去の因襲に捉われず、自社、個人の利害を超越して粛々實行に移して行くことと考へるが、一般國民諸君も充分の御協力をお願ひしたい」[6]など、あくまで新聞界側が自発的に意見を具申し、政府はこれを受けて事業令を公布したと強調している。

事業令に基づいて設立された日本新聞會（以下、新聞會）は一九四二（昭和一七）年二月五日午後二時、帝国ホテルで設立総会を開き、定款、初年度収支予算などを承認、同日夜には東條首相が総会出席者全員を首相官邸に招き晩餐会を行った。席上、東條首相が、会長に新聞聯盟の田中理事長を任命すると発表した。会長候補は新聞聯盟の理事会が無記名連記投票を行い、田中のほかに古野、緒方、徳富蘇峰、城戸元亮、小山松寿の六人を候補として主務大臣（首相）に意見具申しており、このなかから主務大臣が選び任命する形が取られた。(7)

東條首相は「今日國運を賭する大戦争を完遂して、大東亜永遠の安定を築き上げんがためには、國内の産業、経済、文化、あらゆるものを國策に即應集中し、國家の総力を挙げて最高度に発揮するやうに努めなければならぬ。國論指導の重責を有する新聞の使命は一層その重大性を加ふるものと云はねばならぬ。我國の新聞界は過去においては、本来の公器たるべき使命に背馳するかの如き観を呈したことも、必ずしもないではなかったのであるが、今や諸君においては徒に嘗套に捉われず、時代の要求に即應し、公正妥當なる態度を以てこれが運営に萬全を期し、新聞界の歴史に一新紀元を畫せんとしておられるのである。政府においても新時代に即して新聞事業の発展を助長し、紙面には溌剌性を加へ、益々それぞれ特異性を発揮する如く指導する所存である。政府と相携へて新聞界の飛躍的発展を具現されんことを希望して止まぬ(8)」など脅しを含んだ言い回しで、協力を要請した。

このように新聞會は、以前の業界組織である新聞聯盟が自主的統制団体であったのに対し、新聞事業令に基づいて政府の命令で設立され、人事はじめ活動も政府の管轄下に置かれた団体であった。

定款（図表33）は、第一条で新聞會の目的を「會ハ新聞事業ノ國家的使命達成ノ為　必要ナル綜合的統制運営ヲ圖リ　且新聞事業ニ關スル國策ノ立案及遂行ニ協力スルコト」を挙げている。当時（昭和一七年四月）発刊された『日本新聞會の解説』によると、第一条は「大東亜戦争といふ有史以来未曾有の難局に遭遇せる現段階に於ては、新聞個々の利益を犠牲にしても、より高次的な業界全體としての総力を國家目的に集中しなければならない。新聞會は斯かる國家の要請に即應して會員個々の利益に拘泥せず、業界全體を綜合的に考慮しつつ大局を導

新聞會定款

（出典）日本新聞會事務局『日本新聞會便覧』

第一章　総則

第一条　本會ハ新聞事業ノ國家的使命達成ノ為　必要ナル綜合的統制運営ヲ圖リ　且新聞事業ニ關スル國策ノ立案及遂行ニ協力スルコトヲ目的トス

第二条　本會ハ新聞事業令ニ依リ設立シ　日本新聞會ト稱ス

第三条　本會ハ事務所ヲ東京都ニ置キ　必要ニ應ジ　支部又ハ出張所ヲ設クルコトヲ得

第二章　會員

第四条　本會ハ左ニ掲グル者ニシテ主務大臣ノ指定スルモノヲ以テ會員トス

一　新聞事業主

二　新聞事業主ニ對シ　報道事項ノ供給ヲナスヲ目的トスル新聞事業ノ事業主

三　其ノ他　新聞ニ關係アル新聞事業ノ事業主

第三章　事業

第五条　本會ハ第一条ノ目的ヲ達成スル為　左ノ事項ニ關スル事業ヲ行フ

一　新聞紙ノ編輯其ノ他　新聞事業ノ運営ニ關スル統制指導

二　新聞事業ノ整備ニ關スル指導助成

三　新聞共同販売、廣告共同取扱其ノ他　新聞事業ニ關スル共同経営機關ノ指導助成

四　新聞記者ノ登録　竝ニ新聞従業者ノ厚生施設及養成訓練ノ実施

五　新聞用紙其ノ他ノ資材ノ配給ノ調整

六　新聞事業ノ向上ニ關シ必要ナル調査及研究

図表33　日本

七　法令又ハ政府ノ命ジタル事項
八　其ノ他　本會ノ目的ヲ達スルニ必要ナル事項
本會ハ前項各號ニ掲グル事項ニ關シ　必要アルトキハ政府ニ意見ヲ具申ス
第六条　會員ノ事業ニ關スル統制ニ付テハ　別ニ統制規程ノ定ムル所ニ依ル

第四章　役員

第七条　本會ニ左ノ役員ヲ置ク
會長　一人
理事　六人以内
監事　二人以内
評議員　若干人
参與　若干人
第八条　會長ハ　銓衡委員ノ推薦シタル者ノ中ヨリ　主務大臣ノ命シタルモノトス
理事ハ新聞事業ニ關シ経験アル者及学識アル者ノ中ヨリ會長之ヲ命ジ　主務大臣ノ認可ヲ受クルモノトス
評議員ハ新聞事業ニ關シ経験アル者及学識アル者ノ中ヨリ會長之ヲ命ズ
監事ハ評議員其ノ過半数ノ同意ニ依リ之ヲ選任ス
参與ハ主務大臣ノ推薦ニ依リ　會長之ヲ委嘱ス
第九条　會長、理事長及理事ノ任期ハ三年トシ監事及評議員ノ任期ハ二年トス
第一〇条　會長、理事長及理事ハ専任トス
第一一条　會長ハ本會ヲ代表シ新聞事業ノ統制指導其ノ他ノ會務ヲ総理ス

図表33　（つづき）

第五章　総會
第一二条　第一三条　第一四条　略
第六章　評議員會
第一五条　第一六条　略
第七章　委員會
第一七条　本會ニ編輯又ハ業務其ノ他ニ關スル委員會ヲ置ク
委員會ハ新聞ノ編輯又ハ業務其ノ他ニ關スル重要事項ヲ審議シテ會長ニ意見ヲ具申シ又ハ會長ノ諮問ニ應ズ
第八章　事務局
第一八条　本會ハ事務ヲ處理スル為　本會ニ事務局ヲ置ク
第一九条　第二〇条　略
第九章　會計
第二一条　第二十二条　第二十三条　第二十四条　略
第一〇章　解散及清算
第二五条　第二六条　第二七条　第二八条　第二九条　略

第一一章　違約處分
第三〇条　本會ハ定款又ハ統制規程ニ違反シタル會員ニ對シ　過怠金ヲ課スルコトヲ得

き統制運営の適正調和を圖る業界の一元的團體といひ得る。さらに業界人の豊富な知識経験技術を動員し、政府の諸計畫立案に參畫し、その實施に關する實行方策を樹て責任を以て其の遂行に當ることを明示している」(9)ということになる。

第五条で会の事業を掲げているが、これは新聞事業令第七条で団体の事業として指示されていたのを受けたもので、①新聞社の法人化、社外持ち株の禁止など新聞社の「體質改善」、②新聞の整理統合・一県一紙の実現、③共同販売、広告共同取扱いの強化、徹底、④記者登録制の実施、記者の錬成・鍛練、⑤新聞用紙、資材の配給調整――を定めている。新聞を「國家の公器」と位置づけ、その「資本制覇を除く」ために構想された事柄がすべて網羅されている。この構想は、朝日の緒方が考案し、その案を新聞聯盟の田中が取り入れ「意見書」として政府へ提出し、これを受けて政府は「新聞ノ戦時体制強化ニ関スル件」という戦時統制の基本方針を決定し、新聞事業令が公布されたという一連の流れの集大成であり、基本方針に盛られた事柄のすべてが含まれている。

組織は（**図表34**）のようなもので、會長を頂点に専任理事（三人）、事務局が設けられた。事務局長は理事長が兼務し、直轄として庶務、経理課を置いたほか、総務部（整備、用紙、考査課）、編輯部（編輯、錬成、厚生課）、業務部（普及、廣告、資材課）の三部三課で構成した。具体的には、會長・田中都吉（中外商業）、理事長・不破礎磨太（電通）、理事・岡村二一（同盟）、浦忠倫（福岡日日）という顔ぶれである。不破は同盟から電通へ移った

図表34　日本新聞會　組織図

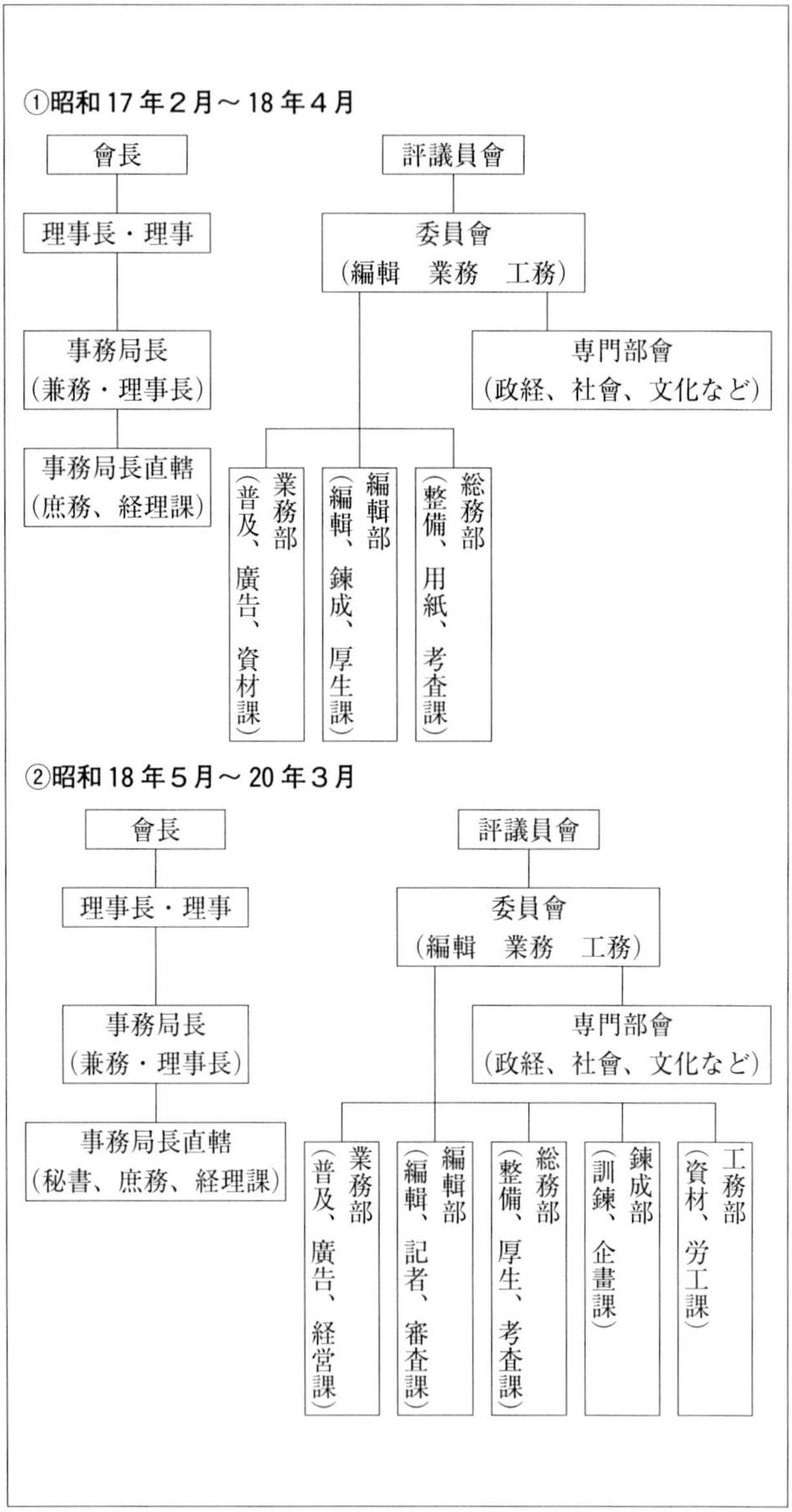

人物で、岡村と同じように聯合（通信社）以来の同盟社長古野の腹心、浦は[10]陸軍経理学校卒の主計将校から福日へ入社という経歴をもち、情報局の陸軍高級将校の吉積、松村とは懇意な間柄であり、田中を含めていずれも古

野と関係が深く、新聞聯盟と同様に新聞會も古野が実権を掌握した。

また三八社の社長級で構成する評議員會も置かれた。新聞聯盟では一四社の社長級で構成する理事会が決定権を有していたが、新聞會では単なる会長の「諮問機関」としての存在でしかなかった。評議員會には、政府側の情報局次長、情報局第一、二、三、四部長および内務省警保局長の六人が「参与」として参加した。局長級の編輯、業務、工務の三つの「委員會」、部長級の政経、社会、整理、外報、写真、地方、体育、文化、普及、廣告、資材、労務、技術の一三の「専門部會」も設けられた。委員會には、評議員會と同様に、政府側から情報局の担当課長が二名、参与として加わった。

事務局は一九四三（昭和一八）年五月には組織が改編され、部課の拡充がなされた。事務局長の直轄として秘書、庶務、経理課、ほかに総務部（考査、整備、厚生課）、編輯部（編輯、記者、審査課）、業務部（普及、廣告、経営課）、工務部（資材、労工課）、錬成部（訓錬、企畫課）――と五部一三課で、編輯部に記者、審査課を置き、錬成部を独立させたのは新聞の整理統合が一段落し、記者登録制や記者錬成の実施に力を移したことを反映しているが、何より権威ある組織としての体裁を整えようという意図に基づいていたとみられる。

2　統制規程

新聞會の特徴が象徴的に示されているのが、「統制規程」（**図表35**）である。同規程は一九四二（昭和一七）年二月二六日の第一回目の評議員會で大筋の了解が得られ、三月六日に會長が同案をほぼ原案どおり認可し、翌七日から施行された。

「規程の首尾を一貫するものは、新聞は須らくその公益性に還元せよといふことである。言い換えれば、営利

聞會統制規程

（出典）日本新聞會事務局『日本新聞會便覧』

定款第六条所定の統制規程は左記の通りであるが、これは會員の事業をいかに統制し、いかに指導するかの基準を大綱的に規定した基本的指針であり、會員社は之に遵則しなければならぬ。若し反則すれば國家総動員法に抵触するものである。

第一条　本規程ハ新聞事業令ニ基キ　本會會員ノ事業ノ統制ニ關シ必要ナル事項ヲ定ムルモノトス

第二条　新聞事業ニ従事スル者ハ　新聞ノ國家的使命ヲ體シ　其ノ公器タル性格ヲ確立昂揚スベシ

第三条　會員其ノ新聞事業ヲ　共同経営、譲渡、禁止又ハ休止セントスルトキハ　豫メ會長ニ届出ヅベシ
　其ノ法人ノ目的變更、合併又ハ解散ヲ為サントスルトキ亦前項ニ同ジ

第四条　會員ハ凡テ法人組織トシ　會長ノ指示スルモノヲ除クノ外　其ノ株式又ハ持分ハ　役員及従業員ニ於テ全額ヲ保有スルコトトスベシ

會員タル法人ノ　總會ニ於ケル議決權及役員選出ニ關シテハ　其ノ定款中ニ左ノ如キ既定ヲ設クベシ

一　出資者（株主、社員等ヲ含ム）ノ議決權ハ　法令ニ従ヒ成ベク最小限度ニ制限スベシ

二　役員ハ新聞事業ニ経験アル者ノ中ヨリ選任シ　其ノ被選任權ハ總會ニ於ケル議決權ノ有無ニ拘ラザルモノトス

第五条　會員タル法人ノ代表者又ハ編輯責任者ハ　新聞事業令施行規則第二条ニ規定スル条件ノ外　左ノ条件ヲ具ツル者タルコトヲ要ス　但シ本規程施行以前ニ於テ　其ノ職ニ就キタル者及會長ノ承認ヲ得タル者ハ此ノ限ニ在ラズ

一　新聞事業ニ従事シ　五年以上ヲ経過シタルコト

二　不都合ノ廉ニヨリ　本會ノ新聞記者登録ヲ取消サレタル者ニ非ザルコト

三　破廉恥罪ノ前科ヲ有セザルコト

四　政治的若ハ思想的結社ニ加入シ在ラザルコト

図表35　日本新

第六条　會員タル法人ノ定款變更又ハ役員若ハ編輯責任者ノ在免ハ豫會長ニ届出ズベシ
第七条　會員タル法人ノ利益ノ配當ハ出資ニ對シ　年六分以内トシ　豫メ會長ニ届出ヅベシ
第八条　會員ハ新聞事業ト關聯ナキ他ノ営利事業ヲ行フコトヲ得ズ
第九条　會長ハ新聞事業ノ國家的使命達成上必要アリト認ムルトキハ　會員ニ對シ　新聞紙面又ハ経営ノ改善ニ關シ　必要ナル事項ヲ指示スルコトヲ得
第一〇条　會員ガ増資、減資又ハ社債ノ募集ヲ為サントスルトキハ　會長ノ承認ヲ受クベシ
第一一条　會員タル法人ガ其ノ業務ニ必要ナル土地家屋又ハ設備ヲ他ヨリ貸借セントスル場合ハ其ノ賃借契約ニ關シ豫メ會長ノ承認ヲ受クベシ
其ノ契約ニ關シ紛議ヲ生ジ當事者間ニ解決シ得ザル場合ハ　凡テ會長ノ決済ニ服スル旨ノ規定ヲ設クルヲ要ス
第一二条　會員ノ発行スル新聞紙ハ　會長ノ指定スル方法ニ依リ共同販売ヲ為スベシ
第一三条　會員ハ本會ノ新聞記者登録ヲ受ケザル者ヲ新聞記者トシテ使用スルコトヲ得ズ
新聞記者登録ニ關スル事項ハ別ニ之ヲ定ム
第一四条　會長ハ會員ノ事業ニ従事スル者ヲシテ　其ノ指定スル機關ニ於テ養成又ハ訓練ヲ受ケシムルコトヲ得
第一五条　會長必要アリト認ムトキハ　會員に對シ技術ノ改善公開ニ關シ必要ナル事項ヲ指示スルコトヲ得
第一六条　會員ハ一定期間毎ノ事業状況及収支豫纂ヲ記載シタル書類ヲ　會長ニ提出スベシ
第一七条　會員ハ毎事業年度経過後遅滞ナク　株主及資者名簿、財産目録、貸借對照表、営業報告書、損益計算書、利益金ノ處分ニ關スル書類及當該事業年度ノ収支決算ニ關スル書類ヲ會長ニ提出スベシ
第一八条　會長新聞事業ニ關スル事項ノ調査ニツキ必要アリト認ムルトキハ　會員ニ對シ　必要ナル資料ニ提

図表35　（つづき）

出ヲ命ズルコトヲ得
　資料ノ提出ヲ命ゼラレタル會員ハ遅滞ナク報告ヲ為スベシ
第一九条　會長必要アリト認ムルトキハ　本會ノ役員又ハ使用人ヲシテ　會員ノ業務若ハ財産ノ状況又ハ帳簿書類其ノ他ノ物件ヲ検査セシムルコトヲ得
　會員ハ検査ヲ拒ミ妨ゲ又ハ忌避スルコトヲ得ズ
第二〇条　會長新聞事業ノ國家的使命達成上又ハ其ノ発達ヲ圖ル為　特ニ必要アリト認ムルトキハ別ニ定ムル所ニヨリ會員ニ對シ　補助金ヲ交付スルコトヲ得
第二一条　會長會員タル法人ノ理事取締役其ノ他法人ノ業務ヲ執行スル役員又ハ編輯責任者ノ行為ガ左ノ各號ニ該當シ　新聞事業ノ統制運営上特ニ支障アリト認ムルトキハ　主務大臣ノ認可ヲ受ケ當該法人ニ對シ　其ノ役員又ハ編輯責任者ノ解任ヲ命ズルコトヲ得
　一　法令又ハ法令ニ基キテ為ス行政官廳ノ處分ニ違反シタルトキ
　二　公益ヲ　害シタルトキ
　三　統制規程ニ違反シタルトキ

附則

本規程ハ昭和一七年三月七日ヨリ　之ヲ施行ス
本規程ニ依リ會員中　其ノ定款ノ改正、法人ノ設立　其ノ他特別ノ手続ヲ為スノ要アル者ハ　施行ノ日ヨリ六箇月以内ニ　之ヲ行フベキモノトス性、利己主義の脱皮でもある。明治以来、新聞は自主獨立を信條としたが、経営自立に精進するの余り、次第に公器たるべき性格を希薄にしたのである。これは本末転倒である。経営基礎の確立もとより大事である。だがより必要な事は公益機關たるの性格である。此の性格を確立昂揚するのは如何なる方法を採るべきであるか、曰く資本と経営の分離であると指示し、その實行を迫った」というものだ[11]。要するに「國家の公器としての新聞の斯くあらねばならぬという具体的規範を示し、全てこれに準拠して更生することを強制」[12]する内容となっている。

新聞會事務局が編纂した『日本新聞會便覧』（昭和一九年一二月発刊）に掲載された「日本新聞會統制規程」では、規程の条文の前に「これは會員の事業をいかに統制し、いかに指導するかの基準を大綱的に規定した基本的指針であり、會員社は之に遵則しなければならぬ。若し反則すれば國家総動員法に抵触するものである」[13]という文章が添えられ、この規程が統制の「基本的指針」であり、違反は法律（國家総動員法）に反することを意味し、同法の罰則規定に従い処罰されると警告を発し、また規程の「附則」では「本規程ニ依リ會員中　其ノ定款ノ改正、法人ノ設立　其ノ他特別ノ手続ヲ為スノ要アル者ハ　施行ノ日ヨリ六箇月以内ニ　之ヲ行フベキモノトス」と、早期実施を強要している。統制の対象である新聞業界自身が、「國策遂行代行機関」と称し、強い調子で命令している統制規程に、日本新聞會の特徴が集約されている。

規程は第二条で「新聞事業ニ従事スル者ハ　新聞ノ國家的使命ヲ體シ　其ノ公器タル性格ヲ確立昂揚スベシ」と明記しているが、『日本新聞會の解説』によれば「新聞事業は紙面から見ても、経営の側面から見ても立派な公の機關たるに恥ぢざるやう、明朗にして力強いものにしなければならない。それには人も組織も従来の個人主義、営利本位的なものを根底から清掃して新聞の本質に帰らねばならない。本条はこの點を抽象的ではあるが、簡単に指示して新聞人の新たなる覚悟を促したものである」[14]という解釈となる。

第三条は「會員其ノ新聞事業ヲ　共同経営、譲渡、禁止又ハ休止セントスルトキハ　豫メ會長ニ届出ヅベシ　其ノ法人ノ目的變更、合併又ハ解散ヲ為サントスルトキ亦前項ニ同ジ」と、新聞會が新聞の整理統合に積極的に関与する意思を示している。届出としたのは「斯かる重要事項を會員個々の意思に放任するが如きは許されぬ處であって、新聞部門の統帥府といふべき會長は、必要に依って之に對し命令又は指示を加へる」という理由とされる。[15]

第四条は「経営と資本の分離」の完全実施を強要した条項である。「會員ハ凡テ法人組織トシ」と匿名組合の個人組織は認めず、株式会社あるいは有限会社へ改組するよう求めた。そのうえで「會長ノ指示スルモノヲ除クノ外　其ノ株式又ハ持分ハ　役員及従業員ニ於テ全額ヲ保有スルコトトスベシ」と社外株主を否認し、株はすべて社内持ち株とすることを命じている。さらに「出資者（株主、社員等ヲ含ム）ノ議決権ハ　法令ニ従ヒ成ベク最小限度ニ制限スベシ」と株主の議決権の制限、「役員ハ新聞事業ニ経験アル者ノ中ヨリ選任シ」と役員資格を明記している。

これらの措置は「法人組織の社外資本駆逐、出資者議決権の制限、経験ある者を役員に選任せしめ得るの三點は資本の弊害を壓縮して新聞の公器的性格を確立すべき基本的要素であって、新聞態勢が資本と経営の完全分離を断行する迄に至らぬ現段階としては、せめてこの程度の措置は絶對必要とされる」[16]と位置づけられている。

この規程が施行された一九四二（昭和一七）年三月当時、匿名組合の個人組織の新聞社は少なからず存在し、社外資本をもたない新聞社となるところは一社もなく、新聞社の株式は総平均で、社外株主七〇％に対し社内株主三〇％という割合であった。[17]

これらの改編は、「六箇月以内ニ　之ヲ行フベキ」ことが求められ、新聞會の会員であるすべての新聞社で定款の改正および社外株の回収が実施された。朝日の場合は一九一九（大正八）年に株式会社へ組織改編した際に「本會社ノ株式ハ本會社ノ同意ヲ得ルニ非ザレバ譲渡スルコトヲ得ズ」と規定していたため社外株主はいなかった(18)が、毎日の場合は王子製紙ら社外株式七三・四％と多く、「株主に説明して理解を求め、額面金額にプレミアムをつけて全部の社外株を回収しようとしたが、実際問題として社員にはすぐそれだけの金額を負担する資金力がない(19)」という問題が起きた。このため同年九月に公益法人「毎日會」を設けて、同會が株式を回収、保有するという工夫をこらした。社外株回収の資金がない地方紙も多く、その場合は県当局が社外株主に無償提供を求めたり、銀行に新聞社への融資を働きかけたりするなど実施へ向け、「協力」した。この結果、翌一九四三年（昭和一八）年七月までに、ほぼすべての新聞社は社内持ち株となった(20)。

一方で規程は第五条で経営者、編集責任者の資格についても「新聞事業ニ従事シ　五年以上ヲ経過シタルコト」「不都合ノ廉ニヨリ　本會ノ新聞記者登録ヲ取消サレタル者ニ非ザルコト」「破廉恥罪ノ前科ヲ有セザルコト」「政治的若ハ思想的結社ニ加入シ在ラザルコト」という条件を付けている。

さらに第七条では株主への利益配当を「年六分以内トシ」と定めたが、「六分」は国策會社の利益配当率を適用したもので、要するに「新聞は営利観念を離脱して専心國家的使命の達成に邁進する事となった(21)」ことの証として、利益は株主ではなく事業の改善のために投ずることを求めたものだ。

第一二条では新聞聯盟で実施した新聞の共同販売を、さらに徹底して行うことを、第一三条では「會員ハ本會ノ新聞記者登録ヲ受ケザル者ヲ新聞記者トシテ使用スルコトヲ得ズ」と記者登録制の実施を、第一四条では「會長ハ會員ノ事業ニ従事スル者ヲシテ　其ノ指定スル機關ニ於テ養成又ハ訓練ヲ受ケシムルコトヲ得」と記者の錬成の実施を、それぞれ明記している。

新聞會は、一九四二（昭和一七）年二月の発足以来、解散する一九四五（昭和二〇）年三月一日まで約二年間に「統制規程」に掲げたことのすべてを「興へられた権力を、軍が行ったやうな勢を以て實行した」という。[22]

こうした活動の一つとして記者登録制が挙げられる。記者登録制度はイタリアで一九二三年七月に実施され、ドイツでは一九三三年一〇月に登録制度を含む「記者法」を制定し、二一歳以上でドイツ国籍「アーリア人種」の血統、ユダヤ人と結婚していないことを条件として定めた。満州國でも一九四一年八月に「記者法」を制定し、同年一二月までに同国政府が既存の報道機関の記者（日満および外国人）を「審査」したうえで約八〇〇人に記者資格を付与したほか、国家試験を行い七〇人（日満人）に記者資格を付与し、弘報処の「記者原簿」に登録した。[23]

日本でも一九二九（昭和四）年、悪徳記者の排除と記者の生活保護を目的とした記者法の制定を求めて議員が「新聞記者優遇ニ関スル建議案」（篠原和市君外四名）、「新聞記者ノ資格制定ニ関スル建議案」（飯村五郎君外）と題した建議案を提出したが、同省は記者の素質や識見、品位が社会に及ぼす影響は認めるが「法律を以て為すべきものにあらず、寧ろ新聞社側の自発に俟つものなり」など新聞業界の団体を設立し自主的に資格を限定するのが妥当との見解を示し、法制定には消極的姿勢を示した。[24] これを不満とした飯村五郎議員は一九三一（昭和六）年、一九三六（昭和一一）年、一九三八（昭和一三）年と三度にわたり内務省に見解をただす「質問趣意書」を提出したが、同省は「事ハ寧ロ國家直接ノ関与ヲ避ケ、新聞関係者ノ自発的努力ニ俟ツヲ以テ妥当トス」と同じように消極姿勢を示した経緯がある。[25]

しかし積極的統制を主眼とする情報委員會、情報部ではすでに検討を進めていた。言論統制構想「積極的新聞政策私案」（作成・昭和一一年四月）では「記者の登録――記者の登録――記者の行動を監視して、其本分を発揮せしむるためには其責任感を強むる必要がある。故に記者有資格者名簿と記者名簿を並置し、記者として採用されたる者は一々、之を記者名簿に登録するのである」と提言し、「部外秘　新聞統制私案断片」（作成・昭和一五年一二月五日）でも、ドイツの記者法を参考に挙げ、「日本の現状に適する如き新聞記者法を早急に制定しなければならぬ」と強調しながら、記者の資質を改善することを目標とする新聞記者登録制度の制定や新聞記者の身分保証を「適宜實現すべき」と求めている。

新聞會では「定款」第五条に「新聞記者ノ登録ノ実施」と掲げ、一九四二（昭和一七）年七月一日に「記者規程」（**図表36**）を制定、施行した。新聞會の記者登録制に対する考えは「重大な使命を持っている記者に対して、國家が資格条件を定めていなかったことは随分間の抜けた話である。弁護士、医師、按摩や女給娼妓に至るまで一定の審査を行ひ鑑札を要するのに対し、（新聞社の）社長が採用するといへば無学であらうが、破産者、性格破綻者であらうが誰でも記者に成れるといふやうに放置されてきた。何等かの規正をするのは當然である。そこで新聞會は主務官廳の意を受けて記者規程を制定した。ドイツのやり方も参考として研究してみたが、実際には日本的にといふ考へ方でやったのである。余談だが、徳富蘇峰、杉村楚人冠氏などは勿論、菊池寛、久米正雄氏なども記者資格をくれと新聞社を通じて請求しているが、菊池寛、果たして記者なりやという議論が出ている」[26]（岡村専任理事）というものだ。

「記者規程」（**図表36**）は、第三条で記者の「条件」を定め、①帝國臣民ニシテ成年者タルコト、②國體観念ヲ明徴ニシ記者ノ國家的使命ヲ明確ニ把握シ且常ニ品性ヲ保持シ公正廉直ノ者タルコト――と、ドイツ、満州と同様に国籍および思想を基準としている。さらに「高等専門学校以上ノ卒業者又ハ必要ナル知識経験アリト認ムル者タルコト」と、余地は残しながらも学歴を条件とした。「営利事業ニ従事セザル者タルコト」は、記者の公的

新聞會記者規程

（出典）『日本新聞會便覧』

第一条　本規程ハ日本新聞會定款及統制規程ニ基キ　記者ノ資格ヲ定メ地位ノ向上ヲ圖リ　以テ新聞ノ國家的使命ヲ達成センコトヲ目的トス

第二条　本規程ニ於テ記者ト稱スルハ　本會々員ノ事業ニ勤務シ　又ハ密接ナル関係ヲ有シ　新聞ノ編輯又ハ取材ニ直接従事スル者ヲ謂フ

第三条　記者ハ左ノ条件ヲ具フル者ニシテ　記者資格銓衡ニ合格シタル者タルコトヲ要ス

一、帝國臣民ニシテ　成年者タルコト

二、國體觀念ヲ明徴ニシ　記者ノ國家的使命ヲ明確ニ把握シ　且常ニ品性ヲ保持シ　公正廉直ノ者タルコト

三、高等専門学校以上ノ卒業者又ハ必要ナル知識経験アリト認ムル者タルコト

四、禁治産者、準禁治産者ニシテ　復權ヲ得ザル者ニ非ザルコト

五、禁錮以上ノ刑ニ處セラレ　其ノ刑ノ執行ヲ終リ　又ハ執行ヲ受クルコトナキニ至リタル後二年経過スルニ至ラザル者ニ非ザルコト

六、政治的又ハ思想的結社ニ加入シ在ラザルコト

七、営利事業ニ従事セザル者タルコト

第四条　記者資格銓衡委員會ハ　本會編輯委員會ノ委員及必要ニ應ジ　特ニ會長ノ命ジ又ハ委囑シタル者ヲ以テ組織ス

第五条　記者資格銓衡ニ合格シタル者ハ　本會ノ新聞記者名簿ニ登録ス

前項ノ登録ヲ受ケタル者ニ對シテハ　本會記者證ヲ交付ス

第六条　記者タラントスル者ハ其氏名、本籍、住所、生年月日、學歴、職歴及記者トシテ従事スベキ職務ノ種類ヲ記載シ　且戸籍抄本、寫眞ヲ添付ノ上會員ヲ経テ會長ニ其ノ登録ヲ申請スベシ

図表36　日本

第七条　會員記者ヲ採用セルトキハ　其ノ年月日、其ノ従事セシムル職務ノ種類及待遇ヲ具シ　二週間以内ニ會長ニ届出ヅベシ
第八条　左ノ各号ニ該當スルトキハ　新聞記者名簿ノ登録ヲ取消ス
一、記者第三条第一項第一号及第四号乃至第七号ノ条件ヲ具ヘザルニ至リタルトキ
二、記者第三条第一項第一号第二号ノ条件ヲ具ヘズト認メラルルニ至リタルトキ
三、記者登録取消ノ申請ヲ為シタルトキ
四、記者タルノ職務ニ従事セザルコト　二年以上ニ及ブトキ
五、記者死亡シタルトキ
第九条　登録ヲ拒否サレ又ハ登録ヲ取消サレタル者正當ノ理由ナシトスルトキハ　會長ニ不服ノ申立ヲナスコトヲ得
第一〇条　會員其ノ使用スル記者第八条第一項第一号若ハ第五号ニ該當スルトキ又ハ第二号ニ該當スルト認ムルトキハ其ノ旨速ニ會長ニ届出ズベシ
第一一条　會員ハ記者以外ノ者ノ職務遂行上補助記者トシテ使用スルコトヲ得
附則
本規程ハ昭和一七年七月一日ヨリ　之ヲ施行ス
本規程施行ノ際　現ニ記者タル業務ニ従事スル者ハ　本規程施行後三ヶ月以内ニ登録ヲ申請スベシ

立場を保持するもので、これはドイツや満州に見られない基準である。審査基準は社員、準社員、雇員、嘱託等

図表37　記者登録現況（昭和19年８月現在）

	申請者数	登録者	不認定者	不認定者内訳			
				応召	外地	思想前歴	前科
朝　日	1,662	1,474	188	1	105	0	0
毎　日	1,736	1,522	214	4	77	7	2
読　売	811	717	94	20	36	5	0
同　盟	1,128	889	239	1	152	2	1
其の他	3,844	3,449	395	17	19	25	28
総　計	9,181	8,051	1,130	43	389	39	31

（出典）『朝日新聞社史　大正・昭和戦前期』

に区分、また整理、取材、調査、校閲、写真撮影などにわけ、それぞれ必要勤続年数を定め、一定額以上の月給を得ていることを条件にするなど、形式は繁雑なものであった(27)。

規程に「三ヶ月以内ニ登録ヲ申請スベシ」と明示しているように、新聞各社は申請書を提出した。新聞會は一九四三（昭和一八）年三月末までに審査を終えたが、申請者の総数は約一万二〇〇〇人で、そのなかで八七〇〇人を認定して名簿を当局（情報局、内務省）へ提出、それを当局が精査したうえではじめて、記者登録證を公布した(28)。初年度（昭和一八年度）は約三三〇〇人が不認可となった。

登録名簿は毎年度更新され、一九四四（昭和一九）年は申請者総数九一八一人、認定八〇五一人と、不認可は一一三〇人で、その内訳は**図表37**で示した。不認定は外地勤務が多いが、内務省の調査で非転向とされ思想前歴で登録が認められなかったものも少なくなかった(29)。

また記者倶楽部についても、「記者倶楽部には未だ自治権が残存している」として、新聞會が記者倶楽部を徹底的に統制する再改組を断行した(30)。これは「官廳の戦時発表體制にも即應せしめる」ことを目的としたもので、情報局へ「記者倶楽部の構成社は極度に限定し、全国を通じ一〇社を標準とする」「記者倶楽部へ派遣し得る記者人員は一社四名以内とする」などの統制強化策を提言し、政府も事務次官会議で「官廳記者會再編成要領」を決定した。同要領は、①「第二部を廃止」する、②「各廳記者會は左記各社（一〇社）を以て構成」する。ただし「當該官廳並びに日本新聞會に於て特に承認したる社は加入せしむることあるもの」とする、③「同盟、朝日、毎日（東日）、読売、東京、日経、中日、西日本、北海道、産経　右構成社と雖も當該官廳に記者を常置せざるものは、其の資格を喪失するもの」とする、④「會員数は一社につき各官廳四名以内とし、内二名以内を常置せしむること」とする——などの方針を決定し[31]、一九四二（昭和一七）年一二月から実施に移した。

新聞會は中央の記者倶楽部の再編を終えた後、同型の再編を地方でも実施した。すなわち、地元紙と全国紙、中間（ブロック）紙で構成する「編集部會」を全国道府県ごとに設置し、それを新聞會が統制、各道府県庁と協力する「道府縣の編輯指導機關[32]」として活動する全国体制を一九四三（昭和一八）年四月までに整えた。

この記者倶楽部再編を『新聞総覧（昭和一八年版）』は「記者倶楽部は大正以来、新聞街に特殊勢力を築いて、政府が手を焼いていたと同時に、新聞社の統括から免れて、宛然一大王国を形成していた。（それだけに今回の改編は）新聞記事取材史に於ける大変革といふも過言ではない。更生したことにより、記者倶楽部、官廳、新聞社は三位一體的協力體制を具現する結果を招き、戦時下にふさわしい取材網の一新を見るに至った[33]」と記している。

「記者倶楽部の自治権の喪失」「記者倶楽部、新聞社の官廳との三位一體的協力體制」とは、記者および新聞社が宣伝組織として挙げて国家活動への参加を意味し、それは積極的統制の完成にほかならない。同時に、会員社の制限など戦時下に形成された記者倶楽部の形態が、現在の記者クラブにそのまま継続されていることに、留意すべきであろう。

共販制についても、新聞聯盟で実施された組合制販売所の形態は「各新聞社の集合体である上、一社でも反対があると何も決められない。さらに地区組合の独立性が強く、中央本部の威令が届かない」として、中央本部の強力な指導で進めることを目的に、一九四二（昭和一七）年一〇月二六日、「社団法人・日本新聞配給會」を設立した[34]。

配給會は「中央本部」を頂点とし、全国を九地区に分けて「地区本部」を置き、その下に「都道府県支部」を設けて、支部が「販売所」を指揮監督する形態そのものは従来同様としたが、「中央本部」の権限を強化し、上の指令が末端の「販売所」まで届く上意下達を徹底した点が特徴だ。新聞の販売権は各新聞社ではなく配給會へ移行され、配給會が購読者との販売契約や販売所の改廃などすべてを取り仕切った。配給會の初代理事長には毎日の七海又三郎が就き、各社の販売関係者社員が社籍を離れて配給會へ出向した。「共販制を実効あるものにするには各社の自社意識を払拭せねばならない。配給會へ出向する者は、本社との絆を絶つため社籍を離れることが理想とされた[35]」という。

一方で戦局の悪化とともに、新聞用紙の欠乏が深刻化した。開戦前は全国紙の場合は朝夕刊あわせて一六頁が常態であったが、一九四三（昭和一八）年からは減頁を余儀なくされ、一九四四（昭和一九）年三月、新聞會は全国の新聞社に対し、「朝夕刊を発行している新聞社は夕刊を廃止するものとす」「統合版は週二回（月、木曜）二頁とし、他の曜日は四頁の週二四頁」との指示を発した。これが同年七月には「火曜日も二頁建とし、週二二頁」、同年九月には「週一八頁」、同年一一月には「週一四頁」と指示が続き、一日二頁建の、いわゆる「ペラ新聞」までに落ち込んだ。

しかし、新聞総体としての部数は伸長した。戦争に関する情報収集のため購読者が急増し、購読者の底辺が広がったためで、「何もしなくとも、客の方から押しかけて新聞を求め、戦時インフレの大波が押し寄せた。こうした『売り大名』の傾向の中、小役人気取りの販売所も現れた[36]」という。このように新聞社は言論統制の一方で、営業的には「戦争と共に繁栄し、黄金期を迎える」という法則を立証したのである。

新聞會が行った事業のなかで特異なものに、太平洋戦争での日本軍の東南アジア占領地での新聞発刊事業がある。これは「新聞會で中国大陸及び南方占領地の新聞政策について研究していたところ、陸軍から相談があり、情報局とも協議し意見を具申した[37]」（岡村専任理事）という経緯であり、その意見は「新聞會の會員の主たる新聞社に命じ、四つの軍政地区を分担させ、これを新聞會が監督しながら、選ばれた各社が新聞會の統制に服して文化政策に御奉公するといふ建前で南方進出に参加して貰うといふ方針を採った。現在、同盟、朝日、東日（毎日）、読売が相当な人材と資材を持ち出し、邦字新聞、土語新聞、英字新聞を経営或は監督することになり着々実行している。これで南方文化建設も國策としての計画が出来た」（同）というものである。

新聞會の意見具申を受けた陸軍は一九四二（昭和一七）年九月、「南方占領地域ニ於ケル通信社及ビ新聞社工作処理要領[38]」（**図表38**）を決定した。南方の占領地域での新聞発行業務を同盟および朝日、毎日、読売の全国紙に行わせることを主内容とした軍命令である。

同要領は「南方ニ於ケル邦字新聞社ノ地位ハ　日本文化ノ進出、現地邦人ノ啓発　並　土語紙外字紙ノ指導等ニ其意義重大ナルト共ニ　一般ノ能力ヲ考慮シ　内地有力新聞社ヲシテ人員、資材等を供出セシメ　現地軍ノ管理下ニ　之カ設立並ニ経営ヲ行フモノトス　右新聞社ハ朝日、東日（大毎）、読売三社ノ外　同盟ヲ中核トスル新聞数社合同提携ニ依ル一社ノ　計四社に制限ス」として、陸軍占領地域では朝日はジャワ、東日（大毎）はフィリピン、読売はビルマ、同盟は全国三紙以外の有力一三紙と一緒になり、マレー、シンガポール、スマトラ、北ボルネオを「担当区域」として新聞発行業務に当たることを命じている。海軍もまた同じように占領地域では、

工作處理要領ニ關スル件通達　昭和17年９月16日

（出典）『情報局関係資料』第五巻

陸軍省副官　川原直一

情報局次長殿

一、通信社ニ就テ

イ　南方占領地ニ於ケル通信社ハ一ニ同盟ノ進出ニ俟ツモノトシ別ニ通信社ヲ特設セズ　軍ノ指導下ニ於テ　同盟総（支）局ヲ各要地ニ配置ス

ロ　総（支）局ノ組織ハ　内地ニ對スル「ニュース」供給ノ外　佛印　泰國竝ニ資材ノ整備ニ伴ヒ　諸外國ニ對スル「ニュース」ノ供給宣傳ニ關シテモ特ニ緊密ナル考慮ヲ加フルモノトス

ハ　當分ノ間　第三國通信社ガ支局ヲ設置シ　取材活動ヲ行フコトヲ認メズ

二、新聞社ニ就テ

イ　内地新聞社ノ総（支）局　若クハ通信部ノ設置ニ就テハ　不取敢　朝日、東日（毎日）、読売ノ三社ニ對シ　之ヲ認ムルモノトシ　将来其他ノ新聞社ノ進出ニ關シテハ中央ニ於テ之ヲ統制ス

ロ　南方ニ於ケル邦字新聞社ノ地位ハ　日本文化ノ進出、現地邦人ノ啓発　竝土語紙外字紙ノ指導等ニ當ルベキモノトシ　其意義重大ナルト共ニ　人事交流、経験其他一般ノ能力ヲ考慮シ　内地有力新聞社ヲシテ人員、資材等ヲ供出セシメ現地軍ノ管理下ニ　之カ設立　竝経営ヲ行フモノトス

右新聞社ハ朝日、東日（毎日）、読売ノ三社外同盟ヲ中核トスル右以外ノ新聞数社合同提携ニ依ルモノ一社計四社ニ制限ス

図表38　南方占領地域ニ於ケル通信社及ビ新聞社

ハ　現地所要資金ハ　南方開発金庫ヨリ融資セシメ　経営上生ズルコトアルベキ欠損ハ各所在地軍政會計ヨリ　所要ノ補助金ヲ交付スルモノトス

ニ　現地新聞社及支社等ノ設立及運営ニ就テハ　其他地域的範囲ヲ概ネ軍政薑域ト一致セシムルヲ原則トシ　其ノ担任薑域ヲ左記ノ通リ定ム

左記

㈠馬来、昭南島、スマトラ、北ボルネオ
同盟ヲ中核トスル新聞社

㈡ジャワ
朝日新聞社

㈢比島
東日（毎日）新聞社

㈣ビルマ
読売新聞社

既存邦字新聞ハ現地軍斡旋ノ下ニ　逐次前記四社ニ包括セシム
土語紙及外字紙ノ指導運営ニ就テハ　地域ノ實情ニ應ジ　現地軍ニ於テ其方針ヲ決定ス
但シ　要スレバ　前項日本新聞社ヲシテ　之ガ運営ニ當ラシムルコトヲ得

朝日は南ボルネオ、東日（大毎）はセレベス、読売はセラムを「担当地域」とするよう命じた。

軍当局の狙いは、「現地駐留の部隊兵士や一般邦人に内地同様の新聞を提供するほか現地語紙を通じ現地住民の宣撫や指導教化など、占領後の治安には、新聞の果たす役割がいかに大きいかを評価しての依頼だった」[39]もので、朝日はジャワ（ジャカルタ）で「ジャワ新聞」、北ボルネオ（バリックパパン、バンジェルマン）で「ボルネオ新聞」を、毎日はフィリピン（マニラ）で「マニラ新聞」と英字紙「トリビューン」、セレベス（マカッサル、メナド）で「セレベス新聞」「メナド新聞」を、読売はビルマ（ラングーン）で「ビルマ新聞」、セラム（アンボン）で「セラム新聞」を発刊した。

同盟が担当した南方地域では、北海道新聞、河北新報、日本産業経済新聞、東京新聞、北國毎日新聞、中部日本新聞、大阪新聞、神戸新聞、京都新聞、中國新聞、岡山合同新聞、高知新聞、西日本新聞の一三紙との間で、昭南（シンガポール）に「昭南新聞会」を作り、邦字紙「昭南新聞」を発行した。また一九四四（昭和一九）年ごろには邦字、英語、中国語、マレー語で「馬来新報」（クアラルンプール）、「彼南新聞」（ペナン）、「スマトラ新聞」（メダン）、「パダン日報」（パダン）など一六新聞を経営し、職員も日本人約七〇人、現地人約一〇〇〇人と膨らんだ。

南方で活動した各社は、日本軍の敗退とともに戦場のただなかへ置かれ、とくにフィリピンを担当した毎日では多くの戦死、戦病死あるいは自決者を出し、悲惨な結末を迎えている。敗退する日本兵とともにジャングルのなかで生死の境をさまよいながら最後まで筆を取り、同盟は陣中新聞「南十字星」、毎日は「神州毎日」を発刊した姿は痛ましいものがある。

二　一県一紙の総仕上げ

1　閣議決定

新聞統合は、地方では一県一紙へ向けた交渉が着々と進められ、「内閣、内務省告示」（昭和一七年一月一〇日）がなされた時点で、四七都道府県のうち半分強（五三％）に当たる二五県で一県一紙が実現していた。だが東京、大阪、札幌、名古屋、福岡の四大都市圏を含む、残る二二都道府県では難航が予想された。

新聞統合が新聞事業令の公布によってはじめて、法的根拠を有することになったことは、これまで繰り返し説明してきた。しかし新聞會が新聞の整理統合に着手する段階で、約半数の都道府県はいまだ一県一紙にいたっておらず、「四大都市圏（東京、大阪、名古屋、福岡）の取扱をどうするか」「他の道府県でも一県一紙の原則を厳格に適用するか―特殊事情を認めるか」などの問題が残されていた。

新聞聯盟では、理事、監事を構成する全国紙、有力地方紙の一四社はすべて一県一紙の原則適用には賛成し、これを踏まえて作成された小委員會案は「全國新聞分布案」――全國に於ける新聞社の分布を左の如く定む（ア）東京・五社以内（内一社は経済産業新聞とす）、（イ）大阪・四社以内（内一社は経済産業新聞とす）、（ウ）福岡・三社以内（支社を含む）、（エ）愛知・二社以内（出来得れば一社）、（オ）其他の各都道府県は原則として一社とす（但し地方の特殊事情により別途考慮す）――という内容となっていた。この小委員會案は、新聞共同會社の設立をめぐり紛糾し、「全國新聞分布案」については、議論の俎上に上らず、そのままの状態にとどまっていた。

このため新聞會は小委員會案を基礎に、政府（情報局）と協議して結論を急いだ。この間に、新聞會では評議員會を開いたが、地方紙からは「朝日、毎日の何れかを廃刊せしむべし」「一挙に資本と経営を分離せしむべし」という強硬論や「全国一社若しくは二社となすべし」という新聞共同會社設立案が改めて噴出した。しかし「目下の状勢に於ては摩擦のみ多く、実施困難なるものと認められる」（谷情報局総裁）として見送られた[40]。こうした協議を経て結局は、一県一紙の原則を確認し、「二社以内（出来得れば一社）」としていた愛知も、一紙とすることを決めた。

新聞會と情報局の意見が分かれたのは、「有力地方紙を中間紙（ブロック紙）として認めるか」という問題であった[41]。有力地方紙は、拠点を置く県のほかに、幅広く地方一園に販売網を維持し進出しており、戦時統制を営利獲得の好機と捉え、これらの既得権を認めるよう強く求めていた。協議では、新聞會の不破理事長が「地方毎にブロック紙を置くことが、新聞再編成の究極の目的である」と強調したものの、情報局は「東北地方の河北新報はともかく、有力紙が複数存在する中部、中国地方はどれをブロック紙とするのか。一方で有力紙が存在しない北陸、四国地方はどうするのか」という問題点を挙げながら「現在の行政制度は府県単位であり、この下で地方紙を整備すべきだ」と主張した。結局は「朝日、毎日、読売を『全国紙』とし、統合で新たに発足、創刊する愛知縣紙、福岡縣紙、東京紙、大阪紙を『中間（ブロック）紙』とし、その他は『縣紙』とする」ことで意見が一致した。この「愛知縣紙」は新愛知、名古屋新聞が統合した「中部日本新聞（中日新聞）」を、「福岡縣紙」は福岡日日と九州日報が統合した「西日本新聞」を、「東京紙」は國民新聞、都新聞が統合した「東京新聞（夕刊紙）」を、「大阪紙」は大阪市内および府下の夕刊一六紙、大阪時事を統合した「大阪新聞（夕刊紙）」を指している。

こうした協議の結論を踏まえて政府は一九四二（昭和一七）年六月一五日の閣議で、四大都市圏の都府県について、①東京四社（外一社ハ産業経済新聞トス）「都新聞ト國民新聞トヲ合併セシム」「報知新聞ハ　読売新聞ニ合併セシム」「朝日新聞及東京日日新聞ハ　ソノママ在續セシム」「外ニ中外商業新報ハ多数ノ所謂業界紙ト合同シ　産業経済新聞タラシム」、②大阪三社（外一社ハ産業経済新聞トス）、「朝日新聞、大阪毎日新聞、大阪新聞ノ三社ヲ在續」「外ニ所謂業界紙ヲ統合シテ　産業経済新聞タラシム」、③愛知「新愛知、名古屋新聞ノ二社ハ合併セシム」「朝日新聞、大阪毎日新聞ノ両社ヲシテ　各々ソノ支社ヲ撤退セシム」、④福岡三社（大阪ノ新聞ノ支社ヲ含ム）「福岡日日新聞ト九州日報トヲ合併セシム」「朝日新聞、大阪毎日新聞ノ両支社ハ在續セシム」――という具体的な方針を決定した(42)。

閣議では谷情報局総裁が「本案は情報局と新聞會と充分協調の上、決定したものであって、政府としても本案で実施して戴き度」と新聞會の意向を踏まえた結果であると強調し、「報知新聞は指導新聞としての役割を果たしてきたが、昨年夏以来、読売が過半数の株を保有することとなり、その特色が喪失するに至ったので、読売と合併せしむることとした。報知を残置した時は正力氏の支配する二社が東京に存在することとなり、業者間の不満が多い。また國民新聞は健全経営が至難な立場にあり、都新聞と合併し有力紙たらしむ。朝日、毎日の愛知県からの撤退は全國の新聞社が何れも新聞事業の整理統合に協力し、進んで犠牲を払いつつある状況に鑑みるに、両社に対する此の程度の措置は不当なものではない(43)」などと説明した。四大都市圏の都府県と統合について「本案は、新聞會に於て内交渉を進めているが、多少の波瀾を予期す。政府としては、先ず懇談的に事を進め、円満なる遂行を期するも、万一の場合には新聞事業令第四条（廃刊命令権）の発動も必要とされるかも知れない(44)」と、強権発動もありうる考えを示していた。

決定方針が「合併セシム」「在續セシム」「撤退セシム」などと命令調となっていたことが示すように、閣議決定という「権威的な手続き」を執ったのは「政府の断固とした意思を示す」ことを狙ったものだ。この閣議決定は、「政府が威圧的に統合を進めた」という印象を回避するため、非公表とされた。その一方で情報局は閣議決定した翌日に、四大都市圏の対象新聞社に決定方針を示し、「申す迄もなく、本案は政府の方針として確定したるものにして変更の意思なし。依って関係各社は、今後一か月以内に協議を取りまとめ、所要の手続きを執られ度。追而、政府側としては充分秘密を厳守するに付為念」と申し渡した。情報局の居丈高な姿勢は「今後一か月以内に合併協議を終える」よう厳命し、あわせて秘密厳守を申し渡したことに表れているが、それは反面難航必至という不安感の現れでもあった。(45)

この国策方針に基づいて、当該の各都道府県では知事の指揮で特高課が統合を推し進めた。新聞事業令の命令権は発動されなかったものの、愛知県での新愛知と名古屋新聞の統合では、反発しあう両社の社員で不穏な事態となり、これを鎮撫するため騎馬警官が出動するなど統合に抵抗し、北海道でも統合後をにらんで主導権争いが展開され、交渉は難航した。しかし、国策方針と新聞事業令の威力によって、押し切られた。

情報局が四大都市圏の統合を公表したのは、見通しがついた七月二四日のことで、「情報局総裁の談話」は「新聞新體制に就ては官民協力して、その確立を急いでいたが、各社は欣然として之（統合）に應じ、大體實施方策の圓滿なる決定を見るに至った。何れも八月中乃至九月早々を以て實行に移される。大東亜戦争下、政治経済官界等國内のあらゆる部門が聖戦目的完遂のため再編成せられつつある時、輿論指導と啓発宣傳の使命を有する新聞界の新体制が出来たことは、まことに意義深いものがある」などと新聞社の自主性を強調している。「あらゆる部門が聖戦目的完遂のため再編成せられつつある時、輿論指導と啓発宣傳の使命を有する新聞界の新体制が出来た」という文言からは、積極的統制の仕上げがなされたことを祝す情報局の意識が示されている。(46)

2　第三段階後期での完成（一八道府県）

一県一紙は、第三段階前期が終了した一九四二（昭和一七）年一月では全国四七都道府県の約半数に当たる二二都道府県がいまだ完成していなかった。統合するには困難な要因が存在したためだが、それが同年一一月まで一〇ヵ月の間にすべての都道府県で完成された。この項では、残存二二都道府県のうち、閣議で統合方針を決定した四大都市圏を除く茨城、宮城、山形、山口、神奈川、鹿児島、京都、長崎、熊本、大分、三重、長野、石川、秋田、滋賀、和歌山、新潟、北海道の一八道府県の統合を検証する。

茨城県（「茨城新聞」昭和一七年二月一日）

同県は「満州事変、支那事変によって完全に東京紙が地元紙を圧迫し、東朝、東日最も多く、次いで読売は猛進出をなし、報知、國民等も入っている。地元紙は水戸市に、いはらき新聞、常総新聞の二紙があり、いはらき新聞は福島、栃木の一部にも進出して昔日の威勢は欠くが、固い地盤を有している」(47)という分布状態であった。情報局関係資料「普通日刊新聞紙頒布状況調」(48)（昭和一五年五月現在）は、中央（大阪・東京）紙一二万四一八一部（九二・六％）、地方（地元）紙九八〇〇部（七・三％）、移入（他県）紙二七部（〇・二％）で、千葉、埼玉県と同様に東京紙が圧倒した県で、そのなかで地元紙は県都水戸市を本拠地とする「いはらき新聞（中立紙）」「常総新聞（政友会系）」の二紙が手堅く存在していた。

県当局は、いはらき、常総の両新聞社に統合交渉を指示し、一九四一（昭和一六）年一一月二二日、いはらき新聞の中崎憲社長と常総新聞の渡邊弘社長が会合、その結果、「両社長は國策に則り全く私心を離れ、眞に滅私奉公の精神を以て新聞統合に當る」「両社長は前記の精神に基づき可及的速に両社の解散を決意する」「両社の解散は新たに強力なる一社を創立すべき前提とする」という原則を申し合わせた。その後に解散ならびに新社創立の具体案を作成したうえで両紙は廃刊、一九四二（昭和一七）年二月一日に新たに「茨城新聞」を創刊し、同紙が土浦市の常南日報、古河市の関東毎日新聞を買収し、一県一紙は完成した(49)。

社長にはいはらき新聞の中崎社長、常総新聞の渡邊社長は副社長に就き、両紙の統合は対等合併の形が取られた。しかし実際は、発行部数に勝るいはらき新聞が常総新聞を吸収したもので、いはらき新聞の社屋がそのまま茨城新聞となり、社員のほとんども、いはらき新聞出身であった(50)。同県はライバル二紙が統合したが、二紙の主導権争いは同タイプの他県に比して激しくはなかった。これは発行部数や勢いの点で、いはらき新聞が常総新聞を上回っていたことが挙げられる。

茨城新聞について『新聞総覧（昭和一七年版）』は「特に闡明すべき點は全國に鳴る勤皇新聞たることで、大義発祥の地に相應しき使命達成に邁進し報道以外に輿論指導の方向に於て他の追従を許さぬところである。翼賛奉皇の第一戦たる大東亜戦完遂のため社是に則る新聞の使命をあらゆる角度より検討の上最高度に発揚し、軍人援護献金運動を起し、これに依って県下軍人遺家族を泰山の安きに置かしむとしつゝあり」と記し、同紙が県当局の期待どおり当局の機関紙としての役割を、進んで果たしていることを示している。情報局関係資料「部数増減比較表(51)」では、一九四二（昭和一七）年一二月一〇日現在一万九九二部が、一九四四（昭和一九）年四月一〇日現在一万九五三二部と大幅に増加し、「縣紙」として定着した。

宮城県（「河北新報」昭和一七年二月一日）

同県では「県都仙台市に発行される河北新報が縣下に殆ど獨占的勢力を張り、青森、福島、岩手、山形にまで侵入し、多数従軍記者の特派、上海中支局の新設、ニュース映畫の公開上映等常に中央紙を目標として、積極方針の下に突進を続けている。他に仙台に仙台日日新聞、石巻には石巻日日新聞がある」[52]と記し、全国紙の侵入はあるものの、有力地方紙の河北新報が地元仙台市を基盤とし、「ブロック紙」を視野に東北地方一帯に進出していた。情報局関係資料「普通日刊新聞紙頒布状況調」[53]（昭和一五年五月現在）は、中央（大阪・東京）紙六万一五七四部（七四・一％）、地方（地元）紙二万一四五〇部（二五・九％）、移入（他県）紙なしと、裏付けている。

同県の整理統合は一九三八（昭和一三）年から進められ、普通日刊紙は一九四〇（昭和一五）年には仙台日日新聞、石巻日日新聞が廃刊し、一九四一（昭和一六）年一月には河北新報のほかに弱小三紙（仙南日日新聞、三陸新報、みなと新聞）だけとなり、みなと新聞は三月に廃刊、九月に河北新報は三陸新報を買収吸収し、残る仙南日日新聞も一九四二（昭和一七）年一月に河北新報が買収吸収し、一県一紙は完成した。[54]

同県の場合、有力一紙が他紙を吸収する統合の典型で、河北新報一紙が他紙を圧し実質的に一県一紙であったため、整理統合は容易であった。発行部数は情報局関係資料「部数増減比較表」[55]では、一九四二（昭和一七）年一二月一〇日現在七万九七二八部が、一九四四（昭和一九）年四月一〇日現在九万八一七九部に増加している。しかし「河北はすでに宮城県内平定を完了していたので合併相手がなく、純血を保ったが、部数的には（北海道、中日新聞ら統合で巨大化した他の有力地方紙に）水をあけられた」[56]（一力一夫河北新報会長）という指摘のように、事実上の一県一紙であった河北の場合、統合による発行部数の増加は、北海道、中日らの有力地方紙ほどではなかった。

山形県（「山形新聞」昭和一七年二月一日）

同県は「新聞中心地が山形、米澤、鶴岡、酒田の四市に分裂し、其の上東京紙の壓迫が烈しい為、地元新聞には甚だ不利であった。併し山形市の山形新聞は全縣的に勢力を張り、日刊山形を唯一の競争相手としたが、同紙が廃刊となった（昭和一三年に山形新聞が買収）。今日では山形市の山形民報をはじめ酒田、米澤等に新聞があっても問題とするに足らない。部数に就て某専門家は次の如く推定している。東日一万六五〇〇部、東朝一万五〇〇〇部、読売一万四五〇〇部、山形一万部[57]」と、東京紙が侵食する状況下、地元紙は四市にそれぞれ新聞が存在するものの山形新聞が抜きん出ているという状態であった。情報局関係資料「普通日刊新聞紙頒布状況調[58]」（昭和一五年五月現在）は、中央（大阪・東京）紙四万三六三八部（七九・〇％）、地方（地元）紙八五〇〇部（一五・三％）、移入（他県）紙三〇八〇部（五・七％）という数値を挙げている。普通日刊紙は、山形市に山形新聞、山形民報、米沢市に米澤新聞、よねざわ、米澤朝報、鶴岡市に荘内新報、鶴岡日報、酒田市に酒田新聞、両羽朝日新聞、東光日日新聞が存在した。

県特高課は一九四一（昭和一六）年に、①県都に本社をもつ新聞社、②設備と信用ある新聞社――の二条件を具備する山形新聞一紙へ整理統合することを念頭に、「自発的に一県一紙にすべき」と整理統合を促す通達を各新聞社へ発したが、特高課が考えるように簡単には運ばなかった。米沢市は三紙が統合し「同盟米澤新聞」に、鶴岡市は二紙が統合し「鶴岡新報」に、酒田市は三紙が統合し「酒田毎日新聞」となったが、これは山形新聞に吸収統合されるのに反発し、「統合に際し、指導的立場に立たん」という思惑に基づいたものであった。このため山形新聞も急ぎ山形民報を買収して準備態勢を整え、同盟米澤新聞、鶴岡新報、酒田毎日新聞の三紙と交渉を進めた。一部に強硬な反対があったが、三紙側も一九四二（昭和一七）年一月末までに山形新聞へ吸収統合することで合意した。一県一紙は今や「國策」となり、新聞事業令という法的根拠を有したこと、さらに戦争の開始が、三紙に「合同の止むを得ざる情況」と認識させた。こうして同年二月一日に山形新聞を「縣紙」として一県

一紙が完成した。(59)

同県は、まず地域ごとに一紙に統合し、そのうえで有力な一紙に統合するタイプで、山形新聞が県都山形市を拠点としていることが同紙を軸とした統合となった大きな理由だ。また「新聞事業令」(60)が統合反対の新聞社の抵抗を削ぐという威力を発揮したことも注目される。情報局関係資料「部数増減比較表」では、一九四二（昭和一七）年一二月一〇日現在二万四六九四部が、一九四四（昭和一九）年四月一〇日現在三万五六七八部に増加した。

山口県（「関門日報」昭和一七年二月一日）

同県は「九州（門司）発行の大阪二紙（大朝、大毎）をはじめ、福岡日日、九州日報、東からは中國新聞の侵入あり、縣外移入紙の総数は縣内発行紙総数の約五倍見當と推定する向きもある。それに地元紙の数も比較的多くして、小新聞の経営頗る艱難、不振を免れない。併し下関市から発行される関門日日新聞は地元紙の雄であり、同市の関門毎友新聞及び山口市の防長新聞これに次ぐ。本縣で輪転機の据付をなせるものは、（これら）三紙だけである」(61)という状態であった。大朝、大毎の大阪系紙は大正期に福岡県門司に印刷所を設け、これに対抗して福岡日日、九州日報も侵入するという県外移入紙が覇を競い合い、地元紙は不振な状態にあるものの、下関の関門日日新聞が最有力で、これに次いで山口の防長新聞が存在していた。情報局関係資料「普通日刊新聞紙頒布状況調」(62)（昭和一五年五月現在）は、中央（大阪・東京）紙一〇万二七〇二部（六七・六％）、地方（地元）紙一万九七〇〇部（一二・九％）、移入（他県）紙二万九四二一部（一九・五％）となっている。

県特高課は一九三八（昭和一三）年末から整理統合に着手し、悪徳不良紙、弱小紙の整理を進めたが、一九四一（昭和一六）年八月に着任した佐々木芳遠知事は一県一紙の実現に熱意を示した。そして新聞事業令関係告示

（昭和一七年一月一〇日）で日本新聞會の会員に指定された関門日日新聞と防長新聞の有力二紙を統合して新たな新聞を創刊する方針を固め、新会社について「組織は株式会社とする。本社は県都山口市に、発行所は下関市に置く。題号は関門日報とする」という構想を立案した。これは関門日日新聞のほうが山防長新聞よりも発行部が多く勢いもあり、事実上は関門日日新聞を軸とせざるをえないものの、同紙が下関市を根拠している新聞であることは受け入れがたく、山口市の防長新聞と統合させ、新たに「関門日報」とすることで「縣紙」としての体裁を整えることができるという判断に基づくものだ。

一九四二（昭和一七）年一月一三日に各紙代表を県庁に招致し、「二月一日を期して新たな新聞を創刊する」ことを通告し、「速やかに廃刊届けを提出する」ことを強要した。各紙に不満はあったが、知事の指示に服するよりほかなく、同月二四日に廃刊届けを提出し廃刊、関門日日、防長両紙を統合した「関門日報社」が設立され、二月一日から「関門日報」を発刊し、同県の一県一紙は知事の構想に沿って実現された(63)。同県の整理統合は、関門日日と防長のライバル二紙を統合した形態で、その特徴として、統合は知事主導で行われ、統合後も県当局が経営にも積極的に関与したことが挙げられる。

発刊に際した共同声明は「政府は戦時下の新聞通信が國家に占める地位の極めて重大なるに鑑み、新聞界の再編成による新聞の整理統合を企畫し、地方新聞は悉く一縣一紙の原則に向ってその實現の歩を進めつつありましたが、今回山口縣では佐々木知事の指示に基づき防長新聞社と関門日日新聞社の両社合同に依り、新に関門日報を創刊、これを本縣代表紙として公認することと相成りました(64)」など、統合は「佐々木知事の指示に基づき」なされ、県当局は関門日報を「縣代表紙として公認する」などと知事主導を証している。

関門日報の会長には白銀禮冶防長新聞社長、社長には末光鐵之助関門日日社長が就き、社屋、設備は関門日日のものを使用し、スタートした。しばらくして白銀会長が辞任すると実権は末光社長が掌握したが、これに県当局は「末光社長は株式の大半を所有しているのは、県紙の趣旨に反する」などと反感を強め、末光社長に株式の県への売却を強要し、一九四五（昭和二〇）年五月に社長以下取締役はすべて県知事の任命で決められるよう組織は改編された。また題号も関門日日新聞を想起させる「関門日報」を、統合で名前が消えた防長新聞を再び持ち出し、「防長新聞」と改めた。(65) 情報局関係資料「部数増減比較表」(66) では、一九四二（昭和一七）年一二月一〇日現在二万五〇八二部が、一九四四（昭和一九）年四月一〇日現在三万三七八八部に増加し、『新聞総覧（昭和一七年版）』は「過去の一切を清算して新発足したが、縣當局の積極的支援と相俟って新聞紙の公益性を最高度に発揚、発行紙数逐次増加し新聞新體制の理想を如實に顕現しつつある」(67) と記している。

神奈川県（「神奈川新聞」昭和一七年二月二日）

日本の新聞の発祥地・横浜を中心とした同県の分布は「神奈川県は今や（交通網の整備で）東京の郊外と大差なく、東京各紙は猛競争を續けている。横浜市の横浜貿易新報は東京紙に対する有力紙として横浜から東海道線沿線にかけて縣北を守る。横須賀市には新興の横須賀日日新聞が活気ある経営振りで横須賀から三浦半島一帯の縣南を地盤にしている」(68) と、東京紙優勢のなかで一八九〇（明治二三）年創刊という歴史を有する横浜貿易新報が横浜市で、新興の横須賀日日新聞が横須賀市で、地盤を守るという状態であった。情報局関係資料「普通日刊新聞紙頒布状況調」(69)（昭和一五年五月現在）は、中央（大阪・東京）紙五二万五三一八部（九六・六％）、地方（地元）紙一万二四〇〇部（二・二％）、移入（他県）紙五五五五部（一・二％）で、東京紙が圧倒していた。

県特高課は、①横浜、横須賀、小田原の三地域で各一紙に整理統合する、②県都横浜市の横浜貿易新報を軸として、他の二紙を統合する——という整理統合方針を立案し、一九四〇（昭和一五）年八月、普通日刊紙の代表を県庁に招致し、特高課主任が「国の方針で、非常時を突破し総力戦体制を整えるために、新聞は自粛してもらいたい。今後は申し込み以外の広告は認めない。広告勧誘は恐喝と見なして取り締まる」と厳命した。さらに各新聞社の地区の特高がそれぞれ新聞社に対し「今度、国の方針で新聞は整理統合される。聞かないものは恐喝罪で取り締まる」と脅しを掛けた。[70] 当時（昭和一四年一二月末日段階）存在した二〇の普通日刊紙は、一九四〇（昭和一五）年一二月までに三紙に、すなわち横浜は横浜貿易新報が横浜新報を吸収して「神奈川縣新聞」と改題、横須賀は横須賀日日新聞を除いて廃刊し、同紙を「神奈川日日新聞」と改題、小田原は東海新報を中心に統合し新たに「相模合同新聞」となった。とくに横浜貿易新聞を「神奈川縣新聞」と改題したのは、「縣の機関紙という意であり、特高課が一県一紙とするための下工作であった」[71]という。

次いで県特高課は神奈川縣新聞を軸とした統合を完成するため神奈川日日、相模合同両紙に廃刊を強く働きかけ、両紙も統合に同意し、「昭和十七年一月一日から神奈川新聞を創刊する」こととなった。これら三紙の一九四一（昭和一六）年一二月一六日付け紙面には「三社合同、元旦より　神奈川新聞創刊　一縣一紙の決戦體制成る」の見出しで「日米英戦争の開戦に伴ふ新聞の國家的使命は愈々重大なるを加ふるに至り新聞界は中央、地方新たなる指導理念の下に再出発を見んとしている。吾ら三社は茲に率先言論奉還の赤誠を披瀝し各々その歴史傳統に拘泥せず、機構、體験の悉くを挙げて理想的一縣一紙の實現に挺身すべく協議一致し、昭和十七年元旦を期して合同、新たに神奈川新聞を創刊する」[72]という「共同社告」が掲載されている。社長には神奈川縣新聞社長の野田武夫、副社長には神奈川日日新聞社長の樋口宅三郎が予定されたが、野田が民政党衆院議員であることに新聞聯盟が難色を示し、さらに同時期に神奈川縣新聞が用紙を横流しする不祥事が発覚し、このため「社告」した一九四二（昭和一七）年一月に新会社は発足できず、神奈川縣新聞、神奈川日日新聞は同じ「神奈川新聞」の題号を掲げながら紙面はそれぞれ異なるという同名異紙が存在する異常事態となった。なお、相模合同新聞はこの間に、神奈川日日新聞と統合した。

当惑した特高課は、①二月一日までに新会社「神奈川新聞社」を発足する、②社長の人選は、古野伊之助同盟社長の推薦に委ねる――などの方針を新たに決め、古野に依頼した。[73] 新聞聯盟の実力者でもある同盟社長の古野に調停を委ねるケースは高知、徳島ですでに見られ、「整理統合で難航した場合には、古野に調停を依頼、判断を仰ぐ」ということが、内務省、情報局の関係当局の間で共通の認識となっていたと思われる。古野は同盟の地方部長である山口厳を横浜へ派遣し調査に当たらせ、「神奈川日日新聞社長の樋口を社長に推薦した。特高課はこの人選を意外としたが已む無くこれを容れ」[74]、結局は神奈川日日新聞が神奈川縣新聞を買収吸収して横浜市に本社を移し、樋口を社長とする「神奈川新聞」として発足することになった。

神奈川日日新聞に買収資金はなかったが、新たに赴任した近藤壌太郎知事がそれまでの交渉経過を聞いて、「銀行、日本鋼管、川崎造船のような目ぼしい企業に寄附金を割当て、知事が（寄付金を）受け取り、警察部長に渡し、警察部長から私の方へという形を取り、集めてくれた」[75]（樋口宅三郎）。こうして一九四二（昭和一七）年二月二日「正式な」神奈川新聞を発刊し、難航した同県の一県一紙がようやく実現した。

発行部数は情報局関係資料「部数増減比較表」[76]では、一九四二（昭和一七）年一二月一〇日現在一万一〇一三部が、一九四四（昭和一九）年四月一〇日現在二万三一七九部に倍増した。これは、産業報国会の県本部から各企業支部へ下す指示や連絡事項を同紙掲載の「産業欄」を通して行ったため、各企業は同紙を購読しなければならなかったことが大きいとされる。[77] 県当局には同紙は県が集めた寄付金で成立したという意識があり、名実ともに「社会の公器」にするため会社組織を「株式会社」から「社団法人」へ変更するよう求めた。樋口もこれを入れて、一九四五（昭和二〇）年一月三〇日付けで「社団法人設立許可申請書」を内閣総理大臣・内務大臣宛に提出、同年六月に許可された。しかし、このときに同紙は横浜大空襲で社屋、工場を焼失しており、社団法人へ寄付する財産が失われたため、社団法人への変更は中止された(78)。

同県は、県当局が県内三地域ごとに一紙に統合し、最終的に古い歴史を有する県都の有力紙の横浜貿易新報（神奈川縣新聞）が他紙を吸収統合することを意図したが、そのとおりにはいかず紛糾し、結局は同盟社長の古野に調停を依頼して成立したことが特徴的である。樋口は、「あのころ同盟の古野さんは大した勢いでしたからね。古野さんは（部下の）山口地方部長に（樋口で）やれるのか聞き、山口さんと私は顔見知りの間柄で、あの程度の新聞なら樋口でもやれると答え、私を推薦したと思う」と回想している(79)。古野が樋口を推薦した理由は、樋口が生粋の新聞人のためで、それは「新聞社の経営は新聞人を原則とすべき」という考えが、新聞聯盟、新聞會の一県一紙についての方針であったことを示している。

鹿児島県（「鹿児島日報」昭和一七年二月十日）

同県は「新聞の数は少なく悠々と経営されてきたが、近年は交通機関の発達と共に大朝、大毎が目覚しく進出し来り、激烈なる競争をなすに及んで、地元紙も奮態俄然たるを得なくなった。地元紙は鹿児島市に鹿児島新聞、鹿児島朝日新聞の二紙があり、前者は政治家、後者は実業家を背景とし、地元に強い地盤を有し、発行部数も相伯仲すると云われる。両紙とも歴史が舊く、地盤も固く、殊に縣民性として地元紙愛護の考へから離れられないことは、縣外紙の乗じ難しとする所である(80)」というもので、民政党系の鹿児島新聞と中立の鹿児島朝日新聞の有力二紙が勢力を維持していた。社史では「朝日、鹿新それぞれ二万二、三千部ということだが、朝日が鹿新に四ないし五千部水をあけているとみるのが、新聞界の常識だった[81]」と記している。情報局関係資料「普通日刊新聞紙頒布状況調[82]」（昭和一五年五月現在）は、中央（大阪・東京）紙三万一九三九部（三七・一％）、地方（地元）紙四万八二〇〇部（五五・八％）、移入（他県）紙六〇八六部（七・一％）と、地元紙が優勢な状態にあったことを示している。

県特高課は一九四一（昭和一六）年八月に、鹿児島朝日、鹿児島新聞両紙に統合交渉を指示し、これを受けて鹿児島朝日新聞の藤安新之助、鹿児島新聞の児玉實良、両紙社長ら幹部が極秘に会談した。会談の結果は「両社首脳部は終始國家的見地に立脚して虚心坦懐交渉に當り、極めて圓満裡に話が纏り[83]」、統合に備えて同年一一月に鹿児島新聞は「匿名組合」から「株式会社」へ組織を改組した。

一九四二（昭和一七）年一月一〇日に政府が発した新聞事業令関係告示で、両紙は揃って新聞會の會員に指定され、とくに鹿児島朝日新聞は新団体の設立委員に命じられた。同月一五日に両紙は統合契約に調印し、同月三一日にはともに株式総会を開いて統合を正式決定。二月一〇日付け紙面を最後に両紙は幕を閉じ、紀元節を期して同月一一日に「鹿児島日報」の創刊号を発刊して一紙統合は完成した。同県の統合は、新団体の設立委員である鹿児島朝日新聞が鹿児島新聞を吸収するという形式で、社屋は朝日の社屋を使用し、社長には児玉鹿児島新聞社長が就いた。同紙は戦後の一九四六（昭和二一）年二月、題号を「南日本新聞」へ改めた。

歴史を有するライバル二紙が統合したが、「圓満裡に話が纏った」ことが同県の特徴である。政友会系、民政党系という政党機関紙のライバル関係ではなく、一方が政治、他方が実業界の関係者で組織されていたことや、新聞會の設立委員に指名されたことを名誉と受け取る意識などが、その要因として挙げられる。「地元紙愛護」

の意識から統合紙は順調に増えた。情報局関係資料「部数増減比較表[84]」では、一九四二（昭和一七）年一二月一〇日現在六万三九四三部が、一九四四（昭和一九）年四月一〇日現在九万一五二一部に約四割増加している。

京都府（「京都新聞」昭和一七年四月一日）

京都府は「大阪系新聞の領域だが京都市を地盤として京都日日新聞（民政党系）、京都日出新聞（政友会系）の二紙が発達した。大阪系新聞に対して両紙は同市内では遜色を見せないが、郡部では到底その敵でなく、大朝、大毎の跋扈に委し、大阪時事、新愛知、名古屋新聞なども入っていた。昭和一三年九月某官憲方面では縣外移入紙の部数について次の様に推定している。大朝一〇万部、大毎九万七〇〇〇部、読売三三〇〇部、新愛知二二〇〇部、名古屋二〇〇〇部、報知五〇〇部[85]」で、地元紙の京都日日、京都日出両紙の発行部数は「当時（昭和一七年二月）の公表部数は京日三万五〇〇〇部、日出一万部[86]」と記されている。

情報局関係資料「普通日刊新聞紙頒布状況調[87]」（昭和一五年五月現在）によると、中央（大阪・東京）紙二六万五八二〇部（八一・九％）、地方（地元）紙四万五八〇〇部（一四・一％）、移入（他県）紙一万二七一一部（〇・四％）と、府全体では大阪系新聞が優勢だが、京都市内では京都日日、京都日出の二紙が強く、ほかに京華日報、宗教界に勢力を有する中外日報などの地元紙が存在する分布状態であった。

先に説明したように、神戸新聞社長の進藤信義は一九二〇（大正九）年、京都で発刊されていた関西日日新聞を買収し、「京都日日新聞」と題号を改めた。これが同紙の基盤を形成し、一九三一（昭和六）年には神戸新聞、大阪時事との間で「三都合同新聞社」を立ち上げるが、一九三三（昭和八）年に三都合同社の京都支店長として経営に当たってきた山根文雄を社長として分離独立した。社業は順調に伸びたが、一九三八（昭和一三）年に山根が急死したため、同紙に影響力をもっていた王子製紙の推薦で毎日の名古屋総局長浦田芳明を社長に迎えた。しかし浦田に対する社内の反発から内紛が起きた。一方の京都日出新聞は、一八七九（明治一二）年創刊と歴史は古く、大正期に広告代理店の経営者であった後川文蔵が社長に就任し立て直しを図った。しかし、思うようにいかず一九三一（昭和六）年に後川は死去し、長男の晴之助が後任社長となったが落調気味の社勢を守るのに精いっぱいだった。(88) つまり両紙ともに問題を抱えていたのである。

県特高課は一九三九（昭和一四）年五月に弱小紙の整理統合に乗り出したが、京都府の一紙実現は京都日日、京都日出の両紙統合以外になかった。社史によると、(89) 一九四一（昭和一六）年に京都日日新聞の浦田社長は「大朝、大毎の圧力の下で京都日出新聞との競争を続けることは地元紙の共倒れを早めることだ」と判断し、京都日出側と具体的な統合交渉に入ろうとしたところ、王子製紙から両紙統合の話を聞いた読売の正力松太郎社長から、「待った」がかかった。読売は関西での拠点作りを意図しており、正力は地元両紙に読売を加えた三社の共同経営を提案したが、地元両紙は揃って反対し、地元両紙の統合交渉も中断してしまった。だが新聞事業令の公布を受けて県特高課は一九四二（昭和一七）年一月、両紙に対して統合を勧告し、特高課長細谷喜一の立会いで両社長の交渉がもたれ、「日日の方が経営状態は良いが、歴史的には日出が古い。統合は無条件、対等合併で進める」という特高課長の提案に両社長が反対するなど難航したが、二月七日から八日にかけての交渉で「対等合併を基本とする」ことで合意に達した。三月二日には合併契約書に調印、四月一日に「京都新聞」創刊号を発刊、丹波毎日、山城毎日を吸収統合して、一紙統合は実現した。

京都新聞の会長には日出新聞の後川、社長には日日新聞の浦田が就き、社屋は日出の社屋を使用した。創刊号では浦田社長の「郷党の絶大なる支援を得て、多年の伝統と光輝ある業績を有する京都日出新聞と京都日日新聞は今回、國策の要請に基づいて合同を断行し、名實ともに備わる國策新聞として、本日ここに京都新聞の創刊第一号を発行することになった。先に政府は新聞事業令その他を公布し、続いて新聞の統制団体とも称すべき日本新聞會の結成を見て、我が國新聞の性格が著しく國家の公器たる實を示すに至り、新聞新體制の理念が漸次明瞭となったことは欣快に耐えない」という「創刊の辞」が掲載されている。「國策の要請に基づいて合同を断行」したこと、さらに「名實ともに備わる國策新聞」を目指すという文言に、統合の経緯や意義が集約されている。

京都府の整理統合も、ライバル二紙の統合であるが、交渉は難航したものの、刺々しい対立は見られない。大阪系新聞の侵入で厳しい経営に追い込まれる状態のなか、地元紙同士の共倒れを防ぐため、「國策の要請」を名分に、大阪系新聞に対抗する資本力をつけるという思惑がうかがえる。情報局関係資料「部数増減比較表」[90]では、一九四二（昭和一七）年一二月一〇日現在五万八九〇四部が、一九四四（昭和一九）年四月一〇日現在八万八〇七三部に約五割増加する統合効果を挙げている。

長崎県（「長崎日報」昭和一七年四月一日）

同県は「大朝、大毎、福日は共に長崎、佐世保へ夕刊の別配達を行ひ、此縣も外来紙の威壓を受けること少くない。福日が優勢なのは地理交通機関の便宜等により壱岐、對馬の離島は勿論、北松浦、東彼杵などは福日の方が土地の新聞より早着する。地元紙では長崎市に長崎日日新聞（民政党系）及び長崎民友新聞（政友会系）があり、佐世保市には佐世保軍港新聞、其の他がある。某官憲方面の昭和一四年九月現在、移入紙の推定は大朝三万三九九六部、大毎三万三六八八部、福日一万七五一八部、九州日報一八一二部、読売三九四部。また地元紙は長崎日日一万六七五八部、長崎民友三万八〇〇〇部、長崎島原毎日六〇〇〇部[91]」という分布状態にあった。

情報局関係資料「普通日刊新聞紙頒布状況調」(92)（昭和一五年五月現在）によると、中央（大阪・東京）紙六万九七二三部（三九・九％）、地方（地元）紙五万八一〇〇部（三三・八％）、移入（他県）紙四万六八四二部（二六・三％）と、大朝、大毎に加え、福日が大きな力をもち、地元紙は長崎市の長崎日日新聞（民政党系）と長崎民友新聞（政友会系）、佐世保市の佐世保軍港新聞、島原の長崎島原新聞などが地域に分かれて存在していた。

県特高課は一九三九（昭和一四）年までに旬月刊紙の整理を行い、一九四〇（昭和一五）年から日刊紙について「一県一紙の階梯としてまず一都市一紙」の方針を固め、各紙に統合を求めた。同年一〇月に島原では島原新聞が長崎島原毎日新聞を吸収統合したが、長崎の長崎日日と長崎民友両紙は統合に反発の声が強く交渉は進まず、さらに長崎日日新聞では牧山耕蔵社長派と則元卯太郎副社長派が対立し、同年九月には休刊する騒ぎになった。内紛に嫌気が差した牧山社長はひそかに読売への売却を試みた。読売は同年八月に、福岡県の九州日報を買収し、経営に当たっており、九州での基盤確保に力を入れていたため、これに応じて買収し、一九四一（昭和一六）年一月から長崎日日新聞を経営した。読売社長正力が相談役に、社長は読売幹部で九州日報社長小林光政が、また編集、営業幹部も読売社員が九州日報から転任した(93)。

一九四二（昭和一七）年一月一〇日に政府が発した新聞事業令関係告示では、長崎日日、長崎民友、佐世保軍港、島原の四紙を新団体（日本新聞會）の會員に指定し、特高課も四紙に統合を強く迫った。しかし長崎民友新聞はとくに強く反対したため特高課は同紙の西岡竹次郎ら幹部を逮捕し、強引に統合を進め、四紙を統合した「長崎日報」を同年四月一日に創刊し、強引に一紙統合を実現させた(94)。

創刊号には「創刊の言葉」と題して「一切のものは、挙げて戦争完遂に集中されねばならない。公器として率先範を示すべき新聞は、速やかに態勢を整備する必要に迫られ、長崎民友、佐世保軍港、島原及び長崎日日の四新聞打って一丸となり、一縣一紙長崎日報を創刊した。合同の過程に於て四社資本の合作を伴ふ形式を執らざるを得なかったが、これは資本が新聞を支配するものではなく、逆に新聞が資本を支配し、不偏獨立の天地にありて使命達成に邁進せんとするものである。その高く標置するものは肇國の大理想八紘一宇の皇道を四海に布くことである」(95)など、統合は戦争完遂という「國策順應」によるもので、四社が資本を出し合う対等合併であることを伝えている。

社長には、長崎日日新聞社長の武藤貞三（昭和一六年八月に小林に代わり社長、読売の工務局長）が就き、一九四四（昭和一九）年八月に武藤が退くと、後任社長にも読売の厚生局長渡邊良治が就いた。一九四五（昭和二〇）年七月には「長崎縣の代表紙たる地位と聲價を占めるに至り、更に百五十萬縣民各位の眞の縣紙として必勝報道に邁進するため」として、題号を「長崎新聞」と改めた。情報局関係資料「部数増減比較表」(96)では、一九四二（昭和一七）年一二月一〇日現在三万三二三二部が、一九四四（昭和一九）年四月一〇日現在四万五六一五部に増加した。

同県の統合は、ほぼ互角の四紙が統合したが、その特徴は特高課の強引な手法や読売が地元紙を買収し、統合や統合後にも主導権を握ったことが挙げられる。戦後の一九四六（昭和二一）年一二月に同紙は統合前の四紙に分裂し、長崎日日、民友新聞、佐世保時事、新島原として再出発した。戦時下に統合したすべての新聞社が、戦後に統合前の状態に分裂したのは長崎以外に例を見ない。

しかし、県外移入紙が大きな力をもつなかで、資本力の弱い地元紙が厳しい経営を迫られるという構図も統合前と同様だった。一九五九（昭和三四）年一月に長崎日日、長崎民友両紙は合併し、新たに「長崎新聞」を発刊、さらに一九六八（昭和四三）年七月に長崎新聞は佐世保の長崎時事新聞（佐世保時事新聞が改題）を吸収統合し、結局は戦時統合と同様に一紙となった。

熊本県（「熊本日日新聞」昭和一七年四月一日）

同県は「新聞中心地が熊本市に限られ、且つ新聞の数も少ないので、九州新聞、九州日日新聞の両紙が発達し、他の九州各縣へも侵入している。九州新聞は政友会、九州日日は国民同盟（民政党）の機関紙として事毎に激甚な競争を續けたが、政党解消の今日新體制下に於ても営業その他各般に亙り協調的方針を取ることとなった。部数は共に二万部前後。県外移入紙は大毎一万五〇〇〇部、大朝一万三〇〇〇部、福日八〇〇〇部見當」[97]と、明治以来の政党機関紙として県都熊本市を拠点とした九州新聞、九州日日新聞の有力地元二紙が競い合う状態であった。九州日日新聞は同県代議士（昭和七年民政党を脱党し、國民同盟総裁）安達謙蔵が「監督」として大きな影響力を有した。情報局関係資料「普通日刊新聞紙頒布状況調」[98]（昭和一五年五月現在）では、中央（大阪・東京）紙五万五〇九三部（五三・五％）、地方（地元）紙三万五一〇〇部（三四・一％）、移入（他県）紙一万二六二一部（一二・四％）であった。

九州、九州日日の両紙は新聞事業令関係告示では揃って新聞會會員に指定され、統合は必至の情勢となり、交渉の結果、一九四二（昭和一七）年三月二六日に統合会社を設立し、四月一日に「熊本日日新聞」を創刊した。『新聞総覧（昭和一七年版）』は「大東亜戦争勃発し、アジア民族の隆替を決する秋に當り、九州日日新聞、九州新聞の両社は國策に即して統合、國家協力機関として、新陣営の下に烈々たる愛國の熱誠に燃えつつ創刊第一号を発刊す」[99]と記している。

統合交渉について、熊本日日新聞の初代社長を務めた伊豆富人（九州日日社長）は「統合は、一県一紙という政府の至上命令だった。九日、九州両紙の社長は政党の大幹部で、新聞そのものが政戦の急先鋒、犬と猿の間柄で、統合は容易ならん苦心を要さなければならなかった。発行部数は九日七、九州三、あるいは六半対三半ぐらいの関係で、九日側は発行部数の比率によって株式も重役も配分する現勢力の比率主義を主張した。だがこれには知事（雪澤千代治）が困った。知事は政友会の色彩のある男で、当時県下の党勢は政友会が優勢で、大政翼賛会でも政友会系の方が勢力を持っていた。一方政府側は一県一紙を催促し、そこで私は懇意な同盟通信社長の古野伊之助氏に相談した。そして株主も取締役、監査役の数も同数にした」[100]と、歴史的に対立してきただけに主導権争いは存在したが、伊豆が同盟の理事を務めていた関係で懇意であった同盟社長の古野の助言を仰いで統合したことを明かしている。

熊本日日新聞の社長には伊豆（九州日日新聞社長）、副社長には吉川義章（九州新聞社長）が就き、社屋は九州日日新聞の社屋を使用した。社史によると[101]、九州日日は最終号（昭和一七年三月三一日付け）の社説で「九州日日新聞は今ここに國策の要請の前にその六一年の歴史を欣然として捧げ、熊本日日新聞として新発足をなすの結果、外形は一應解體するが、實體は國家発展の線に沿うて生きねばならぬ。熊本日日新聞社として、大東亜戦争完遂の方向に新聞報國の誠を一層高揚する事は、九州日日の創業精神を生かす所以ではないか」と主張し、九州新聞の社説も「政友會及び國民同盟の解消以来、第三者側に於て両新聞社の統合が論議されつつあったが、果然大東亜戦争に突入し、時局は益々長期に渉り、且つ困難性を加ふるに至ったので、統合は急速度の實現を見るに至った。熊本日日新聞は國家的要請に即應し、啓蒙指導又は報道宣傳すべく、力強き発足をなすものである」と、ともに「國策順應」と「新聞報國」を強調している。

同県の統合はもはや統合が避けられない状況下、「國策順應」をスローガンに明治期以来の政党機関紙が統合した典型例である。情報局関係資料「部数増減比較表」[102]では、一九四二（昭和一七）年一二月一〇日現在六万一〇九一部で、一九四四（昭和一九）年四月一〇日現在には七万六二七一部に増加している。

大分県（「大分合同新聞」昭和一七年四月三日）

同県は「大分市は九州（地方における）新聞中心地の一つとして、豊州新報（政友会系）、大分新聞（民政党系）両紙が相競ひ、両紙の多年培養の地盤は固く、両紙合わせて三万部前後の部数を維持しつつあるものの如くである。縣外移入紙は大阪紙の大朝、大毎各一万部、福岡紙の福日六〇〇〇部、九州日報三〇〇〇部、さらに熊本紙の九州日日、九州も侵入。政争の盛んな土地柄だけに別府市、中津市、其他からも多数の小新聞が発行され、何れも経営難ならざるはない[103]」と記している。情報局関係資料「普通日刊新聞紙頒布状況調[104]」（昭和一五年五月現在）では、「中央（大阪・東京）紙五万一〇〇七部（五八・五%）」「地方（地元）紙二万七四七〇部（三〇・八%）」「移入（他県）紙一万〇五〇九部（一〇・七%）」で、大朝、大毎、福日が圧迫するなか、歴史を有する有力地元二紙の豊州新報（政友会系）、大分新聞（民政党系）両紙が政党機関紙の存在として相競うという状態であった。

県特高課は、一九三八（昭和一三）年九月に「全国に魁けて新聞の大統制を敢行[105]」し、一九三八（昭和一三）年に三二を数えた普通日刊紙は、一九三九（昭和一四）年三月までに豊州新報、大分新聞の二紙を除いて廃刊へ追い込まれた。残る両紙の統合も一九四二（昭和一七）年に両紙が新聞事業令関係告示で揃って日本新聞會會員に指定されたことを受けて、極秘のうちに交渉が進められた。交渉では統合後の社屋を両紙いずれの社屋を使用するか、神社の神前でくじを引いて、豊州新報を使用することを決めるなど指導権争いが随所に展開された。統合は「対等合併」の形とし、題号も「合同」としたが、実質的には発行部数で勝る豊州新報が主導権を握った。

結局、合意は成立し、統合紙「大分合同新聞」は一九四二（昭和一七）年の「神武天皇祭の佳節を期して」四月三日に創刊号を発刊した。社長には豊州新報社長の長野潔社長が就き、大分新聞社長大津征夫は会長となった[106]。

同県の統合も熊本県と同じくライバル二紙が統合した形態で、『新聞総覧（昭和一七年版）』では「共に六〇年の歴史と傳統を超越して國家の要請に應へ統合、大分合同新聞社を創立、大分縣唯一の郷土紙として國策に即應し一路眞使命の遂行に邁進[107]」と記し、「國策」に沿った統合であることを強調している。「明治以来猛烈な競争を続けて来た両紙の合同がうまくいくか県民の目は一斉にその前途を見つめたが、揺るぎなく発展の一路を進んで一県一紙は予想外の成果を示した[108]」とされるが、「成果」とは発行部数の増加を意味しており、それは情報局関係資料「部数増減比較表[109]」の、一九四二（昭和一七）年一二月一〇日現在四万〇一二〇部で、一九四四（昭和一九）年四月一〇日現在には五万〇七七九部に増加という数字が示している。

三重県（「伊勢新聞」昭和一七年四月五日）

同県は「名古屋に発行所を置く大阪紙（大朝、大毎）と名古屋紙（新愛知、名古屋新聞）の勢力圏内にあり、混戦を免れず、販賣上のトラブルを繰返している。斯る有様であるから、地元紙には不利であるが、津市を根據とする伊勢新聞は創刊六〇年の歴史と固い地盤を有す。四日市、宇治山田、松坂各市等にもそれぞれ新聞中心地をなし、新聞の数は比較的多数[110]」という状態であった。情報局関係資料「普通日刊新聞紙頒布状況調[111]」（昭和一五年五月現在）では、中央（大阪・東京）紙六万九七四七部（五七・三％）、地方（地元）紙一万九一一〇部（一五・七％）、移入（他県）紙三万二八二〇部（二七・〇％）で、大阪紙と名古屋紙にはさまれて地元紙は県都・津市の伊勢新聞が最有力紙として存在した。

県特高課は弱小の普通日刊紙に対する整理統合を一九三九（昭和一四）年七月から九月にかけ積極的に行い、全県で一六紙を数えた普通日刊紙は同年一二月には八紙に半減した[112]。伊勢新聞のほかに四日市市の夕刊紙三重新聞が新聞事業令で新聞會の會員に指定されたことを受けて、県特高課は一県一紙の実現に着手した。特高課は、県都の最有力紙伊勢新聞が、残余の普通日刊紙をすべて吸収する形での統合を構想し、中野興吉郎知事、古賀強特高課長の支持の下に伊勢新聞社長の松本宗重が一九四二（昭和一七）年一月に北勢朝日新聞、二月に三重新聞、南勢新聞、南海新報、紀南新報、伊勢朝報、そして残る三重合同新聞を四月五日までに吸収し、一紙統合を完成させた[113]。発行部数は情報局関係資料「部数増減比較表[114]」では一九四二（昭和一七）年一二月一〇日現在一万九〇四六部、一九四四（昭和一九）年四月一〇日現在には二万二五九四部と、微増にとどまっている。

伊勢新聞は戦後に名古屋からの移入紙の攻勢で経営不振に陥ったが、県下の実業界などから郷土紙救済の運動が起き、同県出身の同盟社長古野に再建を依頼し、一九五二（昭和二七）年に古野が会長、社長に同盟の元編集局長の大平安孝が就任した。戦後に同盟が解体した後でも、古野が地方紙に影響力をもった例として興味深い。

長野県（「信濃毎日新聞」昭和一七年五月一日）

同県は「我國有数の新聞國長野縣の新聞中心地は第一に長野市で、此處に信濃毎日新聞があり、古くから全縣的に勢力を占め、全國的にも有数の地方新聞の一つに数へられている。第二の中心地は松本市で信州日日新聞あり、つづいて上諏訪町に南信毎日新聞、飯田市に信州合同新聞、上田市に北信毎日新聞、更に岩村田町に中信毎日新聞がある。縣外移入紙は東京紙の地盤とされ東日、東朝、読売三紙等が入り、また名古屋の新聞も相當に入っている[115]」と記されている。情報局関係資料「普通日刊新聞紙頒布状況調[116]」（昭和一五年五月現在）では、中央

（大阪・東京）紙一一万二一五九部（六〇・四％）、地方（地元）紙五万一三四〇部（二七・六％）、移入（他県）紙二万一九五八部（一二・〇％）で、発行部数こそ多くないものの新聞社数は多く、「我國有数の新聞國」として南、中、東、北信の地域ごとに多数存在し、なかでも県都長野市を中心とした北信地域の信濃毎日新聞は有力地方紙として全国的にも知られる存在であった。

県特高課は三九紙存在した普通日刊紙について、第一次（昭和一三年九月—一五年九月）で地域ごとに整理統合し六紙に絞り込み、第二次（昭和一七年三月—同年四月）で歴史を有する県都の有力紙信濃毎日が五紙を吸収統合するという二段階で、一紙統合を実現させた[117]。第一次の整理統合は、第二章で長野県特高課がまとめた「長野県特高警察概況書」をもとに説明した。この整理統合で、北信地域（長野市）は「信濃毎日新聞」が信濃日日新聞、長野県民新聞の二紙を吸収統合、中信地域（松本市）は信濃日報と信濃民報が統合して「信州日日新聞」に、南信地域の上諏訪町では南信日日、信濃毎夕、信陽新聞の三紙が統合して「南信毎日新聞」に、飯田市では信濃時事、信濃大衆、南信新聞、飯田毎日の四紙が統合して「信州合同新聞」に、東信地域では上田市の「北信毎日新聞」、岩村田町の「中信毎日新聞」が残存した。

第二次の整理統合は、新聞事業令関係告示で日本新聞會會員の指定を受けた上記の六紙を対象に行われた。永安百治知事の指示で一九四二（昭和一七）年三月、大森健治県警察部長を委員長に六紙代表を委員とする委員会が設けられ、統合の協議がなされた。その結果、①信濃毎日新聞が他の新聞社の発行権を一部一円で買収する、②各社の負債は、その社で処置する、③従業員は信濃毎日が引き継がず、各社で処分する——などを内容とした「覚書」を交換した。買収される新聞社の従業員を「引き継がず、各社で処分する」などの文言は、有無を言わせない特高課の強引な姿勢を証している。

四月二七日には次のような共同声明を発表した。「本縣に於て日刊新聞を発行する六社は、永安知事の斡旋により率先國策に即應協力すべく鋭意協議中の処、今回議全く合し、各社は潔く小異を捨てて大同の精神に殉じ、今四月末日を限り社歴に終止符を点じ、信濃毎日新聞社に統合、来る五月一日を期して全縣一紙たるの新面目において其の第一歩を印すことに決した。新しき世界歴史を創造するもの日本は、大東亜戦争完遂を絶対目的として、総ゆる國内體制の整備拡充に努力を払いつつあるが、吾等日本新聞界にあっても速やかに體制を整備し、國論の統一徹底と報道の正確迅速を期し、以て國家の要望に應へ、以て新聞の國家的使命達成に邁進すべきである。之即ち縣下の六紙を打って一丸とする信濃毎日新聞の再編成であり、縣民の新聞としての信濃毎日新聞の再出発である[118]」。同時期の他県と同様に「國策即應」による統合であることや、「國論統一」という「國家的使命達成」を謳っている。

情報局関係資料「部数増減比較表[119]」は一九四二（昭和一七）年一二月一〇日現在六万四二六〇部、一九四四（昭和一九）年四月一〇日現在には九万〇四二〇部と四割の大幅増加を示した。社史[120]は、「昭和一七年七月現在の発行部数が、県外紙の朝日四万四千八百余部、東日四万四千五百余部、読売三万二千八百余部などに対し、信毎は六万一千六百余部を数えた」と指摘し、「農村恐慌と中央紙の激しい斬り込みに揉まれて、（昭和）九年の下半期には二万台を割ってしまったものが、日中戦争の進展と共に上げ歩調をたどり、六万を突破した。従軍記者による郷土部隊の活躍報道が県民の関心を集めたからの伸長であったことは勿論だが、全県一紙の新聞統合がもたらした成果が、最も大きかったことを見逃し得ない」と、率直に統合の効果を記している。

石川県（「北國毎日新聞」昭和一七年五月一一日）

同県の分布状態は「新聞中心地は唯一の金澤市に限られ、而も同市は北陸文化の中心として、一九萬の人口を擁する處から北國新聞、北陸毎日等の有力紙が発達した。併し大阪紙と名古屋紙の壓迫を免れず、地の利に恵まれているとは稱されない。北國新聞は地方紙の雄で、地盤も堅實、経営も堅實、隣縣の一部に進出している。北陸毎日は勢力これに次ぎ、民政党系紙で先には永井柳太郎君を社長に戴き活気ある経営振りを示している」[121]というものだ。情報局関係資料「普通日刊新聞紙頒布状況調」[122]（昭和一五年五月現在）では、中央（大阪・東京）紙四万〇三五四部（三七・八％）、地方（地元）紙五万九三九〇部（五三・七％）、移入（他県）紙六七三三部（六・五％）で、地元紙は金沢市だけに集中し数も少なく、なかでも北國新聞が抜きん出て、北陸毎日新がこれに次ぐ存在という状態であった。

同県の一県一紙は「いささかも軍や役人の手を借りず、すべて北國新聞の常務（昭和一八年から社長）嵯峨保二の手により円満に話し合いが出来上がった」[123]という。北國新聞は一九三九（昭和一四）年一二月に金澤新報を吸収、一九四〇（昭和一五）年七月にはライバル紙の北陸毎日新聞と統合し、題号を「北國毎日新聞」と改め、一九四一（昭和一六）年一一月には北國夕刊新聞を吸収、一九四二（昭和一七）年五月に名古屋紙の新愛知の子会社である北國日報を吸収し、一紙を完成させた。

このように同県の統合は北國新聞が、ライバル紙の北陸毎日新聞を統合した時点（昭和一五年七月）で実質的には一県一紙を実現したと言える。社史は、北國新聞常務の嵯峨が北陸毎日新聞会長の桜井兵五郎を「この非常時に國家のために何事かをなさんと念じるならば、何故二つの力を一つに合わせ事に当たることを考えないのか。北陸毎日と北國は徒に力を両分している。これは力の浪費でしかない」[124]と説いたことが契機となり、順調に交渉は進んだ、と記している。両紙は販売的にはライバルであったものの、政党的には民政党系の北陸毎日に対し北國新聞は「中立」と対立関係にはなかったことも、円満な交渉を促した。このように同県は、有力二紙が進んで統合した点に特徴がある。

なお同紙は戦後の一九五〇（昭和二五）年に題号を「北國毎日新聞」から「北国新聞」へと改めた。北國新聞系が主導権を掌握し、ルーツを同新聞に求めたことがうかがえる。情報局関係資料「部数増減比較表」[125]は一九四二（昭和一七）年一二月一〇日現在六万九九九六部、一九四四（昭和一九）年四月一〇日現在には九万三一〇五部と安定した伸びを示している。

秋田県（「秋田魁新報」昭和一七年六月一日）

同県は「新聞中心地は秋田市に限られ他は余り問題とならなかった。同市の秋田魁は地元紙に競争する者なき為緊張味を缺くの憾みなしとせぬが営業上には恵まれた立場にあり、古い傳統と固い地盤を擁して奥羽（東北）地方での有力紙としての地位を占めている。部数は三万部と推定され、（県外移入紙は）東朝、東日、読売各二万部前後、報知約五〇〇〇部と関係者は推定する」[126]という分布状態であった。情報局関係資料「普通日刊新聞紙頒布状況調」[127]（昭和一五年五月現在）では、中央（大阪・東京）紙三万九一四四部（六二・四％）、地方（地元）紙二万一三〇〇部（三四・〇％）、移入（他県）紙二一九三部（三・六％）で、東京紙の侵入の下、有力地元紙の秋田魁新報が他の地元紙を圧していたことを示している。

県特高課は一九三九（昭和一四）年、同年末に同県内に三五紙数えた地元紙（普通日刊紙は七紙）を地域ごとに一紙に統合することを意図し、一九四一（昭和一六）年末までに一一紙に整理統合した。新聞事業令の公布を受けて、特高課「秋田魁が他の十紙を買収・吸収する形で一県一紙を実現する」との方針を固めて強く指導し、一九四二（昭和一七）年五月末日に、出羽日報、北鹿新聞、出羽新報、能代新報（日刊）、仙北新報、由利国民新聞、秋北新聞、北鹿朝日新聞（三日ごと発刊）、角館時報（五日ごと発刊）、昭和新報（週刊）の一〇紙が一斉に廃刊し、一紙統合が完成した(128)。

同県では弱小紙が数多く存在し、特高課県も当初は「それらを地域毎に一紙に整理統合し数紙は存続させる」方針で臨んだために作業も遅れ、一紙統合の完成は一九四二（昭和一七）年六月にずれ込んだ。地域ごとに統合し、その後で有力一紙を軸に統合するという手順を踏んだが、実質的に県内有力紙は秋田魁だけで、同紙が他紙を吸収する形といえる。情報局関係資料「部数増減比較表(129)」は一九四二（昭和一七）年一二月一〇日現在三万九三七〇部、一九四四（昭和一九）年四月一〇日現在には五万〇一〇〇部と増加している。

滋賀県（「滋賀新聞」昭和一七年八月一日）

同県は「大阪紙（大朝、大毎）の勢力下にあり、そこへ名古屋紙（新愛知、名古屋新聞）、更に京都日日新聞等が入っている。地元紙は群小簇立、一つとして大をなすものがなく、（県都）大津市の近江新報（民政党系）、江州日日新聞（政友会系）の二紙が比較的有力と云われたが、近江新報は昭和一四年七月末突如、自発的に廃刊した。彦根市にも多数の小新聞がある。昭和一五年九月現在の発行部数は、地元紙の江州日日新聞一五〇〇部に対し、大朝二万六九〇〇部、大毎二万二六〇〇部、名古屋九七〇〇部、新愛知九六〇〇部、京都日日二七〇〇部など(130)」という分布状態であった。情報局関係資料「普通日刊新聞紙頒布状況調(131)」（昭和一五年五月現在）では、中央（大阪・東京）紙四万九九七五部（七四・九％）、地方（地元）紙一三〇〇部（一・九％）、移入（他県）紙一万五三五八部（二三・二％）」と、地元紙がきわめて劣勢に置かれていることを示している。「大正期に憲政会は近江新報を擁し、政友会は江州日日新聞を育成し、事毎に論争に終始したが、この二紙こそ滋賀県の新聞史を飾る双翼であり、両紙によって滋賀県の新聞史は構成されている」[132]と指摘されるが、近江新報が経営難から自発的に廃刊したことが示すように、昭和期には地元紙は振るわない状態に追いやられた。

県特高課は、一九四〇（昭和一五）年に普通日刊紙の整理統合に力を入れ、同年八月までに大津市は江州日日新聞を残して三紙廃刊、彦根市は五紙が統合して新たに近江同盟新聞を創刊、長濱町その他の地域の普通日刊紙はすべて廃刊し、地元紙は江州日日新聞、近江同盟新聞の二紙となった。江州日日新聞は同年一二月に題号を「近江日日新聞」と改めて「縣紙」の体裁を整え、一九四二（昭和一七）年八月に近江同盟新聞を吸収し、「滋賀新聞」と改題し、同県の一県一紙は完成した[133]。大阪、京都、さらに名古屋の大手有力紙の勢力下で県内に抜きん出た有力紙は存在せず、このため県当局がテコ入れして「縣紙」を仕立て上げるという関東の埼玉、千葉県の例と類似している。

発行部数は情報局関係資料「部数増減比較表」[134]の一九四二（昭和一七）年一二月一〇日現在四六三三部で、一九四四（昭和一九）年四月一〇日現在には六三二〇部と微増したが、全都道府県の「縣紙」のなかで埼玉と並んで最少レベルの発行部数で、県外入紙の力を抑えるまでにはいたらなかった。いわば「にわか作り」だけに、「滋賀新聞」は戦後に県外移入紙の侵入により廃刊している。

和歌山県（「和歌山新聞」昭和一七年九月一日）

同県は「大阪紙（大朝、大毎）の領域である上に、地元紙の数が比較的多く、且つ小さな新聞中心地が散在するため大をなすものがない。（県都）和歌山市には和歌山日日新聞、和歌山新報、紀伊朝日新聞、他に田邊町の紀伊新報などがある」[135]という分布状態であった。情報局関係資料「普通日刊新聞紙頒布状況調」[136]（昭和一五年五月現在）では、中央（大阪・東京）紙九万〇四四一部（八八・七％）、地方（地元）紙八八八〇部（八・七％）、移入（他県）紙二五六七部（二・六％）と大阪紙の圏内で地元紙が振るわないことを示している。

県特高課は一九三九（昭和一四）年から普通日刊紙の統合に着手したが思うように進まず、一九四〇（昭和一五）年三月に清水重夫知事の懇請で軍需工業社長の由良浅次郎が資金を投じて県下でもっとも歴史の古い和歌山新報を母体として、紀伊朝日新聞、田邊新報、熊野實業新聞、熊野毎日新聞ら十数紙が統合し、由良を社長に「和歌山新聞」を創刊した。[137]各県で一県一紙が次々に実現するなか、廣瀬永造知事の強い主導で一九四二（昭和一七）年九月までに同紙が残存していた和歌山日日新聞、紀伊新報、紀州日報を吸収し、一県一紙が実現した。同県も滋賀県と同様に大阪紙（全国紙）の勢力下で有力地元紙は存在せず、県当局のテコ入れで「縣紙」が形作られるという統合である。

情報局関係資料「部数増減比較表」[138]は一九四二（昭和一七）年一一月一〇日現在一万八五四三部、一九四四（昭和一九）年四月一〇日現在には一万六八二一部と、一七二二部減少している。統合した新聞のなかで減少した数少ない例であり、「縣紙」が誕生しても大阪紙の塁壁を崩すことはできなかったことを示している。和歌山新聞も滋賀新聞と同様に、戦後に廃刊している。

新潟県（「新潟日報」昭和一七年一一月一日）

同県の分布状態は「地理的関係から新潟市、長岡市、高田市及び佐渡、其の他に新聞勢力が分裂し、且つ有力紙が比較的多数である為、ずば抜けて大きな新聞はない。併し新潟市の新潟毎日新聞、新潟新聞、長岡市の北越新報は何れも地方新聞の雄である。新潟市の新潟毎日新聞の政友会系なるに對し、新潟新聞は民政党系に属し、長岡市では北越新報の民政党系に對し政友会系に越佐新報があり、高田市では高田毎日の政友会系と高田新聞の民政党系とが對立している。要するに此縣では新潟、長岡、高田の一線に政友、民政の横のブロックを形成し、取材、販賣、営業等も一つの縄張りを協定し頗る合理的にやっている、一部の専門家は北越新報約三万部、新潟毎日これに次ぐ。（縣外移入紙の昭和一四年現在の部数は）東日三万七〇〇〇部、東朝三万六〇〇〇部、読売三万三〇〇〇部、報知六乃至七〇〇〇部見當」である。[139]

情報局関係資料「普通日刊新聞紙頒布状況調」（昭和一五年五月現在）では、中央（大阪・東京）紙一一万二六九一部（六五・八％）、地方（地元）紙五万三七五〇部（三一・四％）、移入（他県）紙四七九八部（二・八％）で、[140]東京紙が侵入する一方で、地元紙はずば抜けて大きな新聞はなく、新潟市、長岡市、高田市の地域ごとに政友、民政両党系紙が存在し、系列別に連携し対立しているのが、整理統合が遅れた理由でもある。

県特高課は、第一、第二の段階を踏んで整理統合を行った。第一段階は安井誠一郎知事の指示で村川重太郎特高課長が指揮し、一九三九（昭和一四）年には普通日刊紙を除く有保証金週、旬、月刊紙らを対象として進め、普通日刊紙に対しては一九四〇（昭和一五）年九月三日、主要な普通日刊一七紙の代表者を県庁に招致し、「各紙は九月二十日までに廃刊届を提出する。十一月末日までにこれを実行し、十二月一日から三地域（新潟、長岡、高田市）に各一紙、新たに新聞を創刊する」との方針を通告した。[141]

これを受け同年一一月までに新潟毎夕新聞、新発田新聞、村上新聞ら一一紙が廃刊し、残る六紙も同年一二月に長岡市の北越新報は越佐新報を吸収統合して題号を「新潟中央新聞」に改め、高田市の高田新聞と高田日報が統合して新たに「上越新聞」を創刊した。しかし県都新潟市では新潟毎日新聞と新潟新聞の長年のライバル二紙の統合交渉は、対等合併か、発行部数で勝る新潟毎日新聞が新潟新聞を吸収するかをめぐり難航し、一九四一（昭和一六）年八月になり、ようやく対等合併することで妥結して新たに「新潟日日新聞」を創刊した(142)。

第二段階は土居章平知事と中川董治特高課長の指揮で行われ、一九四二（昭和一七）年夏、新潟中央新聞、上越新聞、新潟日日新聞の三紙に対し、①三社協力して一社を創刊、②社名、題号は知事に一任、③新社の株の配分は新日六、中央三、上越一の割合、④取締役の数および選任は知事に一任、⑤本社の所在地は新潟市とし、長岡、高田市に支社を置く、⑥旧社員は新社に採用、⑦新紙発行は八月一日予定――という裁定案を示した。これに基づいて三社の協議が行われた結果、裁定案受け入れで合意し、一〇月一二日の統合契約書に調印し、一一月一日に「新潟日報」が創刊され、一紙統合がようやく実現した(143)。社長に小柳調平新潟毎日社長、専務に坂口献吉新潟中央社長が就任し、同紙は創刊号で「創刊の辞」として「三社は國策に順応し、一県一紙の方針に協力し、新潟日報の新題号の下に勇々しく第一歩を踏み出す事となった。本紙は國體を明徴にし、國民精神を昂揚し、穏健中立の議論を以て輿論を代表し、深く戦時下の新體制を認識して上意下達、下情上通の機関となり、奮って江湖の期待に報いんと欲するものであり、是が即ち本社の社是であり社訓である(144)」と記している。

同県の統合は、北海道と並んでもっとも遅い統合となった。地元紙は政友、民政両党の機関誌として発達しただけに、地域ごとに対立した新聞が存在し、ずば抜けた発行部数の新聞がなく、そうしたことが統合を遅らせた原因となった。その統合は、特高課の強圧的な指導で統合が実現したことが特徴として挙げられ、それは県知事が創刊する新聞を「縣紙」と位置づけて題号を「新潟日報」と命名したことにも示されている。情報局関係資料「部数増減比較表(145)」は一九四二（昭和一七）年一二月一〇日現在八万五七六八部、一九四四（昭和一九）年四月一〇日現在には一〇万四四二二部と、大幅に増加し、統合効果が表れる結果となっている。

北海道（「北海道新聞」昭和一七年一一月一日）

北海道は「面積が広く、新聞中心地は札幌、小樽、函館、旭川、室蘭、釧路、帯広の七市で、それぞれ地元紙が存在している。北海道全域に販売網を有するのは札幌の北海タイムスと小樽の小樽新聞の二紙で、北海タイムスが政友会系、小樽新聞が民政党系とライバル紙として樺太までも販路を広げて、競り合う構図[146]」あった。情報局関係資料「普通日刊新聞紙頒布状況調[147]」（昭和一五年五月現在）では、中央（大阪・東京）紙九万三九八〇部（二四・二％）、地方（地元）紙二九万三三九〇部（七五・六％）、移入（他県）紙六九四部（〇・二％）で、全国紙の侵入も同地までは及ばず、多数の地方紙が地域ごとに競い合う分布状況である。

整理統合は「昭和一四年秋から活発に行われ、昭和一三年一二月末に四六八紙（「有保証金」三五三、「無保証金」一一五）が、昭和一五年末には二三二紙（「有保証金」二一五、「無保証金」一七）[148]」と、無保証金および弱小紙が多く廃刊された。このなかで普通日刊紙は三三紙で、普通日刊紙の整理統合は函館で一九四一（昭和一六）年一二月に函館新聞、函館日日新聞、函館タイムスが統合して新函館が創刊されるなど整理統合が進み、一九四二（昭和一七）年三月現在で普通日刊紙（「有保証金」「日刊」「普通」）は北海タイムス（札幌）、小樽新聞（小樽）、新函館（函館）、旭川新聞（旭川）、旭川タイムス（同）、室蘭日報（室蘭）、釧路新聞（釧路）、十勝毎日（帯広）、北見新聞、網走新報、根室新聞の一一紙および小樽商報、日高毎日新聞、江差日日新聞と、おおむね一地域一紙となっていた。この一一紙が統合に参加し、統合紙「北海道新聞」が誕生するが、一一紙の資本系列は北海タイムスが旭川タイムス、十勝毎日を直系紙とし、新函館、室蘭日報を傍系紙とし、小樽新聞は網走新報を、旭川新聞は北見新聞を系列化していた。つまり（北海タイムス）旭川タイムス、十勝毎日、新函館、室蘭日報、（小樽新聞）網走新報、（旭川新聞）北見新聞――という系列関係であった。

こうした状況下、小樽新聞社長の地崎宇三郎は「北海道二社案」を意図して軍の一部と接触し、また読売と連携関係を結ぶなど、同紙の生き残りのための工作を展開した。小樽新聞の動きを苦々しく思っていた北海道庁長官戸塚九一郎は、一九四二（昭和一七）年三月二五日、北海タイムス、小樽新聞、新函館、旭川新聞、室蘭日報、釧路新聞、根室新聞の七社の代表者を招集し、「国家の要請により、全道新聞社を解消し新たに一社を設立する。これに反対し、独立して残存するものがあっても、その存立を許さない。新会社の設立に関する事項は関係者が自主的に協議されたい」と申し渡した[149]。「存立を許さない」とは新聞用紙の配給差し止めを意味しており、この段階で各社は「全道一紙」が不可避となったと受け止め、新会社設立準備委員会を設けて協議に入った。同委員会には七社のほかに道庁警察部特高課の大園清一課長、新聞會の塚村敏夫整備課長も加わった。協議では題号を「北海道新聞」とすること、資本金を五〇万円とすることなどは合意されたが、新会社の人事や各社の資産評価など各社の利害が絡む問題で意見は対立。とくに小樽新聞の地崎は読売の参加を念頭に「道外資本の参加を認める」「小樽に発行所を残す」などを強く要求して紛糾した。

同年六月に知事が坂千秋兵庫県知事に交代したこともあり、結論は先延ばしとなり、同年九月二二日に坂知事は「新聞統合に関する裁定」を示した。裁定は、①新たに創刊する新聞は、「全道唯一の新聞たるの重責に鑑み、和親協力、輿論指導機關としての任務を完遂する」、②各社の従業員は原則として全員を新会社が受け入れる、③一〇月一五日を期して創刊号を発刊し、従前の各新聞はその前日をもって廃刊する、④役員人事は社長に東季彦（北海タイムス）、取締役は北海タイムス二、小樽新聞二、新函館、室蘭日報、釧路新聞各一、監査役北海タイムスとする、⑤札幌本社のほかに、函館、室蘭、旭川、釧路、帯広、北見に支社を置き、各支社が地域紙として新聞を発行する――、などを内容としていた。社長には北海タイムスの阿部良夫社長ではなく、常務の東季彦が就いたが、「予想外の人選は、各社の複雑な思惑が絡んだことに加え、東が（日本新聞會の実力者で）同盟社長の古野と懇意であったことによる[150]」とされる。新聞會から専任理事の岡村が北海道入りし、坂知事に「東を社長とし、後は不公平なしに全部、取締役。専務とか常務とかをつけないことでやりましょう。中央から岡村が来て、この案でやれと言ってきたから、この案でやる。いやなら辞めてもらうと言いなさい」と進言したものだという。[151]

この裁定に対し、小樽新聞が資産を拠出するのを拒否したり、幹部人事などをめぐり再度紛糾したものの、統合紙・北海道新聞は同年一一月一日に創刊された。社史は「（一県一紙統合の）最後となったのは、それほど道内新聞界の戦時下統合に対する反発と抵抗が強かったといえる[152]」と指摘している。北海道新聞発足後にも地崎が東社長を背任横領で告訴するなど[153]、「役員間の対立は塁を社員にも及ぼし、これが戦後に於ける騒動の一因ともなった[154]」とされる。情報局関係資料「部数増減比較表[155]」は一九四二（昭和一七）年一二月一〇日現在四一万一五〇八部で、一九四四（昭和一九）年四月一〇日現在には四八万四、五二一部と七万三〇一三部増加した。この強圧的な統合によって、同紙は有力地方紙の最右翼となる基盤が形成された。

3　四大都市圏（四都府県）

この項では、東京、大阪、愛知（名古屋）、福岡の四大都市圏（都府県）の統合を検証する。四都府県について政府は一九四二（昭和一七）年六月一五日の閣議で、東京四紙、大阪三紙、愛知、福岡各一紙という方針を決定し、対象紙へ申し渡すという手順を踏んで強圧的に統合を実施した。

東京都

①「読売報知新聞」昭和一七年八月五日

東京では、まず読売、報知両紙の統合が一九四二（昭和一七）年八月五日に実施された。報知は読売に吸収されて廃刊し、読売は同日付け朝刊から題字を「読売報知」と改めた。題字は一九四七（昭和二二）年五月に元の「読売」に戻され、「報知」はスポーツ紙に名を残している。

先に説明したように、報知の社長は三木武吉が務めていたが、同紙の株の過半数は読売が所有し、会社運営の実権も読売から出向した務台光雄が営業部長として掌握していた。しかし三木は、報知の株を陸軍、満州関係者に売却しようと考え、一九四二（昭和一七）年二月ごろひそかに関係者と交渉を進めた。三木は一九四一（昭和一六）年に岸信介ら満州関係者が報知を買収しようとした際には、これを拒否したが、今度は三木のほうから売却を持ちかけた。三木の意図は、報知を東京の中間（ブロック）紙として存続させようというものであったが、交渉を知った務台が強く反対したため計画は潰れた。実現していれば「その新聞は東京ブロック紙というより、軍部の機関紙と言った方が正確な新聞となっていただろう[156]」（務台光雄）という。

結局、谷情報局総裁が閣議で説明したように「報知新聞は指導新聞としての役割を果たしてきたが、昨年夏以来、読売が過半数の株を保有することとなり、その特色が喪失するに至ったので、読売と合併せしむることとした。報知を残置した時は正力氏の支配する二社が東京に存在することとなり、業者間の不満が多い」と判断し、情報局は読売が報知を吸収合併することを命じた。この報知の吸収は、読売に「大きなプラスをもたらした。戦中戦後の新聞用紙の統制時代に、報知の用紙割当分が読売に加算された[157]」（同）ためで、読売が発行部数を伸長する大きな要因となった。

一八七二（明治五）年に創刊され、東京紙の最右翼と称された報知は、最後の紙面で「永遠に生く　意義深き新発足」と題した社告を掲げ、「七〇年の歴史を顧みて、我等の密かに辜負する處は、日本の新聞界に於て最も日本的なものが、我が報知新聞であったと信じ得ることである。國家の必要とする新體制に欣然参加協力し、密接なる関係ある姉妹社読売と合同し、新たなる題号の下に、一層の発展を期するに至ったのも、所以とするところは一であって、我社の歴史、傳統を尊重すると共に、我國の歴史、傳統を尊重するが為である」（昭和一七年八月四日付け朝刊）と結んでいる。

②「東京新聞」昭和一七年一〇月一日

東京新聞は、都新聞、國民新聞の両紙を統合し、一九四二（昭和一七）年一〇月一日に創刊された。しかし谷情報局総裁が同年七月二四日の閣議で「主要新聞の整理統合の経緯」を報告したなかで、「都、國民両社ノ性格、財政状況等ニ依リ相當ノ波瀾豫想セラレタルモ　去ル七月十五日、両社ハ公益法人ヲ設立シ　新聞発行ノ経営體トシ　発行権竝機械設備ヲ之ニ出資スベキ旨ノ大綱ニ於テ意見ノ一致ヲ見　目下、日本新聞會ヲモ介在セシメ具体的事項ニ付協議中ナリ　公益法人ガ新聞経営主體タルハ　前例ナキモ　新聞事業ノ公共性ニ鑑ミルトキ　之ヲ許可スルモ差支ナキモノト認メ　目下研究中ナリ（同盟通信社及日本放送協會ハ社團法人ナリ）[158]」と報告したとおり、都、國民両紙の統合は「相當ノ波瀾」含みで推移した。

都新聞は一八八四（明治一七）年に日本初の夕刊紙、今日（こんにち）新聞（主筆・仮名垣魯文）を始祖とし、一八八九（明治二二）年に都新聞と改題し朝刊紙となった。一九一九（大正八）年に福田英助が買収して社長に就任し、「人間万事、色と欲」という考えから花柳界の広告を掲載。芸能、文芸、商況欄を充実させた特色ある紙面作りで安定経営を誇った。福田は栃木県出身で、商店の小僧から身を起こし、織物業や相場で財を成した事業家である。一方の國民新聞は一八九〇（明治二三）年に徳富蘇峰が創刊し、保守主義を標榜した政治記事で売ったが、関東大震災以降は社業が傾き、蘇峰も同紙を手放し、一九三三（昭和八）年から名古屋の新愛知の系列下に入ったというように、「都、國民両社ノ性格」は大きく異なっていた。

都新聞社長の福田は一九四〇（昭和一五）年九月九日付け夕刊に「本社不動の新聞報國—必要あらば献納も辞せず」の社告を掲載し、「借金なく経営は順調にして相当の利益を挙げ得べき境地に在る。此の如き社を無償にて國家に提供せん」と爆弾宣言して驚かせた。(159)「無償献納」の真意は定かでないが、臨時社員会での「國家の根本方針—全体主義の線に沿いながら政治の誤謬を是正していく。他社が潰れても都は安全だと確信する」との発言からは、進んで統制に服す姿勢を見せることで生き残りを図るという福田の深謀がうかがえるが、それは何らの効果も生まず、統合交渉では逆に不利に働いた。

両社の交渉は、情報局から命じられた一週間後の同年六月二三日から七月一五日まで一〇回の協議を重ねた。都新聞側は「國民新聞を吸収買収し、株式會社とする」意思を表明し、紙面も「大衆向けという紙面編集を維持する」ことを主張したのに対し、國民新聞側は「対等合併し、公益（社団）法人とする」と反論し、紙面も「國策に沿った革新新聞」を唱えて対立した。このため同盟の古野が斡旋に乗り出し結局、都新聞側が譲歩して「公益（社団）法人とする」ことで合意した。これは福田が「無償献納」の言質を逆手に取られたためで、谷情報局総裁の先の閣議報告は、こうした交渉結果を踏まえてなされたものだ。

交渉は新会社の人事をめぐり紛糾し、情報局に裁断を仰ぐことになり、同年九月一一日に情報局は、①両社は合併して、公益（社団）法人組織の新聞社を設立する、②両社が出資すべき有体財産は、日本新聞會に提出した財産目録に依る、③新たな新聞の題号は、両社のいずれも踏襲しない、④一〇月一日に創刊号を発行し、両紙は九月三十日で廃刊する、⑤設立準備委員会を設立し、ただちに定款作成など新聞創刊の準備に入る、⑥準備委員会の委員は主務官庁（情報局）が指名する――との裁定を下した。

この裁定は新聞事業令第四条「第四条　主務大臣　新聞事業ノ整備ノ為　必要アリト認ムルトキハ　命令ノ定ムル所ニ依リ　新聞事業主ニ対シ事業ノ譲渡若ハ譲受又ハ会社ノ合併ヲ命ズルコトヲ得　協議調ハズ又ハ協議ヲ為スコト能ハザルトキハ　主務大臣之ヲ裁定ス」に基づくもので、主務大臣の「裁定」および「命令」権が発動されたのははじめてのケースで、それだけ難交渉であったことを示している。

準備委員会委員には両社関係者のほかに、情報局から松村第二部長、宮本第一課長ら、新聞會の岡村理事が指名され、準備協議が進められた。だが、両社の有体財産評価で都新聞が國民新聞よりも低額の評価がなされたため紛糾。社長人事でも福田社長を強く求める都新聞に対し國民新聞側が猛反発するなど改めて難航し、ともかく「裁定に従い新たな新聞を一〇月一日に創刊する」こととし、社長は空席のまま都新聞の福田社長と國民新聞の代表取締役田中斉を設立代表者として、見切り発車した。創刊に先立ち両社は「確乎たる戦争目的の把握に立ち國民動員の中核として、國策推進と報道に挺身することになったことは、我等の誇りとする所である」などという「創刊社告」（九月二六日付朝刊）を掲載した。

こうして東京新聞は創刊されたものの、「公益（社団）法人」の手続き、社長はじめ幹部人事などの問題は決着せず、情報局は一九四三（昭和一八）年八月二八日に「公益（社団）法人」を認可するとともに、改めて①東京新聞社の事業運営は、専ら公益に寄与するを本旨とすべきだ、②役員の任免は主務大臣の認可を受けるべきだ、③主務大臣は必要なる指示を為すことあるべきだ、④前各号に反するときは、法人設立の許可を取り消すこともあるべきだ——という「裁定」を下した。情報局総裁は谷正之から天羽英二へ交代していたが、天羽総裁は閣議で「社長ノ人選ハ政府ニ於テ行ヒタイト存ジマス　政府ノ指示ヲ拒否シ　法人ノ設立ヲ　先延セシメタル時ハ両社ニ對シ　新聞事業ノ廃止ヲ命ズルコトトイタシタイト存ジマス」[160]と発言したが、交渉開始以来一年が経過してもいまだ決着しないことに対する情報局の苛立ちが現れている。

社団法人となった東京新聞の第一回理事会は同年九月一日に開かれたが、社長人事について都新聞は福田、國民新聞は田中を改めて主張し対立、一一月一日の第二回理事会で同社理事に就任していた日本新聞會の不破理事長が内務官僚の遠藤柳作を社長とする「政府裁定」を示し、同月八日の第三回理事会で遠藤の社長就任を決定した。これを受けて情報局は、同社の理事に同盟社長古野、朝日の村山社長、読売の正力社長ら他の新聞、通信社幹部を指名し、同社の運営に関係するよう命じた。

これで問題は決着したかに見えたが、一九四四（昭和一九）年七月、遠藤社長は突然退社を宣言、朝鮮総督府長官に就任した阿部信行に乞われて総督府政務総督に就任するためで、理事会で社長の人選が行われ結局、「二年交代で交互に就任する。円満に社務運営が出来ない場合には、福田、田中両者は理事を辞任する」という条件を付して、都新聞の福田を社長に、國民新聞の田中を理事会長とすることを決めた。

また同年三月、朝夕刊発行の新聞社は夕刊の発刊を停止したが、情報局は同年五月に「東京新聞を夕刊専門紙」とするよう命じ、同紙は同月一〇日から夕刊紙へ切り替えた。関東地区唯一の夕刊紙となった結果、同紙の発行部数は飛躍的に伸長した。情報局関係資料「部数増減比較表」[161]の一九四二（昭和一七）年一二月一〇日現在二〇万六三七三部は、一九四四（昭和一九）年四月一〇日現在には二三万八二六四部と増加した。『情報局関係資料』の「登録記者月平均給与調査票」[162]（調査年は記されていない）では、大卒の記者の月俸は東京が一九三円で、朝日一五二円、毎日一五三円、読売一四四円、日経一二五円と高額で、それだけ同紙が売り上げを伸ばしたことを証している。

なお同紙は戦後、一九五六（昭和三一）年に朝夕刊紙へ復帰したが、拡大路線が裏目に出て福田の死去も重なり経営が悪化し、一九六三（昭和三八）年に中日新聞の系列下に入った。國民新聞が中日の前身、新愛知の系列紙であったことも中日と結ぶ要因となった。

③「日本産業経済新聞」昭和一七年一一月一日

「中外商業新報ハ多数ノ所謂業界紙ト合同シ　産業経済新聞タラシム」という政府方針を受けて、中外新報を軸として在京の産業経済専門一四紙が統合して、一九四二（昭和一七）年一一月一日に日本産業経済新聞が創刊された。

中外商業新報は一八七六（明治九）年、三井物産が発刊した中外物価新報を始祖とする経済産業専門紙で、一九八九（明治二二）年には中外商業新報と改題し、一九一一（明治四四）年には三井合名会社が全額出資し株式会社となるなど、三井財閥の機関紙としての性格を色濃く残していた。しかし一九四〇（昭和一五）年、田中都吉社長が「一財閥の私有に委ねるべきでない」として、三井側と交渉し、一九四一（昭和一六）年六月までに三井が所有する株式のすべてを譲り受け自社保有とし、三井から独立した。

日本新聞會長の田中が社長を務めるだけに、政府（情報局）が中外商業を軸とした統合を企画したのは当然で、同紙は日刊工業、経済時事新報、工業日日、東亜工業、化学工業時報、発明工業、電球工業、電化工業、日本紡織、日本商工、東海時報、人絹協会ニュース、東京商品工業日報を吸収統合した。交渉では日刊工業、経済時事新報が強く抵抗したため、決着がつかないまま、予定どおり一九四二（昭和一七）年一一月一日に日本産業経済新聞を創刊し、引き続き交渉を重ねて一九四三（昭和一八）年六月にやっと合意が成立、統合のすべての手続きを終えたのは一九四四（昭和一九）年一月のことである。[163] こうした統合への反発から戦後の一九五〇（昭和二五）年、日刊工業は分離独立、再興した。[164]

同紙は日刊工業ら統合各紙の用紙配給権を引き継ぎ、情報局関係資料「部数増減比較表」[165]では創刊当初の一九四二（昭和一七）年一二月一〇日現在一八万四五五七部が、一九四四（昭和一九）年四月一〇日現在二四万六三五四部と三割強の増加を示している。なお同紙は一九四六（昭和二一）年三月、「戦時統合の体制を解いて」[166]、題号を「日本経済新聞」と改めたが、この戦時の統合が現在、日経が全国紙の地歩を築く出発点となっている。

大阪府

①「大阪新聞」昭和一七年五月一日

大阪新聞は東京新聞と同様に夕刊専門紙であるが、東京新聞と異なり当初から夕刊専門紙であった。同紙は前田久吉が経営する夕刊大阪新聞と、名門紙大阪時事新報が一九四二（昭和一七）年四月に統合し、五月一日から大阪新聞が創刊された。

前田は大阪の下町に生まれ、新聞販売店を経営したが、自ら新聞を発刊することを決意。一九二二（大正一一）年、日刊夕刊専門紙夕刊大阪新聞を創刊し、一九三三（昭和八）年には日本工業新聞を創刊した。さらに一九三五（昭和一〇）年には時事新報の経営を引き受けるなど新聞界で名を成し、統合後には大阪新聞、産業経済新聞両社の社長を務め、戦後は産経新聞の東京進出を図り、参院議員に当選した立志伝中の人物である。

夕刊大阪は、一九四二（昭和一七）年初めまでに関西中央新聞、大阪日日新聞など大阪府下の群小新聞一六紙を吸収統合し[167]、大阪府当局も前田の手腕を評価していた[168]。一方の大阪時事新報は一九〇五（明治三八）年に東京の時事新報の分身として創刊されたが、先に触れたように一九三一（昭和六）年に神戸新聞に買収され、京都日日とともに「三都合同新聞社」の一画を占めた。しかし一九三五（昭和一〇）年には神戸新聞は同紙を手放したため、元の独立会社へ戻った。一九四二（昭和一七）年一月までに読売が同社の株式の過半数を取得し、経営に意欲を示していた。

こうした状況下で夕刊大阪と大阪時事新報の統合交渉は始まった。大阪府知事三邊長治が、東條首相（内相）および谷情報局総裁に宛てた数通の「大阪時事新報と夕刊大阪新聞ノ合併問題ノ経過」報告書[169]は、「本合併は単なる両社の合併問題に非ずして、寧ろ大毎對読売の勢力争いの観なきに非ず」と、繰り返し強調している。「大毎對読売の勢力争い」とは、前田が大阪毎日の取締役を務めており、これを読売側は意識したことを指している。

同報告書によると、大阪府警察部の田代特高課長は一九四一（昭和一六）年八月下旬大阪時事専務塩澤元次と夕刊大阪社長前田久吉を招致し、「大阪府に於ては大阪を中心とした近畿ブロック紙と称する真に言論報國の翼賛紙の一紙を絶対に必要と認め、この実現には両紙の合併をして行うのが最も妥当と認めるので、これに協力せられたし」と要望した。塩澤、前田はともに「全幅の賛意を表し、新聞新体制に即応する新聞を発行する」と答えた。

以来、一九四二（昭和一七）年二月までの間に、田代特高課長の立会いで両者の交渉は二十数回行われた。この過程では正力読売社長の代理人、小林光政が何度も来阪し、田代特高課長に「合併交渉は大阪時事ではなく読売と行うべきだ。また対等の比率で合併すべきだ」と申し入れ、田代特高課長が「塩澤専務が法律上の代表者であり、正力の主張は株主代表者の言として参考程度に止め、直接交渉の必要はない」と反論する場面も見られた。

一九四一（昭和一六）年一〇月一〇日の交渉では、大阪時事側が「対等合併」を、夕刊大阪側が「大阪時事を吸収合併」を主張し、田代特高課長が「対等合併の精神を堅持しつつ、夕刊大阪案を骨子に大要を作成する」考えを示し、①資本金は一一〇万円（大阪時事三五万円、夕刊大阪七五万円）、②役員は現在の両社の役員の中から選任する——との案をまとめた。同案を塩澤が読売に報告すると、読売側は「対等合併でなく反対であり、交渉でも反対せよ」と塩澤に指示した。困り果てた塩澤を田代特高課長は「初期の目的に邁進するよう」督励し、協定書および覚書を作成した。同月三〇日に読売側は「役員の人事を除いて承認する。人事は対等に、前田を社長にするならば正力を会長にすべきだ」と要望したが、前田は「正力は相談役。役員も読売からの派遣は認めない」と一歩も引かない構えを示し、田代特高課長も「読売から多数の役員を選任するようなことになれば勢力争いが起る」と同調した。

一九四二（昭和一七）年一月六日に田代特高課長は上京して正力と会談したが、正力は「役員の対等を希望したが、譲歩する。ただし読売からの役員二名を認めるべきで以上は絶対に譲歩の余地なし」と述べ、「一名」を主張する田代特高課長と対立した。田代が移動したため大阪府の担当は坂警察部長に代わり、坂警察部長は読売側に「正力相談役、読売の役員は一名、また読売と大毎色一掃のため前田は大毎取締役を辞任する」という案を提示し、二月二二日に上京して正力と会談、正力から「過去数年間大阪進出の望みを抱き既に大阪時事を掌中に納めたが此の計画を放棄し、大阪府の方針を了承する」との言質を引き出した。これを受けて翌二四日に①正力を相談役に、前田を社長にする、②読売からの役員は一名、ただし編集を担当、編集の指揮を委ねる、③営業は夕刊大阪に任せる、④資本金百五万円（大阪時事三〇万円、夕刊大阪七五万円）——で決着した。

このように交渉は難航した末に、同年五月一日大阪新聞は創刊された。情報局関係資料「部数増減比較表」[170]の一九四二（昭和一七）年一二月一〇日現在は二五万五一九七部であったが、一九四四（昭和一九）年四月一〇日現在には一八万二五六九部と七万二六二八部減少した。減少の理由は定かではない。同紙は産経の系列紙として市民に親しまれたが二〇〇二（平成一四）年に廃刊した。

②「産業経済新聞」昭和一七年一一月一日

同紙は、東京の日本産業経済新聞に対応する形で「大阪　所謂業界紙ヲ統合シテ　産業経済新聞タラシム」という政府方針を受け、一九四二（昭和一七）年一一月一日に日本工業新聞を軸として愛知県以西、関西の産業経済専門の三三紙を吸収統合し、創刊された。

日本工業新聞は、一九三三（昭和八）年に夕刊大阪が発行する形で創設された産業経済専門紙で、創刊の意図を前田は「日本の工業力は甚だ貧弱で、新聞によって協力し、日本の生産力を増やしていこうと考えた。工業新聞を朝刊とし、夕刊大阪と両方相俟ってうまく発展した」[171]という。吸収統合した産業経済専門紙は工業タイムス、ラジオの知識、大阪毎夕、今日、鉄鋼、大正日日、中央市場、大阪肥料、日本必需食品、合同輸界、大阪経済、日本織物、日本食料、大阪電気、日本燃料、染色工業、大阪薬品、日刊商業新報、水産新報、内外人絹時報などで、さらに産業経済新聞を創刊した後も大阪砂糖日報、大阪金物新報、大阪油脂、大阪化粧品商報、大阪株式時報、實業工業、日本鑛業なども吸収統合した[172]。

日本新聞會長の田中は、創刊に際して「真価発揮を望む」と題した激励の辞を送付してきた。「思想宣傳戦の第一陣として國論昂揚の任に當り、大東亜戦完勝と共栄圏建設の上に多大の協力を為しつつある我が新聞界は、政府の要請に基づき時局即應の再編成を企図し、今回大阪、東京両都市に於ける有力業界紙が統合し、新たに二大産業経済新聞社を設立、戦時下の産業経済指針として、独自の使命達成に邁進することとなった。希わくば、重大なる國家的使命を克く認識せられ、真価を発揮し、以て國策の遂行に寄與されんことを切望して止まない」[173]というもので、東京、大阪の産業経済紙の位置づけが示されている。情報局関係資料「部数増減比較表」[174]の一九四二（昭和一七）年一二月一〇日現在八万二二九二部で、一九四四（昭和一九）年四月一〇日現在には一〇万六二三三部と増加している。

戦後の一九五〇（昭和二五）年、前田は産経を一般紙へ変更、東京へ進出して全国紙の基盤を固めている。大阪の新聞統合は、前田が当局の意を受けて中心に位置し、実現された。

福岡県（「西日本新聞」昭和一七年八月一〇日）

同県の分布状態は「福岡、八幡、小倉、門司、大牟田、久留米、戸畑、若松の都市を抱合し、九州の新聞の第一中心地として早くから発達した。福岡で発刊される福岡日日（政友会系）、九州日報（民政党系）の二大紙は競争を続けながら、大阪系紙（朝日、大毎）を共同の敵として発展した。このため二紙以外は殆ど伸びる余地はなかった。しかし昭和十五年八月に九州日報が読売の経営に移り、一大異変が起きた。迎え撃つ福日に幾分の不利は免れ難いであらう」[175]というものであった。

福日は有力地方紙としての地歩を築いたが、九日は経営が悪化していた。九日は国粋主義団体「玄洋社」の機関紙、福陵新報を始祖とし、一九二八（昭和三）年からは民政党議員中野正剛が社長として経営、頭山満も顧問を務めるなど党派性の強い新聞であった。中野は同紙の経営状態が厳しいため正力に売却話を持ちかけ、正力も朝日、毎日が同県に拠点を置いていることに対抗し九州の足掛かりを探していたため、合意が成立した。

政府方針は、「三社（朝日新聞、大阪毎日新聞ノ両支社ハ在續セシム）、福岡日日新聞ト九州日報トヲ合併セシム」というもので、朝日、毎日の支社は朝鮮、台湾、満州の販路の拠点という位置づけで容認された。この政府方針決定に先立ち、一九四二（昭和一七）年一月に読売の正力は本間精福岡県知事に、同年二月に福日の永江は情報局第二部長の吉積に、それぞれ同県の新聞統合に関する意見書を提出している。正力は、①九日を経営しているのは地方によき新聞を提供するためである、②九日と福日を統合するならば、朝日、毎日の支社も一つに統合すべきである、③九日と福日の統合では財産等を適正に善処することを希求する――という内容で、一方の永江は「読売の傘下となった九日は、もはや地方紙ではない。統合するならば朝日、毎日そして九日の三紙を統合すべきである」など、それぞれ統合を意識し当局を牽制している。

先の政府方針は、六月一九日に本間知事が県庁に福日、九日両紙代表者を招致して伝達し、「一ヶ月以内協議を調へ報告すべし」と命じた。交渉では、福日側が「発行部数は九対一であり、吸収統合が妥当である」と主張、一方の九日側は「読売が経営している以上、対等合併が筋である」と、双方が強気の姿勢を示し対立した。

このため交渉は難航したが結局、県当局が統合案を提示し、七月二〇日に仮調印にこぎつけた。統合案は、①八月一〇日に「西日本新聞」を創刊する、②資本金一五〇万円の持分は福日一二〇万円、九日三〇万円（八対二）とする、③役員は福日七名、九日一名、④社長は福日の永江社長、副社長は二人制とし、福日の阿部副社長、九日の佐々木編集局長（読売本社審査委員会委員長）――と、福日の主張を多く入れた内容となっている。

「附帯覚書」も、①福日は「西日本新聞」と改題し、九日は休刊とする、②（そのうえで）福日は社屋を西日本新聞に譲渡し、九日は廃刊する――と、福日の「面子」を立てた形となっている。創刊に際して同紙は「西日本新聞は閣議の要請に基づいて誕生したもので、従ってその性格は飽くまで國策新聞として、國家の公器たる機能を最高度に発揮することにある。日本を盟主とする大東亜共栄圏の建設進行に伴って其の前進基地たる西日本の代表紙として運営を為すべき使命を負ふている」として、「綱領」を定めて社員に明示した。「綱領」は、①「各員ハ尊皇敬國ノ精神ニ徹シ　職域ヲ通ジテ　盡忠奉公ヲ期スベシ」、②「各員ハ新聞ノ國家的文化的使命ヲ體シ　自己ノ職責遂行ニ邁進ス」——と「國策」への積極的参加の意思を示している。

発行部数は情報局関係資料「部数増減比較表」(176)の一九四二（昭和一七）年一二月一〇日現在三三万四七六四部で、一九四四（昭和一九）年四月一〇日現在には三七万四四〇八部と一割強の増加にとどまっているが、これは九日の部数がそれだけ少なかったためで、統合効果は部数のうえでは目立ったものではなかった。

愛知県（「中部日本新聞」昭和一七年九月一日）

同県は「全国屈指の大縣であり、名古屋、豊橋、岡崎を抱合し中部日本の沃野を背景に地方新聞界の一流紙、新愛知（政友会系）と名古屋新聞（民政党系）の二紙が発達した。新愛知は廣く縣外まで勢力を張り、名古屋新聞は名古屋市内に充実した読者層を有し活気ある経営振りを示している。朝日、毎日は昭和一五年に中部本社を置き、今や中央紙對地方有力紙の抗争に就き一大課題を提示するの情勢にある」(177)という分布状態で、統合直前の発行部数は新愛知が三五万九九四〇部、名古屋新聞二六万二六九三部と新愛知が上回るものの、地方紙の雄として両紙ともに新聞聯盟の理事社を務めた。新愛知が東京へ進出し國民新聞を傘下に収めれば、一方の名古屋新聞の創立者小山松寿は衆院議長（昭和一二年七月～昭和一六年一二月）と、揃って存在感を示していた。

拮抗する新愛知と名古屋新聞両紙の統合だけに、政府も直前まで判断を決めかねた。新聞聯盟の小委員会案でも「愛知　二社以内（出来得れば一社）」という表現であり、政府が方針を決定する直前の「新聞統合案　閣議説明要領」でも「新愛知、名古屋新聞ノ二社ハ　ナルベク合併セシム」と記載されている。(178)

それが最終的に「新愛知、名古屋新聞ノ二社ハ　合併セシム」と決定された経緯は、定かではない。しかし、衆院議長を辞した小山が名古屋新聞社長に復帰し、統合後の新会社の社長獲得を決意して東條首相や後宮淳憲兵司令官ら各方面に働きかける運動を展開。さらには統合するならば、ライバル紙の新愛知ではなく、朝日の名古屋支社との統合も画策して朝日側と接触するという動きも見せた。こうした動きが情報局や日本新聞會の反感を買ったことはたしかで、(179)「それ（小山の動き）を知った古野は情報局と協議し、閣議要請という形で両社の合併を決定した(180)」という名古屋新聞幹部の証言もある。

その証言によると、新会社の社長人事は雪澤千代治知事に一任され、「知事は小山を推す腹であったが、情報局に反対され、改めて練ることになった(181)」という。新聞會専任理事として現地へ乗り込んだ岡村二一によると「知事に『他の県は片付いた。しっかりしてくれなければ困る。早くやってくれ』と言うと、知事は『後宮憲兵司令官（元名古屋師団長）から小山を社長にしろと言ってきている』と答えた。それで東京へ戻り後宮と交渉すると『小山から頼まれた』とのことで、『餅屋は餅屋に任せてもらいたい。社長は新愛知の大島一郎、副社長は小山の養子・小山龍三にすべき』と説いた。後宮は知事に電話し『この前の話は取消す。岡村が言う通りやってくれ』と伝えて人事は決まった(182)」と証言している。古野の片腕である岡村の証言からも、古野や情報局が小山潰しに動いたことがうかがえる。さらに他の取締役についても岡村が田中新聞會長や古野と相談し、「新愛知と名古屋新聞が対立して人事が決められないので、主筆・編集局長に伊藤正徳（時事新報元編集局長）、総務局長に山口厳（同盟地方部長）、業務局長に長沢千代造（満州國通信社商通局長）の三人を送り込むことを決めた(183)」というように、同県の統合は新聞會主導で行われた。

先の政府方針は六月二〇日、雪澤知事が新愛知の大島、名古屋新聞の小山両社長を県庁に招致し「本案ハ政府ノ方針トシテ確定シタルモノニシテ　変更ノ意思ナシ。依ッテ一ヶ月以内ニ協議ヲ取纏メ所要ノ手續ヲ執ラレ度シ」[184]と命じた。豊橋同盟、三河新聞、半田日日、尾州新聞、陶都新聞の（残余）五紙についても「合併社ニ於テ吸収セラルベシ」ことを求めた。その後、両紙幹部と県当局との間で協議がもたれ、七月一四日に県当局は以下のような「裁定」案を提示した。同案は、①「九月一日ヲ以テ　一新聞ヲ発行スルコト」、②「新會社ノ資本金ハ二六五萬圓トシ（新愛知一六〇萬圓、名古屋新聞一〇五萬圓）」、③「新會社ノ役員ハ　社長大島一郎、副社長小山龍三　取締役ハ五名トシ　内三名ハ総務、編輯、業務局長ヲ兼ネ中央ノ推薦ニ依ルコト」、④「中部日本新聞社トシ　本社ハ名古屋新聞社ノ社屋ヲ以テ之ニ充ツルコト」――などの内容で、「中央ノ推薦」は新聞會が決めたとおりの内容である[185]。

同月一七日には協定書案の調印、同月二五、二九日に合併準備委員会が開かれ、八月一日に契約書調印、そして九月一日に予定どおり「中部日本新聞」が創刊された。小山松寿は解散を前にして、八月一六日の社員総会で「新聞新體制の實現について私は國家のために欣快に存じて居る次第だ。社長、副社長について縣當局の説明は社長、副社長を『両社長』と稱し、社務に關する一切及び人事に就ても社長可とする副社長否とし、副社長是とする社長非とするに依って『両社長』の意見が一致せざる場合には總て成立せざるものにして、必ず『両社長』の一致決済を必要とす。之を以て『両社長』は真に一心同体の不可分のものと承知せられたし」[186]などと挨拶し、統合は「対等合併」であることを強調した。

また「革新新聞道」を唱えて地方紙の指導的立場を演じた名古屋新聞の森一兵や大宮伍三郎は、退社を余儀なくされた。森はその心境を、中日新聞の副社長となった小山龍三に宛てた書簡で、「大宮君来訪、貴兄（小山龍三）より托されたる小生に対する名古屋新聞社の功労金を受領いたしました。老生が紛争の渦中に介在して心事を労したる案件も万事解決いたし、安心しました。大宮君は名古屋新聞を以て死所と定め、過去二十数余年、殆ど半生を奉仕して経営に殉じたる事業が、一朝にして嘗て社の経営に寸致なき途上の過客の如き人たちに委ねられ、而して日天の功績は何の表彰も、何の報酬もなく、恰も罪人を追放するかの如き状態に追い遣られたること、嘗て名古屋新聞社長たりし不肖として、良心の許さざるところ有り。爾来一切の私情と情實とを排除して今日に到っている次第であります(187)」などと無念の思いを記している。

同紙の発行部数は情報局関係資料「部数増減比較表(188)」の一九四二（昭和一七）年一二月一〇日現在六三万六三六七部で、一九四四（昭和一九）年四月一〇日現在には七三万六九八〇部と、一〇万部の増加を示している。「政府の統合命令が申渡されてから、わずか二ヶ月半足らずの短期間に、両紙の合併が権力的に強行された(189)」のはたしかだが、一方で統合紙、中日新聞が有力地方紙として現在、全国紙を凌ぐ発行部数を誇っているのは、北海道新聞と同様に、戦時の権力的強行の結果に拠っている。

三　日本新聞公社への改組

1　日本新聞會の廃止

東條内閣に代わって一九四四（昭和一九）年七月小磯内閣が成立し、国務相・情報局総裁に朝日の緒方が就いた。緒方は就任の記者会見で「今後、思想戦の重要なるに鑑み、民意の暢達は必要である。戦局の実情をはじめ各内外の情勢を国民に知らしめることが国民の戦意昂揚の根本であると考へる」[190]と、東條内閣の言論政策を見直す考えを表明している。緒方は「言論暢達」政策を掲げたが、「暢達」とは「のび育つ、のびのびしていること」（『広辞苑』）という意味で、東條内閣の言論政策は権威的で硬直化しているとみたのである。

このため緒方は、新聞會を硬直化した言論政策の具現化と捉えて、同會の解散に踏み切ることを決意し、一九四五（昭和二〇）年二月二日の閣議で、「新聞會創設時に政府が企図した統制の殆どを同會が達成した。戦局苛烈化のため、従来の新聞業者による中間機關による統制は二重行政的な弊に陥り實状に即応しなくなった。これに代わり、政府（情報局）が直接的に統制することに置き換えるのが適當である。言論の指導統制を簡素強力化し、政府の政戦両略に打てば響くが如き體制を確立する」[191]と強調し、①「日本新聞會は昭和二十年三月一日を以て解散せしむ」、②「日本新聞會の管掌し来りたる新聞事業の統制指導に關する事項は、情報局の機構を擴充し、之を掌らしむ」、③「新聞配給會の定款を改正して日本新聞公社たらしめ、新聞配給に關する事項竝日本新聞會の管掌し来たりたる前項以外の事項を掌らしむ」——と提案して了解された。

新聞會は先に説明したように、緒方自身が「提案」して設立されたという経緯がある。緒方は新聞會を解散した理由を、「新聞會は軍部と新聞社との妥協の副産物で、ホントは面白くないので、僕が情報局総裁の時に、会長の任期が満ちたのを機会にこれを解散した」[192]と証言している。

この「面白くない（組織）」と「言論の指導強力化」との間には矛盾がある。それについては「言論統制の一元的強力化といふのは、緒方の軍その他に對する思惑によるもので、大いに統制すると表明する必要があったからではなからうか。實際の肚は、統制に過ぐることを避け、出来るだけ新聞人の創意を活かさうとしたのではなからうか。自分が総裁である以上、實際は手加減出来るのだから、表面に統制の強化を説いても差支へなかったわけだ。から解釋するのは、新聞人緒方に對する贔屓過ぎる見方であらうか[193]」などという好意的な解釈がある。

だが元来が「言論統制の総本山」情報局の総裁に就任すること自体、緒方が「自由主義者」と評される[194]ことと矛盾するのである。出身の朝日新聞社が編纂した評伝『緒方竹虎』も「情報局総裁になった第一の課題は、言論の暢達であった。緒方は言論統制を満州事変の頃までに引戻したいと述べ、新聞に対する態度は新聞を信用し、できる限り真相を打明けるとともに、新聞の責任を期待した[195]」などと強調しているが、たとえそうであったにせよ、緒方が統制する側の最高地位に就いたという事実は、国家とメディアの一体化を何より表象している。

ともかくも新聞會は解散し、同年三月一日に日本新聞公社が発足した。理事長には読売の正力が就任を希望したものの結局、配給會の理事長であった佐藤新衛（日本産業経済新聞営業局長）が、専任理事には新聞會専任理事の岡村が就いた。新聞公社は、新聞會が代行していた新聞の統制指導に関する事項のすべてを政府（情報局）へ返還し、新聞配給を中心に記者登録、會員社と官廳の連絡斡旋という事業だけを行う「全國新聞の自治的共同機關」と位置づけられた。

2　持分合同

新聞公社は敗戦を受けて、半年後の同年九月には解散するが、その活動は空襲下での新聞配給の確保、被災新聞社の救援に終始した。このなかで、最大の事業は「持分合同」と呼ばれる全国紙と地方紙の合同作業による新聞の発刊であった。

政府は同年三月一三日の閣議で、「戰局ニ對處スル新聞非常態勢ニ關スル暫定措置要綱」（**図表39**）と題した方針を決定したが、これは空襲による交通途絶や都市の破壊に遭遇しても国民に新聞一紙は必ず配布することを目

図表39　戦局ニ對處スル新聞非常態勢ニ關スル暫定措置要綱

出典『現代史資料　マス・メディア統制（二）』

閣議決定　昭和二〇年三月一三日　要約

第一　方針

戦局急迫化ニ伴ヒ　國内宣傳啓発上新聞ノ有スル使命ノ重要トナルニ鑑ミ　空襲、交通、交通其ノ他諸般ノ情勢ヲ考慮シ　現在ノ読者ニハ必ズ一紙ノ閲読ヲ確保スルト共ニ　能フ限リ新規購読希望者ノ需要ニモ應ジ得ル如クスル為　新聞ノ非常態勢ヲ確立ス

第二　措置

（一）地方紙ヲ母體トシ　其ノ地方紙ノ所在道府県ニ移入セラルル中央紙ヲ　之ニ合同セシムルコト　但シ東京都、大阪府及福岡竝其ノ周辺（概ネ千葉、埼玉、神奈川、神戸、奈良、和歌山、京都、滋賀トス）ハ現状ノ儘トスルコト

（二）合同ノ形式ハ　母體タル地方紙ノ所在縣ニ移入セラルル中央紙ノ発行部数ヲ基準トシ　其ノ発行ヲ委託スル持分合同ノ方法ニ依ルコト

（三）合同紙ハ地方紙トシテ之ヲ発行シ　其ノ題名トニ併記スルコトトシ　合同紙所在縣ヘハ　中央紙ノ移入ヲ停止スルコト　但シ當外縣ノ必要方面ヘ最少限度ノ部数移入ヲ認ムルコト

（四）地方紙ノ社長重役等ノ役員人事ハ　特ニ必要アル場合ヲ除クノ外　此ノ際変動ヲ行ハザルコト

（五）中央紙ノ機材ハ出来得ル限リ　之ヲ地方紙ニ賃貸関係又ハ　賈買關係ニテ移入スルコト

（六）中央紙ノ人材ハ出来得ル限リ　之ヲ地方紙ニ移入スルコトトシ　之ガ移入ニ當リテハ人事ノ紛乱ヲ避クル為　中央一社ノ人材ヲ　地方一社ニ移入スルコト

（七）本措置ハ地方紙タル　ブロック紙ニ就テモ準用ス

備考

本措置ハ可能ナルモノヨリ　逐次実施シ　概ネ四月中ニ完了スルコト

本措置ノ施行ニ因リ生ズル　新聞紙面ノ内容ノ低下ヲ防止スル為　同盟通信社ノ協力措置、地方新聞社ノ陣容強化、情報局ノ地方ニ於ケル指導陣容ノ強化ヲ行フコト

的としたものだ。具体的には各道府県を単位として地方紙に、同県内で全国三紙が発行している部数を代替印刷させ、題号は地方紙の下に三紙の題号を併記して販売し、三紙は地方紙へ人員を派遣し、印刷機材を貸与する、という内容である。情報局は、全国紙に対しては「人材と機材の地方への分散疎開」を、地方紙には「部数増加と設備の増強、新聞内容の改善」を強調し、実施を促した。

この「持分合同」の方針を決定する過程で、情報局は三つの案を検討した。一つは共同會社設立案の実施、二つは全国三紙が軍管区所在地を分担し疎開する、三つが全国紙と地方紙との合同で、これも部数の「持分合同」と「資本合同」の二案が存在した。結局は「最も抵抗が少ないであろう」という判断から、「持分合同」に落ち着いたという。(196)

全国の新聞社を一元化する「共同會社設立案」を情報局が再び検討したのは、同案に固執する勢力が依然として情報局内に存在したことを示している。古野の腹心の岡村二一は、東京帝大新聞研究室で行った講演（昭和一七年一一月）で「共同會社設立案は、國家國民の必要とする新聞を、必要とする場所で発行し、全國的に連繫していくといふ『理想案』であった。結局は實現しなかったが、今後十分に研究の余地がある」(197)と述べ、古野が固執していたことをうかがわせている。

持分合同の全国紙が協力する地方紙の組み合わせは、朝日が新岩手（岩手）、山形（山形）、上毛（群馬）、信濃毎日（長野）、福井（福井）、伊勢（三重）、高知（高知）、愛媛合同（愛媛）、日向日日（宮崎）、熊本日日（熊本）、

日本海（鳥取）の計十一紙、毎日が福島民報（福島）、下野（栃木）、新潟日報（新潟）、山梨日日（山梨）、北國毎日（石川）、岐阜合同（岐阜）、香川日日（香川）、徳島（徳島）、関門日報（山口）、大分合同（大分）、鹿児島日報（鹿児島）の計十一紙、読売報知が東奥日報（青森）、秋田魁（秋田）、茨城（茨城）、静岡（静岡）、北日本（富山）、島根（島根）、長崎日報（長崎）の計七社、他に西日本が佐賀合同――と、朝日、毎日、読売および西日本と、二九の「縣紙」との間で同年四月から五月にかけて実施された。

全国紙は社員を出向させ、同時に毎日相当量の原稿を電話で送信したが、原稿は一般記事ばかりでなく社説や解説記事も含まれ、地方紙の紙面は内容的に充実した。だが元来が競争相手であるだけに、全国紙からの出向社員を地方紙が快く迎え入れたわけではないのが実情だ。毎日との「持分合同」を指定された山梨日日、鹿児島日報の場合は、「いかなる形の協力も拒否する」姿勢を示し、情報局からの叱声も聞かず拒否を貫いた(198)。読売報知と統合に際して激しく争った静岡新聞では、「読売報知記者入るべからず」と札を出して拒否する姿勢を示した(199)。

だが持分合同は結果的に、地方紙に発行部数の大幅増加をもたらした。『新聞五十年史』が掲示している地方紙の「持分合同前」と「持分合同後」の発行部数比較は、上毛新聞二万五〇〇〇部が一三万六〇〇〇部、茨城新聞二万八五〇〇部が二四万一〇〇〇部に、信濃毎日新聞八万七〇〇〇部が二八万六〇〇〇部に、伊勢新聞三万〇七〇〇〇部が一三万二七〇〇〇部に、愛媛合同新聞五万二〇〇〇部が一三万五〇〇〇部に、など軒並み単位を超える大幅増加となっている(200)。

多くの地方紙にとって、戦時下の「一県一紙」による統合、「共販制」による全国紙の販売抑制、そして「持分合同」による全国紙の部数の割譲は、同一県内での地方紙間の競争、全国紙との競争という長年の競争構造からの解放を意味し、つまりは戦時言論統制の結果、「統制特需」の恩恵を受け、営業利益を挙げたのである。

「持分合同」は敗戦を受けて同年一〇月には解除されたが、数ヵ月とはいえ、全国紙の出向社員から技術を学び、さらに「二割前後の読者は地方紙に残った(201)」など、一県一紙の統合と並んで、持分合同は地方紙の基盤形成に大きくプラスに作用した。

第四章のまとめ

政府は、一九四一(昭和一六)一二月に新聞統合に法的根拠を与える新聞事業令を制定した。また同法令ではメディアで構成する統制団体の設立も明記され、これに基づき設立された新聞會は政府(情報局)の言論統制を代行する「國策遂行機關」と自認し、統制規程を定めて、新聞社組織の法人化、社外持ち株の禁止(社内持ち株制)、役員の他業との兼業の禁止、利潤の制限など新聞の企業性の制限や、記者倶楽部の統制強化、共販制を徹底させるため日本新聞配給會の設置、新聞記者登録制などの統制を次々に「國家の公器としての新聞の斯くあらねばならぬという具体的規範を示し、全てこれに準拠して更生することを強制し、興へられた権力を、軍が行ったやうな勢を以て實行した(202)」。さらには言論統制の国家機関である情報局総裁の座に朝日副社長の経歴を有する緒方が就いたことは、一体化した国家とメディアの関係を象徴的に示している。

一方、新聞統合は一九四二(昭和一七)年二月の段階で全国四七都道府県のうち、半分強(五三%)に当たる二五県で一県一紙が実現していたが、残り二二都道府県には東京、大阪、名古屋、福岡の四大都市圏が含まれ、いずれの統合も難航が予想された。しかし政府は一九四二(昭和一七)年六月一五日の閣議で、四大都市圏の新聞統合の具体策を決定するなど積極的に動き、同年一一月一日までに、四七都道府県で一県一紙が完成した。東京は五紙、大阪は四紙、広島は例外的に二紙、他の道府県は一紙で、普通日刊紙を計五五紙とする戦時の新聞体制が確立した。

この間、新聞會は會員新聞社に統合を督促し、交渉にも斡旋役として参加するなど、政府（情報局）の代行としての役割を終始演じた。しかし新聞會も、小磯内閣の発足を受けて情報局総裁に就任した朝日の緒方の指示で、一九四五（昭和二〇）年三月に解散された。新たに日本新聞公社が結成されたが、わずか半年で敗戦を迎え、戦時の言論統制も終焉した。

第三段階（後期）（昭和一七年二月〜同年一一月）に一県一紙を完成した一八道府県の特徴は、何よりも新聞事業令が大きな力を発揮したことが挙げられる。つまり、新聞統合を進めるうえで必要なすべてが整備されたのである。道府県当局による整理統合の勧めは、これまでと異なり命令となり、従わなければ合法的に廃刊へ追い込まれるため、対象新聞社にとって統合は、もはや不可避となった。

この段階まで一紙統合が実現しなかったこと自体が、それぞれ複雑な事情を抱えていたことを示している。このため統合交渉は、いずれも難航した。統合はタイプ①が四県（宮城、三重、石川、秋田）、タイプ②が六府県（茨城、山口、鹿児島、京都、熊本、大分）」、タイプ③が五道県（山形、神奈川、長野、新潟、北海道）、タイプ④が三県（長崎、滋賀、和歌山）である。

交渉で各新聞社は、統合への反発を統合後の主導権確保に変えて、新会社の人事および株式配分をめぐり激しく対立した。とくに政友会系、民政党系と政党機関紙として、実力も拮抗したライバル二紙が存在した熊本県などタイプ②の県は、長年競り合いを演じただけに、交渉は難航した。また長野、新潟県など同一県とはいえ、各地域間に歴史的、文化的差異があり、新聞も地域ごとに多数存在したタイプ③の県では、まず地域一紙の統合を実現したが、それら地域統合紙は地域代表の意識を昂ぶらせ、一県一紙の交渉では譲らず、難航することになった。県当局は基本的に県庁所在地の新聞を軸とした統合を構想したが、神奈川県のように軸となる新聞社が経営難に陥り、ほかの地域の新聞社を県庁所在地へ移して統合するというような例もあった。北海道のように交渉には日本新聞會専務理事の岡村が立ち会い、新聞各社の説得や当局への助言など「まとめ役」を努めた。新潟のように統合後に対立が継続した新聞社へは新聞會の斡旋で同盟通信社の社員を幹部要員として送り込んだ。

東京、大阪、愛知、福岡の四大都市圏七紙の統合は、タイプ①が三紙、タイプ②が四紙である。タイプ①の読売報知、日本産業経済新聞、産経新聞の場合は、有力一紙が他を吸収する比較的容易な統合であったが、タイプ②の東京新聞、大阪新聞、中日新聞、西日本新聞の交渉は難航した。これら四大都市圏に対して政府が閣議で具体的な方針を決定し、対象新聞に命令するという手の込んだ手段を講じたのは、それだけ難航が予想されたためだ。有力なライバル二紙を一つに統合することの困難に加えて大阪時事新報、九州日報の場合には経営権を握る読売が対等合併を強く主張し、交渉を難しいものにした。しかし、新聞事業令の威力によって押し切られ、一九四二（昭和一七）年一一月一日までに、四七都道府県のすべてで一県一紙は完成した。

終章　強制と能動的参加の構造

一　新聞統合の分析

1　全体の概要

新聞統合に関しては本論のなかで順次検証したが、終章ではそれらをまとめて明らかにしたい。新聞統合は第一次近衛内閣の末次信正内相（海軍大将）の指示で、一九三八（昭和一三）年八月に開始された。末次の意図は「戦時下における言論報道の統制と資源枯渇防止」というもので、日中戦争の開始以来新聞数は増加し、同年五月には最多の新聞数を記録したことが、新聞の整理統合（新聞統合）という言論統制を内務省が実施した契機となっている。

新聞統合は四つの段階を踏んで実施された。第一段階（昭和一三年八月～同一五年五月）では「悪徳不良紙」と呼称された無保証金紙が、第二段階（昭和一五年六月～同一六年八月）では「弱小紙」と呼称された零細な有保証金紙が対象となった。第三段階前期（昭和一六年九月～同一七年一月）からは普通日刊紙を一県一紙に統合することに目標を移し、第三段階後期（昭和一七年二月～同年一一月）に東京、大阪、名古屋、福岡の四大都市を含め全国四七都道府県で一県一紙が成立したことで終了した。園芸に例えれば、まず下草を刈り取り、そのうえで樹木を伐採するという手法が採られた。新聞統合は普通日刊紙を対象とした一県一紙のみを指すのではなく、悪徳不良紙、弱小紙という零細な資本力の新聞を含んだ新聞全体の整理統合と捉える必要がある。

その整理統合の進捗の推移を、内務省警保局図書課が毎月把握した新聞の数値に基づいて「年別の総数推移」（図表40）、「段階別の総数推移」（図表41）、「都道府県別整理数」（図表42）として示した。

「年別の総数推移」は新聞総数について、その年の一二月の数値を比較することで年別の推移を把握した。一

無保証金	
	日刊
5,289	209
5,471 （△182）	214 （△5）
4,306（▲1,165）	176（▲38）
2,699（▲1,607）	113（▲63）
1,666（▲1,033）	89（▲24）
1,061 （▲605）	21（▲68）
696 （▲365）	9（▲12）

有保証金		無保証金	
	日刊		日刊
7,964	1,168	4,979	197
2,510	231	696	9
▲5,454	▲937	▲4,283	▲188
7,964	1,168	4,979	197
5,592	763	2,456	99
▲2,372	▲405	▲2,523	▲98
5,592	763	2,456	99
3,606	391	1,215	27
▲1,986	▲372	▲1,241	▲72
3,606	391	1,215	27
3,320	317	1,030	20
▲286	▲74	▲185	▲7
3,320	317	1,030	20
2,510	231	696	9
▲810	▲86	▲334	▲11

図表40　年別の総数推移

	総　数	日刊	有保証金	日刊
昭和11年12月	12,820	1,435	7,531	1,226
昭和12年12月	13,268（△448）	1,422（▲13）	7,797（△266）	1,208（△18）
昭和13年12月	12,043（▲1,225）	1,279（▲143）	7,739（▲58）	1,103（▲105）
昭和14年12月	8,676（▲3,367）	928（▲351）	5,977（▲1,762）	815（▲288）
昭和15年12月	5,871（▲2,805）	611（▲317）	4,205（▲1,772）	522（▲293）
昭和16年12月	4,466（▲1,405）	355（▲256）	3,405（▲800）	334（▲188）
昭和17年12月	3,206（▲1,260）	240（▲115）	2,510（▲895）	231（▲103）

（注）▲減，△増
（出典）『出版警察資料』（昭和13年７月—15年５月），『出版警察報』（昭和15年６月—17年12月）

図表41　段階別の総数推移

		総　数	日刊
全期間の整理統合総数（昭和13年８月—17年11月）	昭和13年７月	12,943	1,365
	昭和17年12月	3,206	240
	計	▲9,737	▲1,125
第１段階　悪徳不良紙（昭和13年８月—15年５月）	昭和13年７月	12,943	1,365
	昭和15年５月	8,048	862
	計	▲4,895	▲503
第２段階　弱小紙（昭和15年６月—16年８月）	昭和15年５月	8,048	862
	昭和16年８月	4,821	418
	計	▲3,227	▲444
第３段階前期　普通日刊紙（昭和16年９月—17年１月）	昭和16年８月	4,821	418
	昭和17年１月	4,350	337
	計	▲471	▲81
第３段階後期　普通日刊紙（昭和17年２月—同年11月）	昭和17年１月	4,350	337
	昭和17年12月	3,206	240
	計	▲1,144	▲97

（注）▲減，△増
（出典）『出版警察資料』（昭和13年７月—15年５月），『出版警察報』（昭和15年６月—17年12月）

図表42　都道府県別の総数推移

	昭和13年7月	昭和16年11月	減少		昭和13年7月	昭和16年11月	減少
総数	**12,943 (7,964)**	**4,585 (3,480)**	**8,358 (4,484)**	滋賀	122 (90)	41 (36)	81 (54)
東京	2,945 (1,978)	1,438 (1,262)	1,507 (716)	愛知	689 (489)	228 (173)	461 (316)
大阪	1,445 (794)	388 (285)	1,057 (509)	三重	141 (89)	37 (34)	104 (55)
北海道	503 (371)	190 (178)	313 (193)	奈良	181 (83)	18 (16)	163 (67)
青森	116 (73)	52 (40)	64 (33)	和歌山	98 (73)	32 (27)	66 (46)
岩手	106 (54)	58 (34)	48 (20)	京都	662 (331)	220 (155)	442 (176)
秋田	115 (61)	45 (30)	70 (31)	兵庫	789 (363)	181 (77)	608 (286)
宮城	171 (65)	72 (32)	99 (33)	鳥取	60 (40)	18 (16)	42 (24)
山形	96 (63)	39 (32)	57 (31)	島根	154 (35)	39 (18)	115 (17)
福島	198 (114)	58 (42)	140 (72)	岡山	186 (79)	85 (32)	101 (47)
新潟	251 (141)	80 (59)	171 (82)	広島	228 (120)	31 (29)	197 (91)
茨城	95 (84)	38 (34)	57 (60)	山口	155 (111)	90 (70)	65 (41)
栃木	77 (66)	31 (26)	46 (40)	香川	99 (49)	32 (23)	67 (26)
群馬	97 (69)	29 (23)	68 (46)	徳島	26 (21)	18 (15)	8 (6)
長野	362 (339)	58 (58)	304 (281)	愛媛	246 (156)	41 (35)	205 (121)
千葉	84 (69)	11 (11)	73 (58)	高知	58 (36)	21 (18)	37 (18)
埼玉	73 (50)	17 (15)	56 (35)	福岡	551 (361)	148 (117)	403 (244)
山梨	37 (27)	24 (15)	13 (12)	佐賀	109 (53)	33 (24)	76 (29)
神奈川	337 (138)	197 (69)	140 (69)	長崎	162 (77)	48 (36)	114 (41)
静岡	222 (165)	58 (43)	164 (122)	大分	120 (93)	34 (26)	86 (67)
富山	167 (83)	54 (30)	113 (53)	熊本	91 (57)	47 (28)	44 (29)
石川	80 (60)	32 (29)	48 (31)	宮崎	121 (52)	40 (25)	81 (27)
福井	87 (70)	25 (22)	62 (48)	鹿児島	111 (69)	70 (48)	41 (21)
岐阜	90 (75)	21 (19)	69 (56)	沖縄	30 (28)	18 (14)	12 (14)

（注）（　）は「有保証金」紙数
（出典）『新聞総覧』など

九三六（昭和一一）年から翌年一九三七（昭和一二）年までの一年間に四四八紙増加しているが、一九三七（昭和一二）年から一九三八（昭和一三）年までの一年間は一一二五紙減少、それ以降一九四二（昭和一七）年まで毎年減少している。これは一九三八（昭和一三）年八月から新聞統合が実施されたことを示している。

「段階別の総数推移」の段階別の推移を示す数値から、こうした流れがより明確となる。第一段階では四八九五紙が減少した。内訳は無保証金紙二五二三紙と有保証金紙二三七二紙で、無保証金紙が有保証金紙を上回っており、それは「悪徳不良紙（朦朧新聞）」を対象としたことを裏付けている。第二段階では三一二七紙が減少した。内訳は有保証金紙一九八六紙に対し無保証金紙一一四一紙と有保証金紙が上回っており、整理対象を有保証金紙の「弱小紙」へ移行させたことが確認できる。第三段階前期および第三段階後期の総数、有保証金紙、無保証金紙の減少数は第一、第二段階に比して少ないが、これは対象となる新聞が絞られ、一県一紙の完成へと進んだことを示している。

整理統合された新聞数の概要を四七都道府県ごとにまとめた「都道府県別整理数」からは、普通日刊紙を対象とした第三段階が実施されるまでに、数多くの新聞が姿を消したことが浮かび上がる。整理数では、①東京一五〇七紙、②大阪一〇五七紙、③兵庫六〇八紙、④愛知四六一紙、⑤京都四四二紙、⑥福岡四〇三紙、⑦北海道三一三紙、⑧長野三〇四紙、⑨愛媛二〇五紙、⑩広島一九七紙――の順である。

新聞統合は一九三八（昭和一三）年八月から一九四二（昭和一七）年一一月まで四年三ヵ月の間に、総数九七三七紙（有保証金紙五四五四紙、無保証金紙四二八三紙）が整理統合された。しかし、無保証金紙や零細な有保証金紙が完全に整理されたわけではなく、先に示したように新聞統合が終了した一九四二（昭和一七）年一二月現在でなお三二〇六紙（有保証金紙二五一〇紙、無保証金紙六九六紙）が残存した。これら廃刊を強制された脆弱な資本の地方紙は、新聞統合という言論統制の被害者であることは言うまでもない。しかし一紙に統合された地方紙が報道宣伝という世論形成の役割を務める一方で、当局から県内の独占的立場を保障され、用紙の安定供給などの庇護を享受し、全国紙に対抗しうる基盤を育成したことも把握する必要がある。

2　一県一紙

新聞統合は当初、内務省が所管したが、内閣情報局の発足にともない情報局へ移された。所管の移動は、言論統制の質的移動を意味している。内務省が戦時下の流言飛語の抑制と用紙の節減という「消極的統制」を主眼としたのに対し、情報局は全国の新聞を一県一紙に再編し、それを県当局の機関紙として戦争遂行の世論形成に活用する「積極的統制」を企図した点で大きな差異が存在した。

一県一紙は一九三九（昭和一四）年一〇月に鳥取県に出現したが、同県の場合は県当局の強制によるものでなく地方紙自身の全国紙に淘汰されるという危機感に基づくものであった。内務省は一県一紙の実現を評価したが、新聞を強制的に整理統合する法令が存在しなかったこともあり、一県一紙の実施については各県当局の裁量に委ねた。このため一紙に統合することに抵抗が強い新聞を抱える都道府県では未完のままの状態であった。一九四一（昭和一六）年一二月末現在で一県一紙が完成したのは、全国四七都道府県の半数に満たない二〇県（昭和一四年一県、一五年六県、一六年一三県）にすぎなかった。

だが情報局の主導で、政府は同年一一月、「新聞ノ戦時體制ニ関スル件」と題した戦時の言論統制の基本方針を閣議決定し、これにより一県一紙は「國策方針」として定められた。政府は、一県一紙の完成へ向けて同年一二月に新聞を強制的に整理統合することを意図した新聞事業令を公布した。一県一紙は、一九三九（昭和一四）

年に一県、一九四〇（昭和一五）年に六県、一九四一（昭和一六）年に一三県、一九四二（昭和一七）年に二七都道府県という推移で完成した。全国都道府県の半数以上が一九四二（昭和一七）年に完成しており、これは根拠法である新聞事業令をテコとして、一紙統合が実現されたことを示している。

一県一紙によって普通日刊紙は、一九四二（昭和一七）年一一月末日までに五五紙となったが、整理された普通日刊紙の数値は不鮮明である。内務省の内部誌に掲載した毎月調査結果では、新聞の総数、内訳として有保証金紙、無保証金紙、日刊紙、それ以外（週刊、旬刊、月刊）は記載しているが、普通日刊紙の数値は記載していない。内務省が普通日刊紙を対象に行った調査で、確認できるのは、①『出版警察報』（昭和一六年八月号）掲載の昭和一六年八月一日現在、②同誌（昭和一七年一一月号）掲載の昭和一七年一一月一日現在、③内務省が昭和一六年一二月に開催した地方警察部長会議における配布文書の昭和一六年一二月一日現在、④内閣情報局第二部長吉積が所持した「吉積文書」に綴じられた昭和一六年一月末現在、⑤同文書の昭和一六年一一月五日現在――の五つの資料で、いずれもが一九四一（昭和一六）年から一九四二（昭和一七）年に集中的に作成されている。それは、同時期になって普通日刊紙を対象とした一県一紙の完成が課題となったことを裏付けている。また内務官僚の瓜生順良が執筆した論文（昭和一七年四月作成）のなかに、「普通日刊新聞紙は、昭和十七年四月十五日現在一〇八紙で、昭和十三年夏の頃に比較して六三一紙の減」という記載がある。

これら六資料を表にすると以下のようになる（**図表43**）。

表が示すように、整理統合を開始した一九三八（昭和一三）年七月の数値は、七〇〇〜七三九紙と微妙に食い違う。このため普通日刊紙については「昭和一三年八月に約七〇〇紙を数えたが、昭和一七年一一月までに約六五〇紙整理され、一県一紙の原則の下、五五紙となった」と記述するよりほかにない。

図表43　普通日刊紙数

調査日	紙数（調査時点）	（整理開始時点）	整理紙数	出典
昭和16年１月31日	244紙	713紙	▲469紙	吉積文書
８月１日	202紙	730紙	▲528紙	出版警察報
11月５日	184紙	701紙	▲517紙	吉積文書
12月１日	163紙	704紙	▲541紙	配布文書
昭和17年４月15日	108紙	739紙	▲631紙	瓜生論文
11月１日	64紙	739紙	▲675紙	出版警察報

次いで、複数紙の存続が容認された東京、大阪を除く四五道府県の統合の経緯を分析するため四つのタイプに分類し、これを「統合の類型」（図表44）として示した。

四五道府県では、唯一の有力紙が、他の弱小紙を吸収統合するタイプ①が一四県、同規模のライバル二紙が統合するタイプ②が一三府県、まず地域ごとに一紙に統合し、そのうえで有力な一紙あるいは二紙が統合するタイプ③が一道県、弱小な複数紙が統合するタイプ④が八県となる。タイプ①およびタイプ④の交渉は、比較的容易に行われている。有力紙が一紙のタイプ①では事実上の一県一紙がすでに実現しており、整理統合は既定事実の追認という意味合いで、統合される側の地方紙にも抵抗感は薄い。また脆弱な複数の地方紙が統合するタイプ④の県でも、「このままでは、全国紙に駆逐される」という危機感が強く、むしろ統合で資本を強化して全国紙に対抗しようという判断が働き、進んで統合に応じる例が多く見られた。

一方でタイプ②およびタイプ③の交渉は、難航した。明治以来の政党機関紙の伝統を色濃く残した有力二紙が競り合うタイプ②の県では、政友会系、民政党系に分かれて購読者を二分し、資本力、販売力でも拮抗していただけに、交渉でも双方が競り合いを演じた。また面積が広く、地域間に歴史文化の差異があり新聞も地域ごとに多数存在したタイプ③の県でも、一紙に統合した地域紙が「地域代表紙」として、県レベルの交渉では他の地域代表紙と激しい主導権争いを演じている。

第一段階、第二段階という早い段階の交渉は、容易が九県、難航が三県と、容易

図表44　統合の類型・45道府県数（東京・大阪は除く）

			県　数	県　名
段階別	第１段階		１県	鳥取
	第２段階		11県	富山，群馬，埼玉，千葉，沖縄，宮崎，奈良，山梨，香川，福井，佐賀
	第３段階前期		13県	福島，高知，広島，岡山，兵庫，静岡，愛媛，徳島，島根，岩手，栃木，青森，岐阜
	第３段階後期		20道府県	茨城，宮城，山形，山口，神奈川，鹿児島，京都，長崎，熊本，大分，三重，長野，石川，秋田，滋賀，福岡，和歌山，愛知，新潟，北海道
タイプ別	タイプ①		14県	群馬，沖縄，山梨，福井，広島，岡山，兵庫，岩手，栃木，岐阜，宮城，三重，石川，秋田
	タイプ②		13府県	香川，佐賀，高知，徳島，島根，茨城，山口，鹿児島，京都，熊本，大分，福岡，愛知
	タイプ③		10道県	富山，福島，静岡，愛媛，青森，山形，神奈川，長野，新潟，北海道
	タイプ④		８県	鳥取，埼玉，千葉，宮崎，奈良，長崎，滋賀，和歌山
段階・タイプ別	第１・２段階（計12県）	タイプ①	４県	群馬，沖縄，山梨，福井
		タイプ②	２県	香川，佐賀
		タイプ③	１県	富山
		タイプ④	５県	鳥取，埼玉，千葉，宮崎，奈良
	第３段階前期（計13県）	タイプ①	６県	広島，岡山，兵庫，岩手，栃木，岐阜
		タイプ②	３県	高知，徳島，島根
		タイプ③	４県	福島，静岡，愛媛，青森
		タイプ④	0	
	第３段階後期（計20道府県）	タイプ①	４県	宮城，三重，石川，秋田
		タイプ②	８府県	茨城，山口，鹿児島，京都，熊本，大分，福岡，愛知
		タイプ③	５道県	山形，神奈川，長野，新潟，北海道
		タイプ④	３県	長崎，滋賀，和歌山

が上回り、なかでもタイプ④が最多である。これは脆弱な新聞が一紙統合を歓迎し、進んで統合した県が多かったことを示している。

第三段階前期では、難航が七県、容易六県と、難航がわずかに上回っている。容易に統合が進んだ県が多い半面、統合に異を唱えた新聞が抵抗し難航した県も多かったことがうかがえる。

大詰めの第三段階後期では、それまで当局が実現を試みても実現できなかった道府県であるだけに、難航一三道府県、容易七県と、難航が大きく上回っている。新聞事業令の公布施行で統合は避けられなくなったものの、統合後をにらんだ主導権の確保から激しく対立したことを示している。

しかし一県一紙に統合された地方紙のなかで、敗戦を受けて統制が解除された後で統合前の状態に分裂したのは長崎日報ら数紙にすぎず、多くの地方紙は戦時期の統合の所産である「縣紙」を出発点として、そのまま「県紙」として現在にいたっている。これは発展の過程で、過去の因縁や交渉過程での対立が解消されたことを示すものだ。地方紙の多くが、戦後再び開始された全国紙の攻勢に対抗しえた要因として、戦時下県当局の庇護で培った基盤の存在が挙げられる。こうした事実は、新聞統合が国家による上からの強制だけでなく、下からのメディアの能動的参加が同時に作動したものであることを示している。

二　メディアと国家の一体化

戦時期の国家とメディアの関係を象徴する「筆は折られた」という言葉について、序章で疑問を提示した。各章で検証を重ねた結果得られたのは、「筆は折られた」のではなく、メディア自身が進んで「筆を折った」という事実である。メディアは戦争反対の意思や抑圧に抗する気概を有していなかった。極論すれば、メディアは折るべき筆を当初から有していなかったのである。

無論、検閲など国家の苛烈な抑圧は存在したが、それに待つまでもなく、メディアは自ら進んで「聖戦」に協力した。日中戦争下での朝日の「軍用機献納運動」、読売の「戦車献納運動」はじめ地方紙を含む新聞挙げての戦争協力事業は、こうしたメディアの姿勢を表している。紙面の上でも「國策順應」「報道報國」というスローガンを掲げ、「決戦體制下力強く新発足せる大分合同新聞は高度の國家目的に副ひ國論を宣揚、新聞報國の使命に精進し、以て八紘一宇の皇謨を奉じ國運の興隆に挺身寄興せんとす」（大分合同新聞）、「われら大稜威に生く、肇國悠遠の皇謨を欽仰し忠誠以て日本臣民道を實践すべし、われら筆陣を張って國策遂行に協力し、厳正に國民思想を指導し、真に　操觚者として世の規範たるべし」（北國毎日新聞）などという言葉を書き連ねた。それは強制されたものではなく、自身の能動的意思に基づいた点に特徴がある。

言論統制についても、統制の対象であるメディア自身が深くかかわった。先行研究では戦時の言論統制は、軍部が主導する内閣情報局が構想、実施したと結論づけている。それ自体誤りではないが、あまりにも粗雑すぎる捉え方である。内閣情報局は「言論統制の総本山」と称されているが、総裁には緒方竹虎（朝日）、下村宏（朝日、日本放送協会）、次長には久富達夫（毎日）という全国紙の幹部が就任している。また言論統制構想はメディア関係者が作成、あるいは軍部や革新官僚に助言を与えて作成された。全国の新聞を一つに統合する新聞共同會社設立案という急進的な構想も、メディア関係者が参加して作成された。さらにメディアで構成する日本新聞聯盟や、後継組織である日本新聞會が自身で統制を実施した。軍部は厳しい言論統制を意図したが、メディアの内情に精通していたわけではなく、統制の具体的な立案や実施は事情に精通するメディア自身に委ねたのである。被統制者が、統制者として統制を立案、実施するというスタイルは、メディアばかりでなく、鉄鋼、石炭などの重要産業も同様である。重要産業は業界ごとに統制会を結成し、統制会が統制の下請け組織として具体策を立案、実施した。

太平洋戦争の開始を前にして、政府は一九四一（昭和一六）年一一月二八日に「新聞ノ戦時體制ニ関スル件」と題した戦時の言論統制の基本方針を閣議決定した。新聞統合の実施、新聞事業令の公布、日本新聞會の結成など同方針に盛り込まれた統制は、国策の名の下に実施された。第三章で検証したように、この方針は、新聞聯盟の理事長であった中外商業の田中都吉社長が同月二四日に提出した「田中裁定」とほぼ同一の内容である。田中裁定は、朝日の緒方が同月八日に新聞聯盟に提出した「新聞事業法要綱試案」を下敷きに作成された。つまり緒方の「新聞事業法要綱試案」（一一月八日）、田中の「田中裁定」（同月二四日）、政府の「新聞ノ戦時體制ニ関スル件」（同月二八日）は関連性を有しており、戦時の言論統制の具体的方途が、メディア側の発案で立案されたことを証している。

さらに新聞會は、政府（情報局）の言論統制を代行する「國策遂行機關」を自認し、統制規程を定めて新聞社組織の法人化、社外持ち株の禁止（社内持ち株制）など基本方針に盛り込まれた統制を実施した。つまりメディアが国家から付与された権力を使って自身を統制したのであり、その様は「興へられた権力を、軍が行ったやうな勢を以て實行した」(1)と評されている。

このように戦時下の言論体制は、国家による「上」の立案と強制だけではなく、メディアの「下」からの能動的参加と一体化して形成された。具体的には、満州事変を契機として国家とメディアそれぞれが戦時体制への対応を作動させ、日中戦争が膠着するなかで双方が関連性をもち始め、太平洋戦争の状況下で一体化した。

新聞統合は「戦時の言論統制時代の象徴」という紛れもない性格を有するが、それは姿を消した弱小紙にこそ当てはまる。一九三八（昭和一三）年八月から一九四二（昭和一七）年一一月までの四年三ヵ月の間に九七三七紙が整理されたが、そのほぼすべてが弱小紙である。一県一紙への統合を有力紙は揃って支持したが、これは統合が自身の利益となるという思惑からだ。思惑どおり、統合した新聞は独占的地位が保証され、用紙の安定供給などの特権が付与された。つまり新聞統合は「戦時の国家とメディアの一体化の象徴」という側面を有しているのである。

国家は言論統制の名分として「新聞事業の本質的矛盾は、新聞が高度の公益性を有する國家國民の公器なるにも拘らず、その経営形態が資本中心の営利企業である點にある。私企業としての資本制覇、営利第一主義を、國家中心へと集中発揚させ、高度國防國家の下で新聞を、國家國民の公器という本来の使命を全うさせるよう改編する」(2)ことを掲げた。利益を追求する企業意識を「資本主義的」と排撃し封じ込めることで、メディアに国家目的に順応する公器としての意識を認識させ進んで使命を果たすよう誘導することを統制の主眼としたのである。

しかしメディア側が進んで国策に順応した理由は、国家が排除しようとした「企業の存続と営利追求」という企業意識にほかならない。緒方は戦後に「新聞社の収入が大きくなればなる程、資本主義の弱体を暴露するのである。『新聞資本主義』は、発禁や軍官の目を極度に懼れる」(3)と述懐している。この「新聞資本主義」は「営利の追求という下部構造が、言論という上部構造を規定する」という意味で、新聞資本主義という企業意識の下、自身で筆を折ったことや、進んで参加したことを率直に認めた証言だ。

それぞれ異なる思惑を抱きながらも一体化した国家とメディアの関係は、戦時期という異常な状況のなかで生じた特殊な関係なのであろうか。そうではなく、むしろ極限の状況のなかで関係の原型が鮮明に露呈されたことを、本書の検証は示している。戦時下の一体化の所産である一県一紙統合の「縣紙」や、特定社に限定した「記者倶楽部」は、現在なお存続している。歴史の連続性に留意すれば、戦時期のメディア史の検証が実は、今日的な意義を有していることを認識せざるをえない。

注

序　章

(1) 加藤陽子『戦争の論理』勁草書房、二〇〇五年、ⅱ頁。
(2) 有山輝雄「戦時体制と国民化」『戦時下の宣伝と文化』年報・日本現代史第七号、現代史出版、二〇〇一年。
(3) 小野秀雄『新聞の歴史』理想社、一九六一年、四一頁。
(4) 朝日は一九四〇(昭和一五)年九月に「東京朝日」と「大阪朝日」を「朝日」に、毎日は一九四三(昭和一八)年一月に「東京日日」と「大阪毎日」を「毎日」に題字を統一した。
(5) 有山輝雄・西山武典編『情報局関係資料』全七巻、柏書房、二〇〇〇年刊。
(6) 一九四〇(昭和一五)年一二月、内閣情報局の発足で情報局に検閲を担当する部を設置されたのに伴い、内務省警保局図書課は検閲課と名称を変更した。
(7) 瓜生順良「新聞新体制と取締の要諦」『警察協會雑誌』警察協會一九四二年五月号。

第一章

(1) 社団法人「ABC協会」は一九五二年に発足、一九六一年から部数公査作業が行われている。
(2) 羽島知之が収集、出版。内務省警保局『新聞雑誌社特秘調査』大正出版、一九七九年。
(3) 「部数増減比較表」『情報局関係資料』第七巻三八七頁。
(4) 内川芳美「新聞読者の変遷」『新聞研究(昭和四四年七月号)』日本新聞協会。
(5) 『日本新聞年鑑(昭和三年版)』新聞研究所、第三編四五頁。
(6) 有山輝雄「民衆の時代から大衆の時代へ」『メディア史を学ぶ人のために』世界思想社、二〇〇四年、一二〇～一二一頁。
(7) 『日本新聞年鑑(昭和二年版)』第一編五頁。
(8) 東京帝国大学文学部新聞研究室編『本邦新聞の企業形態』良書普及会、一九三四年、東京大学大学院学際情報学府図書館所蔵。
(9) 同書四一～四三頁。
(10) 同書九四頁。
(11) 山本文雄『日本新聞発達史』伊藤書店、一九四四年、三二二～三二三頁。
(12) 古野伊之助伝記編集委員会編『古野伊之助』新聞通信調査会、一九七〇年、二四六頁。
(13) ルーデンドルフ『国家総力戦』間野俊夫訳、三笠書房、一九三八年、一二三頁。
(14) 同。
(15) 陸軍の組織は一九二〇年に「陸軍省新聞班」、一九三八年に「陸軍省情報部」、一九四〇年に「陸軍省報道部」と改称。
(16) 外務省の組織、「外務省情報部」は一九四〇年の内閣情報局の設立を受けて廃部。
(17) 海軍の組織は一九三二年に「軍事普及部」、一九四〇年に「海軍省報道部」と改称。

（18）前掲内川芳美「新聞読者の変遷」。
（19）『日本新聞年鑑（昭和八年版）』第一編二二頁。
（20）読売新聞社史編纂室編『読売新聞八十年史』読売新聞社、一九五五年、二九八～二九九頁。
（21）前掲『日本新聞年鑑（昭和八年版）』第一編二二～二三頁。
（22）阿部慎吾「満州事変を綴る新聞街」『改造（昭和六年一一月号）』。
（23）出雲路敬豊『新聞史話』自家本、一九七一年、一一頁。
（24）朝日新聞販売百年史（大阪編）編集会編『朝日新聞販売百年史（大阪編）』同社、一九七九年、三五八頁。
（25）朝日は「昭和一六年八月に、満州での新聞発刊を意図した」（武藤富男『私と満州国』文藝春秋、一九八八年、三四一～三四六頁）。
（26）大阪朝日新聞（昭和六年九月二二日付け朝刊）は「わが兵の勇姿、歩武堂々の行進、占領された敵営、輝く日章旗等々拍手と歓呼は随所に湧き、去りやらぬ会衆のため二回繰返し映写」などと記している。
（27）東京朝日新聞（昭和同年一二月二六日付け朝刊）は「（展覧会の）来観者総数実に六十万を突破し絶大な感激と興奮を巻き起こした」。
（28）江口圭一「満州事変と大新聞」『思想（一九五九年一月号）』岩波書店。
（29）安藤達夫『新聞街浪々記』新濤社、一九六六年、一四一頁。
（30）SVC「新聞紙匿名論評」『文藝春秋（昭和七年四月号）』。SVCは戦後に社会党委員長を務めた、鈴木茂三郎のペンネーム。
（31）掛川トミ子「マス・メディアの統制と対米論調」『日米関係史』第四巻、東京大学出版会、一九七一年。荒瀬豊「日本軍国主義とマス・メディア」『思想（一九五七年九月号）』岩波書店。
（32）前芝確三『体験的昭和史』雄渾社、一九六八年、六一頁。
（33）朝日新聞一〇〇年史編修委員会編『朝日新聞社史　大正・昭和戦前編』同社、一九九一年、三七六～三八三頁。
（34）「大朝、大毎両社ノ時局ニ対スル態度決定ニ関スル件報告（通達）」（憲高秘第六五八号）藤原彰・功刀俊洋編『資料日本現代史（八）満州事変と国民動員』大月書店、一九八三年、九六頁。
（35）ABC「ヂヤーナリズム展望」『改造（昭和六年一一月号）』。
（36）前掲『朝日新聞販売百年史（大阪編）』三五四～三五五頁。
（37）SVC「新聞紙匿名論評」『文藝春秋（昭和七年五月号）』。
（38）本多助太郎『朝日新聞七十年小史』朝日新聞社、一九四九年、二三八～二三九頁。
（39）前掲阿部慎吾「満州事変を綴る新聞街」。
（40）石橋湛山「財界概観」『東洋経済新報』（昭和七年二月六日号）。
（41）「情報局設立ニ至ル迄ノ歴史（上）」石川準吉編『国家総動員史・資料編』第四巻、国家総動員史刊行会、一九七六年、一〇八～一一一頁。
（42）小林正雄編『秘　戦前の情報機構要覧』自家本、東京大学大学院学際情報学府付属図書館所蔵、三～四頁。
（43）満州國通信社編『國通十年史』奥平康弘編『言論統制文献資料集成』第一七巻、日本図書センター、一九九二年、四二～四三頁。
（44）通信社史刊行会編『通信社史』同刊行会、一九五八年、三五一～三五五頁。
（45）里見甫「國通創立の前後譚」『國通十年史』一九頁。

(46) 前掲『通信社史』三五九頁。
(47) 佐々木健児「國通の神話を語る」『國通十年史』三五～三六頁。
(48) 前掲里見甫「國通創立の前後譚」一六頁。
(49) 重光葵『外交回想録』毎日新聞社、一九五三年、一六八～一七一頁。
(50) 「昭和八年八月三日新京発　栗原代理大使　内田外相宛」。
(51) 「昭和八年八月一〇日新京発　栗原代理大使　内田外相宛」。
(52) 「昭和八年九月二〇日新京発　菱刈大使　広田外相宛」。
(53) 「昭和八年一〇月九日新京発　菱刈大使　広田外相宛」。
(54) 「昭和八年一一月一〇日新京発　菱刈大使　広田外相宛」。
(55) 「昭和八年一二月八日新京発　菱刈大使　広田外相宛」。
(56) 「昭和九年三月一九日新京発　菱刈大使　広田外相宛」。
(57) 「昭和八年九月二〇日新京発　菱刈大使　広田外相宛」。
(58) 前掲重光葵『外交回想録』一七一頁。
(59) 「昭和八年五月一二日新京発　武藤大使　内田外相宛」。
(60) 同。
(61) 「昭和八年九月二〇日新京発　菱刈大使　広田外相宛」。
(62) 「昭和一一年九月二四日新京発　植田大使　有田外相宛」および「昭和一二年一月四日新京発　植田大使　有田外相宛」。

第二章

(1) 民政党系紙は、同党の前身・立憲改進党が設立した帝国通信社と契約していたが、一九二九（昭和四）年に同社が破産後は聯合と契約した。
(2) 御手洗辰雄『新聞太平記』鱒書房、一九五二年、一五二頁。
(3) 「日本の国際通信戦」『文藝春秋（昭和一〇年五月号）』。
(4) 緒方竹虎傳記敢行會『緒方竹虎』朝日新聞社、一九六三年、七二頁。
(5) 松本重治『上海時代（中）』中央公論社、一九七四年、三三二～三三三頁。
(6) 「極秘　新通信社設立ニ関シ情報委員会特別委員會設立ノ件」外務省外交史料館所蔵『本邦通信社関係雑件同盟通信社』昭和一〇年六月一四日付け文書。
(7) 天羽英二日記・資料集刊行会編『天羽日記（昭和一一年編）』第三巻、同刊行会、一九九〇年、四七頁。
(8) 同書三九八～三九九頁。
(9) 「極秘　新通信社設立ニ関シ情報委員会特別委員會設立ノ件」『本邦通信社関係雑件　同盟通信社』昭和一〇年六月一四日付け文書、外務省外務省外交史料館所蔵。
(10) 「同盟通信社祝宴ニ於ケル広田総理ノ挨拶」『現代史資料　マス・メディア統制（二）』みすず書房、一九七五年、五五〇～五五一頁。
(11) 「極秘　新通信社ニ関シ　外務、陸軍、海軍三省申合」『本邦通信社関係雑件　同盟通信社』昭和一〇年六月二五日付け文書、外務省外交史料館所蔵。
(12) 横溝光暉『昭和史片鱗』経済往来社、一九七四年、二二五～二二七頁。
(13) 「情報委員会ノ職務」『現代史資料　マス・メディア統制（一）』みすず書房、一九七三年、六四三～六四五頁。
(14) 前掲小林正雄編『秘　戦前の情報機構要覧』三〇～三一頁。

(15) 前掲「情報委員会ノ職務」『現代史資料　マス・メディア統制（二）』六四三～六四五頁。
(16) 前掲『通信社史』四五三～四五五頁。
(17) 天羽英二「国策通信社を回想する」『新聞研究（昭和二八年一〇月号）』、日本新聞協会、一九五三年。
(18) 前掲『天羽英二日記（昭和一一年編）』第三巻一八三頁。
(19) 同書一八一頁。
(20) 同書一九五頁。
(21) 前掲天羽英二「国策通信社を回想する」。
(22) 横溝光暉「国家と情報宣伝」内閣情報部編『思想戦講習会講義速記録　第一編』、一九三八年、東京大学大学院学際情報学府図書館所蔵。
(23) 内川芳美「昭和前期マス・メディア統制の法と機構」『マス・メディア法政策史研究』有斐閣、一九八九年、二二五頁。
(24) 小野秀雄『新聞研究五十年』毎日新聞社、一九七一年、二六二～二六四頁。
(25) 前掲「秘　戦前の情報機構要覧」一七八頁。
(26) 前掲「國家総動員法案委員會議録」『現代史資料　マス・メディア統制（二）』一一三頁。
(27) 同書六二～六四頁。
(28) 読売新聞（昭和一三年一月二六日付け夕刊）。
(29) 『日本新聞年鑑（昭和一三年版）』第一編一〇～一一頁。
(30) 前掲「国家総動員法案委員会議録」一一二～一一三頁。
(31) 昭和七年四月号はタイトル名「新聞紙匿名論評」、同年五月号から「新聞匿名月評」、同年一〇月号からは「ラヂオ匿名批判」（昭和八年一一月号から「ラヂオ匿名月評」）と二本立てのメディア評論となる。
(32) 笠井秀夫『改正國家総動員法解説』東洋書館、一九四一年、「序」。
(33) 同書三二～四〇頁。
(34) 前掲『日本新聞年鑑（昭和一三年版）』第一編四頁。
(35) 前掲御手洗辰雄『新聞太平記』一六二頁。
(36) 「神風・政治博・紙地獄」『文藝春秋（昭和一二年五月号）』。
(37) 前掲『朝日新聞社史　大正・昭和戦前期』五一四頁。
(38) 前掲『日本新聞年鑑（昭和一三年版）』、大阪毎日新聞社の昭和一二年五月末現在個人筆頭株主は藤原銀次郎。藤原は毎日の取締役就任も検討したが、これは断念した。
(39) 前掲御手洗辰雄『新聞太平記』一六三頁。
(40) 河野幸之助『高島菊次郎伝』日本時報社、一九五七年、二九五頁。
(41) 日曜夕刊は、一九三五（昭和一〇）年七月七日から廃止していた。
(42) 永井柳太郎逓信相が一九三七（昭和一二）年一一月一二日の閣議で「スフ（人絹）工業を助長すべく、製紙用パルプを出来るだけ消費節約せしむべきである」と要請
(43) 小野秀雄『日本新聞史』良書普及會、一九四八年、二八一～二八二頁。
(44) 春原昭彦「戦時下における新聞用紙の需給状況と統制経過」『マス・コミュニケーション』第九号、上智大学、一九七七年、七九頁。

(45) 川上富蔵『毎日新聞販売史』毎日新聞社大阪開発、一九七九年、四四七頁。
(46) 前掲河野幸之助『高嶋菊次郎伝』四〇一～四〇二頁。
(47) 前掲『日本新聞年鑑（昭和一三年）』第一編一八頁。
(48) 「新聞指導方策に就て」『情報局関係資料』第二巻一九～二〇頁。
(49) 前掲瓜生順良「新聞新体制と取締の要諦」。
(50) 前掲内川芳美「内閣情報局の設立過程」『マス・メディア法政策史研究』二〇八頁。
(51) 池田順編集・解説『昭和戦前期内務行政史料 昭和一五年（一）』第二五巻、ゆまに書房、二〇〇〇年、一九四～一九五頁。
(52) 内務省警保局編『出版警察報』（第一四一号）東京大学学際情報学府図書館所蔵。
(53) 小野秀雄『新聞研究五十年』毎日新聞社、一九七一年、二六三頁。
(54) 末次信正『長期戦と國民の覚悟』國民精神総動員中央聯盟、一九三八年。
(55) 前掲小野秀雄『新聞研究五十年』二六三～二六四頁。
(56) 前掲小野秀雄『日本新聞史』二九一～二九二頁。
(57) 「新聞之新聞」一九四〇（昭和一五）年一一月二七日付け。
(58) 前掲小野秀雄『新聞研究五十年』二六四頁。
(59) 『昭和戦前期内務行政史料 地方長官警察部長会議書類 昭和一三年（二）』第二〇巻一五一～一八七頁。
(60) 『同 昭和一四年（一）』第二一巻一七四頁。
(61) 『同 昭和一五年（一）』第二五巻七六頁。
(62) 同書一九四―一九五頁。
(63) 「新聞之新聞」昭和一四年三月二三日付け。
(64) 「新聞之新聞」昭和一四年五月三〇日付け。
(65) 「新聞之新聞」昭和一四年一月一日付け。
(66) 「新聞之新聞」昭和一四年五月三〇日付け。
(67) 『新聞年鑑（昭和一四年版）』第一編一四頁。
(68) 長野県特高課編「長野県特高警察概況書」長野県社会運動資料八、一九四〇年、東京大学法学部図書館所蔵。
(69) 前掲『日本新聞年鑑（昭和一三年版）』第二編六九頁。
(70) 「蒋介石と袂を分かち日本に滞在している」という内容の記事。
(71) 前掲内務省警保局『出版警察報』第一一八号。
(72) 同。
(73) 「愚鱈生」のペンネームで、『新聞活殺剣』と題した新聞批評の著書もある。
(74) 「新聞之新聞」昭和一六年一月一日付け。
(75) 「新聞之新聞」昭和一六年一月四日付け。
(76) 「新聞之新聞」昭和一六年二月一九日付け。
(77) 「新聞之新聞」昭和一五年二月二四日付け。
(78) 前掲『日本新聞年鑑（昭和一四年版）』第二編一〇六頁。
(79) 前掲『新聞雑誌社特秘調査』五九〇～六〇七頁。
(80) 前掲『日本新聞新聞年鑑（昭和一四年版）』第二編一〇六頁。
(81) 鈴木実「鳥取県新聞史」日本新聞協会編『地方別 日本新聞史』日本新聞協会、一九五六年、三四一～三五〇頁。
(82) 前掲『新聞総覧（昭和一五年版）』二七七頁。
(83) 『日本新聞新聞年鑑（昭和一五年版）』第二編九六頁。
(84) 前掲『新聞総覧（昭和一五年版）』二七七頁。

(85)「部数増減比較表」『情報局関係資料』第七巻三九二頁。
(86)「普通日刊紙頒布状況調」同、二四〇頁。
(87)前掲『日本新聞年鑑（昭和一三年版）』第一編一頁。
(88)同。
(89)前掲『日本新聞年鑑（昭和一六年版）』第一編二頁。
(90)伊藤正徳『新聞五十年史』旧版、鱒書房、一九四三年、四四一頁。
(91)前掲『日本新聞年鑑（昭和一四年版）』第一編四～五頁。
(92)前掲『日本新聞年鑑（昭和一五年版）』第一編四八頁。
(93)河北新報社編『河北新報の七十年』同社、一九六七年、二三一頁。
(94)前掲『日本新聞年鑑（昭和一四年版）』第一編六頁。
(95)前掲『日本新聞年鑑（昭和一三年版）』第一編六頁。
(96)同書二五頁。
(97)前掲『日本新聞年鑑（昭和一三年版）』第一編二五頁。
(98)佐野真一『巨怪伝』文藝春秋社、一九九四年、二九五頁。
(99)前掲日本新聞年鑑（昭和一六年版）』第一編二～三頁。
(100)前掲日本新聞年鑑（昭和一四年版）』第一編一〇頁。
(101)前掲『通信社史』三六七～三六八頁。
(102)同書三六八～三六九頁。
(103)「在満輿論指導機関ノ機構統制案」『現代史資料　マス・メディア統制（一）』三九八～三九九頁。
(104)森田久「満州の新聞は如何に統制されつつあるか」満州広報協會編『満州の新聞と通信』同協會、一九四〇年、一七～一八頁。
(105)「満州の新聞通信一元化」『文藝春秋』昭和一一年五月号。
(106)「昭和一二年一二月九日新京発　植田大使　広田外相宛」は、外務省は従来の英字紙「マンチュリヤ・デーリー・ニュース」への補助金（年額一万五〇〇〇円）を弘報協會への分担金として同會へ交付、國通へは「通信購　読費」の名目で別途（年額二万円）を交付。
(107)高柳と里見甫の間には、國通設立の際に関東軍は高柳を社長に推したが、里見甫らがこれに反対して結局、里見甫が主幹となるという経緯があり、國通の改組を機に高柳が巻き返しを図り、里見甫は外された。
(108)前掲『通信社史』三六九頁。
(109)前掲『満州の新聞と通信』一七～一八頁。
(110)前掲『國通十年史』五六頁。
(111)前掲『通信社史』三七〇～三七一頁。
(112)同。
(113)『満州新聞年鑑（昭和八年版）』満州文化協会、早稲田大学図書館所蔵、一九三三年、五六〇頁。
(114)前掲『満州の新聞と通信』一～一五頁。
(115)前掲『満州の新聞と通信』四頁。
(116)前掲『日本新聞年鑑（昭和一四年版）』第一編一四～一五頁。
(117)李相哲『満州における日本人経営新聞の歴史』凱風社、二〇〇〇年、一八七頁。
(118)前掲『満州の新聞と通信』六～八頁。
(119)森田久「昭和史を生きた新聞人」『別冊新聞研究』六号　日本新聞協会、一九七八年、四四頁。
(120)前掲『満州の新聞と通信』一六～一七頁。

(121) 前掲森田久『別冊新聞研究』六号四二～四五頁。

第三章

(1) 前掲内川芳美「内閣情報局の成立過程」『マス・メディア法政策史研究』二〇四頁。
(2) 「秘　情報局分課規定」『現代史資料　マス・メディア統制(二)』二七七～二七八頁。
(3) 佐藤卓巳『言論統制』中央公論新社、二〇〇四年、一六一頁。
(4) 古川隆久「革新官僚の思想と行動」『史學雜誌』史學會、一九九〇年。
(5) 橋川文三「革新官僚」『権力の思想』筑摩書房、一九六五年。「国防国家の理念」『昭和ナショナリズムの諸相』名古屋大学出版会、一九九四年。
(6) 前掲橋川文三「国防国家の理念」『昭和ナショナリズムの諸相』九五頁。
(7) 阿部真之助「奥村喜和男」『現代世相読本』東京日日新聞社、一九三七年。
(8) 栗原東洋編『現代日本産業発達史』第Ⅲ巻、交詢社出版局、一九六四年、三二〇頁。
(9) 前掲橋川文三「革新官僚」『権力の思想』二五六頁。
(10) 奥村喜和男『電力國営』國策研究会、一九三六年、二八頁。
(11) 進藤誠一「逓信省電務局時代」、奥村喜和男追想刊行会編『追想　奥村喜和男』自家本、一九七〇年、三九～四〇頁。
(12) 宮本吉夫「奥村さんの偉業」『追想　奥村喜和男』一五八～一五九頁。
(13) 同書一六一頁。
(14) 熊倉正弥『言論統制下の記者』朝日新聞社、一九八八年、四九～五〇頁。鈴木は戦後、古野がA級戦犯容疑で巣鴨プリズンへ収監された際にも『国際検事局（ＩＰＳ）』へ古野を弾劾する検察側証言をしている。
(15) 菅原宏一『私の大衆文壇史』青蛙房、一九七二年、二七一頁。
(16) 五資料は、いずれも『情報局関係資料』第二巻に収録。
(17) 前掲熊倉正弥『言論統制下の記者』四九～五〇頁。
(18) 前掲内川芳美「新聞読者の変遷」。
(19) 前掲『読売新聞八十年史』四〇六頁。
(20) 同書四〇七頁。
(21) 御手洗辰雄『三木武吉伝』四季社、一九五八年、二一九～二二〇頁。当時、星野は企画院総裁を辞任、岸は商工省次官を辞任した直後の時期に当たる。
(22) 岡村二一「新聞統合について」『報道報国の旗の下に』新聞通信調査会、一九六三年。
(23) 「地方新聞社「意見書」」『情報局関係資料』第六巻三一～五五頁。
(24) 山田公平「名古屋新聞の自由主義的経営体制の展開」『メディア史研究』第六号、ゆまに書房、一九九六年。
(25) 「社報」（昭和一五年九月号）、山田公平編『名古屋新聞・小山松寿関係資料集』第一巻、龍渓書舎、一九九一年、二二四頁。
(26) 「社報」（昭和一二年一二月号）、同書二九九頁。
(27) 同書「社報」（昭和一二年一一月号）、同書二八一頁。
(28) 前掲御手洗辰雄『新聞太平記』一六六～一六七頁。
(29) 前掲『新聞総覧（昭和一七年版）』第二部一～二頁。

(30) 同。
(31) 伊藤正徳『新聞五十年史』新版、鱒書房、一九四七年、二二〇〜二二一頁。
(32) 同。
(33) 前掲本多助太郎『朝日新聞七十年小史』二七六〜二七七頁。
(34) 前掲伊藤正徳『新聞五十年史』新版二二六〜二二七頁。
(35) 七海又三郎「東日の切り込み隊長」『別冊新聞研究』三号、日本新聞協会、一九七六年、一〇頁。
(36) 務台光雄「読売興隆の裏面史をきく」『別冊新聞研究』一三号、日本新聞協会、一九八一年、五八〜五九頁。
(37) 前掲『新聞総覧（昭和一七年版）』第二部七頁。
(38) 前掲川上富蔵『毎日新聞販売史』五〇五頁。
(39) 前掲『読売新聞八十年史』四三〇頁。
(40) 前掲伊藤正徳『新聞五十年史』新版二二六〜二二七頁。
(41) 朝日新聞販売百年史（東京編）刊行会編『朝日新聞販売百年史（東京編）』同社、一九八〇年、一七〇頁。
(42) 前掲『新聞総覧（昭和一七年版）』八頁。
(43) 同書九頁。
(44) 「（新聞共販連合会の）地区所属問題に関する件」『情報局関係資料』第三巻一一三〜一一八頁。
(45) 前掲川上富蔵『毎日新聞販売史』五一六頁。
(46) 前掲七海又三郎『別冊新聞研究』三号四三〜四四頁。
(47) 前掲伊藤正徳『新聞五十年史』新版二二八頁。
(48) 同。
(49) 前掲『新聞総覧（昭和一七年版）』第二部一四頁。
(50) 「新聞記者倶楽部規約及び新聞記者会構成案に関する件」『情報局関係資料』第二巻一四四〜一六五頁。
(51) 「記者倶楽部整理手順」『情報局関係資料』第二巻一六五頁。
(52) 前掲『新聞総覧（昭和一七年版）』第二部一五頁。
(53) 「言論報道統制に関する意見」『情報局関係資料』第三巻一四七〜一五七頁。
(54) 高田元三郎『記者の手帳から』時事通信社、一九六七、一九一〜一九二頁。
(55) 「衆議院委員会議事録（昭和十五年度）」国立公文書館所蔵。
(56) 同。
(57) 「新聞統合ニ関スル書類綴」『情報局資料』第六巻一二七頁。
(58) 前掲『新聞総覧（昭和一七年版）』第二部一六頁。
(59) 「議事録」『情報局関係資料』第六巻一八五〜二〇〇頁。
(60) 「各理事意見書」『情報局関係資料』第六巻二〇一〜二六四頁。
(61) 前掲御手洗辰雄『三木武吉伝』二二〇頁。
(62) 同書二二一頁。
(63) 久富達夫追想録編集委員会『久富達夫』五二〇頁。
(64) 高田元三郎「困難な時代の筆政を指揮」『別冊新聞研究』八号、日本新聞協会、一九七九年、三四〜三五頁。
(65) 山田潤二『南十字星』創元社、一九四九年、九頁。
(66) 前掲御手洗辰雄『新聞太平記』一七一頁。
(67) 前掲『読売新聞八十年史』四一九頁。
(68) 「小委員會第三回迄の決定事項」『情報局関係資料』第六巻二六七〜二六九頁。
(69) 岡村二一「新聞統合の渦中にあって」『別冊新聞研究』一一号、

日本新聞協会、一九八一年、八〇頁。
(70) 同演説の末尾で奥村は「天皇陛下萬歳　帝国陸海軍萬歳　大日本帝国萬歳」と叫び、同放送は「萬歳放送」と評された。
(71) 前掲御手洗辰雄『新聞太平記』一七九頁。
(72) 前掲岡村二一『別冊新聞研究』一二号七〇～七一頁。
(73) 前掲『古野伊之助』八三頁。
(74) 前掲岡村二一「報道報国の旗の下に」。
(75) 前掲『通信社史』三六七～三六八頁。
(76) 前掲『新聞総覧（昭和一七年版）』第二部一〇頁。
(77) 前掲御手洗辰雄『新聞太平記』一七一～一七二頁。
(78) 前掲『読売新聞八十年史』四二九～四三〇頁。
(79) 同。
(80) 前掲伊藤正徳『新聞五十年史』新版二三七頁。
(81) 田中都吉「日本新聞会のこと」『五十人の新聞人』電通、一九五五年、五九頁。
(82) 前掲岡村二一『別冊新聞研究』七九頁。
(83) 緒方竹虎述「明治末期から太平洋戦争まで」『朝日新聞社史　大正・昭和戦前期編』朝日新聞社、五六七頁。
(84) 前掲岡村二一『別冊新聞研究』一二号七六頁。
(85) 前掲熊倉正弥『言論統制下の記者』五〇頁。
(86) 細川隆元『朝日新聞外史』秋田書店、一九六五年、一三九頁。
(87) 前掲岡村二一『別冊新聞研究』一二号七八頁。
(88) 前掲『読売新聞八十年史』四二一～四二二頁。
(89) 前掲御手洗辰雄『新聞太平記』一七一頁。
(90) 前掲細川隆元『朝日新聞外史』一四四～一四五頁。
(91) 前掲御手洗辰雄『新聞太平記』一七三頁。
(92) 田中都吉「緒方竹虎傳記刊行會関係資料」国会図書館憲政資料室所蔵。
(93) 前掲岡村二一『別冊新聞研究』八一頁。
(94) 前掲緒方竹虎述「明治末期から太平洋戦争まで」。
(95) 宮居康太郎『日本新聞會の解説』情報新聞社、一九四二年、三頁。
(96) 「審議会総会における情報局総裁の説明案」『情報局関係資料』第七巻二二一～二二三頁。
(97) 前掲伊藤正徳『新聞五十年史』新版二三八頁。
(98) 前掲『日本新聞新聞年鑑（昭和一三年版）』第二編七九頁。
(99) 「普通日刊新聞紙頒布状況調」『情報局関係資料』第七巻二三九頁。
(100) 北日本新聞社史編纂委員会編『北日本新聞八十五周年史』一九六九年、北日本新聞百年史編さん委員会編『富山県民とともに—北日本新聞一〇〇年史』一九八四年、「富山県言論の軌跡」編集委員会『富山県言論の軌跡』二〇〇〇年、北日本新聞社史編さん委員会『北日本新聞百二十年史』二〇〇四年。
(101) 前掲『北日本新聞社一〇〇年史』二〇六頁。
(102) 横山四郎右衛門「難航した富山県下の新聞統合」『別冊新聞研究』二号、日本新聞協会、一九七六年、九八頁。
(103) 同。
(104) 「祝辞」『北日本新聞八十五周年史』四二一頁。
(105) 「創刊の辞」同書四一九～四二〇頁。
(106) 前掲『新聞総覧（昭和一六年版）』一六一頁。

(107) 前掲『北日本新聞一〇〇年史』二一二頁。
(108) 「部数増減比較表」『情報局関係資料』第七巻三八九頁。
(109) 前掲『北日本新聞八十五周年史』四二五頁。
(110) 「情報局の吉積第二部長宛書簡」『情報局関係資料』第七巻一八七〜一九一頁、「新聞再編成に関する具体案」同二六六〜二七一頁。
(111) 鰐渕は昭和一七年秋に北日本新聞を退社し、石川県の北国新聞に乞われ同紙へ移る。
(112) 前掲『日本新聞年鑑（昭和一五年版）』第二編三三〜三四頁。
(113) 前掲「普通日刊新聞紙頒布調」『情報局関係資料』第七巻二三九頁。
(114) 堀川寛一「群馬県新聞史」、日本新聞協会編『地方別　日本新聞史』同協会、一九五六年、九〇頁。
(115) 「部数増減比較表」『情報局関係資料』第七巻三八九頁。
(116) 前掲「普通日刊新聞紙頒布調」『情報局関係資料』第七巻二三九頁。
(117) 前掲『日本新聞年鑑（昭和一六年版）』第二編三一頁。
(118) 埼玉新聞五十年史編さん委員会編『埼玉新聞五十年史』同社、一九九四年、二〇頁。
(119) 前掲「部数増減比較表」『情報局関係資料』第七巻三八九頁。
(120) 前掲『日本新聞年鑑（昭和一四年版）』第二編三一頁。
(121) 前掲「普通日刊新聞紙頒布状況調」『情報局関係資料』第七巻二三九頁。
(122) 加瀬俊雄「千葉県新聞史」『地方別　日本新聞史』一〇八〜一〇九頁。
(123) 前掲『新聞総覧（昭和一七年版）』五一頁。
(124) 前掲「部数増減比較表」『情報局関係資料』第七巻三九二頁。
(125) 前掲『日本新聞年鑑（昭和一六年版）』第二編一〇七頁。
(126) 前掲『日本新聞年鑑（昭和一三年版）』第二編一三六頁。
(127) 前掲「普通日刊新聞紙頒布状況調」『情報局関係資料』第七巻二四〇頁。
(128) 前掲「部数増減比較表」『情報局関係資料』第七巻三九二頁。
(129) 前掲『新聞総覧（昭和一七年版）』一三七頁。
(130) 琉球新報八十年史刊行委員会編『琉球新報八十年史』通史編、同社、二五頁。
(131) 同。
(132) 前掲『日本新聞年鑑（昭和一四年版）』第二編一二六頁。
(133) 前掲「普通日刊新聞紙頒布状況調」『情報局関係資料』第七巻二四〇頁。
(134) 前掲『日本新聞年鑑（昭和一五年版）』第二編一一五頁。
(135) 同書第一編一七頁。
(136) 宮崎日日新聞社史編纂委員会編『宮崎日日新聞社史』同社、一九七五年、四一頁。
(137) 前掲『日本新聞年鑑（昭和一六年版）』第二編一〇四頁。
(138) 前掲『宮崎日日新聞社史』四三〜四四頁。
(139) 同書四五頁。
(140) 同書四七〜四八頁。
(141) 『新聞総覧（昭和一七年版）』第五部一三四頁。
(142) 前掲「部数増減比較表」『情報局関係資料』第七巻三九二頁。
(143) 前掲『宮崎日日新聞社史』四六頁。
(144) 前掲『日本新聞年鑑（昭和一四年版）』第二編九二〜九三頁。

(145) 同。
(146) 前掲「普通日刊新聞紙頒布状況調」『情報局関係資料』第七巻一二四〇頁。
(147) 福島隆三「奈良県新聞史」『地方別　日本新聞史』三三〇頁。
(148) 前掲「部数増減比較表」『情報局関係資料』第七巻三九二頁。
(149) 前掲「奈良県新聞史」。
(150) 前掲『日本新聞年鑑（昭和一五年版）』第二編六三頁。
(151) 前掲『日本新聞年鑑（昭和一六年版）』第二編五七頁。
(152) 前掲「普通日刊新聞紙頒布状況調」『情報局関係資料』第七巻一二四〇頁。
(153) 前掲『日本新聞年鑑（昭和一六年版）』第二編五七頁。
(154) 小林静「山梨県新聞史」『地方別　日本新聞史』二二一頁。
(155) 『新聞総覧（昭和一七年版）』第五部八五〜八六頁。
(156) 前掲「部数増減比較表」『情報局関係資料』第七巻三九二頁。
(157) 前掲『日本新聞年鑑（昭和一五年版）』第二編九九頁。
(158) 前掲『日本新聞年鑑（昭和一六年版）』第二編八七頁。
(159) 前掲「普通日刊新聞紙頒布状況調」『情報局関係資料』第七巻一二四〇頁。
(160) 四国新聞百年史編集委員会編『四国新聞百年史』同社、一九八九年、六〇〜六一頁。
(161) 前掲「部数増減比較表」『情報局関係資料』第七巻三九二頁。
(162) 前掲『日本新聞年鑑（昭和一四年版）』第二編八二頁。
(163) 前掲「普通日刊新聞紙頒布状況調」『情報局関係資料』第七巻一二四〇頁。
(164) 福井新聞社史編纂委員会編『福井を伝えて一世紀　福井新聞百年史』同社、二〇〇〇年、四三〇頁。
(165) 前掲『新聞総覧（昭和一七年版）』第二部一三頁。
(166) 前掲「部数増減比較表」『情報局関係資料』第七巻三九二頁。
(167) 前掲『日本新聞年鑑（昭和一五年版）』第二編一一〇頁。
(168) 前掲『日本新聞年鑑（昭和一三年版）』第二編一二五頁。
(169) 前掲「普通日刊新聞紙頒布状況調」『情報局関係資料』第七巻一二四〇頁。
(170) 古川末松『佐賀新聞社史』同社、一九六〇年、三六七頁。
(171) 前掲『佐賀新聞社史』三六七〜三六八頁。
(172) 同書三六九頁。
(173) 前掲「部数増減比較表」『情報局関係資料』第七巻三九二頁。
(174) 前掲『日本新聞年鑑（昭和一五年版）』第二編三八頁。
(175) 前掲「普通日刊新聞紙頒布状況調」『情報局関係資料』第七巻一二三九頁。
(176) 前掲『日本新聞年鑑（昭和一六年版）』第二編三六頁。
(177) 前掲『日本新聞年鑑（昭和一四年版）』第二編三八頁。
(178) 福島民報社百年史編集委員会編『福島民報百年史』同社、一九九二年、二〇二頁。
(179) 福島民友新聞百年史編纂委員会編『福島民友新聞百年史』同社、一九九五年、三七九〜三八〇頁。
(180) 前掲『新聞総覧（昭和一七年版）』第五部六一頁。
(181) 前掲「部数増減比較表」『情報局関係資料』第七巻三九二頁。
(182) 前掲「新聞雑誌及通信社に関する調」。
(183) 前掲『日本新聞年鑑（昭和一五年版）』第二編一〇三頁。
(184) 前掲『日本新聞年鑑（昭和一六年版）』第二編九〇頁。

(185) 前掲「普通日刊新聞紙頒布状況調」『情報局関係資料』第七巻二二三九頁。
(186) 中島及、中島成功「波乱きわめた高知新聞界」『別冊新聞研究』四号、一九七七年、一八〜一九頁。
(187) 高知新聞八十年史編纂委員会編『高知新聞八十年史』同社、一九八四年、一三六〜一三七頁。
(188) 前掲「部数増減比較表」『情報局関係資料』第七巻三九二頁。
(189) 前掲『日本新聞年鑑（昭和一六年版）』第二編七九頁。
(190) 前掲「普通日刊新聞紙頒布状況調」『情報局関係資料』第七巻二二四〇頁。
(191) 前掲「部数増減比較表」『情報局関係資料』第七巻三八七頁。
(192) 中国新聞社史編纂委員会編『中国新聞六十五年史』同社、一九五六年、二一六頁。
(193) 前掲『日本新聞年鑑（昭和一三年版）』第二編一〇〇頁。
(194) 前掲「普通日刊新聞紙頒布状況調」『情報局関係資料』第七巻二二四〇頁。
(195) 郡山辰巳「岡山県新聞史」『地方別　日本新聞史』三七〇頁。
(196) 前掲「部数増減比較表」『情報局関係資料』第七巻三八九頁。
(197) 橋本政次「兵庫県新聞史」『地方別　日本新聞史』三一五頁。
(198) 前掲『日本新聞年鑑（昭和一六年版）』第二編七〇〜七一頁。
(199) 前掲「普通日刊新聞紙頒布状況調」『情報局関係資料』第七巻二二四〇頁。
(200) 前掲『日本新聞年鑑（昭和一五年版）』第二編一四頁。
(201) 西松五郎「神戸又新日報略史」『歴史と神戸』第二号、神戸史学会、一九七九年
(202) 神戸新聞社史編纂委員会編『神戸新聞五十五年史』神戸新聞社、一九五三年、一一九〜一二三頁。神戸新聞社史編纂委員会編『神戸新聞七十年史』同社、一九六八年、一一四〜一一五頁。
(203) 進藤信義『銕翁秘録』神戸新聞社、一九五三年、一六三〜一六五頁。
(204) 前掲「部数増減比較表」『情報局関係資料』第七巻三八九頁。
(205) 前掲『日本新聞年鑑（昭和一五年版）』第二編五三頁。
(206) 前掲「普通日刊新聞紙頒布状況調」『情報局関係資料』第七巻二二三九頁。
(207) 静岡新聞社史編纂委員会編『静岡新聞四十年史』同社、一九八一年、四四頁。
(208) 同書四六頁。
(209) 前掲「部数増減比較表」『情報局関係資料』第七巻三九一頁。
(210) 前掲『日本新聞年鑑（昭和一五年版）』第二編一〇〇頁。
(211) 前掲「普通日刊新聞紙頒布状況調」『情報局関係資料』第七巻二二四〇頁。
(212) 前掲『日本新聞年鑑（昭和一五年版）』第二編一〇〇頁。
(213) 愛媛新聞百二十年史編纂委員会編『愛媛新聞百二十年史』同社、一九九六年、三〇〇〜三〇八頁。
(214) 同書三〇六〜三〇七頁。
(215) 同書三一一〜三一二頁。
(216) 平田陽一郎「愛媛マスコミ界をリード」『別冊新聞研究』二二号、日本新聞協会、一九八七年、一〇〇頁。
(217) 前掲「部数増減比較表」『情報局関係資料』第七巻三九〇頁。
(218) 前掲『日本新聞年鑑（昭和一三年版）』第二編一一〇頁。

(219) 前掲「普通日刊新聞紙頒布状況調」『情報局関係資料』第七巻二四〇頁。
(220) 徳島新聞五十年史刊行委員会編『徳島新聞五十年史』同社、一九九七年は創刊号を「一二月一五日夕刊」と記し、『新聞総覧（昭和一七年版）』は「一二月一六日より始む」、情報局関係資料「普通日刊新聞完成調」でも「一二月一六日完成」と記している。
(221) 前掲『徳島新聞五十年史』一〇九頁。
(222) 同書一〇九～一一〇頁。
(223) 同書一一〇頁。
(224) 前掲「部数増減比較表」『情報局関係資料』第七巻三九〇頁。
(225) 前掲『日本新聞年鑑（昭和一五年版）』第二編九六～九七頁。
(226) 前掲『日本新聞年鑑（昭和一六年版）』第二編八四頁。
(227) 前掲「普通日刊新聞紙頒布状況調」『情報局関係資料』第七巻二四〇頁。
(228) 前掲『読売新聞八十年史』四一〇頁。
(229) 吉岡大蔵「島根県新聞史」『地方別日本新聞史』三五九頁。
(230) 島根新聞社史編纂委員会編『島根新聞十年史』同社、一九五一年、一三四頁。
(231) 同書一四二頁。
(232) 前掲「部数増減比較表」『情報局関係資料』第七巻三九一頁。
(233) 前掲「新聞雑誌及通信社に関する調」。
(234) 後藤力「岩手県新聞史」『地方別日本新聞史』二一～二九頁。
(235) 前掲『日本新聞年鑑（昭和一四年版）』第二編四三～四四頁。
(236) 前掲「普通日刊新聞紙頒布状況調」『情報局関係資料』第七巻二三九頁。
(237) 岩手日報百十年史刊行委員会編『岩手日報百十年史』同社、一九八八年、二九一頁。
(238) 前掲「部数増減比較表」『情報局関係資料』第七巻三九一頁。
(239) 前掲『日本新聞年鑑（昭和一六年版）』第二編三三～三四頁。
(240) 前掲「普通日刊新聞紙頒布状況調」『情報局関係資料』第七巻二四〇頁。
(241) 下野新聞社史編さん室編『下野新聞百年史』同社、一九八四年、一三七頁。
(242) 同書一三八頁。
(243) 前掲『新聞総覧（昭和一七年版）』第五部五七頁。
(244) 前掲『下野新聞百年史』一三八頁。
(245) 前掲「部数増減比較表」『情報局関係資料』第七巻三九一頁。
(246) 前掲『日本新聞年鑑（昭和一五年版）』第二編四五頁。
(247) 前掲「普通日刊新聞紙頒布状況調」『情報局関係資料』第七巻二四〇頁。
(248) 前掲『新聞総覧（昭和一七年版）』第二部二一頁。
(249) 統合完成について内務省の「普通日刊新聞紙整理完成調」では「昭和一七年一月一日」となっているが、『新聞総覧（昭和一七年版）』では「昭和一六年一二月二五日實現」と記している。
(250) 品川弥千江『東奥日報と昭和時代』東奥日報社、一九七九年、二三一頁。
(251) 前掲「部数増減比較表」『情報局関係資料』第七巻三八九頁。
(252) 小木曾旭晃「岐阜県新聞史」『地方別　日本新聞史』二三五～二四一頁。
(253) 前掲『日本新聞年鑑（昭和一四年版）』第二編六六頁。

（254）前掲「普通日刊新聞紙頒布状況調」『情報局関係資料』第七巻二二九頁。
（255）前掲『日本新聞年鑑（昭和一六年版）』第二編五六頁。
（256）前掲「岐阜県新聞史」二四二頁。
（257）前掲「部数増減比較表」『情報局関係資料』第七巻三九一頁。

第四章

（1）「新聞事業統制令案」「新聞事業令案」『情報局関係資料』第七巻一一～一二頁。
（2）前掲岡村二一『別冊新聞研究』一二号八二頁。
（3）宮本吉夫『戦時下の新聞・放送』エフエム東京、一九八四年、九八頁。
（4）「新聞事業施行ニ関スル件」『現代史資料　マス・メディア統制（二）』四四八頁。
（5）前掲御手洗辰雄『新聞太平記』一七四頁。
（6）前掲小野秀雄『日本新聞史』三二六～三二七頁。
（7）宮居康太郎『日本新聞會の解説』情報新聞社、一九四二年、三頁。
（8）前掲『新聞総覧（昭和一七年版）』第二部一八～一九頁。
（9）前掲宮居康太郎『日本新聞會の解説』一〇～一一頁。
（10）浦忠倫「日本新聞界一途に」『別冊新聞研究』六号、日本新聞協会、一九七八年、七九頁。
（11）前掲『新聞総覧（昭和一八年版）』第二部四頁。
（12）前掲伊藤正徳『新聞五十年史』新版二三九頁。
（13）日本新聞會事務局編『日本新聞會便覧』日本新聞會、一九四四年、二一～二二頁。
（14）前掲宮居康太郎『日本新聞會の解説』四八頁。
（15）同書四九頁。
（16）同書五一～五二頁。
（17）前掲伊藤正徳『新聞五十年史』新版二四六頁。
（18）前掲『朝日新聞社史　大正・昭和戦前編』五七二頁。
（19）前掲川上富蔵『毎日新聞販売史』五三六頁。
（20）前掲伊藤正徳『新聞五十年史』新版二四四頁。
（21）前掲宮居康太郎『日本新聞會の解説』五三頁。
（22）前掲伊藤正徳『新聞五十年史』新版二四六頁。
（23）前掲武藤富男『私と満州国』三五一頁。
（24）『日本新聞年鑑（昭和五年版）』第一編三二頁。
（25）川崎吉紀「新聞記者資格制度の言説分析」『マス・コミュニケーション研究』六三号、日本マス・コミュニケーション学会、二〇〇三年。
（26）岡村二一『新聞新體制の理論と實際』東京帝国大学文学部新聞研究室、一九四三年、東京大学学際情報学府図書館所蔵。
（27）前掲『朝日新聞社史　大正・昭和前期』六〇一～六〇二頁。
（28）「日本新聞會報」『情報局関係資料』第三巻二四八頁。
（29）前掲『朝日新聞社史　大正・昭和前期』六〇二頁。
（30）前掲『新聞総覧（昭和一八年版）』第二部七頁。
（31）「官廳記者會再編成要領」『情報局関係資料』第二巻一九二～一九三頁。
（32）同。
（33）前掲『新聞総覧（昭和一八年版）』第二部七～八頁。

（34）前掲川上富蔵『毎日新聞販売史』五三〇頁。
（35）同書五三一頁。
（36）同書五三八～五四〇頁。
（37）前掲岡村二一『新聞新體制の理論と實際』。
（38）「南方占領地域ニ於ケル通信社及ビ新聞社工作処理要領」『情報局関係資料』第五巻五八～六一頁。
（39）前掲『読売新聞社史百年史』四五六頁。
（40）「新聞整理統合案　閣議説明要領」『情報局関係資料』第七巻二八三～二八六頁。
（41）前掲宮本吉夫『戦時下の新聞・放送』一二九頁。
（42）「極秘　新聞整理統合要綱」『情報局関係資料』第七巻二八九頁。
（43）同書二八三～二八六頁。
（44）同。
（45）「極秘　関係新聞社ニ對スル総裁ヨリノ申渡」『情報局関係資料』第七巻二八八頁。
（46）「情報局発表」『情報局関係資料』第七巻三〇〇～三〇一頁。
（47）前掲『日本新聞年鑑（昭和一五年版）』第二編三六～三七頁。
（48）前掲「普通日刊新聞紙頒布状況調」『情報局関係資料』第七巻二三九頁。
（49）前掲『日本新聞年鑑（昭和二二年版）』第三部一六九頁。
（50）茨城新聞社史編さん委員会編『茨城新聞百年史』同社、一九九一年、二六一頁。
（51）前掲「部数増減比較表」『情報局関係資料』第七巻三九一頁。
（52）前掲『日本新聞年鑑（昭和一五年版）』第二編四一頁。
（53）前掲「普通日刊新聞紙頒布状況調」『情報局関係資料』第七巻二三九頁。
（54）創刊百周年記念事業委員会編『河北新報の百年』同社、一九九七年、二四〇頁
（55）前掲「部数増減比較表」『情報局関係資料』第七巻三八九頁。
（56）一力一夫『攻防・興亡百年史』河北新報社、一九七五年、一三～一四頁。
（57）前掲『日本新聞年鑑（昭和一五年版）』第二編四九頁。
（58）前掲「普通日刊新聞紙頒布状況調」『情報局関係資料』第七巻二三九頁。
（59）川崎浩良『山形新聞史話』山形新聞社、一九四九年、一四九頁。
（60）前掲「部数増減比較表」『情報局関係資料』第七巻三九一頁。
（61）前掲『日本新聞年鑑（昭和一六年版）』第二編八一頁。
（62）前掲「普通日刊新聞紙頒布状況調」『情報局関係資料』第七巻二四〇頁。
（63）武智一一「山口県新聞史」『地方別　日本新聞史』三九一頁。
（64）永見貞一『防長新聞六十年史』防長新聞社清算事務所、四八五～四八六頁。
（65）前掲武智一一「山口県新聞史」三九一頁。
（66）前掲「部数増減比較表」『情報局関係資料』第七巻三九一頁。
（67）前掲『新聞総覧（昭和一七年版）』第五部一一一頁。
（68）前掲『日本新聞年鑑（昭和一五年版）』第二編二九頁。
（69）前掲「普通日刊新聞紙頒布状況調」『情報局関係資料』第七巻二三九頁。
（70）樋口宅三郎「神奈川の地域紙と新聞統合」『別冊新聞研究』一五号、日本新聞協会、一九八二年、三〇頁。

(71)　樋口宅三郎「神奈川県新聞史」『地方別　日本新聞史』一六七頁。
(72)　山室清『新聞が戦争にのみ込まれる時―発祥神奈川の新聞興亡史―』かなしん出版、一九九四年、九七頁。
(73)　神奈川新聞社編『神奈川新聞小史』神奈川新聞社、一九八五年、五四頁。
(74)　前掲樋口宅三郎「神奈川県新聞史」一七〇頁。
(75)　前掲樋口宅三郎『別冊新聞研究』三〇頁。
(76)　前掲「部数増減比較表」『情報局関係資料』第七巻三九二頁。
(77)　前掲山室清『新聞が戦争にのみ込まれる時』一一三頁。
(78)　同書一〇六頁。
(79)　前掲樋口宅三郎『別冊新聞研究』三二頁。
(80)　前掲『日本新聞年鑑（昭和一六年版）』第二編一〇二頁
(81)　南日本新聞百年志編集委員会編『南日本新聞百年志』同社、一九八一年　三三九頁。
(82)　前掲「普通日刊新聞紙頒布状況調」『情報局関係資料』第七巻二四〇頁
(83)　前掲『新聞総覧（昭和一七年版）』第五部一三五頁。
(84)　前掲「部数増減比較表」『情報局関係資料』第七巻三八九頁。
(85)　前掲『日本新聞年鑑（昭和一五年版）』第二編七六頁。
(86)　京都新聞社史編さん小委員会編『京都新聞百年史』同社、一九七九年、三二〇頁。
(87)　前掲「普通日刊新聞紙頒布状況調」『情報局関係資料』第七巻二四〇頁。
(88)　大庭元「京都府新聞史」『地方別　日本新聞史』二八五～二八六頁。
(89)　京都新聞社史編さん委員会編『京都新聞九十年史』同社、一九六九年、五三四～五三六頁。
(90)　前掲「部数増減比較表」『情報局関係資料』第七巻三八九頁。
(91)　前掲『日本新聞年鑑（昭和一五年版）』第二編一一一～一一三頁。
(92)　前掲「普通日刊新聞紙頒布状況調」『情報局関係資料』第七巻二四〇頁。
(93)　長崎新聞社史編纂委員会編『激動を伝えて一世紀―長崎新聞社史―』同社、二〇〇一年、一八八～一八九頁。
(94)　中山軍次「長崎県新聞史」『地方別　日本新聞史』四六五頁。
(95)　前掲『激動を伝えて一世紀―長崎新聞社史―』一九一～一九二頁。
(96)　前掲「部数増減比較表」『情報局関係資料』第七巻三九〇頁。
(97)　前掲『日本新聞年鑑（昭和一六年版）』第二編一〇一頁。
(98)　前掲「普通日刊新聞紙頒布状況調」『情報局関係資料』第七巻二四〇頁。
(99)　前掲『新聞総覧（昭和一七年版）』第五部一二九頁。
(100)　伊豆富人「節義を重んずる大記者」『別冊新聞研究』四号、日本新聞協会、一九七七年、一一〇～一一一頁。
(101)　熊日社史編さん委員会編『熊日四十年史』同社、一九八二年、一三九～一四〇頁。
(102)　前掲「部数増減比較表」『情報局関係資料』第七巻三八九頁。
(103)　前掲『日本新聞年鑑（昭和一三年版）』第二編一三二～一三三頁。

(104) 前掲「普通日刊新聞紙頒布状況調」『情報局関係資料』第七巻二四〇頁。
(105) 前掲『日本新聞年鑑(昭和一六年版)』第二編一〇六頁。
(106) 「大分合同新聞百年史」刊行委員会編『大分合同新聞百年史』同社、一九九一年、一六八～一七一頁。
(107) 前掲『新聞総覧(昭和一七年版)』第五部一三一頁。
(108) 姫野良平「大分県新聞史」『地方別 日本新聞史』四八五頁。
(109) 前掲「部数増減比較表」『情報局関係資料』第七巻三九〇頁。
(110) 前掲『日本新聞年鑑(昭和一六年版)』第二編七五頁。
(111) 前掲「普通日刊新聞紙頒布状況調」『情報局関係資料』第七巻二三九頁。
(112) 前掲『日本新聞年鑑(昭和一六年版)』第二編七五頁。
(113) 大平安孝「三重県新聞史」『地方別 日本新聞史』二六九頁。
(114) 前掲「部数増減比較表」『情報局関係資料』第七巻三九一頁。
(115) 前掲『日本新聞年鑑(昭和一六年版)』第二編五八頁。
(116) 前掲「普通日刊新聞紙頒布状況調」『情報局関係資料』第七巻二三九頁。
(117) 本多助太郎、塚田正明「長野県新聞史」『地方別 日本新聞史』二三四頁。
(118) 「百年の歩み」編集委員会編『百年の歩み―信濃毎日新聞』同社、一九七三年、三五五頁。
(119) 前掲「部数増減比較表」『情報局関係資料』第七巻三八九頁。
(120) 前掲『百年の歩み』三五八頁。
(121) 前掲『日本新聞年鑑(昭和一五年版)』第二編七二～七三頁。
(122) 前掲「普通日刊新聞紙頒布状況調」『情報局関係資料』第七巻二三九頁。
(123) 久保田正衛「石川県新聞史」『地方別 日本新聞史』二〇〇頁。
(124) 北国新聞社編『北国新聞社六〇年小史』同社、一九五四年、二六頁。
(125) 前掲「部数増減比較表」『情報局関係資料』第七巻三八九頁。
(126) 前掲『日本新聞年鑑(昭和一六年版)』第二編四四頁。
(127) 前掲「普通日刊新聞紙頒布状況調」『情報局関係資料』第七巻二三九頁。
(128) 秋田魁新報社史編修委員会編『秋田魁新報百二十年史』同社、一九九五年、二一〇頁。
(129) 前掲「部数増減比較表」『情報局関係資料』第七巻三八九頁。
(130) 前掲『日本新聞年鑑(昭和一六年版)』第二編七〇頁。
(131) 前掲「普通日刊新聞紙頒布状況調」『情報局関係資料』第七巻二四〇頁。
(132) 木村緑生「滋賀県新聞史」『地方別 日本新聞史』二七八頁。
(133) 同。
(134) 前掲「部数増減比較表」『情報局関係資料』第七巻三九二頁。
(135) 前掲『日本新聞年鑑(昭和一四年版)』第二編八五頁。
(136) 前掲「普通日刊新聞紙頒布状況調」『情報局関係資料』第七巻二四〇頁。
(137) 松本朱像「和歌山県新聞史」『地方別 日本新聞史』三三八頁。
(138) 前掲「部数増減比較表」『情報局関係資料』第七巻三八九頁。
(139) 前掲『日本新聞年鑑(昭和一五年版)』第二編六七～六八頁。
(140) 前掲「普通日刊新聞紙頒布状況調」『情報局関係資料』第七巻二三九頁。

(141) 前掲『日本年鑑（昭和一六年版）』第二編六〇頁。

(142) 新潟日報社史編集委員会編『新潟日報二十五年史』同社、一九六七年、六六～六七頁。

(143) 松井敬「新潟県下の新聞統合の渦中で」『別冊新聞研究』一一号、日本新聞協会、一九八〇年、九五頁。

(144) 前掲『新潟日報二十五年史』七二～七三頁。

(145) 前掲「部数増減比較表」『情報局関係資料』第七巻三八九頁。

(146) 前掲『日本新聞年鑑（昭和一六年版）』第二編一〇八頁。

(147) 前掲「普通日刊新聞紙頒布状況調」『情報局関係資料』第七巻二三九頁。

(148) 前掲『日本新聞年鑑（昭和一六年版）』第二編一〇八頁。

(149) 渡辺一雄『北海道新聞二十年史』同社、一九六四年、四四頁。

(150) 渡辺喜久雄『北海道新聞四十年史』同社、一九八三年、一四頁。

(151) 前掲岡村二一『別冊新聞研究』一二号八七頁。

(152) 社史編集委員会編『北海道新聞五十年史』同社、一九九三年、七頁。

(153) 東季彦「新聞統合の渦中で」『別冊新聞研究』六号二七～二八頁。

(154) 渡辺一雄「北海道新聞史」『地方別　日本新聞史』一〇頁。

(155) 前掲「部数増減比較表」『情報局関係資料』第七巻三八七頁。

(156) 前掲　務台光雄『別冊新聞研究』一三号七一～七二頁。

(157) 同。

(158) 「主要新聞ノ整理統合ニ関スル経過」『情報局関係資料』第七巻二九二頁。

(159) 土方正巳『都新聞史』日本図書センター、一九九一年、四六二～四六三頁。

(160) 「極秘　新聞統合ニ闞スル件」『情報局関係資料』第七巻三五八～三六一頁。

(161) 前掲「部数増減比較表」『情報局関係資料』第七巻三八七頁。

(162) 「登録記者月平均給与調査表」『情報局関係資料』第二巻二五七頁。

(163) 一一〇年史編集委員会『日本経済新聞社一一〇年史』同社、一九八六年、八四～八五頁。

(164) 社史編纂委員会編『日刊工業新聞二十年史』同社、一九六五年、三九頁。

(165) 前掲「部数増減比較表」『情報局関係資料』第七巻三八七頁。

(166) 前掲『日本経済新聞社一一〇年史』八九頁。

(167) 小野秀雄「大阪府新聞史」『地方別　日本新聞史』三〇九頁。

(168) 前田久吉傳編纂委員会編『前田久吉傳』日本電波塔株式会社、一九八〇年、一九四～一九五頁。

(169) 「大阪時事新報ト夕刊大阪ノ合併問題ノ経過」『情報局関係資料』第七巻一一二～一五二頁。

(170) 前掲「部数増減比較表」『情報局関係資料』第七巻三八七頁。

(171) 前田久吉「時事新報廃刊始末記」『五十人の新聞人』二八〇頁。

(172) 前掲『新聞総覧（昭和一八年版）』第四部四八頁。

(173) 前掲『前田久吉傳』二〇三～二〇四頁。

(174) 前掲「部数増減比較表」『情報局関係資料』第七巻三八七頁。

(175) 前掲『日本新聞年鑑（昭和一六年版）』第二編九二頁。

(176) 前掲「部数増減比較表」『情報局関係資料』第七巻三八九頁。

(177) 前掲『日本新聞年鑑（昭和一六年版）』第二編五〇頁。

(178) 前掲「新聞整理統合案　閣議説明要領」『情報局関係資料』第七巻二八七頁。
(179) 大宮伍三郎「新聞社とのわかれ」『五十人の新聞人』三三九頁。
(180) 山本周二「日本のおへそ」中日新聞社史編さん委員会『中日新聞三十年史』同社、一九七二年、五二頁。
(181) 同。
(182) 前掲岡村二一『別冊新聞研究』一二号八五頁。
(183) 同。
(184) 「新聞紙整理統合ニ関スル件」『情報局関係資料』第七巻二二八～二二九頁。
(185) 「裁定」『名古屋新聞・小山松寿関係資料集』第三巻五八〇頁。
(186) 「統合の社員総会」国会図書館憲政資料室、「小山松寿関係文書」。
(187) 「昭和一八年九月一二日付け　森一兵から小山龍三宛書簡」国会図書館憲政資料室、「小山松寿関係文書」。
(188) 前掲「部数増減比較表」『情報局関係資料』第七巻三八九頁。
(189) 山田公平「解題」『名古屋新聞・小山松寿関係資料集』第一巻一二五頁。
(190) 朝日新聞昭和一九年七月二三日付け。
(191) 前掲伊藤正徳『新聞五十年史』新版二五二頁。
(192) 前掲『朝日新聞社史　大正・昭和戦前編』六五六頁。
(193) 前掲伊藤正徳『新聞五十年史』新版二五三～二五四頁。
(194) 栗田直樹『緒方竹虎』吉川弘文館、二〇〇一年、七頁。
(195) 前掲緒方竹虎傳記刊行會『緒方竹虎』一一九～一二〇頁。
(196) 前掲高田元三郎『記者の手帳から』二一一頁。
(197) 前掲岡村二一「新聞新體制の理論と實際」。
(198) 前掲高田元三郎『記者の手帳から』二一〇頁。
(199) 大佛次郎『終戦日記』文藝春秋社、二〇〇七年、「昭和二〇年四月一八日付」。
(200) 前掲伊藤正徳『新聞五十年史』新版二五五～二五六頁。
(201) 前掲小野秀雄『日本新聞史』三五〇頁。
(202) 前掲伊藤正徳『新聞五十年史』新版二四六頁。

終章

(1) 前掲伊藤正徳『新聞五十年史』二四六頁。
(2) 前掲「新聞新軆制に就て」『情報局関係資料』第六巻二五一頁。
(3) 前掲『朝日新聞社史　大正・昭和戦前編』六五六頁。

主要参考文献一覧

一次資料

天羽英二日記・資料集刊行会編『天羽日記・資料集』全五巻、同刊行会一九八四~九二年。

有山輝雄・西山武典編『情報局関係資料』全七巻、柏書房、二〇〇〇年。

池田順編集・解説『昭和戦前期内務行政史料—地方長官警察部長会議書類』全三六巻、ゆまに書房、二〇〇〇年。

石川準吉編『国家総動員史・資料編』第四巻、国家総動員史刊行会、一九七六年。

内川芳美解説編『現代史資料　マス・メディア統制』全二巻、みすず書房、一九七三~七五年。

瓜生順良「新聞新体制と取締の要諦」『警察協会雑誌』日本警察協會、一九四二年、五月号。

大阪朝日新聞社編『大阪朝日新聞は如何にして作らるるか』同社、一九二〇年。

岡村二一『新聞新體制の理論と實際』東京帝国大学文学部新聞研究室、一九四三年、東京大学大学院学際情報学府付属図書館所蔵。

奥村喜和男『電力國営』國策研究会、一九三六年。

奥村喜和男『日本政治の革新』育生社、一九三八年。

奥村喜和男『電力國策の全貌』日本講演通信社、一九三六年。

興亜院政務部編『支那ニ於ケル新聞紙一覧表』一九四一年、東洋文庫所蔵。

近衛文麿「講和会議所感」伊藤武編『近衛文麿清談録』千倉書房、一九三八年。

小林正雄編『秘　戦前の情報機構要覧』自家本、東京大学大学院学際情報学府付属図書館所蔵。

新聞通信調査会編『報道報国の旗の下に』同会、一九六三年。

末次信正『長期戦と國民の覚悟』國民精神総動員中央聯盟、一九三八年。

東京帝国大学文学部新聞研究室編『本邦新聞の企業形態』良書普及会、一九三四年、東京大学大学院学際情報学府付属図書館所蔵。

内閣情報部編『思想戦講習会講義速記録』第一編、一九三八年、同図書館所蔵。

内務省警保局保安課編『特高月報総目録』政経出版社、一九七三年、同図書館所蔵。

内務省警保局保安課編『出版警察報』全四一巻、同図書館所蔵。

内務省警保局『新聞雑誌社特秘調査』(復刻版)大正出版、一九七九年。

長野県特高課編「長野県特高警察概況書」長野県社会運動資料八、東京大学法学部付属図書館所蔵。

日本新聞會事務局編『日本新聞會便覧』同會、一九四四年。

日本新聞協会編『別冊　新聞研究　聴きとりでつづる新聞史』全三四巻、同協会。

日本新聞研究所編『日本新聞年鑑』同研究所。

日本電報通信社編『新聞総覧』同社。

満州弘報協會編『満州の新聞と通信』同協會、一九四〇年、東洋文庫所蔵。

満州國政府編『満州建國十年史』明治百年業書第九一巻、原書房、一九六九年。

満州國通信社編『國通十年史』『言論統制文献資料集成』第一七巻、日本図書センター、一九九二年。

満州文化協会編『満州新聞年鑑(昭和八年版)』、満州文化協會、一九三三年、早稲田大学付属図書館所蔵。

宮居康太郎『日本新聞會の解説』情報新聞社、一九四二年。

山田公平編『名古屋新聞・小松松寿関係資料集』全六巻、龍渓書舎、一九九一年。

「緒方竹虎傳記刊行會関係資料」国会図書館憲政資料室所蔵。

「奥村喜和男関係資料」同。

「小山松寿関係資料」同。

社史

秋田魁新報社編『秋田魁新報八十年の歩み』同社、一九五四年。

秋田魁新報社編集局編『秋田魁百年史』同社、一九七四年。

秋田魁新報社史編修委員会編『秋田魁新報百二十年史』同社、一九九五年。

朝日新聞社一〇〇年史編修委員会編『朝日新聞社史　大正・昭和戦前期』同社、一九九一年。

朝日新聞社販売史(東京編)刊行会編『朝日新聞販売百年史(東京編)』同社、一九八〇年。

朝日新聞社販売史(大阪編)編集会編『朝日新聞販売百年史(大阪編)』同社、一九七九年。

茨城新聞社史編さん委員会編『茨城新聞百年史』同社、一九九二年。

岩手日報社百十年史刊行委員会編『岩手日報百十年史』同社、一九八八年。

内幸町物語編集委員会編『内幸町物語』同刊行会、二〇〇〇年。

愛媛新聞社編『愛媛新聞八十年史』同社、一九五六年。
愛媛新聞百二十年史編纂委員会編『愛媛新聞百二十年史』同社、一九九六年。
大分合同新聞社百年史刊行委員会編『大分合同新聞百年史』同社、一九九一年。
沖縄タイムス社編『沖縄タイムス五十年史』同社、一九九八年。
神奈川新聞社編『神奈川新聞小史』同社、一九八五年。
河北新報社編『河北新報の七十年』同社、一九六七年。
河北新報創刊八十周年記念事業委員会編『河北新報の八十年』同社、一九七七年。
河北新報創刊九十周年記念事業委員会編『河北新報創刊九十周年』同社、一九八七年。
北日本新聞社史編纂委員会編『八十五周年北日本新聞社史』同社、一九六九年。
北日本新聞百年史編さん委員会編『北日本新聞一〇〇年史』同社、一九八四年。
編集委員会編『富山県言論の軌跡』北日本新聞社、二〇〇〇年。
北日本新聞社史編さん委員会編『北日本新聞一二〇年史』同社、二〇〇四年。
京都新聞社史編さん委員会編『京都新聞九十年史』同社、一九六九年。
京都新聞社小史作成委員会編『京都新聞小史』同社、一九七四年。
京都新聞社史編さん委員会編『京都新聞百年史』同社、一九七九年。
京都新聞一一五年小史編纂委員会編『京都新聞一一五年小史』同社、一九九四年。
熊本日日新聞社編『熊日十五年史』同社、一九五六年。
熊本日日新聞社編『熊日二十年史』同社、一九六一年。
熊日社史編さん委員会編『熊日四十年史』同社、一九八二年。
熊日六十年史編纂委員会編『熊日六十年史』同社、二〇〇二年。
高知新聞社史編纂委員会編『高知新聞五十年史』同社、一九五四年。
高知新聞八十年史編纂委員会編『高知新聞八十年史』同社、一九八四年。
高知新聞社編『高知新聞の百年』同社、二〇〇四年。
神戸新聞社史編纂委員会編『神戸新聞五十五年史』同社、一九五三年。
神戸新聞社史編纂委員会編『神戸新聞社史創刊八十周年』同社、一九七八年。
神戸新聞社史編纂委員会編『神戸新聞九十年史』同社、一九八八年。
神戸新聞創刊百周年記念委員会社史編修部会編『神戸新聞百年史』同社、一九九八年。

埼玉新聞五十年史編さん委員会編『埼玉新聞五十年史』同社、一九九四年。
佐賀新聞社編『佐賀新聞社史・創刊七十五年記念』同社、一九六〇年。
山陽新聞社編『山陽新聞七十年略史』同社、一九四九年。
山陽新聞社史編纂委員会編『山陽新聞七十五年史』同社、一九五四年。
山陽新聞社史編纂委員会編『山陽新聞八十五年史』同社、一九六四年。
山陽新聞社史編纂委員会編『山陽新聞九十年史』同社、一九六九年。
四国新聞社編『四国新聞六十五年史』同社、一九五五年。
四国新聞百年史編集委員会編『四国新聞百年史』同社、一九八九年。
静岡新聞社編『静岡新聞四十年史』同社、一九八一年。
静岡新聞社編『静岡新聞五十年史』同社、一九九一年。
信濃毎日新聞「百年の歩み」編集委員会編『百年の歩み』同社、一九七三年。
信濃毎日新聞「百二十年の歩み」編集委員会編『百二十年の歩み』同社、一九九五年。
島根新聞社史編纂委員会編『島根新聞十年史』同社、一九五一年。
下野新聞社史編さん室編『下野新聞百年史』同社、一九八四年。
下野新聞社史編集委員会編『下野新聞この10年』同社、一九九四年。
上毛新聞社史編さん委員会編『上毛新聞百年史』同社、一九八七年。
中国新聞社史編纂委員会編『中国新聞六十五年史』同社、一九五六年。
中国新聞社史編さん室編『中国新聞百年史』同社、一九九二年。
中日新聞社史編さん委員会編『中日新聞三十年史』同社、一九七二年。
中日新聞社史編さん室編『中日新聞創業百年史』同社、一九八七年。
通信社史刊行会編『通信社史』同刊行会、一九五八年。
電通通信史刊行会編『電通通信史』同社、一九七六年。
東奥日報社編『東奥日報百年史』同社、一九八八年。
徳島新聞五十年史刊行委員会編『徳島新聞五十年史』同社、一九九七年。
長崎新聞社史編纂委員会編『長崎新聞社史』同社、二〇〇一年。
奈良新聞四十年史刊行委員会編『奈良新聞四十年史』同社、一九八六年。
新潟日報社史編集委員会編『新潟日報二十五年史』同社、一九六七年。

新潟日報社史編さん委員会編『新潟日報五十年史』同社、一九九二年。

西日本新聞社編『西日本新聞社史・七十五年記念』同社、一九五一年。

西日本新聞社編『西日本新聞百年史』同社、一九七八年。

西日本新聞社編『西日本新聞百二十年史』同社、一九九七年。

日刊工業新聞社史編纂委員会『日刊工業新聞二十年史』同社、一九六五年。

日本経済新聞社一一〇年史編集委員会編『日本経済新聞社一一〇年史』同社、一九八六年。

福井新聞社史編纂委員会編『福井新聞百年史』同社、二〇〇三年。

福島民報社百年史編集委員会編『福島民報百年史』同社、一九九二年。

福島民友新聞百年史編纂委員会編『福島民友新聞百年史』同社、一九九五年。

北国新聞社編『北国新聞社六〇年小史』同社、一九五四年。

北国新聞創刊八〇周年記念誌編集委員会編『八十年を歩む』同社、一九七三年。

南日本新聞社編『南日本新聞百年志』同社、一九八一年。

宮崎日日新聞社史編纂委員会編『宮崎新聞社史』同社、一九七五年。

山形新聞社編『山形新聞・創刊一〇〇周年』同社、一九七六年。

山梨日日新聞社編『山梨日日新聞九十年小史』同社、一九六三年。

山梨日日新聞社編『山梨日日新聞百年史』同社、一九七二年。

読売新聞社史編纂室編『読売新聞八十年史』同社、一九五五年。

読売新聞社１００年史編集委員会編『読売新聞１００年史』同社、一九七六年。

琉球新報八十年史刊行委員会編『琉球新報八十年史』同社、一九七三年。

琉球新報百年史刊行委員会編『琉球新報百年史』同社、一九九三年。

評伝、回想等

朝倉治彦『三重新聞史考』大空社、一九九三年。

阿部真之助『現代世相読本』東京日日新聞社、一九三七年。

安藤達夫『新聞街浪々記』新濤社、一九六六年。

伊藤正徳『新聞五十年史』鱒書房、一九四三年。

伊藤正徳『新聞五十年史　新版』鱒書房、一九四七年。

伊藤徳一編『東奥日報と昭和時代』東奥日報社、一九五八年。

一力一夫『地方紙・東京紙興亡百年史』河北新報社、一九七五年。

緒方竹虎傳記刊行會編『緒方竹虎』朝日新聞社、一九六三年。

奥村喜和男追想刊行会編『追想　奥村喜和男』自家本、一九七〇年。

小野秀雄『新聞研究五十年』毎日新聞社、一九七一年。

川上富蔵『毎日新聞販売史　大阪編』毎日新聞社、一九七九年。

川崎浩良『山形新聞史話』山形新聞社、一九四九年。

京都新聞社編『新聞人白石右京』同社、一九九一年。

河野幸之助『高島菊次郎伝』日本時報社、一九五七年。

佐々木健児追想刊行会『佐々木健児』同刊行会、一九八二年。

佐藤忠雄『北海道新聞三十年史』北海道新聞社、一九七三年。

式正次『新聞外史』新聞之新聞社、一九五八年。

重光葵『外交回想録』毎日新聞社、一九五三年。

品川弥千江『東奥日報と昭和時代』東奥日報社、一九七九年。

白名徹夫『島根縣新聞史』山陰新報社、一九五五年。

進藤信義『銕翁秘録』神戸新聞社、一九五三年。

菅原宏一『私の大衆文壇史』青蛙房、一九七二年。

高田元三郎『記者の手帳から』時事通信社、一九六七年。

高宮太平『人間緒方竹虎』原書房、一九七九年。

通信社史刊行会編『通信社史』同刊行会、一九五八年。

電通編『五十人の新聞人』同社、一九五五年。

中根栄『新聞三十年』双雅房、一九三六年。

永見貞一『防長新聞六十年史』防長新聞社清算事務所、一九四三年。

西松五郎「神戸又新日報略史」『歴史と神戸』一八巻第二号、神戸史学会、一九七九年。

日本新聞協会編『地方別日本新聞史』同協会、一九五六年。

古野伊之助伝記編集委員会編『古野伊之助』新聞通信調査会、一九七〇年。

久富達夫追想録編集委員会編『久富達夫』出版共同社、一九六九年。

土方正巳『都新聞史』日本図書センター、一九九一年。

細川隆元『朝日新聞外史』秋田書店、一九六五年。

本多助太郎『朝日新聞七十年小史』朝日新聞社、一九四九年。

前芝確三『体験的昭和史』雄渾社、一九六八年。

前田久吉傳編纂委員会『前田久吉傳』日本電波塔、一九八〇年。

前田久吉『日々これ勝負』創元社、一九五三年。

松村秀逸『三宅坂』東光書房、一九五二年。

松本重治『上海時代』全三巻、中央公論社、一九七四年。

御手洗辰雄『新聞太平記』鱒書房、一九五二年。

御手洗辰雄『三木武吉伝』四季社、一九五八年。

宮本吉夫『戦時下の新聞・通信』エフエム東京、一九八四年。

武藤富男『私と満州国』文藝春秋、一九八八年。

山田一郎『夕映え草紙―遥かなる満州へ』高知新聞社、一九九八年。

山田潤二『南十字星』創元社、一九四九年。

山室清『新聞が戦争にのみ込まれる時』かなしん出版、一九九四年。

横溝光暉『昭和史片鱗』経済往来社、一九七四年。

渡辺一雄『北海道新聞十年史』北海道新聞社、一九五二年。

渡辺一雄『北海道新聞二十年史』北海道新聞社、一九六四年。

渡辺喜久雄『北海道新聞四十年史』北海道新聞社、一九八三年。

学術論文等

荒瀬豊「日本軍国主義とマス・メディア」『思想』岩波書店、一九五七年九月号。

有山輝雄『近代日本ジャーナリズムの構造』東京出版、一九九五年。

有山輝雄「戦時体制と国民化」『戦時下の宣伝と文化』年報・日本現代史第七号、現代史料出版、二〇〇一年。

有山輝雄・竹山昭子編『メディア史を学ぶ人のために』世界思想社、二〇〇四年。

内川芳美「日本ファシムズ形成期のマス・メディア統制（一）」『思想』岩波書店、一九六一年七月号。

内川芳美『マス・メディア法政策史研究』有斐閣、一九八九年。

江口圭一「満州事変と大新聞」『思想』岩波書店、一九五九年一一月号。

岡崎哲二「日本の戦時経済と政府」『総力戦と現代化』柏書房、一九九五年。

小野秀雄『日本新聞史』良書普及會、一九四八年。

小野秀雄『新聞の歴史』理想社、一九六一年。

掛川トミ子「マス・メディアの統制と対米論調」『日米関係史』第四巻、東京大学出版会、一九七二年。

香内三郎「内閣情報局の系譜」『文学』岩波書店、一九六一年五月号。

佐々木隆『メディアと権力』中央公論新社、一九九九年。

高木教典、福田喜三「同（二）」『思想』岩波書店、一九六一年一一月号。

塚本三夫「戦時下の言論統制」『講座　現代ジャーナリズム』時事通信社、一九七四年。

橋川文三「革新官僚」『権力の思想』筑摩書房、一九六五年。

橋川文三「国防国家の理念」『昭和ナショナリズムの諸相』名古屋大学出版会、一九九四年。

春原昭彦「戦時下における新聞用紙の需給状況と統制経過」『マス・コミュニケーション』第九号、一九七七年。

山本武利『新聞記者の誕生』新曜社、一九九〇年。

山本武利「朝日新聞の中国侵略」『諸君』文藝春秋社、二〇〇四年一一月号。

山本文雄『日本新聞発達史』伊藤書店、一九四四年。

吉見俊哉「東京帝大新聞研究室と初期新聞学の形成をめぐっ

て」『東京大学社会情報研究所紀要』五八号、一九九九年。

あとがき

本書は新聞統合の全容を把握することを主眼としている。新聞統合は「戦時の言論統制時代の象徴」と位置づけられているものの、これまで本格的な検証はなされてこなかった。不鮮明な状態にある新聞統合に光を当てることで、戦時期のメディアと国家の関係そのものを鮮明にするというのが新聞統合の検証に取り組んだ理由である。

執筆を終えた今、意図した目標が果たせたかどうか忸怩たる思いは強い。だが賢明な読者が筆者の意を汲んで新聞統合の概容を理解し、またメディアは言論統制の対象者という立場にとどまらず、参加者でもあったことや、メディアの内部でも全国紙と地方紙あるいは有力紙と弱小紙という複層の対立が存在したことなど、戦時期が国家の暴力と被害者としてのメディアという単純な構図ではない、という事実を認識していただければ幸いである。

新聞統合の検証を妨げた大きな理由として、史資料が不足していることが挙げられる。本書の執筆作業でも、都道府県の新聞統合の実態を検証するために不可欠な、地方紙の関連文書の収集が思うように進まなかった。有力地方紙に直接間接的に開陳を依頼したが、「文書を保管していない」「所在不明」、なかには「保管しているが見せるわけにはいかない」など一様に好意的対応ではなかった。だが、こうした反応自体が、新聞統合という言論統制の所産として現在が存在することについての各紙の戸惑いを示している。

有力地方紙の歴史は、遡ればたしかに明治期の自由民権運動の機関紙に行き着くが、新聞統合によって誕生した新聞が多いこともたしかである。また現場で統合を主導した特高警察は整理統合を強要したが、同時に資金の調達や解雇された記者の再雇用の斡旋に努めたという事実も存在する。有力地方紙の社史では、戦時下の言論統制の被害者としての立場から戦時下の厳しい検閲の様を強調しているものの、自らの誕生の経緯に関する記述は短く、歯切れの悪い内容となっている。たとえば、富山県の北日本新聞では特高警察の担当警官が、新聞側の要請で統合した新聞社の幹部として入社しているが、同紙社史（現在まで四冊編纂）は、評価を変えている。最初の『八十五周年北日本新聞史』（一九六九年刊）ではその警官を「功労者」と讃えているが、それ以降の社史では「弾圧者」として厳しく批判している。

各県の代表紙は「県紙」と呼称しているが、それは戦時下で県当局の庇護を受けた「縣紙」の呼称にほかならない。こうした有力地方紙はいわば「勝ち組」であるが、その陰では数多くの脆弱な資本の新聞が「悪徳不良紙」「朦朧新聞」と蔑視され強制的に廃刊へ追いやられたことを忘れてはなるまい。これら闇に葬られた「負け組」の新聞は、日本新聞年鑑や新聞総覧にその名を残すのみで、史資料の発掘、収集はきわめて難しく、その検証は不十分な内容にとどまらざるをえない現状にある。新聞史について先行研究では全国紙に特化して検証されてきたが、今回の新聞統合の検証作業を通じて、地方紙の検証が重要であることを深く認識させられた。

また満州との関連性にも気付かされた。政治、経済政策では、「外地」満州と「内地」日本国内との関連性が指摘されているが、言論統制というメディアに関する政策でも同様に関連性が存在する。新聞統合に深く関与した同盟社長の古野伊之助の友人で満州國通信社社長と弘報協會理事長を兼務し、満州の言論統制を主導した森田久は戦後、出身地の福岡県太宰府町長を務めた。このため太宰府市役所を通して森田の遺族を捜し当て手記の探索を依頼したが、残念なことに満州時代の手記は戦災で焼失していた。しかし森田の「革新的な（言論統制の）見本を満州でやろうとした。満州は実験場だった」などという証言は示唆を与えてくれた。今後、満州のメディアの検証がなされる必要があるだろう。

本書は東京大学大学院学際情報学府へ提出した博士論文を下敷きに、その後の研究を付加して執筆した。博士論文については、指導教官である吉見俊哉先生はじめ東京大学の諸先生、並びに早稲田大学の山本武利先生から有意義な指摘を頂いた。諸先生の学恩に深謝の意を表したい。また出版に際しては四天王寺大学から出版助成を受けた。勁草書房の鈴木クニエ氏からは、折に触れて助言を頂戴した。協力を賜った方々の御好意に厚く御礼を申し上げたい。

平成二三年　秋

里見　脩

人名索引

マ 行

ヤ 行

ワ 行

事項索引

サ　行

タ　行

ナ　行

ハ　行

マ　行

ヤ　行

ラ　行

ワ　行

著者略歴

里見 脩（さとみ・しゅう）
1948年、福島県生まれ。東京大学大学院学際情報学府博士課程単位取得満期退学。博士（社会情報学、東京大学）。現在、四天王寺大学人文社会学部教授。著書に『ニュース・エージェンシー――同盟通信社の興亡』（中央公論新社、2000年）、共著に『メディア史を学ぶ人のために』（世界思想社、2004年）、『講座「帝国」日本の学知』第4巻（岩波書店、2006年）、『近代日本メディア人物誌』（ミネルヴァ書房、2009年）などがある。

新聞統合　戦時期におけるメディアと国家

2011年12月10日　第1版第1刷発行

著者　里《さと》見《み》　脩《しゅう》
発行者　井村寿人

発行所　株式会社　勁《けい》草《そう》書房

112-0005　東京都文京区水道2-1-1　振替　00150-2-175253
電話（編集）03-3815-5277／FAX　03-3814-6968
電話（営業）03-3814-6861／FAX　03-3814-6854
港北出版印刷・牧製本

新聞統合
戦時期におけるメディアと国家

2017年7月1日　オンデマンド版発行

著　者　里見　　脩

発行者　井　村　寿　人

発行所　株式会社　勁《けい》草《そう》書房

112-0005 東京都文京区水道 2-1-1　振替　00150-2-175253
（編集）電話 03-3815-5277／FAX 03-3814-6968
（営業）電話 03-3814-6861／FAX 03-3814-6854
印刷・製本　(株)デジタルパブリッシングサービス http://www.d-pub.co.jp

AJ962

ISBN978-4-326-98287-5　Printed in Japan